普通高等学校
应用型教材
市场营销

# 营销渠道管理

（第2版）

范小军　编著

中国人民大学出版社
·北京·

FOREWORD

# 前 言

面对越来越激烈的商业竞争，营销渠道日益成为决定企业能否在商战中胜出的战略性资源。营销渠道的工作是把商品从生产者手里转移到消费者手里，它有效地连接了产品、服务和使用者。营销渠道是企业实现销售目标的基本工具，是企业的一种重要资源。只有产品的开发和生产能力而没有高效的营销渠道，企业难以正常发展，甚至会面临生存危机。随着市场竞争的加剧和网络信息技术的发展，营销渠道趋向扁平化。企业以利润最大化为目标，依据自身的条件，利用现代管理方法与高科技，最大限度地减少销售层级。另外，电子营销渠道日益盛行。电子营销渠道克服了传统营销渠道的缺点，一方面传递信息，另一方面承担着批发商和零售商的职能，大大提高了营销渠道效率，降低了渠道成本。现有的营销渠道教材需要反映这些变化，为学生提供更有效更实用的理论知识。

本书在第1版的基础上，在新零售及全渠道等新发展趋势的背景下，对营销渠道理论进行了梳理，增加了反映营销渠道最新发展趋势的第13章（全渠道管理）。本书按三个模块组织内容，共分13章，模块一阐述营销渠道体系，包含第1章（营销渠道概述）、第2章（营销渠道环境）和第3章（营销渠道的成员）；模块二讨论营销渠道开发，包含第4章（营销渠道战略）、第5章（营销渠道设计）、第6章（营销渠道成员的选择）和第7章（服务营销渠道）；模块三探讨营销渠道管理策略，包含第8章（营销渠道的物流管理）、第9章（营销渠道成员的激励管理）、第10章（营销渠道关系管理）、第11章（营销渠道评价管理）、第12章（电子营销渠道管理）和第13章（全渠道管理）。

本书主要面向市场营销专业的本科生，也可供从事营销渠道管理的生产企业、传统零售企业和电子零售企业的管理人员参考，为他们从事营销渠道相关业务提供指导，帮助他们提高营销渠道管理的绩效。

本书有以下主要特点：

● 理论系统。本书分析、总结、借鉴了国内外大量研究成果，对相关问题进行了深入、全面、系统的梳理，体现了营销渠道的最新发展趋势，为营销专业的本科生和营销渠道管理者提供了强有力的理论支撑。

● 案例丰富。本书收集了大量国内外案例，可以帮助学生和管理者更好地理解相应的知识点。

● 图表清晰。本书尽可能采用图表的形式对相关理论进行提炼，既避免了阅读文字的枯燥感，又可以帮助读者更有效地掌握理论。

在整体理论架构不变的情况下，本版对上一版中表达不准确的地方进行了修正，更新了全部案例，以反映营销渠道最新发展趋势，并尽量反映不同行业的特征。此外，本书在部分章节增加了实训练习，以帮助学生更好地理解和掌握关键的知识点。

教材写作是一个不断修改、精雕细琢的过程，为了尽量呈现给读者一部高质量的教材，编写人员付出了大量的时间和精力，在此要对高钰荣、宁南茜、柴泽郦、张琴、蒋欣羽等在资料收集、文字梳理等方面的大力支持表示深深的感谢！由于时间和精力有限，本书存在不少疏漏，希望读者能够提出更多中肯的意见。

**范小军**

CONTENTS

# 目录

# 第1章 营销渠道概述

## 本章要点

1. 了解营销渠道的定义、特征和类型。

2. 理解营销渠道的功能与作用。

3. 了解渠道结构和渠道演变。

随着社会经济的发展、市场竞争的日益激烈，越来越多的企业开始重视营销渠道的建设和管理。渠道作为企业发展的瓶颈，是连接企业和消费者的桥梁和纽带，是企业制胜的武器和法宝，也是消费者获取产品和服务的通道。认识和了解营销渠道，是本章所要讨论的问题。

## 引 例

### 王老吉传统与现代的营销渠道

凉茶是广东地区常见的一种由中草药熬制，具有清热祛湿功效的药茶。在众多老字号凉茶中，王老吉最为有名。广州王老吉药业股份有限公司始创于1830年，历经百余年发展，现已成为我国中成药生产企业50强之一，荣获“中华老字号”“广东省医药行业科技创新先进企业”等荣誉称号。

王老吉充分利用传统与现代的营销渠道来获取很好的收益。其传统渠道主要通过代理商、批发商、邮差商以及一些小店进行分区域、分渠道销售。每个省份设立一个总代理商，就像一个团队的领导，可以不断往下发展多个成员（经销商），这种经销渠道就像一个网络，覆盖全国各地，形成较完整的销售网络和链接。而现代渠道主要是通过超市或者网络销售平台等进行销售，所有的店面统一采购、统一配销、统一结算，减少了订购方面的麻烦。网络销售的方式大大减少了王老吉的经营成本，王老吉不需要过度纠结于如何招聘更多人员进行线下售卖，宣传成本更低。

王老吉还有一个特别的营销渠道就是和餐饮企业进行合作，它的广告词“怕上火喝王老吉”传遍大街小巷。王老吉选择与湘菜馆、川菜馆、火锅店以及烧烤店等餐馆合作打造“王老吉诚意合作店”，共同销售王老吉凉茶。这个渠道也算是“锁死”的王老吉“销售CP”，带来了良好的品牌宣传效应。

资料来源：王老吉销售渠道分析. http://www.docin.com/p-1327607930.html.

在竞争激烈的买方市场，营销渠道对于生产制造企业来说具有非常重要的战略意义，高效率的营销渠道不仅可以帮助企业获得更高的销售额，还可以帮助企业塑造竞争对手难以模仿的竞争优势。本章将主要介绍与营销渠道有关的基本概念和基本知识，包括营销渠道的定义与特征、营销渠道的功能与作用、渠道模式与类型、渠道结构以及渠道演变等方面的内容。

## 1.1 营销渠道的概念

营销渠道是为了满足顾客需要而存在的，顾客的生活会受到营销渠道的影响，因为他们需要通过营销渠道方便快捷地获取各种各样的产品。营销渠道在企业营销中占有重要的地位，它是企业获得竞争优势的重要工具。为了充分发挥营销渠道的作用，企业应该加强对营销渠道的认识与管理。本节主要介绍营销渠道的定义与特征。

### 营销渠道的定义

营销渠道的概念可以从生产企业、消费者、中间商和营销研究者四个角度来理解。在生产企业看来，它需要集中不同的中间商，将自己生产的产品送到消费者手中，因而，通常从产品在不同渠道成员之间的流转来理解营销渠道。一般来说，生产企业总是希望批发商和零售商承担更多的库存和经营风险，因而对生产企业来说，营销渠道基本上等同于产品或服务的所有权变动和形态流动，往往被认为是产品从生产企业到消费者或其他最终用户的一条通路。但消费者的理解不同，他们把营销渠道理解为介于他们与产品生产企业之间的大量中间商，因而，营销渠道有时是通过各种不同的代理商的名称来定义的。而中间商作为营销渠道的主要成员，也是基于自身的经济利益来认识营销渠道的，因此，有时营销渠道又被认为是以贸易为目的联合在一起的松散企业联盟。这种概念理解上的不一致，使人们不能准确地把握营销渠道的实质内容。营销研究者独立于上述三者之外，能够比较客观地从全方位角度出发，观察经济和管理体系中营销渠道的结构和变革。

市场营销学家斯特恩（Stern）对营销渠道所下的定义是："营销渠道是促使产品或服务顺利流通到消费者手中，被消费或使用的一系列相互依存的组织。"

迈克尔·辛科塔（Michael Czinkota）、彼得·迪克森（Peter Dickson）、帕特里克·邓恩（Ratrick Dunne）、伯特·罗森布罗姆（Bert Rosenbloom）等在其合著的《营销学：最佳实践》中这样定义营销渠道："营销渠道又叫分销渠道，是由为消费者和商业用户创造时间、地点和所有权效用的机构所组成的网络。"该书指出："营销渠道的任务是将产品送到消费者手中，在此过程中，它所采取的形式或方式就是通常所说的渠道结构。诸如运输公司、仓储公司、保险公司之类的公司叫做协助机构，因为它们不涉及购买、销售和转移商品的所有权，所以不被看作渠道结构的一部分。"

罗森布罗姆在《营销渠道管理》中指出："营销渠道的概念容易混淆，有时被认为是商品从生产企业到消费者或其他最终用户的通路，有时是通过各种不同代理商的名称来定义的，还有其他以贸易为目的而联合在一起的松散企业联盟构成的营销渠道。”他采用营销渠道管理决策的观点，即从生产企业的管理决策角度来观察问题，进一步将营销渠道定义为：“与公司外部关联的、达到公司分销目的的经营组织。”

菲利普·科特勒（Philip Kotler）在《营销管理》一书中采用了斯特恩和艾斯利（Ansary）对营销渠道所下的定义，指出：“大多数生产商都要和营销中介机构打交道，以便将其产品提供给市场，营销中介机构组成了营销渠道（也称贸易渠道或分销渠道），营销渠道是促使产品或服务顺利地被使用或消费的一系列相互依存的组织。”

佩尔顿（Pelton）在《营销渠道：一种关系管理方法》中将营销渠道定义为：“在获得、消费、处置产品和服务的过程中，为了创造顾客价值而建立的各种交换关系。”这个定义暗含交换关系作为一种服务于市场需要的方式，因市场需要而产生。在进入市场之前，渠道成员必须做好充分准备，才能满足不断变化的市场需要和欲望。

李飞在《分销渠道：设计与管理》一书中，对分销渠道、营销渠道的范畴进行了界定：“分销渠道是指商品所有权从生产者或商人手中转移至消费者手中所经过的路径。营销渠道是指采购原材料和销售成品引起所有权转移所经过的路径。分销渠道是营销渠道的重要组成部分，仅指销售渠道，而营销渠道既包括销售渠道，也包括采购渠道。”他还指出：“商品流通渠道和分销渠道、营销渠道没有本质上的差别，只是所属学科和分析问题的角度略有差异。”

常永胜在《营销渠道：理论与实务》一书中，从生产企业的视角出发，认为：“营销渠道是存在于企业外部的，促使产品或服务顺利地经由市场交换过程转移给消费者使用或消费的一系列相互依存的组织。”

美国市场营销协会（AMA）关于营销渠道的定义是：“营销渠道又叫分销渠道，是指参与商品所有权转移或商品买卖交易活动的中间商所组成的统一体。”

综合已有的营销渠道概念，为便于读者准确、完整地把握营销渠道的特征，本书将营销渠道定义为：产品或服务从生产领域向消费领域转移所经过的路径，该路径由一系列在功能上相互依赖的组织构成。

## 营销渠道的特征

渠道要素是所有营销要素中最为复杂的，产品、品牌、价格、资金、人员、广告、客户关系、服务等都通过渠道这条“价值链”来整合和实现其价值。渠道又是千变万化的，由于经济发展水平、地区文化、习惯不同，渠道表现出明显的差异。但总体来说，营销渠道具有以下几个方面的特征。

### （一）本地化

由于每个地区消费者的购物习惯不同，每个企业在每个地区的营销渠道都具有本地特征，都打上了当地人消费文化的烙印。比如，上海人购物喜欢去超市，因为超市环境好，产品质量有保障，购物有面子，所以，上海的连锁超市非常发达；反观广州就不一样，广州人比较喜欢平民化生活，购物喜欢去自由市场（如菜市场），甚至喜欢在小巷里的小店买东西，所以，广东的“士多店”很发达。

### （二）排他性

渠道的排他性指的是在有些渠道中，如果某一类产品被某个企业或品牌抢先占领，那么其他企业或品牌就很难进入，可能被排斥在该渠道之外。比如，某学校的食堂，这是一个特殊渠道，又叫特殊通道，每个月会消耗大量的大米、食用油、味精等，因此是一个大客户，如果大米用了“中粮”、食用油用了“福临门”、味精用了“莲花”，其他品牌要进入就要花大力气。所以，渠道的排他性决定了企业应该抢先占领一些优质渠道、特殊通道，以获取渠道竞争优势。

### （三）独特性

渠道的独特性是指每个企业的渠道网络都和其他企业的渠道网络不同，每个地区的渠道结构都和其他地区的渠道结构不同，每种渠道模式有其不同的特征。换句话说，每个企业都可以在其目标市场上建立自己独特的渠道结构和模式，通过渠道的差异化开展差异化营销，形成企业独特的渠道竞争优势。比如娃哈哈的“联销体”渠道结构、格力的“区域股份制公司”渠道模式、联想的“联想1+1”特许经营模式等，都是具有明显独特性的渠道结构模式，形成了企业的竞争力。

### （四）不可复制性

渠道的不可复制性又叫不可替代性，这是由渠道的本地化和独特性决定的。一个企业在某个国家、某个地区具有占据优势的完善的渠道网络，不能搬到另一个国家或地区，目标市场渠道网络的建设必须从头开始，一步步地构建，没有捷径可走。比如，欧莱雅在欧洲可谓网络密布，销售顺畅，但到了中国市场，除请巩俐代言之外，重点是建设其系列产品在中国的销售渠道，包括经销商、专柜和专卖店等，还花大价钱收购小护士的渠道。渠道不像产品那样可以大规模生产和复制，这决定了渠道建设和渠道管理的复杂性和艰巨性。

**营销视角1-1 晨光文具超越手机信号覆盖的营销渠道**

我们必须注意到，一个企业不仅要建立自己的营销渠道，确立自己的营销渠道战略，更重要的是要建立适合自己的营销渠道，确立适合自己的营销渠道战略。

## 1.2 营销渠道的功能与作用

罗森布罗姆认为，“营销渠道反过来又影响着成千上万消费者的生活，使得他们能够借助于营销渠道，方便、快捷地享受来自全球的商品和服务”。营销渠道承担着改善人们生活的重要功能。本节主要介绍营销渠道的功能与作用。

### 营销渠道的功能

生产的功能是把自然原料按照人类的需要转化成有某种效用或价值（使人们能够得到某种形式或某种程度的满足）的产品组合。营销渠道的主要功能是使产品从生产者转移到消费者的整个过程顺畅、高效，缩小或消除产品供应与消费需求之间在时间、地点、产品品种和数量上存在的差异。营销渠道在企业营销活动中发挥的主要功能是销售，使商品或服务顺利地转移到最终用户手中，同时发挥其他一系列的辅助功能。营销渠道的功能主要体现在以下几个方面。

### （一）销售功能

企业通过渠道实现产品销售，达到企业经营目标，获取利润，这是渠道最直接、最基本也最有效的功能。渠道成员通过富有创造力的方式，把能够满足顾客需要的产品和服务信息，以顾客乐于接受的形式传递给顾客，满足顾客需求，实现产品价值，达到盈利目标和市场占有率目标。

### （二）沟通功能

渠道具有上下沟通商品信息、建立渠道成员之间客情关系的功能。商品的营销渠道是以产品的流通为载体，实现企业与供应商、中间分销机构及终端消费者相互沟通的桥梁或纽带。通过渠道开展的促销活动，其实质就是与客户之间的沟通。

### （三）洽谈功能

洽谈是生产者或经营者寻找潜在的购买者并与之接触、实现交易的活动。渠道成员之间的关系是交易关系，交易对象的寻找、交易条件的形成、渠道成员之间的权利和义务关系等都需要通过洽谈来完成。在具体工作中，洽谈表现为争取订单、形成订单和接受订单等一系列活动。

### （四）服务功能

渠道还承担着为下游渠道成员提供服务的功能。从延伸产品的角度来说，服务是构成产品价值的一个重要组成部分。随着产品同质化，现代企业间竞争的焦点在于服务。企业通过渠道实现的服务主要指为最终用户提供的服务，包括送货、安装、维修、信息、培训等。

### （五）信息功能

营销渠道成员通过市场调研收集和整理有关消费者、竞争者及市场营销环境中的其他影响者的信息，并通过各种途径将信息传递给渠道内的其他成员。营销渠道通过双向的信息反馈，为企业营销决策提供依据。

### （六）物流功能

物流主要是商品在流通环节的运输、储存及配送活动。商品从制造商处出厂到最终用户消费，中间要经过实体产品的运输、储存及配送的过程。渠道就是商品流通的“沟渠”和“水道”，是商品流通和交易的“通道”，物流功能是其应有之意。

### （七）承担风险功能

承担风险是指在商品流通的过程中，随着商品所有权的转移，市场风险在渠道成员之间的转换和分担。渠道是一个“分销链”，由多个渠道成员或环节构成，每个渠道成员履行各自的分销责任、获得各自的分销利益、承担各自的分销风险。

### （八）融资功能

渠道也是一个融资的通道。不论是制造商品，还是销售商品，都需要投入资金，以完成商品所有权转移和实体流转的任务。渠道成员为承担渠道功能需要进行独立的投资。产品通过渠道的销售在实现产品价值的同时实现资金的流通。渠道组织的独立融资，使生产厂商能够很快地收回资金，有利于提高资金使用效率。

## 营销渠道的作用

多年来，与其他因素相比，营销渠道的重要性似乎有所下降，许多企业通常是在考虑了产品、价格和促销这些因素之后才关注营销渠道问题的。不过，近些年企业忽视营销渠道的情况有所改变。主要原因是企业的销售环境发生了很大变化，营销渠道的设计与管理在企业销售中的地位越来越重要，发挥的作用也越来越明显，主要表现在以下几个方面。

### （一）保持竞争优势

营销渠道策略有三个重要特点：(1) 它是长期的，即为了建立和维持一个顺畅高效的营销渠道系统，企业需要长期立足于市场，保持长久的竞争优势；(2) 它需要通过组织机构和人来实施，既要有较大的人力资源投入，又要有较大的财务投入；(3) 基于企业间关系和企业间人员的互动，即为实现营销渠道系统顺畅高效地运行，所有渠道参与者都需要密切配合。正因为营销渠道策略有这些特点，所以一旦通过渠道策略获得竞争优势，其他企业就难以在短期内模仿。因此，它比产品、价格和促销等要素更能提供可持续的竞争优势。

### （二）与中间商协作共赢

近20年，渠道权力正在从生产制造商向中间商转移。这种趋势在西方国家表现得非常明显，比如，一些大型零售商（沃尔玛、家乐福等）已经成为营销渠道的控制者或渠道运行中的主要角色。在中国，这种趋势也已经出现。中国家电产品的营销渠道正面临深刻的变革：综合性家电连锁企业（国美、苏宁）对传统的营销渠道构成极大的威胁。它们最显著的特征是经营规模大、资本雄厚、跨地域连锁经营、掌握着庞大的销售网络，是高效率、专业化的零售终端。凭借雄厚的资本和巨大的规模，这些家电连锁企业以承担市场风险的方式（一次性买断一定批量的产品）获得生产企业最大限度的让利，这使它们在零售价格上具有明显的优势。它们的出现，不仅意味着家电营销渠道的格局要重新构造，更意味着市场的主控权可能由厂家转移到商家手中。

零售商日益把自己看成消费者的采购代理人，而非生产制造商的销售代理人。它们以低毛利、低价格的方式经营，在与生产制造商打交道时，讨价还价的力量越来越大。这一趋势要求生产制造商必须认真地考虑营销渠道策略，与中间商既合作又竞争，以求达到双赢。

### （三）节约流通费用

有效的营销渠道管理可为企业节约产品流通费用。企业在削减制造成本和内部运营成本方面花费了大量的精力，如重组、并购、流程再造和组织扁平化等都是为了削减成本。不过，企业在节约制造成本和内部运营成本方面的成果越是显著，就说明在这些方面进一步节约成本与费用的潜力越小。另外，随着市场竞争越来越激烈，营销渠道费用越来越多，企业越来越重视流通费用的节约，同时比过去更加专注于营销渠道设计。

### （四）维持收益可持续增长

在激烈竞争的市场上，企业收益可持续增长的压力越来越大，也越来越困难。企业常常要回答这样的问题：如何在成熟的市场或增长缓慢的市场上迅速成长？除了争夺竞争对手的市场，企业别无他法。这就要求企业一方面减少失误或不犯错误；另一方面要有中间商的支持与合作。高效率的营销渠道是企业实现销售目标、维持收益增长的源泉。

每个企业都有适合自己的营销渠道战略，但它们并不是一成不变的，要根据社会经济和市场状况的发展进行适当的调整。

**营销视角 1－2　空调市场上，格力与国美的营销渠道差异**

总之，对于一个企业的生存和壮大来讲，营销渠道不容小觑。在竞争激烈的市场中，企业不断地变换战略战术，只为获得更多的竞争优势。从一开始致力于技术创新的技术战略，经过追求低成本的价格战略和倚重品牌发展的形象战略，到现今不断满足客户需求变化的服务战略，企业发现服务战略是获得差异化竞争优势的一种竞争战略，而良好的服务战略本身就意味着完美的营销渠道战略。

## 1.3 五种常见的渠道类型

不同行业、不同企业、不同地区营销渠道的表现不尽相同，本节主要介绍营销渠道的五种常见类型，包括直销、单层次零售渠道、多层次销售渠道、平台式渠道和批发市场。

### 直销

制造商不经过中间商环节，直接将产品或服务出售给消费者或最终用户，这种渠道模式就称为直接销售模式，简称直销模式。直销模式属于"非中间化"的渠道模式，1.4 节会详细介绍。

### 单层次零售渠道

以可口可乐、三株为代表的一级渠道属于单层次零售渠道。单层次零售渠道适用于城市运作或公司力量能直接涉及的地区，销售力度大，对价格和物流的控制力强（见图 1－1）。

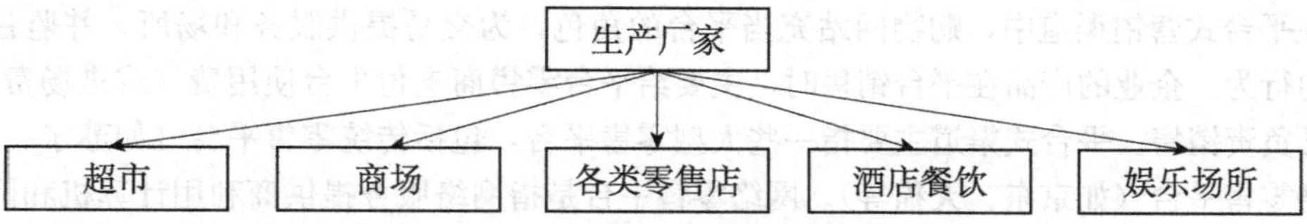


**图 1－1　单层次零售渠道模式**

优点：渠道短，反应迅速，服务及时，价格稳定，促销到位，控制有效。

缺点：局限于交通便利、消费集中的城市，会出现许多销售盲区，人力、物力投入大，费用高，管理难度大。

对于这种销售模式，企业直接进行市场运作有时是有效的。按目前国内现有的渠道网络格局，地市级以下的市场采用直销模式难以控制局面；大型城市，特别是北京、上海等已无法通过普通的、单一的渠道网络进行运作，若由厂家直接组织车队和人员，对连锁超市、特殊通路和中大型旺铺进行直接销售，将有利于新品上市、产品铺货、价格控制、品牌提升和维护等。越来越多的公司对其部分重点城市的市场、重点大型终端采用单层次零售渠道模式。

## 多层次销售渠道

我们通常将以娃哈哈和康师傅为代表的有限管理的三级渠道及以上称为多层次销售渠道。多层次销售渠道适用于大中型产品，符合我国市场的特点，适用于广大农村和中小城市的市场（见图1-2）。

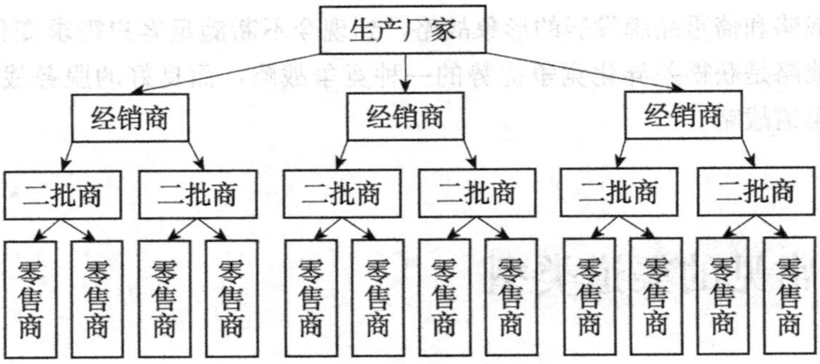


**图1-2 多层次销售渠道模式**

优点：可节省大量的人力、物力，销售面广，渗透力强，各级渠道成员的权利义务分明，为了共同利益可组成价格联盟，借他人之力各得其所。

缺点：易造成价格混乱和区域间的冲货，在竞争激烈时反应较迟缓，需有高明的管理者使之密而不乱。

各地区经销商代理制的网络模式是最适合中国国情的，但需要在此基础上完善二级联销体的建设。更重要的是，要引导、培养各地的经营大户逐步成长为渠道网络的领袖，形成对区域内的垄断能力，具备对二级网络和终端的控制能力与配送服务功能，形成规范有序的规模经济；既可完整地执行厂家政策，做足产品应有的市场，又可配合厂家在当地营造品牌，引导消费，创造需求。

## 平台式渠道

在平台式营销渠道中，购物网站充当平台的角色，为交易提供服务和场所，并监督交易双方的行为。企业的产品在平台销售时，主要给平台零售商支付平台使用费（或进场费），企业自己负责销售。平台式渠道主要指一些大型零售平台，包括传统零售平台（如苏宁、国美）和网络零售平台（如京东、天猫等）。网络零售平台是指网络服务提供商利用计算机和网络技术，提供有偿或无偿使用的电子商务平台和交易程序，允许交易双方在其平台上独立开展以竞价、议价为主的在线交易，包括C2C和在C2C平台下的B2C交易，如苹果在国美的专营店、许多品牌在天猫上的旗舰店等。

## 批发市场

农贸批发市场是20世纪90年代初期的产物。近年来，各种专业批发市场兴起，如杭州四季青服装市场、义乌小商品市场等。更多的是批零兼营的市场，如电脑城、建材装饰市场、灯具市场等（见图1-3）。

批发市场有以下优点：无规则，自由流通，不受行政区域限制，经营灵活，薄利多销，品种繁多，配货方便，辐射能力强。

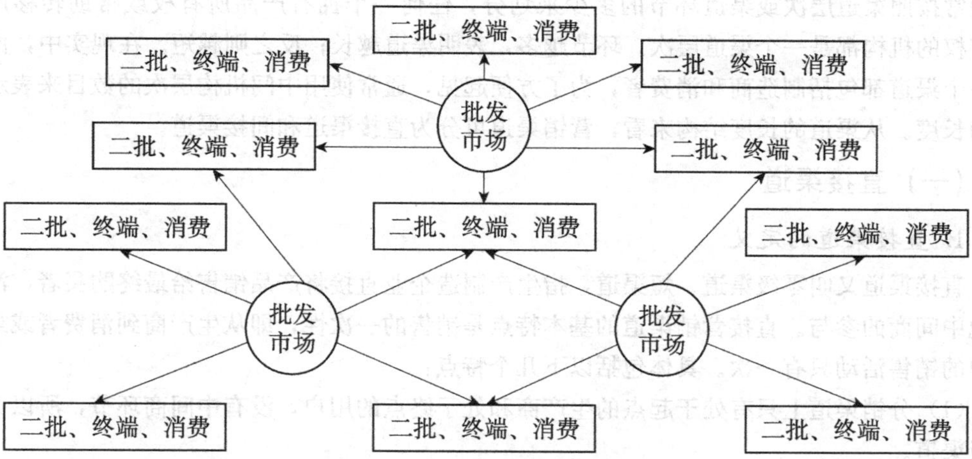


**图 1-3　批发市场销售模式**

同时，批发市场也有以下缺点：以松散型关系为主，没有固定网络和客户，以品种集中、价格优势吸引顾客，容易导致相互压价、低价冲货，没有深层的服务意识，只做"坐商"。

批发市场属于初级经销商模式，虽然在品牌宣传、区域市场建设、经销商网络建设方面功能较弱，但是其核心竞争力在于产品与价格。由于经营灵活、辐射能力强，对于二三流品牌和处于市场导入期的新产品，批发市场是个不错的选择。

以上分析总结了我国营销渠道的五种主要渠道类型，让读者对渠道模式和类型有了一个初步的认识。事实上，不同的企业处于不同的市场阶段和环境，可因地制宜地创造出适合企业自身发展的渠道模式。只要掌握了上述五种主要渠道类型，其他个性化的渠道模式创新只是名称不同或复合的程度不同，基本原理大致相同。

**营销视角 1-3　娃哈哈的营销渠道建设**

## 1.4 渠道结构

渠道结构是指渠道系统中成员的构成、地位及各成员间的相互关系。一般来说，营销渠道由制造商、批发商、零售商、消费者或用户等渠道成员构成，尽管这些成员是相互独立的，但在渠道系统中，各个成员相互影响、相互制约，某个成员目标的实现依赖于其他成员的协作和支持，渠道成员正是在这种相互依赖中共同为消费者服务的。对于不同的企业来说，各个渠道成员通过在营销功能和流程方面的分工与合作，形成不同的渠道结构，以满足消费者需求，实现渠道的共同目标和自身目标。通常，渠道结构主要包括渠道的长度结构、宽度结构和广度结构。

### 渠道的长度结构

营销渠道长度是指产品从制造商转移至消费者手中所经过的中间环节的多少。渠道长度通常按照渠道层次或渠道环节的多少来划分，任何一个拥有产品所有权或帮助转移产品所有权的机构都是一个渠道层次。环节越多，表明渠道越长；反之则越短。在现实中，由于每一个渠道都包括制造商和消费者，为了方便起见，通常使用中间机构层次的数目来表示渠道的长度。从渠道的长度结构来看，营销渠道可分为直接渠道和间接渠道。

### （一）直接渠道

1. 直接渠道的定义

直接渠道又叫零级渠道、短渠道，指生产制造企业直接将产品销售给最终购买者，没有其他中间商的参与。直接营销渠道的基本特点是销售的一次性，即从生产商到消费者或最终用户的销售活动只有一次。具体包括以下几个特点：

（1）分销渠道上只有处于起点的生产商和处于终点的用户，没有中间商环节，所以又称零级渠道。

（2）商品在销售给消费者或最终用户之前，所有权属于生产商。

（3）商品所有权从生产商直接转移给消费者或最终用户，仅发生一次所有权转移便完成流通。

（4）消费者所获得商品的价值基本上全部来自生产商或者生产性活动，生产商获得全部销售收入和利润。

（5）商品的销售者同时也是生产者，其具有双重身份。

（6）把商品直接销售给消费者或最终用户的是生产商的派出人员或者说是生产商的销售代表。这些人受雇于生产商，不具备独立商人的资格，也不以消费者或者代理人的身份出现。

在实际工作中，往往发现有些中间商也具备上述某些特点。例如，当一个零售商采用外包方式要生产商直接供货时，商品所有权的初始归属点在零售商而不是生产商（不符合以上第（2）点），但是它们把商品销售给最终用户（消费者）的过程中只有一次所有权的转移（符合以上第（3）点）。这说明，仅以个别特点来判断某种营销渠道是不是直接渠道，是没有说服力的，必须从多个方面综合判断。

2. 直接渠道的形式

直接渠道有三种主要形式：直接销售、直复营销和厂家自办店，前两者是无店铺的直接渠道，厂家自办店则是有店铺的直接渠道，如表1－1所示。

**表1－1　直接渠道的类型**

| 项目 | 直接销售 | 直复营销 | 厂家自办店 |
| --- | --- | --- | --- |
| 媒介特征 | 人员推销 | 通信销售 | 店铺售卖 |
| 营销方式 | 上门推销<br>办公室推销<br>家庭销售会<br>寄放销售 | 目录营销<br>直接邮寄营销<br>电话营销<br>电视营销<br>电台报刊营销<br>网络营销 | 连锁专卖店<br>销售门市部<br>销售陈列室<br>销售服务部<br>合资分销店<br>租赁卖场 |

3. 直接渠道的优缺点

直接渠道一直延续到现在，具有其内在的优势，是其他分销渠道方式不可替代的。其优势主要表现在：直接渠道实现了生产与消费的紧密结合，两者之间的依赖关系得到最有效的实现。与间接销售相比，在直销方式下，生产者与消费者之间的隔阂乃至矛盾（如信息隔阂、时间矛盾、空间矛盾、品种与数量矛盾、价格矛盾、产品设计与实际需求的矛盾等）都能有所减轻和化解。直接渠道有助于企业更好地按照顾客的需求提供产品和服务，并与顾客建立更为密切牢靠的关系。

直接渠道对企业显而易见的好处有以下几点：

(1) 它免去了层层加价、多次倒手、多次搬运等环节，有利于降低营销成本和产品售价，提高产品的竞争力。

(2) 生产者与使用者、消费者直接接触，既有利于改进产品和服务，也便于控制价格。例如，海尔电器在四川的直销店人员向公司反映，当地农民喜欢用洗衣机洗红薯，根据这一信息，海尔迅速设计出排沙能力强的洗衣机专门投放四川市场，受到了农民消费者的欢迎与好评。

(3) 企业有可能提供技术性强的销售服务。

(4) 回款迅速，加快了企业资金的周转。

当然，这并不是说任何企业在任何情况下采用直接渠道都是最佳选择。一般来说，企业是否进行直接销售，主要取决于生产者与消费者在时间、空间、数量上矛盾的大小与企业解决矛盾的能力。如果产销矛盾不大，企业能够自行解决，或是自行解决上述矛盾所需的费用不太大，则可考虑采用直接渠道来完成商品销售。否则，采用直接渠道可能带来负面效应，包括：

(1) 由于一切流通职能均由生产者承担，增加了资金占用时间和流通费用。

(2) 生产者承担全部市场营销风险，无法由中间商分担。

(3) 由于消费者居住分散，购买数量零星，单凭企业自己的力量，无法使产品接触到广大消费者。

在间接销售方式下，这些负面因素都可以在一定程度上克服。由此看来，直接渠道与间接渠道是相互补充的。分销经理应当根据所面临的市场形势和自身的条件，在直接渠道与间接渠道之间进行合理选择，综合运用。

## （二）间接渠道

### 1. 间接渠道的定义

一级、二级、三级渠道又叫间接渠道、长渠道，指制造商通过中间商转移产品的渠道类型。

一级渠道指生产制造企业通过一级中间商将产品转移至消费者或用户手中。在消费品市场，这个中间商通常是零售商；在工业品市场，则通常是销售代理商。

二级渠道指生产制造企业通过二级中间商将产品转移至消费者或用户手中。在消费品市场，它们通常是批发商和零售商；在工业品市场，则通常是代理商和批发商。

三级渠道指生产制造企业通过三级中间商将产品转移至消费者或用户手中。一些消费面广的日用品，如肉类食品及方便面，需要大量的零售机构分销，其中许多小型零售商通常不是大型批发商的服务对象，因此，有必要在批发商和零售商之间增加一级专业性经销商，为小型零售商服务。

2. 间接渠道的优缺点

间接渠道具有以下优点：

（1）简化交易。在间接渠道模式中，由于有了中间商，生产商不用花大量的人力、物力、财力去和众多的消费者打交道。尤其是在潜在顾客数量多、分布广的情况下，采用间接渠道模式的生产商不必直接面对最终潜在顾客，它们只需与若干个中间商进行交易，这样就简化了交易过程，并且可借助中间商的力量扩大市场占有率，取得更高的分销效率。

（2）优化服务。多数中间商拥有丰富的营销经验和较完备的服务设施，可以更好地为商品提供展示、介绍、包装、送货上门以及其他辅助服务。中间商直接与潜在顾客交往，比较了解市场，能有效地将信息传达给消费者。间接渠道模式也有利于发挥各渠道成员集配、储存、扩散产品、融通资金的职能，有效调节产销关系，解决商品供求间数量、品种、时间间隔等方面的矛盾，加速商品合理分流。

（3）分担风险。间接渠道模式在生产商和中间商之间建立起一种利益共享的关系，即生产商与中间商要么共享将商品变为货币后的利润，要么共同承担商品未能变成货币的风险。

间接渠道的缺点如下：

（1）中间商的出现增加了销售环节，不仅增加了谈判和交易费用，而且增加了信息沟通渠道的长度，有时会导致沟通不及时或信息传递较慢。

（2）对于那些技术性强、要求专业服务的产品（如机械设备类产品），中间商由于缺乏专业技术会造成服务不到位。

（3）中间商要追逐自身利益，可能不顾企业的分销政策而自行其是，导致间接分销渠道的运行效率低下，且生产商无法施加有效控制。

为了利用间接渠道模式的长处，同时避开其短处，一些企业将销售与服务分开，分别交由两类专业中间商去完成；或者将销售交给中间商去做，企业自行组建专业的销售服务队伍，为顾客提供专业服务。

## 渠道的宽度结构

按照渠道中每个层次使用中间商数量的多少，渠道可分为宽渠道和窄渠道两种类型。如果选择较多的中间商来提供产品，这种营销渠道称为宽渠道；反之则称为窄渠道；介于二者之间的称为中等宽度的渠道。通常，生产设备、专用工具、高价值的产品采用窄渠道模式。营销渠道的宽度选择与制造商的分销策略密切相关。制造商的分销策略主要有以下三种类型。

### （一）密集型分销渠道

在密集型分销渠道中，制造商在同一类型的中间环节中选用尽可能多的中间商经销自己的产品，使产品在目标市场上有铺天盖地之势，从而达到最广泛地占领目标市场的目的。日用品和大部分食品、工业品中的标准化商品和通用商品、需要经常补充和替换或用于维修的商品、替代性强的商品等多采用这种分销渠道。这是一种宽渠道结构。

采用密集型分销渠道的好处：市场覆盖面大，扩展市场迅速；顾客接触率高，有利于提升销售业绩；分销支持度高，有利于充分利用中间商。

采用密集型分销渠道所带来的主要问题：厂商难以控制渠道；厂商需花大量的费用（打开渠道、狂轰广告）；分销商竞争异常激烈；分销、促销不专业。

## （二）选择型分销渠道

在选择型分销渠道中，制造商在同一类型的中间环节中选择少数中间商进行商品分销。消费品中的选购品和特殊品、工业品中的零配件等多采用这种分销渠道。这是一种中等宽度的渠道结构。

企业根据一定标准对销售企业产品的经销商进行选择，以形成高效合作型销售渠道。通过限制渠道，生产者对渠道的控制力得到加强。采用这种渠道类型，选择经销商是关键。经销商的选择标准主要有资本、销售额、销售能力、价格遵守度、物流能力和信息处理能力等。选择范围不只限于批发商，还包括特定的零售商。

采用选择型分销渠道的好处：控制渠道较容易；市场覆盖面较大；顾客接触率较高。生产者可与选出的经销商重点交易，以加强渠道控制力，实现销售高效化。

采用选择型分销渠道的主要问题：分销商竞争较激烈，选择中间商比较困难；企业产品的流通仅依靠选定的少数经销商存在一定的风险；与未选择的经销商之间存在协调问题；由于经销商也可以销售竞争对手的产品，企业不能完全控制经销商。

## （三）独家分销渠道

在独家分销渠道中，制造商在同一类型的中间环节中只选用一家中间商来进行商品的分销。它是一种最极端的专营型分销渠道，为窄渠道结构，主要适用于技术性强、价值高的商品。

采用独家分销的好处是：容易控制渠道；分销商竞争程度低；节省促销费用。不利的一面是：市场覆盖面小；顾客接触率低；过分依赖中间商。

当渠道成员转向独家分销时，角色预期变得更为鲜明。独家分销协议必须对双方的权利和义务作出详细的规定，否则日后很可能产生争议和冲突。具体来说，采用独家分销渠道需要明确以下几点：

（1）分销的产品。对于一些产品尤其是高技术性产品，生产商往往希望由经过自己特殊训练的销售人员出售，其他产品则可以通过独家分销商交易。为了避免将来由于产品线责任的划分而导致的冲突，渠道成员必须对产品线每一领域内的职责予以说明。对于那些分配给分销商的产品，供应者在分销区域内的任何销售都必须授权给分销商。

（2）顾客的细分或类型。必须签订一个谁负责向哪类顾客提供产品和服务的协议，以减少将来可能出现的冲突。

（3）包括的区域。很明显，这是建立相关区域的一个重要因素。在许多情况下，对区域边界的约定可以防止将来产品分配中的法律纠纷。

（4）库存。这里要解决的问题是：谁承担库存的责任，库存将以多大的数量在何处持有。在价格波动时，这些问题更为敏感。如果经济秩序混乱，生产商可能还必须给予价格保证或托售商品。

（5）安装和维修费用。不论对于工业品还是消费品，这一问题都十分重要。

（6）价格。在独家分销政策中，生产商在市场价格下跌时，可能会同意某种形式的价格和利润担保。分销商则可能同意在其价格上保留“合理收益”。但是，法律禁止生产商和分销商的任何共谋行为。

（7）销售配额。不实际的销售配额的建立，会引发渠道关系中的冲突。当同意一项独家分销安排时，相关各方应在配额上达成一致意见，同时就高于或低于配额而受到的奖励或惩罚达成共识。

(8) 广告和促销业务。在协议中，必须详细说明对于目录、出售展示、销售帮助、地方广告和促销行为等的责任。计算合作广告津贴的基础应该详细地写出来，每个当事人都可以明确自己对其他各方的责任。

(9) 排他交易。在某些情况下，供应者希望它们的分销商不销售与自己直接竞争的产品。在这种情况下，生产商经常会被要求增加其对分销商的促销支持，以确保后者在其产品上达到令人满意的销售量。

(10) 生效期、更新条款和终止。如果需要进行排他分销，就以上9点达成书面协议是很重要的。但是，制定的协议应该给予各方足够的灵活性以应对外部事件和意外的出现。另外，各方就协议生效的时间和更新条款达成一致也很重要。尤其重要的是，在法律范围内必须详细说明协议何时和如何能被签约的一方终止。

不同宽度营销渠道的利弊分析如表1-2所示。

**表1-2 不同宽度营销渠道的利弊分析**

| 渠道宽度结构 | 利 | 弊 |
|---|---|---|
| 密集型分销渠道<br>（宽渠道） | 市场覆盖面大，扩展市场迅速<br>顾客接触率高，有利于提升销售业绩<br>分销支持度高，有利于充分利用中间商 | 厂商难以控制渠道<br>厂商需花大量的费用<br>分销商竞争异常激烈<br>分销、促销不专业 |
| 选择型分销渠道<br>（中等宽度的渠道） | 控制渠道较容易<br>市场覆盖面较大<br>顾客接触率较高 | 分销商竞争较激烈<br>选择中间商比较困难 |
| 独家分销渠道<br>（窄渠道） | 容易控制渠道<br>分销商竞争程度低<br>节省促销费用 | 市场覆盖面小<br>顾客接触率低<br>过分依赖中间商 |

## 渠道的广度结构

营销渠道广度是指生产制造企业选择的渠道数量的多少。数量少，表明营销渠道窄；数量多，表明营销渠道广。两条和两条以上的渠道又称多渠道组合。

### （一）多渠道组合的主要类型

1. 集中型组合方式

在单一产品市场组合多条分销渠道，这些渠道互相重叠，彼此竞争。如某公司在个人消费者的现货市场采取无差异的人员推销、电话营销和网络营销三种渠道形式。

2. 选择型组合方式

对产品市场进行细分，不同的市场选择不同的分销渠道，这些渠道互不重叠，也不彼此竞争。如公司将市场分割为个人消费者的现货购买、小公司的大规模定制和大公司的独特解决方案三个子市场，分别采用网络营销、电话营销和无差异的人员推销三种方式，各负其责、互不干扰。

3. 混合型组合方式

综合运用集中型和选择型两种组合方式。一般情况下，选择型渠道用于某种优先市场，集中型渠道用于较大规模的市场。如英国航空公司拓展业务的多渠道组合，对于大型业务活动的客户服务，由人员推销单一渠道去开拓；对于团体业务中的订票、度假规划经营，则采用旅行社、网络营销、电话营销、旅游商店等多条渠道组合的方式；对于个体旅游者，则采用网络营销、电话营销、旅游商店等多渠道的组合。

### （二）广渠道的利弊分析

1. 广渠道的优势

（1）扩大市场覆盖面。如增加乡村代理商以开拓农村市场。

（2）降低渠道成本。如增加新渠道节省了费用。弗里德曼等人认为，混合型渠道可以使企业的销售成本降低 20%～30%。

（3）更好地满足顾客的需要。如使用专业推销员销售复杂的设备。

（4）提高产品交易量。不少企业销售量的 70%～80%是由两三条渠道实现的。

2. 广渠道的不利之处

（1）当两条以上渠道瞄准一个细分市场时，容易产生渠道冲突。

（2）新渠道独立性较强，合作困难，不易控制。

营销视角 1-4 华为手机在中国市场的营销渠道结构

## 1.5 渠道演变

营销渠道是一个系统，是一个国家经济体系的一部分，随着时间的推移和环境的变化而不断发展变化。本节主要介绍中西方市场营销渠道的演变过程和演变趋势。

### 渠道演变过程

### （一）西方市场营销渠道的演变

西方发达国家的营销渠道演变过程大体分为以下三个阶段：

第一阶段是单一渠道阶段。20 世纪 50 年代以前，生产企业强调规模，试图以低成本来获取丰厚的利润，因而采取大量营销的方式，即生产企业进行大规模生产，大批量生产单一的产品，以相同的方式对所有的消费者展开促销，并通过相同的渠道出售产品。在这种市场环境下，大多数生产企业通过单一的营销渠道将产品传递给最容易到达的顾客，即要么由生产企业直接销售给消费者，要么生产企业通过中间商将产品提供给顾客。在这个阶段，市场竞争主要集中在产品和价格方面。渠道的发展滞后于其他营销组合要素。

第二阶段是双渠道阶段。20 世纪 60 年代后期到 70 年代初，整个市场转变为供过于求的买方市场，很多生产企业转变营销观念，采用目标市场营销战略，即在对营销环境分析的基础上，进行市场细分，结合企业的目标和优势，从中选择最有吸引力的细分市场作为企业的目标市场，进行市场定位，并按照目标市场的需求制定营销组合。在这种情况下，为了适应营销环境的变化，贯彻目标市场营销战略，很多企业纷纷采用直接渠道和间接渠道通向不同的目标市场，以扩大市场覆盖面。有些生产企业同时使用这两种渠道将产品送入相同的目标市场，力求获得更高的市场渗透率。在这一阶段，渠道在生产企业的营销活动中发挥了一定的作用。

第三阶段是多渠道阶段。20 世纪 70 年代以后，随着市场竞争的加剧和技术的进步，消费者需求趋于多样化和个性化，特色营销和定制营销受到企业的欢迎。特色营销是指企业将注意力集中在细分市场的亚群体上，为这些子细分市场提供有针对性的服务。在开展特色营销时，企业需要将细分市场进一步划分，分成不同的子细分市场后，再选择目标市场并提供相应的营销组合。定制营销也称一对一营销，是指为个体顾客定制产品和营销计划。定制营销要求生产企业与顾客一对一互动，产品、价格、促销和渠道等都要满足消费者个体的需求。为了开展特色营销或定制营销，更好地满足顾客的个性化需求，很多生产企业在双渠道的基础上不断发展新的营销渠道，形成了多渠道系统。20 世纪 80 年代末，矩阵式营销系统将特许经营、自有品牌、网络营销等引入渠道，综合利用传统的、联合的与非正规的销售网络和资源分配计划来全面满足消费者的需要，使产品能顺利到达所有的利基市场。多渠道系统更好地满足了不同顾客的需求。例如，网上销售可降低顾客的购物成本，而便利店能为顾客提供方便的地点和时间，百货商店则可以为顾客提供优质的服务。总之，渠道是随着营销环境和企业营销战略的变化而不断发展变化的。

## （二）我国营销渠道的演变

我国营销渠道的演变可以粗略划分为以下几个阶段。

第一阶段，传统重农抑商时代与营销实践

我国传统的经济是封建小农经济。长期以来，历史上各个朝代几乎都实施过重农抑商政策，限制商业发展。即使在如此背景下，还是留下了不少商业及营销实践的痕迹，如子贡和“商圣”范蠡等人的故事。20 世纪上半叶，中国民族资本崛起，尽管受制于西方列强和官僚资本，但仍然在夹缝中开拓市场，取得了一定的成绩，特别是以荣氏家族为代表的面粉、纺织、机械、钢铁等产业实践，在发展民族工业、促进经济繁荣等方面功不可没。

第二阶段，计划经济时代与商业发展

中华人民共和国成立后，从 20 世纪 50 年代开始实行社会主义计划经济体制，工商业的发展遵循“发展经济，保障供给”的方针。在市场商品及物资供应紧张的背景下，由中央统一下达指令性计划，制造企业严格按计划组织生产，生产的产品也由计划部门统一调拨，通过商业部门组织销售。在计划经济体制下，我国采用的是高度集中的分销体系，如图 1 - 4 所示。

在这种传统的分销体系下，大多数营销渠道是在一个狭窄的、特定的领域内运作的，商业范围也是按照强制性的经济计划预先决定的。市场力量受到限制和压缩，分销活动被城市的国营商业机构和农村的合作社垄断，导致一种高度僵化的、缺乏效率的分销网遍布批发和零售领域。这种传统的计划分销体系存在以下问题：

其一，国营商业企业仅负责商品的实体转移。分销渠道的成员通常只提供“时间”和“地点”效用，很少执行增值与差别化的营销活动。

其二，制造商被剥夺了获得生产所需原材料的途径，对变化的顾客需求不能迅速灵活地作出反应。

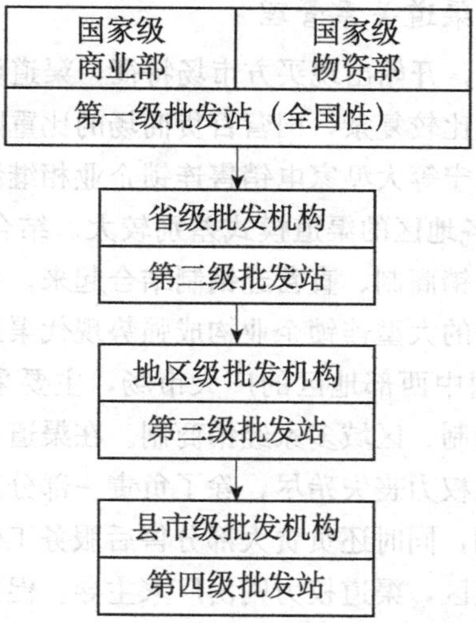


**图1-4 我国计划经济体制下传统的批发分销系统**

其三，多层次分销体系使分销渠道过长，成为经济发展的瓶颈。管理机制的僵化阻碍了商品的顺利流通，每一层的分销中心都造成了不必要的存货。

其四，分销的垂直管理体系阻碍了资源的合理配置，将商业企业之间的水平接触限制在同一管理层中。来自不同省份的商业企业之间市场信息的交流十分困难，商业企业除了做好本地工作别无选择。

其五，渠道成员间的关系是管理机构导向的，成员之间的相互依赖性不是由它们的功能决定，而是由它们在管理体系中所处的位置决定的。传统的分销体系下制造商与分销商的关系是比较简单的，双方各司其职，严格按国家相关部门的计划与指令从事生产或分销活动。

第三阶段，改革开放初期与渠道市场快速扩展

20世纪80年代是我国改革开放的探索初期，消费品需求空前旺盛，企业只要能够生产出产品就有销路，商品处于卖方市场。这一阶段也是我国市场营销从无到有，学习西方先进经验，逐步发展的阶段。

营销的主要手段除了产品就是广告，广告造就了大批知名企业和品牌，它们主要利用高空广告造势和地面渠道推进先占领市场。

在销售渠道上，20世纪80年代中期，我国的物流体系开始实行双轨制，逐步形成较规范的传统批发体系。商品主要通过国营各级批发站和供销社系统进行销售。90年代初，农贸批发市场开始兴起，它凭借灵活经营、自由流通、薄利多销、辐射力强等优势占了上风，缺乏生机的金字塔形的传统销售渠道受到巨大冲击。农贸批发市场逐步成为市场销售的主渠道。

第四阶段，“经销热”与渠道导向

20世纪80年代末期以来，随着国营百货商场的萎缩，多种渠道类型逐渐兴起。80年代末期到90年代中期，渠道模式比较复杂，不但有区域总经销制，还出现了区域多家经销商制。渠道权力逐渐向厂家倾斜，厂家开始重视向商家推销，承担了售后服务、价格体系制定和控制等方面的渠道职能。在具体的渠道组织方面，厂家开始在全国各市场设办事处，派驻推销员或办事员负责推销、售后服务等事务，厂家服务市场的营销网络初具雏形。

第五阶段，转型时期与渠道关系管理

进入20世纪90年代中期，开始出现买方市场特征，渠道模式为：区域总经销制和区域多家经销商制并重，渠道模式比较复杂，国营百货商场的比重降低，全国各地多种渠道的销售额比重迅速增加，国美、苏宁等大型家电销售连锁企业相继诞生。

进入21世纪，各厂家、各地区的渠道模式差别较大。结合各地区的实际情况，各厂家将区域总经销制、区域多家经销商制、直营经销制结合起来，各有侧重。在发达地区的一二级市场，以国美、苏宁为代表的大型连锁企业构成强势现代渠道，一般实行直营经销制；在发达地区的三四级市场和我国中西部地区的广大市场，主要采用代理—批发—零售这种传统渠道模式，实行区域总经销制、区域多家经销商制。在渠道权力的分配方面，对于大型连锁商业企业而言，厂家的渠道权力丧失殆尽，除了负责一部分渠道促销，商业企业几乎完全决定了价格体系的制定和控制，同时还负责大部分售后服务工作；对于采取区域总经销制与区域多家经销商制的企业或地区，渠道权力则由厂家主导。促销以广告促销为辅，渠道促销和终端促销受到重视。厂家之间为争夺渠道权力而冲突不断，渠道变革频繁。

制造商与经销商的关系体现了转型环境下的一些特点：一是在原有的关系秩序与规则被打破之后，适应市场经济的新的关系秩序与规则尚未真正建立，由此造成一种秩序的“真空”状态，企业之间缺乏信任与沟通的现象十分普遍。二是企业自我利益意识浓厚。过去的压抑与现在的觉醒使得它们很容易走向另一个极端，那就是一切以自身利益最大化为转移。双方对利益最大化的追逐不可避免地会造成严重的冲突，因而为了自身利益不惜牺牲其他成员的利益甚至渠道系统整体利益的情况十分普遍。

基于渠道权力在企业分配中的变化、渠道冲突的频繁发生，人们开始倡导渠道关系管理，强调企业合作。调研发现，工商企业间的合作意愿显著提高，但合作能力亟待加强。

## 渠道结构的演变趋势

### （一）渠道结构扁平化

厂家—总经销商—二级批发商—三级批发商—零售店—消费者，这种渠道层级可谓传统营销渠道中的经典模式。传统的营销渠道呈金字塔形，其广泛的辐射能力为厂家占领市场发挥了巨大的作用。但是，在供过于求、竞争激烈的市场营销环境下，传统渠道存在许多难以克服的缺点。面对这些问题与挑战，许多企业将营销渠道改为扁平结构，即营销渠道越来越短，同一层次上的销售网点越来越多。营销渠道短，增强了企业对渠道的控制力；销售网点多，则增大了产品的市场覆盖面和销售量。比如，一些企业将多层次的批发环节变为一层批发，即厂家—经销商—零售商；一些企业则在大城市设置销售公司和配送中心，直接向零售商供货。戴尔公司就是渠道创新的典范，通过越过以二级批发商为代表的渠道中间层实施直销方式，缩短了供应链，降低了渠道成本，使产品销售额和利润稳步上升。

### （二）营销渠道一体化、国际化

买方市场格局的出现，使生产—分配—交换—消费中各个环节的相对重要性发生历史性的变化，生产商更加依赖批发商和零售商所能提供的有限市场，出现了纵向一体化的形式。为了应对日益复杂的环境，许多生产商、批发商和零售商组成统一的系统，以降低交易费用、开发新技术，确保供应和需求。市场竞争往往表现为整个渠道系统之间的竞争。以日本汽车行业为例，现在的竞争不单是丰田汽车公司与日产汽车公司的竞争，而是包括经销商在内的丰田集团与日产集团之间的竞争。

地区之间营销渠道的差别日趋减小。20 世纪 50 年代初，美国和欧洲的销售方式有天壤之别，但今天的情况却大不相同，超级市场、连锁商店和直复营销等形式在工业发达国家和地区普遍存在。一些巨型零售机构把自己的销售网络扩大到世界各地，如西尔斯在墨西哥、南美、西班牙和日本设立网点；马狮集团在欧洲市场零售网络中的影响力久负盛名。这种零售商业的国际化发展，反过来进一步增强了生产商开拓国际市场的能力。生产的国际化更加依赖于渠道网络的国际化，各种全球化的垂直营销渠道网络应运而生。

## （三）零售商地位加强，渠道重心由批发向终端市场转移

20 世纪 90 年代后期，企业大多还是在销售通路的顶端通过对总经销商的管理来开展营销工作。当市场转为相对饱和的状态时，这种运作方式的弊端就越来越明显。企业把产品交给经销商，由经销商一级一级地分销下去。由于网络不健全、通路不畅、终端市场铺开率不高、渗透度不足等，经销商无法将产品分销到厂家所希望到达的目标市场，结果厂家产品的广告在电视上天天与消费者见面，消费者在零售店里却难觅产品的踪影。

针对这一弊病，一些成功的企业开始以终端市场建设为中心来运作市场。厂家一方面通过对代理商、经销商、零售商等各环节的监控，使得自身的产品能够及时、准确而迅速地到达零售终端，消费者能方便地买到；另一方面在终端市场上进行各种各样的促销活动，激发消费者的购买欲望。

## （四）营销渠道电子化

在网络经济时代，越来越多的企业开始关注如何利用互联网提供更多的顾客价值，将网络与传统的产业成功地结合在一起。随着网络时代的到来，网络营销的出现对传统的营销模式、营销理念形成了巨大的冲击，经销商不得不尽快调整思路以跟上新的变化。从发展势头上看，网络终端将成为经销商手中的利器。经销商可以借助原有的分销渠道，继续巩固自身承上启下的地位。承上，可以迎合供应商进行网上交易的需要；启下，可以更好地发展二级供应商和经销商，建立广泛的扁平化渠道。如果经销商能够把网络系统和企业内部的信息系统结合起来，就能使管理完全实现电子化。

## （五）渠道成员关系由交易型向伙伴型转化

传统的渠道关系使每个渠道成员都成为一个独立的经营实体，以追求个体利益最大化为目标，甚至不惜牺牲渠道和厂家的整体利益。而在伙伴型销售渠道中，厂家与经销商一体化经营，可以实现厂家对渠道的集中控制，使分散的经销商成为一个整合的体系，渠道成员则为实现自己或大家的目标共同努力，追求双赢或多赢。

**营销视角 1-5　联通公司营销渠道优化策略**

## 案例分析

### 五粮液公司的营销渠道结构

（一）五粮液公司简介

五粮液公司位于四川省宜宾市北面的岷江之畔，前身是 20 世纪 50 年代初由几家古传酿

酒作坊合并而成的中国专卖公司四川省宜宾酒厂（1959年正式命名为“四川省宜宾五粮液酒厂”）。1998年4月，由四川省宜宾五粮液酒厂设立的宜宾五粮液股份有限公司在深圳证券交易所挂牌上市，原酒厂改制为四川省宜宾五粮液集团有限公司（以下简称“五粮液公司”）。五粮液以“香气悠久、味醇厚、入口甘美、入喉净爽、各味谐调、恰到好处、酒味全面”的独特风格闻名于世。2018年度财报显示，五粮液公司全年实现营业收入400.3亿元，同比增长32.61%；归属于上市公司的净利润为133.84亿元，同比增长38.36%，进一步巩固了其在浓香型高端白酒市场的龙头地位。

（二）五粮液公司的渠道结构分析

经销商在五粮液公司的营销渠道环节中具有举足轻重的地位，不可否认，在今天的白酒营销渠道中，经销商的地位对于任何生产厂商来说都是不容低估的，对于实行“寡头式”渠道管理模式的五粮液公司尤其如此，而分销商则存在一定弱化的趋势，需要积极转型整合以适应市场发展的要求。此外，在号称“渠道为王，终端制胜”的白酒界，几乎每个白酒企业都曾领略到渠道终端的威力，因为渠道终端不仅是销售的关键环节，也是企业宣传口碑、树立形象的重要场所，企业产品在终端是否受追捧将直接影响企业的市场占有率，所以白酒企业对渠道终端都是相当重视的。

白酒渠道终端商主要是商超和餐饮，其中，商超渠道一直以来特别受五粮液公司重视，并设有商超部。五粮液把商超渠道分为国际性大卖场、国内有影响的卖场、区域性有影响的卖场、标准超市和社区便利店，其中，国际性大卖场和国内有影响的卖场由五粮液品牌事业部直接负责与之谈判，并指定经销商供货，其他商超渠道的谈判由品牌运营商（经销商）负责。在餐饮渠道，五粮液公司主要依靠区域品牌运营商（区域经销商）进行直接操作，公司在后台给予经销商一定的支持和配合。虽然随着餐饮业消费者自带酒水的增多，其渠道终端地位不及以前强势，但餐饮仍然是白酒最大的现场消费场所，在白酒渠道中有着举足轻重的地位，白酒界有名的“盘中盘”渠道操作模式就显示了餐饮渠道的威力。而且，五粮液公司的高价位产品定位于政务和商务用酒，餐饮渠道的重要性更是不言而喻，五粮液公司的产品在餐饮渠道终端的业绩值得称道。

目前，五粮液公司有90家专门从事五粮液系列酒销售的经销商。2007年8月，五粮液公司联合其中23家经销商成立了“五粮液品牌运营商顾问团”，组成了五粮液品牌运营联盟。同时，五粮液专卖店也是公司营销渠道中的一道亮丽风景线，从1995年第一家五粮液专卖店在长沙开业，发展至今，五粮液公司已拥有596家专卖店。但目前大多数中小城市以及乡镇还没有专卖店。五粮液公司近年来的团购直销业务也有较好的发展。五粮液公司与众多企事业单位形成了长期团购关系。

（三）公司营销渠道结构的长度与广度再设计

五粮液公司的营销渠道最大的弱点之一就是渠道控制力差，这主要表现在渠道终端控制力不足，以及有过分依赖大经销商的倾向，有较大的渠道风险。在渠道设计时，五粮液公司的渠道有必要进行部分下沉，加强对营销渠道终端的控制，主要是加强对大型零售终端的直接供货力度，并有针对性地分派公司营销人员帮助经销商开拓市场，协助经销商管理分销商，维护分销环节的价格差以确保经销商的价差获利途径，同时公司应该适当地多扶持一些经销商，改善对少数经销商过分依赖的现状。此外，随着科技的发展和互联网的普及，网络营销渠道在未来营销过程中的地位将会越来越重要，五粮液公司可以在自己的官方网站开设电子商务平台，而且在名酒售假现象屡禁不绝的背景下，厂家的网络营销渠道也将是现有营销渠道的重要补充。

（四）公司营销渠道结构的宽度再设计

五粮液公司经销商主要是针对五粮液主品牌产品而言的，公司自销品牌产品的专业经销商大多比较少，综合实力也相对较弱，自销品牌产品以前有过和五粮液主品牌产品共享渠道的经历，共享渠道的确可以有效降低自销品牌产品的渠道建设费用，但由于五粮液经销商有主品牌产品的利润支撑，大多数经销商只把自销品牌产品作为陪衬，事实证明这种渠道资源共享方式的效果并不太好。五粮液公司既然实行品牌经理制进行销售，就应该依据各自品牌的产品实际情况建设自己的营销渠道。

为了响应渠道扁平化的趋势，提高终端的控制力，专卖店也将会是五粮液公司营销渠道的重要突破口。值得一提的是，五粮液公司鼓励其经销商开设专卖店，为了减少对大经销商的依赖性，让专卖店成为制衡大经销商的重要砝码，可以对小经销商开设专卖店有一定政策倾斜。当然，目前五粮液公司重视团购业务是值得肯定的，团购业务的增加不但能够改善过分依赖大经销商的情况，还有助于缓解来自茅台公司在商超渠道施加的压力。对于国际渠道的开拓，由于五粮液产地宜宾通过了国家地理标志保护申请，五粮液的质量、声誉等特征实质上取决于其原产地，五粮液可以在时机成熟的时候利用国家地理标志保护实现产销分离，在国外建立销售公司，负责产品的包装与销售。

资料来源：肖德银．五粮液公司营销渠道研究．阜新：辽宁工程技术大学，2009.

**讨论**

1. 你认为营销渠道在企业经营过程中扮演了什么样的角色？
2. 简述本案例中营销渠道结构的演变设计。
3. 如何理解营销渠道的价值？

## 重点名词

营销渠道　　渠道功能　　渠道类型　　渠道结构
渠道演变

## 思考题

1. 什么是营销渠道？它有哪些基本功能？
2. 什么是直接渠道和间接渠道？它们之间有什么区别？

# 第2章 营销渠道环境

## 本章要点

1. 了解营销渠道环境的含义与特征。
2. 认识营销渠道的社会文化环境。
3. 认识主要的经济现象对营销渠道中各方的影响及其与渠道管理的关系。
4. 了解四种竞争类型的特点及其与渠道管理的关系。
5. 了解科学技术环境对营销渠道的影响。
6. 认识不同网络营销渠道的特点。

考察营销渠道必须考虑不断变化的外部环境，这些外部环境影响着营销渠道管理，渠道管理者应时时关注这些外部环境及其变化，适时调整营销渠道决策。围绕这一问题，本章将论述营销渠道中环境的特征以及影响营销渠道的一些主要社会文化环境、经济环境、竞争环境、技术环境和网络环境等。

## 引　例

### 5G时代的到来

5G即第五代移动通信技术，是4G的延伸。过去的四代网络技术全部是服务于“人与人”之间的通信需求，5G则主要是为了服务“物与物”和“人与物”之间的通信需求，可覆盖的产业更加多样。5G技术有以下两大特点：

（1）高速度。5G一秒钟可以传输3.2GB。意味着用户可以每秒钟下载一部高清电影，这样的高速传输给未来对速度有很高要求的营销载体、业务服务提供了无限的机会和可能。

（2）低时延。5G可以极大保证及时的信息传递和即时反应，对于自动化产业及VR体验等有更强大的推动力。

同时，5G会带来大量的数据，有两类大数据会在5G时代爆发出来。第一类是物联网产生的数据，第二类是人产生的数据。5G可以为我们提供更好的个性化和定制化服务。5G带来的变化并不局限于内容呈现方式、交互方式、精准营销的形式，进入5G时代，企业应认真思考该如何应对这一变化。

资料来源：栗建．5G 时代后营销，必须认清的三大变革．https://www.sohu.com/a/321103475_99937286.

# 2.1 渠道环境的含义与特征

## 渠道环境的含义

营销渠道环境的含义有广义和狭义之分。广义的营销渠道环境是指存在于渠道系统之外的一切事物。狭义的营销渠道环境是指对渠道系统产生实际或潜在影响的渠道外部要素的集合，是与渠道系统构成依存、制约、影响关系的相关系统。本文所指的是狭义的营销渠道环境。

营销渠道环境的要素多种多样，根据这些要素与渠道系统之间关系的远近程度，可以将营销渠道环境分为任务环境和一般环境（或宏观环境）。任务环境是由与渠道系统发生直接关系的各环境要素构成的，根据关系的类型可进一步分解为投入环境、产出环境、竞争环境和规制环境。投入环境是指渠道系统的供应环境，如果渠道以制造商为起点，则投入环境由制造商的所有直接供应商构成。产出环境是指渠道的终端用户环境，在消费品行业是指消费者的需求环境。投入环境和产出环境分别与渠道系统的起点和终点发生直接的交换关系，它们构成营销渠道的纵向环境。竞争环境由各层次渠道成员的竞争者构成。规制环境由对渠道行为进行约束的相关法律、法规和政策，以及相应的执行机构（规制机构）构成。竞争环境和规制环境构成营销渠道的横向环境。

## 渠道环境的特征

随着市场经济的不断发展和全球经济一体化进程的延伸，人们的消费观念与生活方式不断改变，企业所面对的营销渠道环境也在不断发展变化。营销渠道环境的特征表现在以下几个方面。

### （一）复杂性与多样性

营销渠道的环境因素既包括产品、企业、市场等因素，也包括人口、经济、技术、社会文化和政治、法律等诸多因素，而且往往是众多环境因素综合作用于营销活动，所以营销渠道环境具有复杂性和多样性的特征。

### （二）客观性与动态性

影响营销渠道的环境因素不以销售者的主观意志为转移，有着自己的运行规律和发展趋势。企业的销售活动只能主动适应和利用客观环境，而不能改变或违背它。主观臆断营销渠道环境的发展趋势，必然会导致营销渠道决策的盲目与失误，造成营销渠道实施策略的失败。同时，这些营销渠道的环境因素都在不断发展变化，具有动态性。例如，人们的消费观念和消费方式在不断变化；公众的文化程度在不断提高；人们的收入在不断增多；科学技术在不断发展；产品的市场寿命相对缩短，更新换代加快；等等。

### （三）不可控制性与企业的能动性

营销渠道环境作为一个复杂多变的整体，单个企业不能控制、改变它，只能适应它。对于营销渠道环境因素中的绝大多数单个因素，企业也不可能控制，只能在基本适应的过程中施加一些影响。然而，企业也不是无能为力，可以通过自身主观能动性的发挥，如调整营销渠道设计方案、对渠道成员进行撤换或激励、科学预测或联合多个企业协调发展等，突破环境的制约或改变某些环境因素，取得销售业绩的重大突破。

## 2.2 社会文化环境

社会文化环境是指一个社会的民族特征、价值观念、生活方式、风俗习惯、伦理道德、教育水平、语言文字、社会结构等的总和。社会文化环境是塑造消费者需求与偏好的核心因素。当价值观念、社会结构等发生变化时，个体对产品和营销方式的偏好也会随之变化。例如，当社会崇尚一种“速食文化”，即追求饮食方便时，将给食物营销渠道的所有层面带来巨大影响。人们更倾向于户外就餐，于是给餐馆和便利店等供应速食的营销点带来可观的利润，而食物制造商、运输商等会把更多的注意力放在传递速食给这些分销点的分销渠道上。同时，杂货商和超市会通过开发熟食、深加工食品、绿色食品等产品来迎合消费者，与便利店和餐馆竞争。再如，现在人们非常关注健康，宁愿支付比传统医疗方式更多的钱来获取良好的身体状况。这样就导致一些新的医疗服务营销形式的出现，如卫星诊所、网上医院、上门护理等，给传统的医疗服务营销渠道带来一定的冲击。

以上仅仅是社会文化变化对营销渠道产生影响的两个例子，其他社会文化趋势诸如女性参加工作的人数增多、家庭结构的变化、对物质生活的关心等都会对营销渠道的战略设计产生深远的影响。社会文化因素主要通过影响消费者的思想和行为间接地影响营销渠道，下面讨论与营销渠道关系较为密切的几个社会文化因素。

### 价值观念

价值观念是人们对社会生活中各种事物的态度、评价和看法。生活在不同社会环境下，人们的价值观念不同，对营销渠道的影响也有差异。如日本人强调产品的新鲜和质量，故每次购买量小，购买频繁，这就要求营销渠道商广设分销点，进货次数多，运货准确高效等；而在希腊和意大利，人们有储藏的习惯，喜爱大量购物，所以零售网点少，营业场所大，进货频率相对而言比较慢。不同文化下的价值观念对营销渠道的影响是一个十分有趣的话题。

### 民族传统与宗教信仰

民族传统是一个民族根据自己的生活内容、生活方式和自然环境，在一定的社会物质生产条件下长期形成并世代相袭的一种风尚，是通过反复练习而巩固下来并变成需要的行动方式等的总称。它在饮食、服饰、居住、婚丧、信仰、节日、人际关系等方面都表现出独特的心理特征、伦理道德、行为方式和生活习惯，对消费者的消费偏好、支出模式等产生重要影响。例如，西方国家的人常常超前消费，而我国人民长期以来形成了储蓄的习惯，并注重商品的实用性。有则小故事反映了这种差异。一个美国老太太在临死前说："我终于还清了银行的购房贷款。"一个中国老太太在临死前说："我终于攒够了买房子的钱。"可见两者在消费观念与结构上存在明显的不同。不过营销者也不要忽视传统习俗的变化与不同传统之间的交融。

在民族传统中，营销者应特别注意传统节日。在西方国家，每逢圣诞节，各种食品、日用品和礼品出现销售高峰。而我国春节前夕会形成生活用品的购买高峰；此外，在清明节、端午节、中秋节、国庆节、劳动节和双休日，人们对商品和服务的需求也显著增长。另外，营销者还应注意各民族的禁忌，入乡随俗，避免不必要的损失。

宗教信仰对营销渠道也有一定的影响，特别是在一些信奉宗教的国家和地区，其影响力更大。不同的宗教信仰有不同的文化倾向和戒律，从而影响人们认识事物的方式、价值观念、行为准则和消费行为，带来特殊的市场需求。某些国家和地区的宗教组织对教徒的购买决策有重大影响，例如，宗教组织有时会限制和禁止使用某些商品，认为它们与其宗教信仰相冲突。相反，有的商品得到宗教组织的赞同和支持，它会号召教徒购买、使用，起到特殊的推广作用。因此，企业应充分了解不同地区、不同民族、不同消费者的宗教信仰，生产适合其要求的产品，制定适合其特点的营销策略；否则会触犯宗教禁忌，失去市场机会。这说明，了解和尊重消费者的宗教信仰，对企业营销活动具有重要意义。

## 教育水平与文化素质

教育水平是指消费者的受教育程度。一个国家、一个地区的教育水平与其经济发展水平往往是一致的。一般来讲，教育水平高的地区，消费者对商品的鉴别力强，容易接受广告宣传和新产品，购买的理性程度高。教育水平的高低影响着消费者的心理和消费结构，影响着企业营销策略及销售推广方式的选择。例如，在文盲率高的地区，用文字形式做广告难以收到好效果，而采用电视、广播和当场示范表演等形式，容易为人们所接受。又如在教育水平低的地区，适合推广操作使用、维修保养都较简单的产品，而在教育水平高的地区，则需要先进、精密、功能多、品质好的产品。因此，在设计产品和制定产品营销策略时，应考虑当地的教育水平，使产品的复杂程度、技术性能与之相适应。另外，企业的营销机构和营销人员的受教育程度等，也会对产品的市场营销产生一定的影响。

文化素质指人们在文化方面所具有的较为稳定的内在的基本品质。文化素质不仅包括科学技术方面的知识，更多的是指人文社科类的知识，包括哲学、历史、文学、社会学等方面的知识。这些知识通过语言或文字体现出来。文化素质较高的人一般综合素质也较高，他们的知识面广，对产品各方面的情况都比较了解。面对这一消费群体，企业在产品推广的过程中不能简单地介绍商品的功能和特性，要更多地传递企业文化、产品文化以及消费文化。比如，可口可乐在宣传产品时传递的是一种年轻时尚的文化，让人们感觉可口可乐饮料只是宣传这种文化而附带推广的，这就使得文化素质较高的人产生强烈的共鸣，让他们感到在饮用可口可乐饮料的时候是在体验一种文化。而对于文化素质较低的消费者，企业在推广产品时可以采用简单直接的方式。

## 地区差异

中国是一个多民族国家，地区差异很明显，这种地区差异包括两点：一是指与世界其他国家的差异，许多在中国的跨国公司必须改变自己的渠道策略，从大公司在大中国区普遍把地区性经销商作为自己渠道的第一级就可以看出这一点。即使像IBM这样的企业，在美国实施渠道策略的重点是提高效率，而在中国则变成与渠道成员保持良好的关系，寻求更加密切的合作。二是指中国不同地区存在差异，有时必须实施不同的渠道策略。例如，在广东行得通的渠道，在东北地区未必行得通，必须重新建立渠道。

在中国手机市场中，这种现象尤为明显。手机渠道的地区差异主要表现在两个方面：一是地方的渠道势力强劲，地区间的渠道商重合度很小；二是手机消费存在地域差别。手机渠道中省级代理和地方代理的影响很大，它们覆盖某个地区，对这个地区的手机销售起支配作用。以黑龙江为例，在省会城市哈尔滨，影响力比较大的是龙华电讯，该公司一边做连锁零售，一边做大型批发，许多小的店家或大型商场的手机柜台都从龙华进货。虽然该地区也有别的分销商存在，但龙华在当地的手机市场中占主导地位，当地的手机价格受其价格策略的影响。

在手机的消费上也存在地区差异，表现在两个方面：一是消费习惯不同。作为一种时尚产品，其地区消费差异很大。一些手机厂商根据地区的消费差异，设计适合某个地区的手机样式。这也促进了地区包销的发展。二是地区经济发展不平衡造成消费能力的差异，不同省市的消费特征是不同的。对此，厂商、全国性分销商都有针对性策略，特别是在渠道建设上。例如，有的企业按照手机消费能力和特点的不同，将地区分成以下四类（一般的分销商也采取类似的划分）：

第一类，北京、上海、广州、深圳，其特点是零售连锁非常发达，渠道结构明朗，针对这些地方，以直供（到连锁店）为主。

第二类，山东、河南等地区，其特点是人口多，消费能力强，市场容量大，地市分散（每个省都有十几个重点城市），且2/3的地市销量很多。对于这些地区，每个厂商都很重视，投入的资源也很多。这些地区的手机渠道特点是，省级代理商不强或者强的不多，地区级代理商有影响力。比如在河南，开封、洛阳、郑州都有很有实力的代理商，主要覆盖当地市场。这些地区的代理比较分散，按照地市经营，与当地代理商合作。

第三类，有一定销量的大城市。比如在陕西，企业主要集中精力提高西安的销量，使其占全省销量的70%。

**营销视角2-1 中日手机渠道环境之异**

第四类，销量不大，但经营起来难度很大的地区，比如海南、青海、西藏。这些省份的制造商一般委托一个省级包销商来经营其产品，自己不直接参与销售。

## 2.3 经济环境

经济可能是影响整个营销渠道成员最普遍、最直接的环境因素。消费者以及制造、批发、零售公司的高层管理者每天都须密切关注经济形势的变化。无论是制造厂商为其长期投资融资，还是消费者在超市里买一袋大米，都会受到经济因素的影响。

在渠道管理中，经济是决定渠道成员行为和表现的关键因素。当今的经济环境发生了很大变化，世界经济陷入低增长时期，许多国家和地区出现了通货紧缩，消费者对经济预期信心不足，购买行为更加理性和谨慎。因此，管理者应该了解经济因素对营销渠道中各参与者的影响。本节将讨论几个主要的经济现象对营销渠道中各方的影响及其与渠道管理的关系。

### 衰退

经济衰退（recession），指的是经济出现停滞或负增长。在宏观经济学上通常将经济衰退定义为“在一年中，一个国家的国内生产总值（GDP）连续两个或两个以上季度出现下跌”。判断一个国家是否处于经济衰退阶段，被广泛认可的标准是“经济中总产出、收入和就业连续 6 个月到一年明显下降，经济中很多部门出现普遍收缩”。凯恩斯认为对商品总需求的减少是经济衰退的主要原因。

一般而言，经济学家认为国内生产总值连续两个季度下滑就称为衰退，但通常认为国内生产总值不增长或增速非常缓慢时就进入了衰退期或至少是经济滑坡期。每当经济衰退来临，消费支出（尤其是对汽车和大型电器之类可以延期购买的耐用品的支出）会减少，有时甚至急剧减少。营销渠道各成员会感到其销售额和营业利润大幅下降，库存大量积压，甚至到了破产的边缘。各经销商销售额减少，同时库存成本上升，连维持经营都极其困难，更不用说盈利了。面对这些严重问题，经销商转向生产厂商寻求帮助。然而，许多经销商认为，厂商并没有提供什么实质性的帮助以解决其库存成本高的问题，甚至感到厂商对这类问题漠不关心。这些突出说明了生产厂商所面临的渠道管理问题——如何帮助渠道成员平安度过经济滑坡期。

### 通货膨胀

经济学界对于通货膨胀的解释并不完全一致，一般经济学家认可的概念是：在信用货币制度下，流通中的货币数量超过经济实际需要而引起的货币贬值和物价水平全面且持续的上涨。通货膨胀的成因主要是社会总需求大于社会总供给，货币的发行量超过了流通中实际需要的货币量。通货膨胀直接导致货币贬值，如果居民的收入没有变化，生活水平就会下降，造成社会经济生活秩序混乱，不利于经济的发展。不过在一定时期内，适度的通货膨胀可以刺激消费，扩大内需，推动经济发展。

制造商的管理者在考虑消费者购买行为的这些变化时，应该联想到这些变化可能会影响渠道成员的行为，也会影响渠道决策。治理通货膨胀最根本的措施是发展生产，增加有效供给，同时控制货币供应量，实行适度从紧的货币政策和量入为出的财政政策等。由于厂商追求的是利润最大化，因此会扩大生产，保障供给。对于经销商来说，由于供不应求，经销商在消费者面前会有更多的话语权。

另外，为了满足渠道成员的要求，让它们在通货膨胀时期成本压力加大的情况下仍然有利可图，管理者也可以采取其他渠道决策。例如，设计合理的产品线，采取快速的订购和发运流程，通过强大的促销支持使渠道成员囤积库存，所有这些都可以减少渠道成员的库存负担。

### 通货紧缩

在通货紧缩或低通胀时，上一级的渠道成员很难将由于成本增加引起的价格上涨转嫁给下一级渠道成员。因为在低通胀或实际通货紧缩时，制造商、批发商和零售商等经济部门本身就面临内在成本压力，尤其是早期通货膨胀较显著时，可能它们都与员工重新签订过劳动合同。但当通货膨胀趋稳时，就很难通过提价来抵消这些成本压力，因为此时所有渠道成员都对提价非常敏感。因此，虽然在通货膨胀时比较容易将价格上涨转嫁给下一级渠道成员，直到最终转嫁给消费者，但转向低通胀时这种做法就很难实现，而进入实际通货紧缩时期这种做法就变得更不可能了。

### 其他经济问题

经济环境因素并不是只有衰退、通货膨胀和通货紧缩这三种。预算赤字、巨额国债和贸易赤字都作为经济问题引起广泛关注。这些现象本身并不是所谓的“坏”现象，但它们会加剧经济衰退和通货膨胀。年度预算赤字和国债会导致资本需求增加，从而引起利率提高，这反过来又会加剧通货膨胀。高利率会影响到所有营销渠道成员，会促使消费者削减消费支出，进而影响零售商、批发商和制造商的销售。再者，制造商、批发商和零售商在其经营活动中时常需要贷款，高利率会影响它们的业务成本。

汇率也是影响渠道管理的经济因素之一。在一国货币相对于他国货币汇率较高的情况下，坚挺的本国货币使得其制造商很难通过渠道成员销售其产品，从而给其渠道管理带来问题。此时，国外卖方要花较多的外国货币购买本国产品，使得本国产品价格相对于外国产品价格较高，进而本国制造商很难在国际市场上通过海外渠道销售其产品。由于国内批发商和零售商发觉外国产品因其价格优势更有竞争力，造成本国制造商即使在本国市场上也很难销售其产品。

另外，随着国际贸易和生产国际化的发展，各国之间的经济联系日益密切，相互依存程度日益加深。任何国家和经济部门都成为世界经济链条中的一环，世界经济发展趋向一体化，世界越来越成为一个有机的整体。世界各国市场逐步接轨，统一的世界市场开始形成。具体表现在：第一，国际贸易快速增长，各国出口的年增长基本都超过其GDP的增长速度。第二，世界生产要素市场发展很快，劳务、资金、技术的跨国界转移十分活跃，直接投资的增长速度不但超过世界GDP的增长，而且超过国际贸易的增长。第三，世贸组织的成立把贸易、投资以及服务的国际化提高到一个新水平，世界各国均采用了较为开放的贸易政策，逐步降低各自的关税和非关税贸易壁垒，为最终实现与世界市场的接轨作出了很大的努力。在经济全球化的大背景下，企业以国际市场为导向也开始了国际化的经营活动，广泛利用国内外资源，在更广泛的空间范围内求得生存和发展，使自身成为面向整个世界的国际企业。此时，企业的营销渠道开始扩展到国际市场领域，营销环境更为复杂。制造商在设计其营销渠道结构时，要求营销渠道既适应国内市场环境，又适应相关的国际市场环境。因此，即使渠道策略和管理的基本理念没有发生多少变化，渠道管理者也将面临国际市场环境中更多的不确定性和复杂性。

**营销视角2-2　新的经济环境下企业营销渠道分析**

## 2.4 竞争环境

本节主要介绍水平竞争、垂直竞争、类型间竞争和渠道系统竞争四种竞争类型，并对这四种竞争类型的特点及其与渠道管理之间的关系加以论述。

## 竞争类型

竞争是营销渠道创新的最大外部动力，尤其是在竞争已经扩展到全球范围的大环境下。在考察影响营销渠道决策的竞争时，以下四种竞争类型是必须考虑的，如图 2-1 所示。

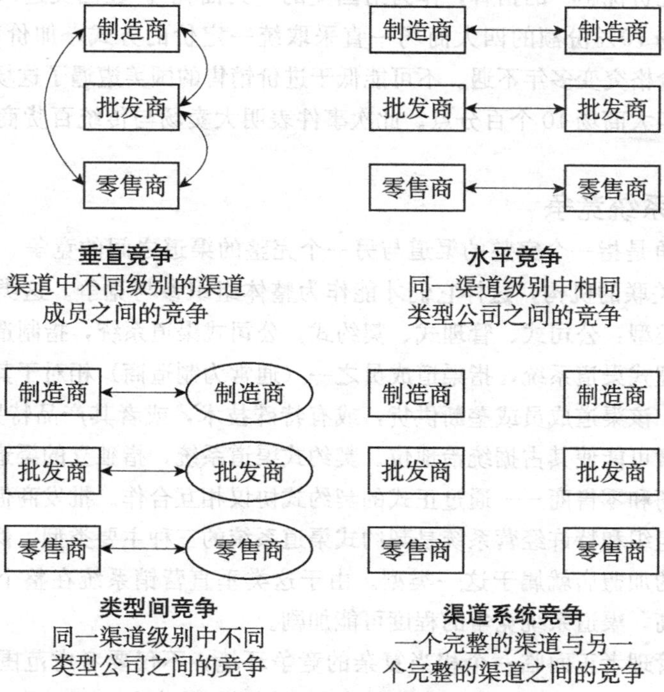


**图 2-1　四种竞争类型**

### (一) 水平竞争

水平竞争是指同一渠道级别中相同类型公司之间的竞争。例如，家用电器制造商甲和家用电器制造商乙、建材供应批发商丙和建材供应批发商丁，或者超市 A 和超市 B 之间的竞争。这是最直观也是最受关注的竞争类型。经济理论中通常将这种竞争简单地视为“竞争”，而且往往指若干生产商或制造商而非批发商或零售商之间的竞争。

### (二) 垂直竞争

垂直竞争是指渠道中不同级别的渠道成员之间的竞争。例如，批发商和零售商、批发商和制造商，或者制造商和零售商之间的竞争。家用产品制造商的品牌与零售商的品牌之间的竞争就是垂直竞争的一个典型例子。例如，华联超市除经营许多制造商品牌的日用品外，会在诸如食盐、酱油以及牙签等商品上直接打上“华联超市”的品牌，形成制造商品牌与零售商品牌的直接竞争。

### (三) 类型间竞争

类型间竞争是指同一渠道级别中不同类型公司之间的竞争。例如，大卖场和百货商场，或者大批发商和代理商、中间商之间的竞争。家用电器行业的竞争结构发展会在很大程度上改变其营销渠道。2001年8月，国美沈阳新店进入开业以来最冷的“冰冻季”：十几家家电厂商停止向其供货，厂方促销员也全部撤出。素来在外埠有上佳表现的国美，面对突如其来的尴尬又是气恼又是无奈。沈阳国美业务经理向媒体表示：“沈阳四大商场组成的价格协会不但联手控制价格，还共同胁迫厂家封杀国美，这是市场经济下极大的不公平!”国美在沈阳的第一家新店开业，由于“价格杀手”的到来，沈阳中兴、商业城、联营、铁百四大商场打出“进价再以九折优惠”的招牌，作为给国美的“见面礼”。在国美进入沈阳之前，占据沈阳家电零售市场70%份额的四大商场一直采取统一定价的方式，加价率保持在10%～15%之间，此次价格突变多年不遇。不可能低于进价销售的国美遭遇了这场“超常狙击”之后，价格已高出四大商场10个百分点。此次事件表明大卖场与传统百货商场的竞争已趋白热化。

### （四）渠道系统竞争

渠道系统竞争是指一个完整的渠道与另一个完整的渠道之间的竞争。渠道成员必须是有组织的、密切关联的机构，这样它们才能作为整体组织参与竞争。这类渠道称垂直营销系统，分为三种类型：公司式、管理式、契约式。公司式渠道系统，指制造和营销机构都属于同一公司。管理式渠道系统，指渠道成员之一（通常为制造商）相对于其他渠道成员占有绝对的统治地位。该渠道成员或垄断供货，或有特殊技术，或者其产品特别受消费者青睐，或者还有其他因素可能使其占据统治地位。契约式渠道系统，指独立的渠道成员——生产商或制造商、批发商和零售商——通过正式的契约式协议相互合作。批发商倡办的自愿连锁组织、零售商合作组织和特许经营系统是契约式渠道系统的三种主要类型。例如，各大中城市出现的各种各样的加盟店就属于这一类型。由于这类垂直营销系统在整个分销体系中所占的百分比越来越高，渠道系统竞争的程度可能加剧。

目前，渠道管理者正面临一个相当复杂的竞争环境，不仅要考虑范围较广的全球性竞争，还要关注水平竞争、垂直竞争、类型间竞争和渠道系统竞争。渠道管理者应该熟悉上述四种竞争，并且能够识别和区分这四种竞争，这样才能制定恰当的渠道策略。

## 竞争类型与渠道管理

了解竞争类型及其发生的变化，有利于制造商成功规划渠道和实现渠道管理。渠道管理者在进行营销渠道规划时，需要判断哪种分销商和（或）零售商能为公司的产品提供最快捷、最有效的销售渠道。由于分销商和零售商的竞争类型常发生变化，过去那种认为某些零售商或分销商只销售某些产品的传统观念已经过时了。例如，以前体育用品只能在体育用品商店出售，小五金只能在五金店买到，而现今消费者可以在批发店、折扣店甚至零售店和超市里买到以上所有产品。

这种跨行业、跨渠道销售产品的现象改变了竞争格局。如今，各种产品都可以通过商店或邮购、网络销售等其他模式销售，这说明在新的竞争环境下，某种产品一定要由专卖店销售的传统观念已经站不住脚了。在网上出售的产品包罗万象，明显打破了行业界限。不断变化的竞争环境意味着控制营销渠道的生产商和制造商要与更多不同类型的渠道成员打交道，它们肩负着比以往更复杂的管理重担。例如，习惯与专业零售商店打交道的小五金厂商现在不得不与批发店、折扣店、零售店、超市打交道。毫无疑问，此时厂商必须改变其原有的营销渠道管理和决策思路。

综上所述，了解影响渠道的各种竞争类型能帮助渠道管理者清楚地识别竞争环境发生的变化。渠道管理者在日后制定各种各样的决策时应该考虑公司或整个渠道所处的竞争环境。认识和区分水平竞争、垂直竞争、类型间竞争和渠道系统竞争以及全球范围的竞争，有利于厂商进行目标分析和决策制定。

**营销视角 2－3 互联网企业与商业银行业务间的渠道竞争**

## 2.5 技术环境

科学技术是人类在长期实践活动中积累的经验、知识和技能的总和，是最活跃、最主要的生产力。科学技术的发展，首先引起经济、自然因素的变化，继而引起法律、政治、人口、社会文化因素的变化。这种连锁反应必然会对营销渠道产生一系列影响。

### 科学技术发展的新趋势

第二次世界大战以来，科学技术发展速度之快、规模之大、作用范围之广、影响之深远，是历史上前所未有的。营销者应注意以下趋势。

#### （一）科学技术加速发展和急剧变革

当代科学技术的发展呈指数增长趋势。近 30 年来，人类取得了辉煌的科技成果，科学知识的更新速度也在加快。当今，工程师知识的半衰期是 5 年，即 5 年内有一半知识已过时。科学技术的发展加剧了社会的变迁，主要表现有：

（1）社会结构和工作岗位出现分化，越来越多的人从事科学研究和技术创造，从而形成了一个社会阶层。

（2）各国科研经费投入也以指数增长，企业界大量投资于研究与开发活动，通过培养核心竞争力获取和保持经济上的竞争优势。

（3）科学知识更新速度的加快，使得职业培训成为一种终身教育。各公司十分注意对员工的再教育，以提高人员素质。

#### （二）技术革新与运用的规定有所增加

科学技术的飞速发展像一把双刃剑：一方面为创造人类的幸福提供了前所未有的能力；另一方面也使人们掌握了足以毁灭地球上生命的能力。许多人认为技术会给自然，甚至给人类自身带来威胁，他们反对建核电站、高楼，反对发展克隆技术。由于这些人的影响，一些国家的政府机构在技术革新和运用中增加了有关安全和健康的规定。营销者要清楚地认识技术的两面性，警惕技术发明的消极作用，避免触犯政府的规定，损害企业的形象。

### 科学技术环境对营销渠道的影响

科学技术环境的深刻变化对营销渠道的影响主要表现在以下三个方面。

### （一）对营销渠道输入环节的影响

科技发展给厂商带来了新材料、新工艺，每天都有新品种、新款式、新功能、新特色的产品问世。大量新产品进入营销渠道，为营销者提供了更广阔的市场空间和更多的发展机遇；同时，新产品的高科技含量又对营销人员素质和营销渠道提出新的要求和挑战，给营销渠道的输入带来威胁，陈旧、保守的营销渠道将无法输入和消化新的产品。

### （二）对营销渠道管理的影响

科学技术尤其是信息技术的发展和应用带来了企业管理与决策的革命。信息及网络技术的普及与发展，对营销渠道管理产生的影响表现为以下几个方面：

（1）使零库存成为可能。营销者既可以降低库存成本，又可以保证经营的灵活性。

（2）使建立庞大的战略关系网成为现实。营销者通过电子商务可以与利益相关者发展业务，建立长期客户关系，在公共关系策略的辅助下构筑牢固的战略网。

（3）使进军更广阔的国内外市场成为可能。一方面，网络技术提高了工作效率，以往看起来十分复杂烦琐的存货管理、客户管理及财务管理现在只需敲几下键盘、打个电话或发个传真便可轻松准确地完成。另一方面，营销者可以通过现代通信技术获取更多、更全、更新的市场资讯，足不出户便可了解某个国家或地区某一行业甚至某一细分市场的规模与特征，从而为营销决策做好更充分的准备。这些都为营销者扩展业务奠定了基础。

（4）使建立灵活的内部管理体系成为可能。网络技术的发展打破了传统的企业管理制度，SOHO（small office，home office）一族的出现使企业内部固定的上下隶属的行政关系变得平面化、网络化。每个员工面对的不是固定的上司而是电脑，彼此间可以自由平等地交流，灵活地形成工作团体；如果在家工作，还无须恪守死板的上下班时间，这样既提高了工作的效率和积极性，又保证了工作的灵活性。不过，科技的发展也加剧了渠道内部的分化与重组，增加了渠道冲突与矛盾，给渠道管理带来一定的挑战。

### （三）对营销方式的影响

科学技术给营销者带来新的营销方式和手段，自动售货机、邮购、电话订货、电视购物、网上商店等逐渐扩展，对传统营销渠道造成越来越大的冲击（关于这一点本书后续章节有详细论述，在此不再赘述）。营销者不应一味地去追逐这些新技术、新手段，而应重点考虑如何将新的营销方式与传统营销渠道相融合，更好地满足目标市场的需求。

**营销视角2-4 我国互联网发展推动卫浴行业渠道变革**

## 2.6 网络环境

电子商务给生产者带来全新的销售模式，同时也打破了消费者传统的购物模式。它把生产者、中间商和消费者连接起来，打破时空界限和传统的渠道束缚，为买卖双方进行交易提供平台，缩短了两者之间的距离，生产商得以直接向终端经销商和最终消费者销售商品，企业降低了库存和销售成本，使零库存管理成为可能。目前，网络营销渠道主要分为网络直销、网络间接销售和双渠道三种类型。

## 网络直销

网络直销通过互联网可以实现商品从生产者到消费者的直接营销，包括企业对消费者的销售方式（B2C）和企业与企业之间在网上的直接交易方式（B2B）。网络直销渠道与传统营销渠道相比有诸多优势。首先，凭借网络的实时性和交互性，买卖双方的单向信息沟通变成双向直接信息沟通。企业可以在互联网上发布有关产品或者服务的价格、性能、使用方法、售后等信息。消费者可以通过互联网直接查询产品信息，进行咨询，并作出合理的购买决策。这也可以帮助企业了解和收集消费者的需求信息。

其次，网络直销简化的交易流程可以为企业和消费者提供更加便捷的销售服务。企业可以通过互联网发布最新的商品信息，还可以提供支付服务；顾客可以直接在网上完成订货和付款，通过物流享受送货上门的便利，既节省了顾客挑选产品的时间，又降低了企业的销售成本。企业可以通过网络营销渠道为客户提供技术支持和售后服务，特别是一些技术性比较强的行业，可以在交流中给予买方指导并解决问题。

最后，网络直销可以减少传统营销渠道中的流通环节，使生产者降低成本，如产品的销售费用，包括中间商的运营费用、销售商的柜台员工费用，还可以减少库存，实现零库存管理，降低仓储成本。

但是，网络直销也有其不足。在大量分散的网站中，访问者很难有耐心逐一进行访问，导致网站的客流量有限。为解决这一问题，一方面，需要尽快组建高水平的专门服务于商务活动的网络信息服务点；另一方面，需要从间接营销渠道中寻找解决方法。

## 网络间接销售

电子商务发展迅速，为了克服网络直销的缺点，网络商品交易中介机构应运而生，成为连接买卖双方的枢纽，使网络间接销售成为可能，如淘宝、京东商城、亚马逊网上书店等都属于此类中介机构。这些中介机构也称新型中间商或者电子中间商。新型中间商具有简化市场交易过程、使交易活动常规化、便利买卖双方收集信息等优点，在未来网络市场中的作用是其他机构所不能代替的。

采用网络间接渠道的企业通过选择网络中间商来建立网络渠道。为了找到适合的网络中间商，需要考虑以下五个因素：

（1）网络中间商的成本。成本是使用网络中间商所必需的支出。成本支出分为两类：在网络中间商的网站建立主页的费用；维持网站正常运营的费用。

（2）网络中间商的信用。信用指网络中间商信用度的高低。由于建立网站所需的投资较少，网络中间商如雨后春笋般出现，常常鱼龙混杂。企业在选择网络中间商时，要特别注意它们的信用水平。

（3）网络中间商的覆盖范围。覆盖范围指网络中间商所能影响的地区和人数，往往由网站知名度决定。对于企业而言，不仅要看网络中间商覆盖面的广度，还要看其覆盖面是否与自己的目标市场相吻合，是否能够给企业带来真正的经济效益。

（4）网络中间商的特色。网络中间商的规模、财力和文化底蕴会影响它们的网站设计，从而表现出各不相同的风格特色，具有不同的访问群体。企业应研究这些访问群体的信息，比如网上购物的习惯、频率、购买的需求等，进而选择适合自己的网络中间商。

（5）网络中间商的连续性。网络站点和网络中间商的运行周期各不相同，它们的连续性也各不相同。企业要选择具有连续性的网站和网络中间商，以便在用户与消费者中建立品牌信誉和服务信誉。

## 双渠道

双渠道是指企业在进行网络营销决策时，同时使用网络直接渠道和网络间接渠道，以达到使销售量最大的目的。网络直接渠道的优势体现在生产者和消费者直接交流互动，更容易达成交易，劣势在于直销网站竞争激烈，网站客流量少，需要较高的维护费用和专门团队管理。网络间接渠道的优势体现在规模效益显著，不需要建立自己的网络系统和网站管理团队，从而降低成本，劣势在于难以控制。中小企业由于自身规模和资金有限，大多会选择网络间接销售渠道。对于资金雄厚的大企业来说，它们会建立独立的网络直销渠道，设立专门的网络营销团队，在页面发布企业信息和产品信息，提供支付服务，进行销售和结算。同时，这些企业还会利用新型中间商进行网络间接销售，来弥补自身网站客流量较低的不足。为了各取所长，目前许多企业在网络营销领域采用了双渠道，来增加销售量和市场份额，提升品牌影响力。另外，目前部分企业会在网络营销渠道中设立网络分销商，这里值得一提的是其中部分分销商并没有获得分销权，但是企业不会对这些分销商进行法律方面的追究，而是默认它们销售自己的产品，其目的是扩大其品牌和产品的影响力，增加销售量，扩大市场份额。

**营销视角2-5　可口可乐昵称瓶的成功营销**

## 案例分析

### 电信运营商需要怎样做才能适应5G的发展要求？

5G时代，移动互联网发展为万物互联，电信运营商由“老三家”变成“大四喜”。5G时代，中国运营商既要面临携号转网的压力，又要面临4G/5G切换这样一个可能会变盘的时间点，运营商之间的战斗必定比平时更为紧张、惊险；而真正为战争带来精彩的，就是物联网时代的多元角色参战。运营商已经不再是战争的主体，像华为这样的终端公司，像腾讯、阿里这样的应用参与方，都将加入这场战斗。对于电信运营商而言，物联网业务既是5G技术带来的机会，也是风险。面对5G带来的机会和风险，电信运营商要尽早做好准备，积极部署5G运营策略。

（一）加强5G产业圈合作

在互联网浪潮下，无论是电信运营商、互联网公司还是终端制造商，均已从既有基础业务向新兴领域扩张，行业边界越来越模糊，行业形态从产业链条逐步演变为生态产业圈。5G生态产业圈汇集了众多行业，5G的技术研发、业务运营、市场推广等各个环节都需要产业圈各方通力合作。电信运营商作为网络服务的主要提供者和5G生态圈的重要参与者，应整合和利用优势资源，积极促成5G生态圈的良好运作，实现共赢。

另外，5G基础设施建设需要大量的资金和人力投入，电信运营商需要合作伙伴带来大量的资金流和各领域的专家人才，在共享5G红利的同时，共同承担5G的投资风险。电信运营商应该和合作伙伴形成利益共同体，以联盟的模式展开合作更有助于 5G 应用在联盟伙伴的垂直市场中先发落地，形成市场示范效应，增强其他垂直领域对 5G 的信心，从而推动 5G 产业圈不断壮大。这种风险分担、利益共享的联盟模式，对于 5G 时代电信运营商探索新兴领域、发展新的商业模式，具有重要意义。

（二）尽早开展 5G 部署

纵观国际运营商的 5G 动态，各国运营商均在积极参与 5G 技术的试验与研发，积极推动 5G 的商用计划，力争获得 5G 标准和产业发展的主导权。5G 技术能够全面支撑医疗仪器、工业制造、交通运输等多个垂直领域，应用场景丰富、未来市场空间巨大，必将成为电信运营商收入增长的重要驱动力。电信运营商应该大力推动 5G 技术的研发与标准的落地，积极为 5G 的网络建设和业务运营做好准备，尽早成为 5G 市场的领路人。尽早开展 5G 部署，有助于电信运营商抢夺市场先机、获得市场的主导权，对于电信运营商的持续向上发展具有重要价值。

（三）充分利用 4G 基础设施灵活部署 5G

尽管 5G 是一项新技术，但它由 4G 演化而来，部分 5G 的典型应用场景可以通过 4G 加强版实现。对于电信运营商而言，在 5G 技术正式商用前，应充分利用现有的 4G 网络，为 5G 网络的基础设施改造打好基础，灵活部署 5G，积极试水典型的 5G 应用场景，从而实现 4G 到 5G 的平稳过渡。NB-IoT 和 LTE-M 是两个被 3GPP 标准化的物联网技术，电信运营商可先行利用 NB-IoT 和 LTE-M 技术开展物联网业务，为 5G 时代的物联网发展打下基础。通过 4G 技术在物联网领域处于市场领先位置的运营商，拥有了良好的用户基础和运营经验，往往能够更好地利用 5G 技术实现物联网业务的快速发展。

（四）优先发展 5G 重点区域和高价值业务

在 5G 正式商用前，电信运营商应首先评估，在哪些区域率先铺设网络、在哪些市场领域率先开展 5G 业务更助于 5G 的成功运营。具体来讲，5G 部署可借鉴 4G 部署的成功经验，电信运营商可考虑在城市发达地区、人流密集地区率先部署 5G，发达地区的消费水平更高，有利于通信产品每用户平均收入（ARPU）的提升，同时人流密集区域对于网络的容量与速率要求更高，也更能带来规模效益。

其次，电信运营商可大力发展高价值的增值业务，如智慧家庭、智能交通、工业控制等，在流量的 ARPU 值持续下滑的情况下，高价值的增值业务有助于电信运营商尽快回流 5G 投资，实现可持续发展。

**资料来源：李睿，刘旭峰，高敏，等. 5G 业务发展与运营商应对策略. 通信世界，2018（9）：21－22.**

**讨论**

1. 电信运营商需要做好哪些调整来适应 5G 的发展要求？
2. 在 5G 时代，哪些渠道符合未来发展的需要？
3. 在 5G 时代，如何做好渠道的定位、分类和管理？
4. 在 5G 时代，电信运营商未来的转型方向是什么？

## 重点名词

| | | | |
|---|---|---|---|
| 渠道环境 | 社会文化环境 | 通货膨胀 | 通货紧缩 |
| 竞争环境 | 技术环境 | 网络环境 | |

## 思考题

1. 营销环境的特征是什么？
2. 营销渠道的社会文化因素有哪些？
3. 主要的经济现象对营销渠道中各方有什么影响？它们与渠道管理的关系如何？

# 第3章 营销渠道的成员

## 本章要点

1. 了解渠道成员的类型及其在渠道中的作用。
2. 了解批发商的类型和功能以及行业发展的特点。
3. 了解代理商的类型。
4. 熟悉零售商的类型和作用以及行业发展的特点。
5. 了解个人消费者购买行为的类型以及购买决策过程。
6. 了解组织购买者的特征以及购买决策过程。

基本渠道成员是指在渠道联盟中相互依赖并在增值分销过程中承担风险的企业，鉴于基本渠道成员在整体销售中所起的关键作用，本章将仔细讨论作为基本渠道成员的制造商、批发商、零售商和消费者的有关问题，具体从以下几个方面讨论基本渠道成员的情况：(1) 批发商在渠道中的地位及其行业概况；(2) 零售商在渠道中的地位及其行业概况；(3) 消费者在渠道中的地位及其行为分析。

## 引 例

### "董明珠的店"重塑格力经销商体系

渠道变革本质是渠道效率的提升和线上线下的打通。格力作为空调领域一直以来的领跑者，其销售公司体系相当于各地的格力总代理。格力会给各地销售公司制定每阶段的提货目标，再由销售公司统一管理线下的代理商和经销商的打款提货，销售公司统一负责到代理商的仓储物流、向下的返利分配和兑现等。

格力渠道中很大一部分的毛利是以返利的形式兑现的，返利主要包括打款贴息、提货奖励、淡季奖励、年终返利，正常持续经营的经销商每年可获得10%～16%的返利。在这一返利体系下，格力与各级经销商通过利益进行深度绑定。

**董明珠的店与去代理商化**

2020年5月14日，格力电器在网上举行2019年业绩说明会，董明珠在解答有关渠道变革的问题时坦陈，格力的渠道变革晚了一点儿。格力渠道变革的一大重点就是促使各地的区域销售公司实现职能转变，利益重新划分，从过去压货收货等销售职能剥离，转为运营和服务，提供市场、品牌维护和物流、售后等。

实质上，格力在2019年就已经表现出明显的去代理商苗头。2019年初就开始推出全员营销、所有员工注册网店，让全体员工参与公司销售渠道开拓，向亲朋好友推介优质产品，实现格力电器营销模式的升级。2019年全年，“董明珠的店”注册分销店铺超10万家，全年销售额累计突破14亿元。

格力专卖店的经销商也可直接从微店“董明珠的店”分销平台提货，也就是说，经销商直接向总部打款提货，董明珠的店将成为格力全国新的直营平台，这基本上与互联网的直销本质一致，就是线下零售渠道的去代理商化，将中间环节压缩掉，提高了供应链效率。

资料来源：应对变革 经销商调整经营结构与用户结盟 . https://www.yidianzixun.com/article/0PtkQyTh/amp.

## 3.1 渠道成员的类型

基本渠道成员（basic channel members）是指拥有货物的所有权并相应地承担实质性风险的企业以及作为营销终点的消费者。营销渠道中承担转移货物所有权这一任务的基本成员包括制造商、批发商和零售商。图3-1为各渠道成员之间的关系。

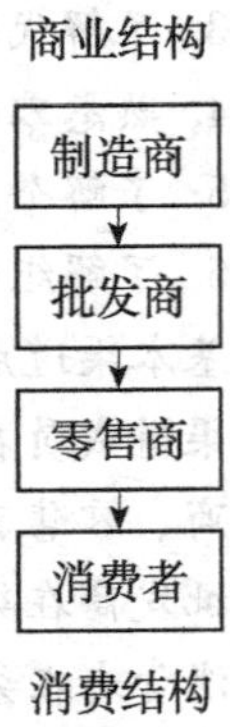

图3-1 渠道成员之间的关系

### 制造商

制造商是指创造产品的企业。作为品牌产品的创造者，制造商广为人知并被认为是渠道的源头和中心。像通用电气、通用汽车、索尼、飞利浦这样成功的制造商在各自的营销渠道中占据着举足轻重的位置。但事实是，许多服务于工业领域的制造商并不广为人知，并不是所有的制造商在各自的营销渠道中都占据主导地位。

制造商采用自动化的机器设备及生产工序，将原料（自制或外购）制成一系列日常消费品。较有规模或品牌信誉的制造商除了制造的功能，通常还具有营销及商品流通或进出口的功能。

### 批发商

批发商是以前对商人的一种叫法。批发，顾名思义，就是一批批进货，然后往外一批批地发货。可见这样的生意没有什么计划，只是一个货物买卖的过程，且缺少管理和控制。所以批发商一般用来指没有服务终端意识的坐商。

批发商在营销渠道中的作用并不像制造商和零售商那样明显。批发商曾经是渠道的主导者，它通过设计和发展渠道将许多零售商和制造商的活动连接起来。但最近几年，由于许多零售商和制造商之间的纵向一体化，批发商的作用似乎在减弱，其被认为是营销渠道中不必要的一环。实际上，批发商并没有被排除在营销渠道之外，许多著名的批发商仍主导着各自的营销渠道。

批发商是相对于零售商来说的，零售商只买少量产品，而批发商购买大量的产品。批发商批量采购上一级供应商的货物，然后再批量卖给下一级需求者（如零售商）的经济实体。批发商区别于零售商的最主要标志是一端连接制造商，另一端连接零售商。

### 零售商

零售商是指将商品直接销售给最终消费者的中间商，是相对于生产者和批发商而言的，处于商品流通的最终阶段。零售商直接为最终消费者服务，其职能包括购、销、调、存、加工、拆零、分包、传递信息、提供销售服务等。它又是联系生产企业、批发商与消费者的桥梁，在营销渠道中具有重要作用。

与制造商直接相对的是零售商，它是营销渠道中最靠近消费者的一环。零售商利用各种购物环境把不同制造商的产品提供给消费者。它在渠道管理中的推动作用并没有在图 3－1 中充分表现出来。在许多渠道中，零售商是主导力量，就像沃尔玛、西尔斯和梅西百货那样，它们决定了如何组织和运作整个营销过程。实际上，信息技术的高速发展使得零售商在营销渠道中的作用越来越重要。

### 消费者

从法律意义上讲，消费者是为个人目的购买或使用商品和接受服务的社会成员。消费者与生产者及销售者不同，他必须是产品和服务的最终使用者而不是生产者、经营者。也就是说，他购买商品的目的主要是满足个人或家庭需要而不是经营或销售，这是消费者最本质的一个特点。作为消费者，其消费活动的内容不仅包括为个人和家庭生活需要而购买和使用商品，而且包括为个人和家庭生活需要而接受他人提供的服务。无论是购买和使用商品还是接受服务，其目的只是满足个人和家庭的需要而不是生产和经营的需要。

消费者是整个营销渠道的终点。制造商、批发商、零售商的诸多努力都是为了满足消费者的需要，实现商品的销售，最终实现各自的盈利。因此，消费者的类型、购买行为、购买特征都是它们关注的焦点。

**营销视角 3－1　娃哈哈的联销体渠道模式**

## 3.2 渠道中间商

本节主要讨论渠道中间商，包括批发商、代理商、零售商等的类型、行业特点及其在营销渠道中所具有的功能。

### 批发商

#### (一) 批发商的类型

批发商是营销渠道中的一个重要环节。从广义上讲，批发商包括商业批发商、商品代理商以及制造商的分销机构或销售办事处这三种主要类型。从狭义上讲，批发商是指将商品或服务售给那些为了再出售或企业使用而购买的中间商，即商业批发商。如果没有特别说明，本书中提及的批发商仅指商业批发商。

1. 商业批发商

商业批发商是指独立投资，独自大量购进商品，再批量销售给各种组织用户的批发机构。其特点是：它们拥有所买卖的商品的所有权并承担与此相关的风险。商业批发商是整个批发业的支柱。商业批发商中最主要的是"全职"或"全方位服务"批发商，即通常所指的分销商或者工厂配售商。全职批发商，顾名思义，作为中间商承担大量的营销渠道职能。它们承担货物所有权风险，提供储存和运输功能，有专门的销售队伍，为客户提供融资服务，把市场信息传递给所服务的制造商和零售商。除了全职批发商，还有许多提供有限职能或有限服务的批发商。

（1）送货批发商。送货批发商通常只负责将货物从制造商那里运到超市等地方，主要运送玩具、家具、书报杂志等。

（2）现购自运批发商。现购自运批发商，顾名思义，不提供赊销业务，也不负责运输，主要将货物卖给小企业进行转售。

（3）货车贩运批发商。货车贩运批发商不从事储存业务，仅在制造商和零售商之间提供流通迅速的产品，如蔬菜或机械工具等。

（4）承运批发商。承运批发商主要运送散装的货物，如木材和建筑材料等。它们把货物直接从制造商运给零售商，减少了中间储存的过程。它们通常承担运输过程中的货物风险。

（5）邮购批发商。邮购批发商执行除人员推销外的其他所有商业批发商具有的营销职能。邮购批发商把产品目录送给工业客户或零售商，通过电话或邮件进行订货。许多全职批发商也提供邮购业务。

（6）农产品集散商。农产品集散商把农产品从农产品集散市场转运给炼油厂、酿造厂、出口商等企业。虽然农产品集散商的数目很少，但都属于较大的批发商。

2. 商品代理商

商品代理商是指独立投资，但对其经营的商品没有所有权，只是替委托人批量推销或采购商品的批发机构。它们承担某些营销渠道职能，并作为其他公司的代理以委托人的名义进行交易谈判和买卖。代理商赚取的是佣金，大约占销售额而非经营利润的2%～6%。它们在商品分销过程中不承担风险。有许多种商品代理商，但由于它们的职能交叉，很难分门别类。

（1）制造商代理。它们就像制造商的销售人员那样对所代理的制造商的产品进行销售。制造商代理通常在某个特定地区负责几种互补性的产品线的销售。虽然也提供储存服务，但其主要任务是将订单传给制造商以进行生产和运输。

（2）卖方代理。卖方代理与制造商代理相似，但它们承担更多的责任，具有更广泛的职能。一般的制造商会把所有的产品交给一个卖方代理进行销售。卖方代理在定价和销售条件方面拥有很大的权力。

（3）经纪人。经纪人与一般代理商的区别是：代理商通常根据长期的协议代表买方或卖方，而经纪人纯粹是在买卖双方之间牵线搭桥或协助它们谈判，与买方或卖方没有长期代理关系。经纪人的主要任务就是帮助买卖双方通过商业谈判签订协议，并向雇佣它们的一方收取佣金（在一桩买卖中，经纪人不能同时代表双方）。经纪人不占有商品。

（4）代销商。代销商进行商品的委托销售，以自己的名义进行贸易谈判。它们通常对产品有很大的支配权，最常见于农产品、纺织品和木材的销售，在这些领域，制造商的名字不太重要。

（5）商业拍卖公司。商业拍卖公司提供畜产品和旧汽车等商品的交易场所。它们的作用只是促进所有权的转移。

（6）进出口代理。进出口代理负责客户产品的进口或出口，并在运输、关税、融资等方面提供咨询。

（7）买方代理。买方代理通常只对有限的产品和客户进行代理，一般专门代理无法在内部生产的特殊产品。

3. 制造商的分销机构

制造商的分销机构是指制造企业自设的销售组织，专门经营自己产品的批发销售业务，与商业批发商的职能相似，但属于制造商，并独立于生产工厂。

## （二）行业发展的主要特点

近年来，批发商面临日益增长的竞争压力，如新竞争力量的出现，顾客的新需求、新技术的产生，以及零售商越来越多地直接向制造商购买产品。它们不得不制定一些合适的策略来回应竞争，比如在目标市场、产品品种和服务、定价、促销和批发地点等方面进行改进，从而更有效地管理其存货和应收账款以提高资产增值率。其行业发展新动向主要表现在以下几个方面。

1. 目标市场

越来越多的批发商开始细分市场并明确自己的目标市场。它们按顾客的规模（如只面向大型零售商）、顾客的类型（如只面向大型方便食品商店）、所需要的服务（如需要赊货的顾客）或者其他标准，选择一个目标顾客群。在此目标顾客群里，可以找出较有利的顾客，设计适当的供应物，和顾客建立良好的关系。还可以建立一个自动再订购系统，建立管理培训和顾问制度，甚至创办一个自愿连锁组织。

2. 产品品种和服务

迫于激烈的竞争压力，批发商经营的花色品种必须齐全，并且要备有充足的库存，以便随时供货，但是这样会影响其盈利。因此，批发商开始重新研究究竟经营多少品种最为合适，并从中选择盈利较多的品种。此外，它们还研究在与顾客建立良好关系的过程中，何种服务最为重要、哪些服务可以取消、哪些应该酌情收费，从中找出一种被顾客视为有价值的独具一格的服务组合。

3. 定价

批发商通常的定价方式是在货物成本基础上，按传统的比率加成，以抵补自己的开支。为吸引客户，批发商开始尝试新的定价方法，如减少某些产品的毛利，以赢得新的重要的顾客。当它们能凭此增加供应商的销售机会时，就可以要求供应商给予特别的价格折让。

4. 促销

过去，大多数批发商常常把推销看成是一个推销员和一个客户的交谈，而不把它当做与主要客户建立联系、提供服务、树立形象及最终推销商品的一种努力。现在，它们意识到需要发展一个整体促销战略，同时还需充分利用供应商的宣传材料和计划方案。

5. 批发地点

多数批发商一般设在租金低廉、征税较少的地段，它们的设施和办公室较简陋，用于货物管理系统和订单处理系统的手段跟不上当前技术的发展。近年来，一些批发商采用了先进的管理方法，值得借鉴。如世界上最大的药物分销商麦克森公司（McKesson Corporatin）根据订单由计算机终端处理发货，每次填写由药商签发的订单只要 5 分钟。在麦克森的仓库里，一个蓝色的塑料盒滑进传送带系统，计算机系统自动选药、打印发票、密封盒子、传送出去等待装车，在接到订单的第二天可以百分之百正确地送到客户仓库中。这个系统还能根据订单自动从药品制造商处补货。又如大型工业品分销商固安捷（Grainger），开发了一种能连接 188 家分销公司的存货查询系统。该公司的分公司可迅速查明自己所缺的货在哪个分公司有现货。这就大大缩短了答复顾客的时间，提高了销售额。

## （三）批发商的功能

批发商在交易过程中参与营销渠道的部分或全部业务流程。这些流程包括实体流、所有权流、促销流、洽谈流、融资流、风险流、订货流、支付流等。在产品（服务）营销系统中，批发商承担功能的多少，取决于系统满足不同市场对产品、储运的需求等情况。批发商的功能主要体现在面向上游渠道供应商和面向下游渠道零售商两方面。

1. 针对上游渠道供应商

（1）收集市场信息功能。批发商直接接触客户和最终生产用户，能够直接了解和掌握客户和最终生产用户的需求变化趋势以及对企业产品和服务的态度等。批发商通过市场调研收集和整理有关消费者、竞争者以及市场营销环境中其他影响者的信息，并通过各种途径将信息反馈给制造商。

（2）销售和促销功能。批发商通过销售人员的业务活动，可以使制造商有效地接触众多的小客户，从而促进销售。

（3）监督检查产品功能。批发商在订购产品时考察制造商在产品设计、工艺、生产、服务等方面的质量保证体系，或者根据生产厂家的信誉、产品的名牌效应来选择产品；进货时按有关标准严格检查产品；销售产品时一般会将产品划分等级。这一系列的工作起到了监督检查产品的作用。

（4）仓储服务功能。批发商可以投入资金储存产品，直到出售为止，从而降低供应商的存货成本和风险。

（5）运输功能。批发商一般距零售商较近，可以很快将产品送到顾客处。

（6）降低和承担风险功能。降低风险是指由于批发商的活动而使整个渠道风险降低。承担风险是指在营销过程中，随着产品所有权的转移，批发商承担了客户需求不确定的风险和市场价格波动的风险。

（7）融资功能。一方面，批发商可以向客户提供信用条件；另一方面，批发商能够提前订货或准时付款。

（8）订单处理功能。由批发商完成订单处理功能可以大幅降低渠道成本，由于批发商同时销售许多制造商的商品，其订单成本能够分摊到大量批发产品中去。

2. 针对下游渠道零售商

（1）采购和组织货源功能。批发商代替客户选购产品，并根据客户需要对各种产品进行有效的分类和搭配，再提供给客户。

（2）整买整卖功能。批发商整批购进产品，再根据零售商的需要批发出去，从而降低零售商的进货成本和运输费用。

（3）管理咨询服务功能。批发商经常帮助零售商培训推销人员、设计商店布局及建立会计系统和存货控制系统，从而提高零售商的经营效益。

（4）售后服务功能。批发商可以在零售商完不成产品销售任务时接受库存产品的退货，还可以及时调换零售商手中有缺陷的产品或者延长零售商赊欠货款的时间等。

**营销视角3-2 电商时代批发商的转型**

## 代理商

### （一）代理商的定义

代理商是指赚取企业代理佣金的商业单位。代理商与经销商的本质区别在于，代理商对商品没有所有权，它们不经营商品，只是代表买方寻找卖方，或代表卖方寻找买方。代理商是独立经营的企业，不是所代理企业的雇员，所以它们的报酬是佣金而非薪金。由于没有独立投资，它们在商品分销过程中不承担经营风险，赚取的也不是经营利润。

### （二）代理商的类型

根据承担职能的不同，可以将代理商分为以下几类。

1. 制造业公司代理商

制造业公司代理商的主要任务是为签约的生产制造商寻找顾客，推销产品，在代理商中所占比重最大。这类代理商只受委托代理生产制造商的产品，无权选定交易条件和价格。它们一般与两个或多个生产互补产品的生产制造商签约，在生产制造商分配的销售领域按与其约定的价格政策、订单处理程序、送货服务规定和各种保证为生产制造商推销产品。虽然它们同时为几家企业做代理，但产品是互补的，而且代理的商品品种范围有限。制造业公司代理商大多是小企业，雇佣的推销人员不多。在某些行业，如家具、服饰、电器、食品及汽车配件业等，它们的作用十分显著。

2. 销售代理商

销售代理商和制造业公司代理商有很大的不同。销售代理商被授权销售生产制造商的全部产品，并对交易条件、销售价格有较大的影响；销售代理商的推销范围一般不受地区限制；每个生产制造商只能使用一个销售代理商，不得再委托其他代理商或设置自己的推销机构。此外，被委托的销售代理商也可以经营与委托人相竞争的产品。一般来说，那些需要集中精力解决生产和技术问题，或是自感营销力不从心的企业会利用销售代理商。销售代理商通常规模较大，不仅负责推销，还负责广告促销，参加国内外展销，调查市场需求变化，向生产企业提出产品设计、款式、定价等方面的建议。为了尽快进入当地市场，一些公司甚至会借助在当地已有很强销售网络的直接竞争者作为自己产品的销售代理商。例如，TCL就曾作为飞利浦彩电在中国的销售代理商，负责该品牌在中国的销售。

3. 佣金商

佣金商一般在批发市场上有自己的摊位和仓库，可替委托人储存、保管货物，且有责任替委托人发现潜在的客户，获得优惠的价格，打包、送货，提供市场信息及短期商业信用。佣金商对被委托代销的货物有较大的自主权，且因储存、保管的货物多为生鲜易腐商品，必须因时制宜，抓住销售机会。佣金商卖出货物后扣除佣金和其他费用，将余款汇给委托人。

4. 采购代理商

采购代理商根据协议为委托人采购、收货、验货、储存及交运货物。例如，广州市有大量的独立采购代理机构，专门为国内甚至国外的零售商采购合适的服装、日用品等。

5. 进出口代理商

进出口代理商的数目和规模很大，它们通常在各国港口设有办事处，专门替委托人从国外获取供货来源或向国外推销产品。它们在进出口贸易及企业进入国外市场过程中的作用十分显著。如我国的长三角和珠三角地区，由于独特的地理位置和较大的市场需求，有大量来自国内外的进出口代理商，为国内外生产制造商服务。

6. 信托商

信托商接受他人的委托，以自己的名义向他人购销或寄售物品，并取得报酬。信托商具有法人地位，在交易活动中多选择远期合约交易，一般要签订信托合同，以明确委托事宜及相应的权利。信托商的具体形式有以下几种：

（1）委托商行，是面对消费者进行零售的信托商形式，以零售形式接受顾客委托。

（2）贸易货栈，是从事批发业的信托商形式，是一种古老的居间性商人。贸易货栈主要是在买卖双方之间起代理作用，即代客买卖、代购、代销，同时兼顾其他服务功能，如代存、代运等。

（3）拍卖行，是接受委托人委托，以公开拍卖的方式组织买卖成交的信托商。拍卖方式在零售中较少见，主要在批发行业中采用。通过拍卖行以公开拍卖的方式进行批发的商品主要是质量、规格不标准，不易分列等级的蔬菜、水果、茶叶、烟草、毛皮等农产品和工艺品。

## 零售商

零售商是指以零售为其主营业务的机构或个人。零售是产品进入消费领域的最后一道环节，亦即分销渠道的终端环节。通过零售，产品退出流通领域，完成其形态变化的最后阶段，进入消费领域，最终实现价值。零售商作为营销渠道的重要成员，对提高营销渠道的效率和效益起着关键作用。

### （一）商店零售商

商店零售商指设店经营的零售商。

1. 专业商店

专业商店指专门经营某一类产品或服务的零售店。专业商店有两种类型：一种是按产品类别划分的，如书店、服装店、家具店、建筑材料店等；另一种是按服务对象划分的，如儿童商店、妇女用品商店、旅游用品商店等。

2. 百货商店

百货商店指经营许多品种的产品且实行专业化经营的零售店。通常根据市场规模和营业面积大小确定其产品线数量，大多包括服装、化妆品、食品、日用品、家电等。

3. 超市

超市亦称自助商场，全部产品开架销售，顾客自由挑选。

4. 便利店

便利店指靠近居民区的小型商店。营业时间长，产品范围有限，主要便利消费者进行“补充”式采购。

5. 超级商店

这类商店将超市和百货商店结合起来，经营产品品种较多，规模较大，实行开架售货，往往兼营洗衣、修鞋、快餐等服务。

## （二）零售组织

零售形式往往要有一定的组织结构来保证。目前零售组织主要有以下类型。

1. 公司连锁

公司连锁又称团体连锁店，是由两个以上独立零售店按照一定规则联合运作的零售组织。

2. 特许经营

特许经营又叫特许专卖，是特许人（生产商、批发商或服务机构）将自己的产品、商誉、商标、品牌、专利等（包括其独特的经营管理方式）通过契约授予零售商（受许人）的一种契约性联合经营方式。特许人一般可按契约获得以下利益：首期使用费（又称承包费）、利润分成和为受许人提供设备装置收取的租金，有的还收取定期特许执照费和管理咨询费。特许经营主要用于快餐、音像商店、保健中心、旅行社、理发美容、汽车租赁、汽车旅馆等行业。麦当劳就是一个非常成功的特许经营体系。

零售机构具有生命周期。一个多世纪以来，特别是第二次世界大战以后，西方国家的零售机构不断创新，新型零售机构不断涌现，而且从产生到成熟所需时间日益缩短。例如，100多年前，美国零售机构主要是地方普通商店和小型专业商店。19世纪60年代，出现百货商店；七八十年代出现邮购商店。到20世纪20年代，连锁店发展很快；30年代初出现超级市场；40年代末出现郊区购物中心；50年代出现廉价商店，同时自动售货发展很快；六七十年代，快餐服务商店以及超级市场、康保商店、超级商店、便利店等名目繁多的新型零售机构不断出现。

## （三）行业发展的主要特点

在零售阶段，企业的使命和目标转化为具体的经营组合。管理者必须作出合理的决策，使零售组合的每个元素都能很好地配合，创造一个统一的、独特的、能够满足目标顾客需求的企业形象。现阶段，影响零售业发展的七大元素呈现出新的动态。

1. 商品种类

对于零售商来说，首要的零售组合元素是商品种类。零售商在商品的投资以及相应的存货方面承担着巨大的风险，一般的零售商在存货方面的投资占整个资产投资的50%。零售商要决定经营多少种产品线，每种产品线包括多少品种、品牌、规格、型号等，还要决定每种商品进多少。其次，质量、供给来源等也是考虑的元素。最后，零售商还要考虑怎样与供应商谈判，以获得有利的交易条件。目前，我国零售业面临的首要问题是商品品种的选择。随着经济的发展，越来越多的商品不断涌现，加上消费者购买行为的变化，要求零售商重新考虑商品品种的问题。

2. 价格

零售组合的第二个重要元素就是价格。价格决策与所经营的产品种类和服务紧密相关。零售商必须决定采取哪种价格策略，是降价还是缩小不同产品的价格差距。有的零售商采取连续的价格促销策略，有的零售商则对价格进行季节性调整。随着零售新形式的不断增加、零售业竞争的加剧，价格成为零售商除品种外首先要考虑的重要因素。零售商要建立价格监测系统，对市场上的价格波动和变化作出快速反应。

3. 店内氛围

现代零售业发展的重要特点是对店内氛围的关注。店内氛围对顾客和员工都有重要的影响。店内空间的合理利用，经营区域和非经营区域的合理分配，整体的布局，灯光、色彩、地板、墙面的设计和商品的摆放，都是为了营造出一种良好的氛围来影响顾客的情绪和购买行为。

4. 沟通

从广义上说，零售商的所有决策都是与顾客的某种沟通。从狭义上说，沟通是指广告、人员推销、营销推广、公共关系等传统的营销手段。沟通战略就是要根据企业目标和预算对沟通的形式和媒体进行抉择。在当今大营销的时代，零售商必须注重企业整合传播系统的建设，利用所有可能的媒体向顾客宣传企业的形象、产品和目标。

5. 服务

提供优质的服务并使顾客满意是现代零售商的重要任务，也是零售商树立良好形象、标新立异的有效手段。至于提供哪些服务，要看顾客的喜好和期望。重要的是决定为谁提供哪些服务，如何提供服务，当然还涉及运输、退换、担保和支付等问题。

6. 物流

物流虽然并不与顾客直接联系，但对顺利经营具有十分重要的作用。顾客能否满意，在很大程度上取决于物流是否通畅和运作是否高效。因此，现代许多零售商建立自己的分销中心以确保连续及时的供给。所涉及的物流决策包括建立分销中心、存货、运输等。

7. 地点

零售组合中最关键的是地点的选择。一旦选定某个地点开始经营，就很难再改动。管理者必须选定某个或某些经营区域，其他的决策要以此为导向。实际上，地点的选择还包括店铺规模，是独立的店面还是位于购物中心内等。作为现代零售企业，必须意识到地点选择是一个动态发展的过程，只有紧跟消费者购买模式的变化及时调整，才能立于不败之地。

**营销视角 3-3　三只松鼠：通过渠道布局新零售**

## 3.3 渠道终端

消费者是整个营销渠道的终点，满足消费者需要、顺利实现商品销售是所有营销管理、渠道管理的终极目的。为了更好地满足消费者的需要，首先必须对消费者有充分的了解。按购买动机和购买行为的不同，消费者可分为个人消费者和组织购买者两大类。个人消费者（individual consumers）是指那些为满足自身及家庭成员的生活需要而购买商品和服务的人。在社会再生产的循环中，个人消费者的购买是所有社会生产的终极目标所在。组织购买者（industrial consumers）是指所有非个人消费者的团体组织，包括工业企业、商业企业、服务企业、政府机构、民间团体及各种非营利组织。它们购买商品或服务是为了从事企业经营活动、加工制造产品、转售产品或向社会提供服务。从社会再生产的角度看，组织的购买属于中间消费或生产性消费，构成社会再生产的一个新起点。

## 个人消费者购买行为分析

### （一）影响消费者购买行为的主要因素

个人消费者的购买行为要受到文化、社会、个人和心理等方面因素的影响。营销人员了解这些影响因素将为如何更有效地赢得顾客和服务顾客打下基础。

1. 文化因素

文化因素对消费者的行为具有最广泛和最深远的影响，它包括文化、亚文化、社会阶层三个层次。文化是人类欲望和行为最基本的决定因素，在某一文化环境中成长的儿童通过家庭和其他主要机构的社会化过程形成基本的价值观、知觉、偏好和行为。比如，在我们的文化环境中，消费者知道计算机是什么、如何使用计算机，也知道社会对计算机知识很重视。而在非洲中部的土著部落，计算机大概毫无意义，它也许只是一件稀奇古怪的金属器具而已。所以，那里也许根本没有计算机买主。亚文化是指能为其成员提供更具体的认同感和使其社会化的较小的文化环境或文化群体，包括民族群体、宗教群体、种族团体和地理区域。亚文化会影响消费者的饮食偏好、衣着选择、娱乐方式和事业抱负。社会阶层是指在一个社会中具有相对同质性和持久性的群体，它们是按等级排列的，每一阶层成员具有类似的价值观、兴趣爱好和行为方式。社会阶层不仅受收入的影响，也受职业、教育和居住地等其他因素的影响。

2. 社会因素

消费者的购买行为也受一系列社会因素的影响，如消费者的相关群体、家庭、社会角色与地位。相关群体是指那些直接（面对面）或间接影响消费者看法和行为的群体，如家庭、朋友、邻居与同事，他们之间接触频繁并相互影响，是主要成员群体。在消费者征求他人对产品的意见时，相关群体的影响是强烈的。相关群体的凝聚力越强，其沟通过程越有效，它对消费者在产品和品牌选择方面的决策影响就会越大。家庭是社会上最重要的消费者购买组织，对购买者行为影响很大。如丈夫支配型家庭、妻子支配型家庭和共同支配型家庭的购买行为是不一样的。另外，孩子与青少年对家庭购买行为的影响日益增加。社会角色与地位是指每个人在各群体中的位置。如一位男士，在公司是销售经理，在其父母家是儿子，在自己家是丈夫、父亲，他的每一个角色都将在某种程度上影响他的购买行为。每一角色都伴随着一种地位，人们在购买商品时往往会结合自己在社会中所处的地位和角色来考虑。

3. 个人因素

消费者的购买行为也受其个人特征的影响，包括所处的生命周期阶段、职业、生活方式以及个性和自我概念等。

4. 心理因素

消费者的购买选择受以下几种主要心理因素的影响，即动机、知觉、学习以及信念和态度。

## （二）参与购买的角色

在一个购买决策中可以区分出五种角色（见表3-1）。

**表3-1 参与购买的角色**

| 角色 | 描述 |
| --- | --- |
| 发起者 | 首先提出或有意购买某一产品或服务的人 |
| 影响者 | 其看法或建议对最终决策具有一定影响的人 |
| 决策者 | 在是否购买、为何买、如何买、哪里买等方面作出最后决定的人 |
| 购买者 | 实际购买的人 |
| 使用者 | 实际消费或使用产品或服务的人 |

企业有必要认识以上角色，因为这些角色对于设计产品、确定信息和安排促销预算是有意义的。如果丈夫对汽车的样式作出决定，那么汽车公司就会把大部分广告直接面向丈夫。同时，汽车公司也可以设计一些能取悦妻子的特色，并在妻子能接触到的广告媒体上做广告。了解购买决策中的主要参与者和他们所起的作用，有助于营销人员妥善地协调营销计划。

## （三）消费者购买行为的类型

对于不同商品，消费者的购买行为存在很大的差异，较为复杂的和花钱较多的购买决策往往包含购买者反复权衡的过程，包含许多购买决策参与者共同决策的过程。根据购买者在购买过程中的介入程度和品牌间的差异程度，可将消费者购买行为分为四种类型（见表3-2）。

**表3-2 消费者购买行为的四种类型**

| | 消费者介入度低 | 消费者介入度高 |
| --- | --- | --- |
| 品牌间差异很小 | 习惯型购买行为 | 协调型购买行为 |
| 品牌间差异很大 | 多样型购买行为 | 复杂型购买行为 |

1. 习惯型购买行为

习惯型购买指因为熟悉某类产品，所以购物时不作过多考虑和选择的购买行为。对于价格低廉、经常购买、品牌差异小的产品，消费者几乎不存在介入情况，他们不需要花时间进行选择，也不需要经过搜集信息、比较产品特点等复杂过程，因而其购买行为最简单。消费者只是被动地接收信息，出于熟悉而购买，也不一定进行购后评价。这类产品的市场营销者可以用价格优惠、电视广告、独特包装、销售促进等方式鼓励消费者试用、购买和续购其产品。对这类商品，厂家应注重其营销渠道的便利性和稳定性。

2. 多样型购买行为

多样型购买指不紧盯某一品牌，尝试多种品牌的购买行为。有些产品品牌差异明显，但消费者不愿花时间进行选择和估价，而是不断变换所购产品的品牌。如消费者在购买洗发水时，不作充分评价就挑选某一品牌的洗发水，用后再进行评价。但在下一次购买时，消费者也许想尝试新品牌。品牌的选择变化常起因于产品的多品种，而不是对产品不满意。针对这种购买行为类型，市场营销者可采用销售促进和占据有利货架位置等方法，吸引消费者的目光；还需保障供应以及经常做广告来鼓励习惯型购买行为。对于挑战企业来说，可采用压低价格，提供各种优惠、赠券、免费样品以及开展以新产品为特色的广告活动来刺激顾客进行产品品种的选择。

3. 协调型购买行为

协调型购买指无特别品牌偏好，但求购后满意的购买行为。为了减少购后不满意（不协调感），对于花钱很多的产品、偶尔购买的产品和风险产品，即使各种品牌看起来没有什么差异，消费者也持慎重态度，一般要货比三家，最后选择价格公道且购买方便的产品。但购后，消费者有时会产生不满意，于是开始进一步了解更多信息，试图证明自己的决策是正确的，以减少购后的不协调感。在此情况下，市场营销者必须增强消费者的信念，使消费者对自己选择的品牌感到满意。

4. 复杂型购买行为

复杂型购买指注重品牌差异，精挑细选的购买行为。当消费者专心仔细地购买，并注意现有各品牌间的重要差别时，他们就实施了复杂型购买行为。一般来说，对于花钱多的产品、偶尔购买的产品、风险产品以及非常有意义的产品，由于品牌差异大，消费者对产品的类型了解较少，需要大量学习、广泛了解，从而对产品产生某种看法，最后决定购买。对于这类复杂型购买行为，市场营销者应采取有效措施帮助消费者了解产品性能及其重要性，并介绍产品优势及其给购买者带来的利益，从而影响购买者的最终选择。

## （四）消费者购买决策过程

消费者购买是较复杂的决策过程，一般可分为以下五个阶段。图 3－2 为消费者购买决策过程。

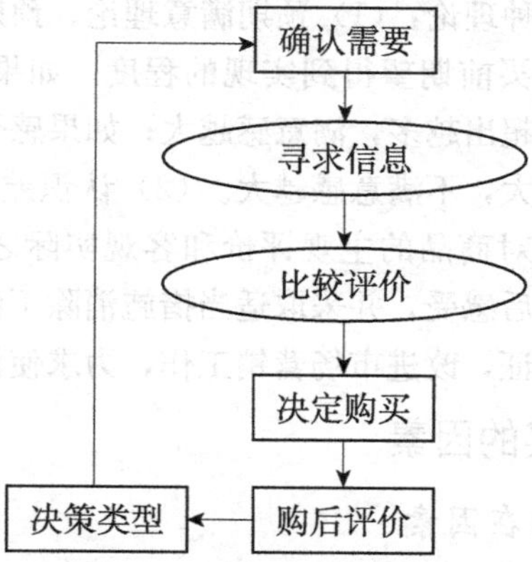


**图 3－2　消费者购买决策过程**

1. 确认需要

当消费者意识到对某种商品有需要时，购买决策过程就开始了。消费者的需要可以由内在因素引起，也可以由外在因素引起。此阶段企业必须通过市场调研认定促使消费者认识到需要的具体因素。营销活动应致力于做好两项工作：（1）发掘消费驱动力；（2）规划刺激、强化需要。

2. 寻求信息

在多数情况下，消费者还要考虑买什么品牌的商品、花多少钱、到哪里去买等问题，需要了解商品信息，包括产品质量、功能、价格、型号、购买者评价等。消费者的信息来源通常包括以下四个方面：（1）商业来源；（2）个人来源；（3）大众来源；（4）经验来源。企业的营销任务是设计适当的市场营销组合，尤其是产品品牌和广告策略，宣传产品的质量、功能、价格等，以便消费者最终选择本企业的产品。

3. 比较评价

消费者进行比较评价的目的是识别哪一种品牌、类型的商品最适合自己的需要。消费者对商品的比较评价，是根据收集的资料对商品属性做出的价值判断。消费者对商品属性的评价因人因时因地而异，有的注重价格，有的注重质量，有的注重品牌或式样等。企业营销首先要努力提高产品的知名度，使其进入消费者比较评价的范围之内，成为消费者的购买目标。同时，还要调查研究人们比较评价某类商品时所考虑的主要方面，突出进行这些方面的宣传，以对消费者的购买选择产生最大影响。

4. 决定购买

消费者通过对可供选择的商品进行评价和选择，形成购买意图。在正常情况下，消费者通常会购买他们最喜欢的品牌，但有时也会受两个因素的影响改变购买决定：（1）他人态度；（2）意外事件。消费者修改、推迟或取消某个购买决定，往往是受已察觉风险的影响。"察觉风险"的大小由购买金额大小、产品性能优劣程度，以及购买者自信心强弱决定。企业营销应尽可能设法减少这种风险，推动消费者购买。

5. 购后评价

消费者购买商品后，购买的决策过程还在继续，他要评价已购买的商品。企业营销须给予充分的重视，因为这关系到产品今后的市场和企业的信誉。

判断消费者购后行为有两种理论：（1）预期满意理论。预期满意理论认为，消费者购买产品以后的满意程度取决于购买前期望得到实现的程度。如果感受到的产品效用达到或超过购前期望，就会感到满意，超出越多，满意感越大；如果感受到的产品效用未达到购前期望，就会感到不满意，差距越大，不满意感越大。（2）认识差距理论。认识差距理论认为，消费者在购买和使用产品之后对商品的主观评价和客观实际之间总会存在一定的差距。企业营销应密切注意消费者的购后感受，并采取适当措施消除不满，提高满意度。如经常征求顾客意见，加强售后服务和保证，改进市场营销工作，力求使消费者的不满降到最低。

### （五）影响消费者购买的因素

1. 影响消费者购买的内在因素

消费者心理是消费者在满足需要活动中的思想意识，它支配着消费者的购买行为。影响消费者购买的心理因素有动机、感受、态度、学习。

（1）动机。

1）需要引起动机。需要是人们对于某种事物的要求或欲望。就消费者而言，需要表现为各种物质需要和精神需要。马斯洛的需要层次理论将人的需要分为生理需要、安全需要、社会需要、尊重需要和自我实现需要。需要产生动机，消费者购买动机是消费者内在需要与外界刺激相结合使主体产生的一种动力。

2）购买动机的类型。动机是使个人需要得以满足的一种冲动。消费者购买动机是指消费者为了满足某种需要，产生购买商品的欲望和意念。购买动机可分为两类：

● 生理性购买动机。生理性购买动机指人们因生理需要而产生的购买动机，如饥思食、渴思饮、寒思衣，又称本能动机。包括维持生命的动机、保护生命的动机、延续和发展生命的动机。生理性购买动机具有经常性、习惯性和稳定性的特点。

● 心理性购买动机。心理性购买动机指人们由于心理需要而产生的购买动机。根据对人们心理活动的认识，以及对情感、意志等心理活动过程的研究，可将心理动机归纳为以下三类：

情感动机。指由个人的情绪和情感心理方面的因素而引起的购买动机。根据情感不同的侧重点，可以将其分为三种消费心理倾向：求新、求美、求荣。

理智动机。指建立在对商品的客观认识的基础上，经过充分的分析比较产生的购买动机。理智动机具有客观性、周密性的特点，在购买中表现为求实、求廉、求安全的心理。

惠顾动机。指对特定的商品产生特殊的信任和偏好而形成的重复光顾的购买动机。这种动机具有经常性和习惯性的特点，表现为嗜好心理。

人们的购买动机不同，购买行为必然是多样的、多变的。这要求企业营销深入细致地分析消费者的各种需求和动机，针对不同的需求层次和购买动机设计不同的产品和服务，制定有效的营销策略，获得营销成功。

（2）感受。消费者如何购买，还要看他对外界刺激物或情境的反应，这就是感受对消费者购买行为的影响。感受指的是人们的感觉和知觉。

所谓感觉，就是人们通过感官对外界刺激物或情境的反应或印象。随着感觉的深入，各种感觉到的信息在头脑中联系起来，经过初步的分析综合形成对刺激物或情境的整体反应，就是知觉。知觉对消费者的购买决策、购买行为影响较大。在刺激物或情境相同的情况下，消费者有不同的知觉，他们的购买决策、购买行为也截然不同。消费者知觉是一个有选择性的心理过程，包括有选择的注意、有选择的曲解、有选择的记忆。

分析感受对消费者购买的影响的目的是，充分利用企业营销策略引起消费者的注意，加深消费者的记忆，使其正确理解广告，影响其购买行为。

（3）态度。态度通常指个人对事物喜欢与否的评价、情感上的感受和行动倾向。消费者态度对消费者的购买行为有很大的影响。企业营销人员应该注重对消费者态度的研究。

消费者态度来源于：

● 与商品的直接接触；

● 他人直接、间接的影响；

● 家庭教育与本人经历。

消费者态度包含信念、情感和意向，它们对购买行为有各自的影响。

● 信念。指人们认为确定和真实的事物。在实际生活中，消费者不是根据知识，而常常将见解和信任作为他们购买的依据。

● 情感。指消费者在情绪上对商品和服务的反应，如对商品或广告是喜欢还是厌恶。情感往往受消费者本人的心理特征与社会规范的影响。

● 意向。指消费者采取某种方式行动的倾向，是倾向于采取购买行动，还是倾向于拒绝购买。消费者态度最终落实在购买意向上。

企业研究消费者态度的目的在于充分利用营销策略，让消费者了解企业的商品，帮助消费者建立对企业的正确信念，培养消费者对企业商品和服务的情感，让企业商品和服务尽可能适应消费者的意向，使消费者的态度朝企业期待的方向转变。

（4）学习。学习是指由于经验引起的个人行为的改变，即消费者在购买和使用商品的过程中，逐步获得和积累经验，并根据经验调整自己购买行为的过程。学习是通过驱策力、刺激物、提示物、反应和强化的相互影响、相互作用而进行的。

驱策力是诱发人们行动的内在刺激力量。例如，某消费者重视身份地位，尊重需要就是一种驱策力。当这种驱策力被引向某种刺激物，如高级名牌西服时，驱策力就变为动机。在动机支配下，消费者作出需要购买名牌西服的反应。但购买行为的发生往往取决于周围提示物的刺激，如看了有关电视广告、商品陈列，消费者就会购买。如果穿着很满意的话，消费者对这一商品的反应就会加强，以后如果再遇到相同诱因，就会产生相同的反应，即采取购买行为。如果反应被反复强化，久而久之就成为购买习惯。这就是消费者的学习过程。

企业营销要注重消费者购买行为中学习这一因素的作用，通过各种途径给消费者提供信息，如重复广告，目的是加强诱因、激发驱策力，促使人们马上行动。同时，企业提供的商品和服务要始终保持优质，消费者才有可能通过学习产生对企业品牌的偏爱，形成购买该企业商品的习惯。

2. 影响消费者购买的外在因素

（1）相关群体。相关群体是指那些影响人们的看法、意见、兴趣和观念的个人或集体。研究消费者行为可以把相关群体分为两类：参与群体与非所属群体。

参与群体是指消费者置身于其中的群体，分为两类：主要群体是指个人经常受其影响的非正式群体，如家庭、朋友、同事、邻居等；次要群体是指个人并不经常受其影响的正式群体，如工会、行业协会等。

非所属群体是指消费者并未置身其中，但对其购买有影响的群体，分为两类：一种是期望群体，另一种是游离群体。期望群体是个人希望成为其中一员或与其交往的群体。游离群体是遭到拒绝或抵制，极力与其划清界限的群体。

企业营销应该重视相关群体对消费者购买行为的影响，利用相关群体的影响开展营销活动，还要注意不同的商品受相关群体影响的程度不同。商品能见度越高，受相关群体影响越大；商品越特殊、购买频率越低，受相关群体影响越大；对商品越缺乏知识，受相关群体影响越大。

（2）社会阶层。社会阶层是指一个社会按照社会准则将其成员划分为相对稳定的不同层次。不同社会阶层的人，他们的经济状况、价值观念、兴趣爱好、生活方式、消费特点、休闲活动、接受的大众传播媒介等各不相同。这些都会直接影响他们的购买习惯和购买方式。

企业营销要关注本国社会阶层的划分情况，针对不同的社会阶层，通过适当的信息传播方式，在适当的地点，运用适当的销售方式，提供适当的产品和服务。

（3）家庭状况。一家一户组成了购买单位，中国现有4亿多个家庭，在企业营销中应关注家庭对购买行为的重要影响。可以利用有效的营销策略，使企业的促销措施引起购买者的注意，使购买决策者了解商品，打消顾虑，建立购买信心。可以根据不同家庭生命周期阶段的需要，开发产品和提供服务。

**营销视角3-4　关注消费者购买决策的影响因素**

（4）社会文化状况。每个消费者都是社会的一员，其购买行为必然受到社会文化因素的影响，文化因素有时对消费者的购买行为起着决定性的作用。企业营销必须予以充分关注。

## 组织购买者行为分析

### （一）组织购买者的特征

1. 购买者数量较少

一般来说，营销人员面对的组织购买者比其面对的个人消费者要少得多。比如，在有"汽车王国"之称的美国，固特异轮胎公司面对的组织购买者主要是通用汽车公司、福特汽车公司和克莱斯勒公司三大汽车制造商，当固特异公司出售轮胎给消费者时，仅在美国就有一个1.76亿汽车使用者的巨大市场。

2. 购买量大

多数组织市场具有购买者相对集中的特点，20%的用户购买80%的产品量。这意味着单个组织用户可能采购大量产品。

3. 供需双方关系密切

组织市场中购买者数量少，大买主对供应商来说具有举足轻重的地位，买卖双方更注重长期稳定的、互惠互利的合作关系，包括长期交易关系、合作伙伴关系、战略联盟关系。为熟悉买方的采购要求，供应商参加由组织购买者举办的相关洽谈会的情况越来越多。有些合作良好的双方采取及时供货、无库存购买，甚至实时采购等方式。

4. 购买者在地理区域上相对集中

在美国，有半数以上的组织购买者云集纽约、加利福尼亚、宾夕法尼亚、伊利诺伊、俄亥俄、新泽西和密歇根七个州；在中国，大多数组织购买者集中于北京、上海、广州、成都、深圳等工业较为发达的城市。许多行业，如石油、橡胶、钢铁、农业等具有地理区域集中性。

5. 专业化采购

组织采购一般是由受过专门训练的采购人员来执行的。他们的专业方法和对技术信息评估的能力使他们十分看重采购的成本与效益。这意味着组织市场营销者必须提供有关其产品和竞争品的大量技术数据，并将这些数据使用好。

6. 需求缺乏弹性

许多组织购买的产品的总需求较少受价格变化影响。皮鞋制造商在皮革价格下降时，不会采购大量皮革；同样，当皮革价格上升时，也不会大量减少对皮革的采购，除非发现某些满意的皮革替代品。需求在短期内缺乏弹性，因为厂商不能对其生产方式作出大幅变动。这一特点可供组织市场营销人员定价时参考。

7. 集体决策

组织购买中影响决策的人比个人消费者购买中影响决策的人多得多。典型的组织采购任务往往由所谓的采购中心来执行。采购部门一般由15～20人组成，也可能超过50人。营销部门、生产部门、研发部门、高层管理部门及采购中心的成员都不同程度地参与了购买决策。因此，组织市场营销者不得不雇佣一些受过良好训练的销售代表，并经常让这支销售队伍与训练有素的采购人员打交道。

### （二）组织购买者的购买行为分析

1. 影响组织购买行为的主要因素

影响组织购买行为的主要因素有以下四方面：

（1）环境因素。环境因素包括当前经济环境或预期经济环境等因素，如基本需求水平、经济前景及成本。在经济衰退时期，组织购买者会减少对厂房或设备的投资，并设法减少存货。在这种环境下，组织营销者要刺激采购是很困难的。环境因素还包括技术因素、政治或法律因素以及经济环境中的竞争发展因素等，组织营销者必须密切关注所有这些环境因素，确定这些因素将如何影响采购者，并设法使问题转化为机会。

（2）组织因素。每一采购组织都有其具体目标、政策、程序、组织结构及系统。组织营销者必须意识到采购领域中的下列有关问题：1）采购部门升级。竞争压力使许多公司提升了采购部门的地位，采购部门的目标从过去强调用最低成本来完成公司任务转变为寻求较少但更好的供应商。采购部门升级意味着组织营销者应将其销售人员升级，即选用素质更高的销售队伍。2）集中采购。一些公司虽设有多个事业部，但为了节约开支，重新将采购部门集中起来。这意味着组织营销者必须同人数较少但素质较高的采购者打交道。3）长期合同。组织采购者对与供应商签订长期合同的要求日益强烈。4）采购绩效评价。一些公司建立激励制度，以奖励那些工作出色的采购经理人员，这些激励制度会引导采购经理人员为争取最佳交易条件对卖方（供应商）施加压力。

（3）人际因素。采购中心通常包括一些具有不同利益、职权、地位和有说服力的参与者。组织营销者很难知道采购过程中会出现何种群体的动向和影响力，尤其是采购者与其他供应商销售代表的关系。

（4）个人因素。在组织购买决策过程中，每个参与者都具有个人动机、直觉与偏好，这些因素受决策参与者的年龄、收入、教育背景、专业、个性以及风险意识和文化的影响，采购人员明确表现出不同的购买类型。有些是“简练”型购买者，有些是“外向”型购买者，有些是“追求完美”型购买者，有些是“事必躬亲”型购买者。组织营销者对此必须有所了解，从而采取有针对性的措施。

2. 参与组织购买的角色

典型的组织采购任务往往由所谓的采购中心来执行。采购中心的成员既同享决策的成果，也共担决策失败的风险。他们在购买决策过程中分别承担以下几种角色（见表3-3）。

**表3-3　参与组织购买的角色**

| 角色 | 描述 |
|---|---|
| 发起者 | 组织中使用产品或服务的成员，在许多场合中，发起者首先提出购买建议，并协调确定产品规格 |
| 影响者 | 影响购买决策的人，他们常常协调确定产品规格，并提供方案评价的信息，影响者中的技术人员尤为重要 |
| 决定者 | 有权决定产品要求和产品供应商的人 |
| 批准者 | 有权批准决定者或者购买者所提行动方案的人 |
| 购买者 | 有权选择供应商、安排购买条件的人 |

购买者可以帮助制定产品规格，但主要任务是选择卖主和交易谈判。在较复杂的购买过程中，购买者或许还包括高层管理人员。在任何组织内，采购中心会随不同类别产品及其构成而变化。据调查，平均参与购买决策的人数从3人（购买日常使用的服务和产品）到5人（购买高价值服务和产品）不等。

3. 组织购买者的购买行为类型

组织购买者的购买行为有三种类型：直接重购，修正再采购，全新采购。

（1）直接重购是指采购部门按惯例再行采购商品的情况（如办公用品、大批量化学制品）。在这种情况下，组织购买者只是根据以往采购货物的满意程度给予不同的供应商以一定的份额，从自己认可的供应商名单上作出选择。名单内的供应商将尽力保持产品质量和服务质量，它们往往建议采用自动化再订购系统，以节省再订购的时间。名单外的供应商会试图提供新产品或开展某种满意的服务，以便采购者考虑从它们那里购买产品或服务。名单外的供应商会首先设法以少量订单切入，再逐步扩大其份额。

（2）修正再采购是指购买者希望修改产品规格、价格、其他条件或者供应商的情况。修正再采购通常会扩大决策参与者的人数。名单内的供应商会产生危机感并将全力保护自己的份额，名单外的供应商则把修正再采购看成一次提供较好条件的机会，以得到新业务。

（3）全新采购是指购买者首次购买某种产品或服务。由于是第一次采购，对所购产品不十分了解，成本和风险增大，需要投入较多的人力、时间收集相关信息，因此决策过程会更复杂，决策时间会更长。全新采购对营销人员来说是全新的挑战，同时也是最好的营销机会。营销人员应采取各种有效的公关方式影响采购的决策者，与客户建立良好的伙伴关系。奥赞（Ozanne）和丘吉尔（Churchill）将全新采购划分为认识、兴趣、评价、试用、采用五个阶段，在不同阶段，信息所起的作用不同。

## （三）组织购买者的购买决策过程

以全新采购为例，组织购买者的购买决策过程分为八个阶段：识别问题（需要）、说明总需要、确定产品规格、寻找供应商、征求供应建议书、选择供应商、规定常规订购的手续和绩效评价。

1. 识别问题（需要）

当公司中有人认识到某个问题或某种需要可以通过某些产品或服务解决时，便开始了采购决策过程。问题（需要）是由内在和外在的刺激因素引起的。如公司决定推出新产品，需要新设备和各种材料；一台机器出故障，需要新的零部件；采购的材料不尽如人意，需另找一家供应商等（内在因素）。另外，采购人员参观展销会、浏览广告或接到销售代表的电话后，会产生新的购买想法（外在因素）。因此，组织营销者可通过营销手段（具体包括电话营销、网络营销等）接触潜在的买主来激发对问题（需要）的认识。

2. 说明总需要

一旦产生需要，购买者便要着手确定所需产品或服务的总特征。若项目大而复杂，采购者需会同其他部门共同决定所需产品或服务的总特征，包括可靠性、耐用性、价格及其他属性。组织营销者可以安排购买方在这个阶段描述其产品要求，以满足其需要。

3. 确定产品规格

总需要确定以后，组织购买者要着手制定产品规格说明书。一般来说，公司将委派产品价值分析工程组投入该项工作。通过文字简洁的说明书，购买者对不符合预期标准的产品予以拒绝。这一阶段，组织营销者可通过较早地了解购买者的要求，得到一个好的机会。

4. 寻找供应商

一旦产品要求具体化，购买者将设法识别最佳卖主。他们可以查找交易指南，进行计算机搜索，打电话请其他公司推荐，观看广告和参加贸易展览会。组织营销者要通过制定强有力的广告和促销方案等，设法进入组织购买者主要的供应商名单。

5. 征求供应建议书

这一阶段，购买者会邀请合格的供应商提交供应建议书。组织营销者必须精于调查研究，提出建议，其建议必须是营销文件，而不只是技术文件。其口头陈述应该鼓舞人心，说明公司的能力和资源处于强有力的地位，以便在竞争中脱颖而出。

6. 选择供应商

购买者将从供应商信誉、价格、可靠性、灵活性等方面对供应商进行评估，找出最具吸引力的供应商。

7. 规定常规订购手续

选好供应商以后，购买者开始讨论最后的订单，内容包括产品技术说明书、需求量、预期交货时间、退货政策、担保等。就保养、维修和经营项目而言，组织购买者愿意签订长期有效采购合同而非定期采购合同。因为在长期有效合同中，供应商答应在特定时间内根据需要按照协议的价格条件继续供应产品给买方，由于存货由卖方保存，因此称做无存货采购计划。当需要采购时，购买者的计算机会自动传一份订单给卖方。

8. 绩效评价

组织购买者的最后工作是对具体供应商的绩效进行评价。购买者可以接触最终用户并询问他们的意见；或者用几种标准对供应商进行评估。这种绩效评价可能会导致购买者继续向该供应商购买产品，也可能导致他们修正采购方案或停止向该供应商采购。组织营销者的工作在于确认该产品的购买者与最终用户是否使用同一要素进行评估。

以上是全新采购决策的完整过程，在修正再采购或直接重购情况下，其中某些阶段可能简化或跳过。例如，在直接重购阶段，购买者通常有其偏好的供应商或供应商名单。因此，在选择供应商的每一阶段都会剔除一部分供应商。

**营销视角 3－5　苏宁采购模式**

## 案例分析

### 盒马鲜生：新零售模式如何创新

盒马鲜生（下文简称“盒马”）是一家O2O生鲜电商，成立于2016年1月。盒马原本是以“盒马外卖”的模式在城市CBD建设厨房，提供外卖制作及配送服务，后开始涉及生鲜配送，并建设线下门店，开始基于实体门店进行全渠道经营，所以盒马属于线上转型线下的零售商范畴。盒马的经营模式以用户体验为中心，集生鲜超市、餐饮体验以及线上仓储配送为一体，是围绕“吃”来提供一站式服务的生鲜电商。

（一）产品品类

盒马出售来自103个国家的3 000多种商品，所有商品均为自营商品，其中80%为食品，20%为生鲜。为了打造线上线下融合的无缝购物体验、进一步吸引客流、增加用户黏性，盒马在原本超市商品的基础上，推出了餐饮服务，提供熟食以及生鲜食材加工成品等新产品。盒马推出的餐饮服务、熟食产品以及生鲜加工成品等新产品，是产品品类的拓展以及对新市场的探索，探寻了新产品与新服务的可能性，吸引了潜在的饮食需求用户，而不局限于之前的超市零售商品用户。

盒马对生鲜产品有如下几点创新：首先，绝大部分生鲜产品均是按量包装好的，减少了顾客的挑选环节，降低了生鲜损耗，且服务于盒马高效的物流系统。其次，所有包装好的生鲜产品上都有一个二维码电子价签，用户通过盒马 App 上的扫一扫功能，即可了解该商品的详细情况，包括品名、单位、价格、等级、产地等；该二维码还替代了原有的产品条形码，用户可以在 App 内操作是否将该商品放入购物车。目前，盒马已经实现了线上线下同价。电子价签的使用能让消费者便捷地了解产品的详细信息，减少传统价签更换带来的人工和物流费用，同时优化了购物流程。线上线下同货同价，给消费者带来线上线下的无缝购物体验。这些在产品品类方面的措施使得盒马的购物流程更为高效，更好满足了盒马原有消费者的生鲜需求，并服务于盒马的现有消费者。

（二）供应链

采购方面，盒马所有商品均采用直接采购模式，即没有分销商、经销商、批发商等中间环节，采购回来的商品线上线下渠道共享。由于只出售包装好的生鲜产品，盒马对供应商进行筛选，只选择具有生鲜包装能力的供应商。盒马在转型过程中的这种筛选措施提升了供应链整体效率。

仓储方面，盒马采用了低成本的冷链宅配模式，将门店作为前置仓，将近一半门店面积的区域设为仓库，打破了传统以物流配送为中心的做法。这种店仓一体的模式既降低了另建仓库的成本，也方便了后续的拣货和下游配送环节。这是对原有仓储资源的利用与升级。盒马在仓库改造的过程中，引入物流带、升降机等硬件以及相应的信息系统和技术平台，大大提升了仓储效率以及与物流体系的协同性，盒马在这个过程中对新技术与新知识进行了探索、冒险和尝试，改造了传统的超市零售供应链。

（三）运营管理

盒马的实体门店均开设在城市中心区域，人流密集且消费者对生鲜、食品类产品的购物需求较高。在门店管理方面，盒马通过门店设计与货架摆放，突出高端食材，营造精品超市的氛围。消费者不用再像在传统超市那样手推一辆购物车，挑选商品后一并到收银台结账，而是可以通过手机 App 扫描商品上的二维码来决定是否将商品放入自己的虚拟购物车，系统接收到消费者的购买指令后，通过物流带将该商品运输到收银台。盒马门店的库存管理同样高度自动化。

盒马物流系统与其独特的物流基础设施融合，拣货、出库、配送等流程信息互通。此外，盒马鼓励消费者使用支付宝在线支付，在增强客户支付体验的同时掌握线下端的消费数据，从而形成在大数据、广告以及营销等方面的价值。

（四）物流配送

在下游物流配送方面，盒马采用的是自建配送队伍以及第三方物流两种模式，目前盒马的配送服务已经可以实现 5 公里内 30 分钟送达。盒马门店拥有自建的一套自动化物流基础设施，该物流基础设施是一个综合性的硬件、软件系统，贯穿于盒马门店的方方面面，由线上信息系统、商品二维码、机器学习算法、物流传送带、后仓合流、移动手持终端等软硬件构成，大大改进了拣货、出库流程。这些措施是对已有物流技术的充分利用与开发，优化了物流流程，提升了物流效率，缩短了物流时间。

（五）营销方式

盒马在实体店内设置 App 下载专区，设有专人负责引导消费者下载并安装 App，鼓励消费者通过App进行购物、付费等操作。盒马基于大数据分析能力进行用户画像构建以及精准营销，通过会员制引导消费者到线下消费。盒马基于大数据分析能力的精准营销，能够清晰地掌握消费者的购买意愿，并对营销模式进行调整，进一步吸引现有超市业态的消费者，强化其消费倾向。

（六）服务能力

盒马围绕“吃”这一消费行为打造一站式体验服务，在超市内设中央厨房，提供饮食服务，吸引餐饮消费者。这是对新市场以及新用户的拓展，提供了新服务。

在零售方面，基于高效的物流体系，盒马的消费者在线上或门店购买的商品，都可以在App上进行退货操作。消费者不需要到门店，只需在App上申请退货，即会有专门的配送员上门取货、换货，强化了消费者线上线下无缝衔接的购物体验。在支付体验方面，移动支付使得支付环节便利高效，减少了传统超市收银台排队的现象，改善了用户的购物体验。这些措施是对原有业务流程的优化和改进。

（七）信息系统与技术支持

盒马在信息系统与技术支持方面最大的特征是其先进的物流系统。盒马将电子价签、物流传送履带以及升降机等物流技术应用于实体门店，辅以机器学习算法为软件支持，打造了物流方面的核心竞争力，并且与盒马的ERP系统以及库存管理系统实现协同。盒马充分利用现有的物流技术与物流资源，极大优化物流流程，提升了物流配送服务的效率，对于现有知识技能的充分利用以及对效率的提升体现了其开发能力。此外，盒马在营销方面对大数据能力的应用提升了其整体营销成效与效率。

（八）组织架构

盒马线上线下板块均为自建，强调线上线下的融合，两个渠道作为整体构建业务单元。在线下门店设置餐饮副店长、物流副店长以及线上运营副店长等创新性职位。这体现了盒马以线上线下融合为一致性目标，创造了一种情境，实现线上线下渠道的互动，允许业务单元中的个人合理地在两种渠道中分配资源与精力，体现了组织架构的双元情境。从人才招募的标准来看，盒马希望招募复合背景的人才，打造多样化团队，且鼓励创新与互联网思维。

资料来源：卢彩秀．双元能力视角下零售企业线上线下融合模式研究．商业经济研究，2019（15）：112-116.

**讨论**

1. 盒马是如何有效整合渠道的？
2. 盒马的整个渠道管理对于其经营管理有什么影响？
3. 盒马如何通过渠道的改进在未来的竞争中保持优势？

## 重点名词

制造商　　批发商　　零售商　　消费者　　代理商

## 思考题

1. 营销渠道成员有哪几种？
2. 请描述个人消费者购买行为的类型以及购买决策过程。
3. 请描述组织购买者的特征以及购买决策过程。

# 第 4 章 营销渠道战略

## 本章要点

1. 了解渠道战略的含义与特征。

2. 理解制定渠道战略的流程。

3. 理解渠道战略与公司其他营销战略的关系。

4. 了解渠道战略与渠道设计和渠道管理的关系。

改革开放几十年，中国的经济获得了举世瞩目的发展。同样，现代企业在经营管理方面也取得了长足的进步，越来越多的中国企业认识到制定企业战略规划的重要性，以谋求企业的长期发展。在企业市场运作方面，国际先进的营销战略思想和营销理论正在中国大地上开花结果。毋庸置疑，虽然“谋略”“谋势”自古已有，但当今时代的发展更加使企业必须从战略的角度进行思考。因而，关于企业营销渠道管理的讨论，必须从营销渠道战略开始。

## 引　例

### 华为的渠道战略

2019 年 6 月 10 日，中国外交部发言人耿爽在例行记者会上披露，华为公司已经在全球 30 个国家获得了 46 份 5G 商用合同，越来越多的国家和公司根据自身利益和长期与华为合作的经验，作出独立自主的决断。公道自在人心，得道多助，这是华为 30 多年来持续技术创新的自信，更是从直销模式的纵向深耕，到分销模式的横向扩展，最终到“生态营销”战略的辉煌。

1. 直销模式：纵向深耕，建立根据地

在华为成长的中前期，渠道战略以直销模式为主。在这一模式的实践中，华为完成了两次战略的跨越，一次是从国内低端向高端，一次是从国际低端向高端，实现两次跨越的关键正是“根深叶茂”与“厚积薄发”。前者体现了华为在空间布局上的智慧，后者体现了其在时间拿捏上的得当。华为在国内农村市场的“深耕”，在国外亚非拉市场的“精耕”，都是为了保障生存、打好基础、积累经验、培育客户、积攒口碑与树立品牌。中低端渠道的“深耕”与“精耕”是一种量的积累，是进军高端市场的动力源泉，华为在中低端渠道的“根深”付出创造了在高端渠道的“叶茂”成果。

2. 分销模式：横向扩展，培育同盟军

分销模式是华为战略的关键抉择，这一挺进充满着困苦与磨难，最终能浴火重生，实属不易。“高端引领，整体演进”是这一战略的精髓，高端渠道是整体渠道的驱动器，高端技术又是高端渠道的发动机。华为只有不断挺进高端、奋斗高端，才能将非高端的大量利益让渡给渠道伙伴和产业链伙伴；华为只有敢于冲击部分技术尖端，才能将另外的尖端让渡给“友商”，与合作者长期共享整体渠道的利益和整条产业链的利益。

3. 生态营销：共荣共长，营造大世界

华为30多年的发展战略在渠道维度上演绎了三个阶段：前期是以直销模式为主，纵向深耕诠释了生存秘诀；中期是分销模式为主，横向扩展揭示了成长密码；后期是生态营销战略，纵横捭阖演绎了发展基因。华为开辟了一个全新的营销时代，这就是“生态营销”模式，这一全新的营销战略是基于移动互联网的时代呼唤，也是基于华为全球战略觉悟的高屋建瓴的抉择。回顾产业发展史，从福特的直销到通用与丰田的分销，这都属于工业时代的传承；互联网时代来临，华为开启了一个全新的“生态营销”时代。任正非强调，要构建一个开放和谐的生态圈，让广大合作伙伴实现资源共享、能力互通，打造越来越多创新的、更具竞争力的行业解决方案，为客户创造价值。

资料来源：吴越舟．华为渠道战略：从直销、分销到生态营销．销售与市场（营销版），2019（7）：56－59.

## 4.1 渠道战略的角色

渠道战略对于一个企业而言是至关重要的，因此有必要了解渠道战略是什么以及企业如何对渠道战略进行定位，进而了解渠道战略制定的流程及其选择。

### 渠道战略的含义与特征

要了解渠道战略是什么，首先要知道战略和战术的区别。战略一词最早是军事方面的概念。战略的特征是具有智谋的纲领。在西方，战略一词源于希腊语“strategos”，意为军事将领、地方行政长官。后来演变成军事术语，指军事将领指挥军队作战的谋略。在中国，战略一词历史久远，“战”指战争，“略”指谋略。春秋时期孙武的《孙子兵法》被认为是中国最早对战略进行全局谋划的著作。在现代，战略一词被引申至政治和经济领域，其含义演变为统领性的、全局性的、左右胜败的谋略、方案和对策。战术是相对战略而言的，指具体的、可操作的、应对现实的措施。美国管理学家彼得·德鲁克（Peter Drucker）将管理者的职责区分为“做正确的事”和“正确地做事”两种类型。战略的制定是指“做正确的事”，而战术的制定则是指“正确地做事”。对于一个企业而言，战术计划和战略计划是达到企业目标的两个部分。这两个计划的制定应该分两步走，首先制定战略计划，然后在战略计划的蓝图下制定战术计划。战略计划的制定强调权衡利弊、估算优劣、识别机会、规避风险。

由此可见，在销售人员埋头于理货、铺货、查看售点等具体事务之前，要有人将时间和资源花在“抬头看路”上，探明企业营销渠道发展之路。如果在战略制定上有所闪失，则意味着企业今后可能驶向错误的方向，在这种情况下，计划执行得越好，工作效率越高，则偏离正确的方向越远，最终导致南辕北辙的结局。

那么，营销渠道战略是什么？营销渠道战略是指企业为了实现其向目标市场分销产品的营销目标而遵循的基本原则。它的使命在于贯彻整个市场营销战略，总目标是最大限度发挥渠道战略和产品战略、价格战略及促销战略的协同作用，为企业赢得竞争优势奠定基础。

营销渠道战略的特征包括以下几个方面：

(1) 营销渠道战略是市场营销战略的重要组成部分，它需要与企业的产品战略、价格战略、促销战略相配合。它必须从产品与市场相结合的角度，以合理的价格和沟通方式为特定的目标市场提供合适的产品。

(2) 营销渠道战略是宽泛的、粗线条的、指导性的原则。它不是精确的行动方案，也不是具体的策略措施，是对企业营销组合和整体发展具有指导意义的纲领。

(3) 营销渠道战略是面向未来的，建立在对未来竞争环境进行预测的基础上。在竞争日趋激烈的市场上，企业要预测消费趋势、消费者偏好等复杂因素，以此确定企业的营销战略。

(4) 营销渠道战略作为整个企业竞争战略或市场营销战略的一个子战略，应该与其他子战略如产品战略、价格战略、促销战略等有机结合，共同为企业的总体战略目标服务。脱离企业总体战略目标的约束以及其他子战略的配合制定出来的营销渠道战略是不成功的、无效的，甚至是有害的。

(5) 在激烈的市场竞争中，每个企业都要锐意革新，不断进取。战略规划是这一活动的关键。它既要制定与竞争对手抗衡的行动方案，也要制定针对来自各方面的冲击、压力、威胁和困难的解决方案。它与那些不考虑竞争、挑战而单纯以改善企业现状、增加经济效益、提高管理水平等为目的的行动方案是不同的。一个好的战略可以改变企业的市场竞争地位，甚至可以使企业起死回生，发生质的飞跃。

## 渠道战略在公司总体战略、营销战略中的角色

营销在企业或组织的长期目标和战略实现中应该扮演什么样的角色？发挥什么样的作用？这些问题是任何企业或组织都必须面对的。一个公司的战略体系包括总体战略、营销战略、渠道战略等。那么构成这个战略体系的三者是何关系？显而易见，公司总体战略包含营销战略，而营销战略又包含渠道战略。换言之，渠道战略必须和营销战略一致，营销战略又必须和总体战略相统一。我们可以用图 4-1 来描述公司总体战略、营销战略和渠道战略的关系。

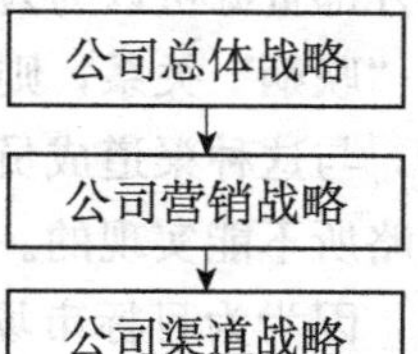


**图 4-1　三种战略的关系**

由图 4-1 可以看出先是公司总体战略，然后是公司营销战略，最后是公司渠道战略。公司总体战略是公司一切计划和各职能部门战略制定的基石。

公司的营销战略包括产品、价格、渠道和促销（合称 4P）四个部分。渠道战略只是营销战略的一部分，在制定渠道战略的时候，要从公司营销战略出发。比如一个大型的汽车制造公司制定这样的经营战略：集中公司的各种资源，努力使公司成为世界一流的汽车制造商。立足于这个经营战略的营销战略应该是：利用公司既有的内外营销资源，努力使企业拥有一流的营销水平，从而实现公司的战略目标。同样，在这样的营销战略架构下，公司的渠道战略应该是：发挥渠道资源的作用，努力建设一个具有一流分销水平的渠道体系。通过这

种顺序制定渠道战略，才可以最终保证公司总体战略目标的实现。

由此可见，渠道战略在公司总体战略和营销战略中扮演一个很重要的角色。渠道战略既然扮演这样一个重要的角色，那么它的重要性体现在哪里？在许多企业的实践中，可以毫不夸张地说，企业销售部门99%的成员的99%的时间和精力都花在与经销商、代理商、零售商打交道上。因此，人们往往错误地认为渠道管理的重要性体现在如何经年累月地处理与渠道成员的关系，解决分销渠道中出现的矛盾冲突等问题，却忽略了最根本的战略问题。俗话说，磨刀不误砍柴工，多做一些战略思考可以事半功倍，因此企业应该重视渠道战略的重要作用。

渠道战略的重要性可以归纳为以下五点：

(1) 渠道战略可以配合市场营销组合的其他部分，实现更大的效益。在产品的导入期，渠道成员可以提供消费者信息，为产品做宣传。通过对渠道的管理，产品的促销战略会取得更好的效果。

(2) 渠道战略以产品与市场的有效结合为检验标准，对企业的经营范围具有反作用。每种渠道战略都决定了企业经营的范围，不同企业选择的渠道的长度和宽度不同，而渠道战略是否符合企业的标准可以从企业产品和市场的有效结合程度中体现出来。

(3) 与其他营销组合变量相比，渠道战略对企业获取竞争优势有更大的作用。营销组合4P中的产品、价格和促销都缺乏张力，没有竞争力。首先，通过技术领先和创新使产品具有竞争力越来越难。其次，伴随技术领先优势丧失的是价格优势，企业难以获得超低水平的成本优势。最后，指望通过促销来赢得市场，也因其易效仿性而变得稍纵即逝和不堪一击。但渠道却可以提供更多持续的优势。渠道战略是一个长期战略，必须假以时日才能真正建立起一个分销体系。因此分销模式具有隐蔽性，从建立初期到最终建成很难被竞争对手察觉。待到渠道登台亮相时，尽管竞争对手能够复制，却不可能了解其中的奥秘。

(4) 渠道战略可使企业在更大的范围内配置资源。分销系统创造的资源对公司发展具有一定的作用。分销渠道是市场营销组合中唯一的外部资源变量，构成分销系统的是独立于制造商的商业企业，这些渠道成员有自己的经营目标、方针政策和发展战略。赢得这些成员的配合，并确保其行为促成公司的发展，显然是公司渠道管理面临的挑战。然而，正是这些独立的外部资源可以为公司创造神奇的协同效应。如果制造商建立渠道并与合适的商业企业缔结“联姻”关系，则可以相得益彰。如果渠道成员具有制造商缺乏的知名度和声望，不言而喻，与这种渠道成员“联姻”可以使公司的品牌形象得到提升，这是单凭广告促销或者定价策略所不能实现的。另外，即使是世界知名企业，也应该力求与渠道成员形成紧密的合作关系，因为为目标市场提供产品的活动离不开渠道成员的合作。如果合作成功，可以获得1+1>2的效果；反之，则可能造成内耗，无法实现公司的经营目标。沃尔玛和宝洁的合作是一个极好的佐证。

(5) 关系营销观念的流行是企业重视营销渠道管理的重要体现。营销渠道作为服务的传递者，在市场营销组合中扮演着重要的角色。关系营销本质上是一种观念，这种观念旨在通过对客户和最终顾客的一系列承诺，建立、维护和促进与顾客和其他合作伙伴的长期互利关系，而不是只做一锤子买卖，在每次交易中获得最大利益。其核心在于对顾客服务的承诺和履行，而要实现这一点，达到顾客满意，必须借助于分销。

宝洁在考虑与沃尔玛的战略关系时正是这样做的。美国日用品生产巨头宝洁十分注重分销的作用，并努力寻求与重要的零售商结成战略联盟关系。沃尔玛是宝洁战略联盟的对象。沃尔玛每年从宝洁购买 20 亿美元的产品，占宝洁在美国本土销售额的 10%。宝洁在沃尔玛的美国总部专门安排了一组行政人员，处理沃尔玛对宝洁产品的特殊需求。如为了配合沃尔玛的“每日低价”活动以及山姆俱乐部的促销活动，宝洁专门特制大包装的产品。更引人注目的是，宝洁总裁亲自参与制定本公司与沃尔玛等其他大型零售商的分销战略。

就营销渠道自身的特点看，它必然会为企业的持续发展提供机会。很多公司独具慧眼，早就认识到了这一点，将分销作为公司的战略发展重点，以赢得竞争的主动权。在这一点上，两大饮料巨头给了我们很好的启发。可口可乐和百事是著名的跨国饮料公司，20 世纪 60 年代百事成立后，两家公司成了竞争对手，碳酸饮料巨大的国际市场也基本成了它们表演的舞台。作为生产同质产品的两家公司，它们除了在广告和促销策略上斗法，还越来越重视营销渠道对战略取胜的重要意义。两家公司竞争每一块销售阵地，甚至不放过任何一家零售店。百事多管齐下，向可口可乐的老大位置步步进逼。除了邀请年轻偶像做代言人，抓住年轻人市场，在各地的快餐店赠送售货机，百事在渠道终端开展进攻也是其重要手段。

## 制定渠道战略的流程

以上重点介绍了渠道战略的角色以及重要性。既然渠道战略如此重要，那么如何制定渠道战略呢？下面重点讨论这个问题。

制定渠道战略的流程见图 4-2。

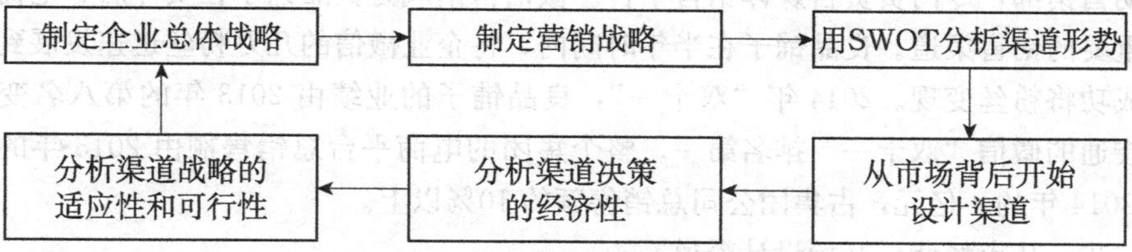


**图 4-2 制定渠道战略的流程**

资料来源：李先国．分销渠道决策与管理．北京：清华大学出版社，2009.

由图 4-2 可以清晰地看出制定渠道战略的流程，最后把分析结果和企业的实际情况作为制定企业总体战略的参考。企业在制定总体战略和市场营销战略后可以其为指导，进入渠道战略的制定过程。对现有渠道进行重新评价始终是每个企业必须进行的工作，而且这项工作永远不会轻松。如果不重新评价，渠道战略很容易无法与总体战略保持协调，以至于错失变化的渠道环境带来的机会。更糟的是，企业自由放任的态度等于邀请竞争对手利用这个机会巩固其地位。

要重新评价渠道，最大的障碍是现有渠道形势的历史以及传统的思维方式。为此，有必要应用从零开始的方法，抛开当前的渠道安排，从市场背后发现打开市场的最优方式。企业在确定了理想客户群之后，应该提出如何去接触客户的问题。渠道战略必须与公司总体战略相一致，同时还要满足必要的效率要求（合理的收益率），并确保其长期的灵活性。

第一步：用 SWOT 分析渠道形势。

SWOT 分析的内容包括：一是做企业内部资源评估，分析企业现有渠道的优势和劣势；二是做竞争环境分析，分析环境的机会与威胁。这一步骤的核心是比较本企业与目标竞争对手在存货周转、市场覆盖率和成本变动趋势等方面的差别。许多营销经理了解自身渠道中的各种联系，他们掌握有关价格、交付条款、收益、存货周转等业绩指标的细节。然而他们对竞争对手或价值链中其他环节的了解却很零乱，往往是想当然。因此，对于企业来说，在分析渠道形势时，除了要搞清楚自身的情况，更重要的是了解主要竞争对手的渠道种类以及每条渠道的市场份额，并将这些数据与自身的情况对比，以便通过分析知道每条渠道的相对获利能力、渠道种类的增长速度以及市场覆盖率（占实际服务的整个市场的比例）。

除上述分析之外，营销经理还要密切关注与制定渠道战略相关的一些趋势。最重要的趋势如下：(1) 客户购买方式可能的变化。例如，在PC市场的早期阶段，大多数顾客愿意直接向厂商购买，随着市场的发展以及顾客对PC了解的深入，越来越多的潜在客户愿意在零售店购买。(2) 渠道的新进入者。其他行业的企业受到利润机会的吸引，会认为参与这个渠道具有重要的战略意义。这可以提供一种进入市场的新方法。海尔集团进军信息产业首先就是从渠道做起的。(3) 采用新技术进入市场的方式增加。网络的发展使得网络营销成为一种越来越重要的分销方式。营销经理必须跟踪顾客对此类新技术的使用情况以及直接竞争者采取的重大举措。(4) 从渠道中获取利润的压力。这既可能是由于议价力量有所增强，也可能是由于使用渠道的费用快速增长。

上述趋势都会对目前渠道的未来吸引力产生重大影响。精准地预测营销渠道的变化趋势是良品铺子成功的法宝。良品铺子是一家休闲食品研发加工和零售企业，短短8年时间，这个靠传统门店经营模式起家的连锁企业已经拥有1 400家线下门店，其独特的社交电商在业内被公认为传统企业O2O的典范。由于精准地预测了营销渠道的变化，良品铺子成立了一个互动营销部，专门负责自媒体销售平台。微信营销成为良品铺子在实体店、电商之外的第三个重要的销售渠道。良品铺子在半年时间内，将企业微信的几万粉丝迅速发展到100余万，并成功将粉丝变现。2014年“双十一”，良品铺子的业绩由2013年的第八名变成第三名，口袋通的微信“双十一”排名第一。整个集团的电商平台总销售额由2013年的1亿元增长到2014年的4亿元，占集团公司总销售额的10%以上。

第二步：从市场背后开始设计渠道。

第一步工作中隐含一个潜在的危险，即某些经理会过分注重从竞争和历史角度思考渠道问题，而忽视最终顾客真正想从渠道服务中得到什么。因此，第二步工作就是要纠正这种倾向，从顾客的角度思考以下问题：

(1) 渠道中提供的服务项目的价值。这要求撇开产品的特点和性能，只考虑顾客最重视的渠道服务项目。对于一台个人电脑来说，可能的服务项目包括：产品演示、保证条款、使用培训、安装和维修服务、维修期间可否使用备机以及技术建议等。由于顾客可能要求提供所有的服务项目，这就需要了解提供不同服务项目的费用差别，从而在所有的服务项目中作出权衡。可能的权衡包括购买是否便利、交货的及时性、产品品种的丰富程度、服务质量等。

(2) 细分顾客。不同顾客对渠道服务项目的重要性的认识不同，这取决于他们的需要和购买行为。如果顾客之间的差异很大，则很难用一条渠道满足所有顾客的要求。此时可根据不同顾客群体对特定服务项目重要程度的认识进行顾客细分，并为每个细分群体确定能为其提供最优服务的渠道类型。如果现有渠道无法满足某一群体的需要，就应该设计新渠道。因此，厂商若能认真地对待这些问题，就能更有效地利用集中经营某类产品的增值中间商和零售商。

(3) 顾客对各种渠道选择的看法。为顾客设计的渠道是否能够满足顾客的需要，还是应该询问顾客。在询问顾客的过程中特别要注意的是，顾客对现有渠道总体上的满意往往会掩盖某些关键服务项目的缺陷。研究顾客不满的目的是找到新的构建渠道的方式，以克服各种问题。

总之，在这个"顾客是上帝"的商业时代，渠道设计的目标是发现顾客想从渠道中获得什么，并通过改进和创新更好地为顾客服务。所有的IT厂商现在面临的选择是：仅对现有渠道做出改进，用全新的或复合的渠道取代，还是针对不同细分市场的需要设计不同的渠道，增加渠道数量。

第三步：分析渠道决策的经济性。

营销经理在比较不同渠道的获利能力时，必须判断不同组合的收入、成本和资金需求情况。一方面，企业可以通过仅使用经销商以削减固定成本；另一方面，企业可以对工厂和仓储进行先期投资，以保持与顾客尽可能直接的联系。

比较渠道的一种方式是首先估算转移到一个新渠道所增加的成本。如果顾客需要快捷交货，就必须保证当地的库存，还可能需要建立快速反应的分销中心。通过盈亏平衡分析，经理能够了解某种特定的分销方式是否值得采用。在确定了某种选择后，还应详细分析收入、采用规模经济还是控制、交易成本以及资产特性。

(1) 收入。比较两条不同渠道的销售能力，要考虑两种因素：一是覆盖密度，即与市场上的购买决策者的接触程度。许多渠道留下空白点是由于忽视了某些地理区域或不能到达某类顾客。二是在接触顾客后销售努力的效果，这取决于销售人员的销售技巧和实际销售行为与厂商的差别化努力的一致性。

从效率的角度考虑，直接渠道可能更有利。公司销售代表仅专注本公司的产品，不会被其他产品干扰。他们在销售本公司产品方面受到良好的培训，有更强烈的进取心。通过为顾客提供增值服务和信息、推进销售、消除顾客的不满，他们能与重要客户建立紧密联系。但直接销售的最大问题是：企业能否担负得起覆盖广泛且多样化的市场的销售队伍，如果不能，管理者就需要作出选择。

(2) 采用规模经济还是控制。直接销售队伍需要巨大的固定费用，尤其当企业将着眼点放在建立长期的顾客联系上时。规模经济是由于在一定的产量范围内，固定成本可以被认为变化不大，那么新增的产品就可以分摊更多的固定成本，从而使总成本下降。如果销售人员是服务于一个复杂客户的多功能小组的一部分，或他们的首要责任是服务已经建立联系的客户，那么将报酬与销售额挂钩则不太恰当。然而，如果每笔交易的销售额产生的毛利润不足以弥补交易成本，巨大的固定成本就会变得不经济。

对于控制问题，人们反对间接渠道主要是因为无法对中间商实施严密控制。人们通常认为中间商注重短期利益，而且以牺牲供应商的利益为代价来维护与顾客的联系。有许多例子表明中间商不愿从事有利于供应商的活动，包括填写报告、在新的目标市场上促销新产品、收集和反馈信息、从事日常的服务和支持活动。因此看上去似乎直接渠道更有利，但这是以直接渠道的控制优势为前提的，而不管直接销售是否能最小化管理和交易成本。越来越多的证据表明，这样做成本高昂，且主宰了渠道选择。对于渠道形式的选择需要权衡利弊，结合企业实际情况合理决策。

(3) 交易成本。只要中间商之间存在竞争，间接渠道就会显示出成本优势。当厂商能够在几个竞争的代理商或分销商之间作出选择时，代理商或分销商几乎无法获取超额利润。但如果可供选择的中间商极少，应如何做呢？为防止中间商过分利用其垄断地位，企业会承受巨大的交易成本，包括制定和执行体现分销商或代理商意愿的非常详尽的合约、对合约条款讨价还价、跟踪实施等。而且代理商或分销商的不合作行为会进一步增加成本，比如对供应商隐瞒信息或有选择地提供信息。此时对厂商来说，进行垂直的纵向一体化并直接销售是一种较好的选择。

（4）资产特性。当厂商需要特殊或专门的资产以支撑自己的战略时，更适合采用直接销售或纵向一体化的做法。这些资产源于：对分销商特殊的销售和服务培训、专门化的运输和储存设施、顾客的要求或购买决策过程。差异化的产品经常需要独特的能力来销售。

尤其当出现以下因素时，几乎可以肯定厂商最好选择直接销售：

- 无力追踪销售过程。当厂商很难确定中间商完成任务的情况时，使用中间商的效果会降低。如当很难了解分销商是否适当地培训人员、拜访新客户或收集市场信息时。
- 协作销售。向大客户销售计算机之类的产品，要求与专业人员以及不同管理层次之间进行协调，此时很难确定代理商或分销商对销售的贡献。
- 工作不力。当中间商不能弥补其全部活动的成本时，就会出现工作不力。名牌产品更容易受到这个问题的困扰。如某个零售商提供了劣质的售后服务但侥幸获益，这会损害品牌的声誉，减少其他零售店的销售。
- 大量交易。如果平均订货量大，或顾客订购了能同时交付的相关产品，则直接销售是经济的。

当然，厂商遇到的大部分情形并不像上面说的那么极端，因此多数企业往往采用的是复合的渠道安排。接下来的问题就是直接、间接和复合渠道中哪种最能适应总体战略的要求。

第四步：分析渠道战略的适应性和可行性。

渠道战略的决策是在一个广泛的背景中作出的，因此理想的渠道必须在战略责任、可用资源等限制条件下实施。这一步的目的就是要把先前步骤中识别出的最优渠道置于这些限制条件之下。如果确认某项决策适应当前的战略，是可行的，还必须看它是否适应将来的战略需要，并让竞争对手陷入困境。如果一种渠道战略很容易被竞争对手模仿和超越，它就不能提供一种实质性的优势。

（1）战略适应性。管理者必须确定提出的渠道战略能否支持总体战略的推进，进而使企业达到预期的业绩目标。很多企业往往无法圆满回答这个问题。例如，某家电脑公司认为，为了满足市场渗透和市场增长目标，需要采用复合的、竞争的渠道，包括代理商和零售商。但这些间接渠道提供了劣质服务，而这与短期利润目标相抵触，因为短期利润建立在较高价格基础上，较高价格则建立在优质服务基础上。公司面临的另一个难题是负担不起足够的广告费来建立消费意识和品牌偏好。此时，公司可以从间接渠道中“抽出”自己的服务，建立直接渠道，以确保获利目标能够实现，进而使市场渗透目标也能实现。建立直接渠道的决策是在充分认识到目前间接渠道的进取心不足所造成的长期后果情况下作出的，而零售渠道和间接渠道是未来市场增长的源泉。当然，有的时候渠道机会相当诱人，此时产品和服务的战略应适合渠道战略的要求。

（2）战略可行性。除了战略责任和战略目标的限制，是否有合适的中间商也限制着渠道战略决策。对于市场的新进入者来说，现有厂商往往已经锁定或控制了可用的渠道，这个问题尤为伤脑筋。

（3）长期适应性。无论企业选择何种分销方式，都必须认识到渠道长期一成不变势必会降低其灵活性。因此，在开始之前，必须进行最终检查，以确保设计的渠道能够经营公司期望提供的产品和服务，能够适应新技术。

渠道战略的最终选择是一系列的权衡及妥协，在企业利用其资源能够做到的与为满足顾客需要而获得竞争优势所应该做的之间寻求恰当的平衡。

## 渠道战略选择

为建立企业的渠道优势，有多种渠道战略可供选择，下面主要介绍八种渠道战略。

### （一）单一分销渠道战略

单一分销渠道战略是指企业通过完全服务型中间商向顾客提供高水准的服务，而不用担心那些提供有限服务的竞争者的价格竞争。通过单一分销，公司能与分销商建立并保持长期的亲密关系。在这种战略下，公司在某市场上的成功依赖于其中间商的成功。当然，没有公司的充分支持，分销商也不会成功。单一分销让分销商放心地开发自己辖区内的市场，而不必担心会有其他的批发商或零售商来争夺自己辛辛苦苦开拓出来的市场。

### （二）多重分销渠道战略

制造商往往通过多条分销渠道将相同的产品送到不同的市场和相同的市场。如同一种产品，由于既卖给最终消费者用于生活消费，同时又卖给产业用户用于生产消费，公司通常通过若干不同的分销渠道将同一产品送到不同的市场（消费者市场和产业用户市场）；有些制造商还通过多种分销渠道将产品送到同种顾客手中，这就是多重分销渠道。

多重分销可分为两种类型：第一种类型是制造商通过两条以上竞争的分销渠道销售同一种商标的货物；第二种类型是制造商通过两类竞争的分销渠道销售两种商标的基本相同的产品。例如，某大型酿酒商通过各种经销商（如超级市场、连锁商店、折扣商店、独立食品商店、小杂货店等）销售不同商标的相同的白酒，消费者可能不知道这些不同商标、不同价格的白酒都来自这家酿酒商。制造商使用多重分销渠道比使用单一分销渠道更能实现市场渗透。

### （三）非传统分销渠道战略

非传统分销渠道战略是指企业将未被普遍采用的渠道作为主要渠道销售产品的战略，如通过与产品和服务关联度不大的渠道销售产品。例如，天美时通过超级市场、便利店、机场报刊亭以及商店等零售分销渠道销售手表。L'eggs 通过药店、便利店和超级市场大量销售其厚底鞋。这些分销渠道总是为其他手表和厚底鞋厂商所忽视。

非传统分销渠道使得消费者能在方便的地方购买商品和服务。例如，天美时就了解到消费者更经常在非传统分销渠道而不是珠宝店购买手表。L'eggs 也很清楚，女性顾客在食品店比在服装店中购物欲望更强烈。为了增加自选零售店对其产品的接受度和促使顾客更喜欢自选购物，天美时和 L'eggs 都为零售商设计了特别展示通道以展示它们统一包装的产品。

**营销视角 4-1　云南白药牙膏反传统的销售渠道**

### （四）较宽的分销渠道战略

较宽的分销渠道战略是指企业选择较多的渠道成员形成较宽的分销渠道成员网络，以保证消费者有较多的机会接触到商品。企业要使用地区性和全国性广告（提供与广告覆盖范围相当的分销网络），并创立和维持一个地区性或全国性的品牌形象，在市场中要有坚实的经销商网络和充分数量的优秀经销商，以保证提供一定水平的满意服务。

### （五）新技术分销渠道战略

新技术分销渠道战略是指分销渠道成员通过使用新技术来取得并保持竞争优势。电脑可用于保持最新的商品目录，分离畅销品和滞销品并针对有选择的目标顾客进行促销等。自动化仓库能够减少依单发货中的错误，加快运送速度和降低劳动力成本。

5G时代的到来，使得众多企业开始学会使用运营商大数据去深入挖掘市场需求客户群，因为运营商大数据精准营销比传统的营销渠道具有更多优势。新技术在飞速发展，大数据应用越来越广泛，并有愈来愈多的营销推广应用程序。运营商大数据系统以联通、电信、移动三大运营商的大数据为依托，可以对营销渠道进行优化。运营商大数据精准营销致力于运营商大数据深入分析，保证精准合理有效的客户资源，解决企业获客难题，让获客变得更简单，让客户不再难找。运营商大数据系统的数据信息内容可以梳理程序流程广告投放系统软件和精准营销系统软件的开发与设计方案，逐步完善以中国实体经济的运用和智能化更新改造为重中之重的大数据精准获客系统。

### （六）优质服务分销渠道战略

分销渠道成员通过提供优质顾客服务来建立并保持长久的竞争优势。例如，更快的运输，保留顾客服务记录，以现有存货满足95%以上的顾客订货，拥有较多品种和规格的产品库存和现场设备维修等。

某家用保健品公司通过为其经销商提供最优质服务取得了巨大的成功。其竞争对手能以更低的价格向家用保健品零售商提供相同的产品，但零售商不得不大量采购。此外，在送货方面零售商经常要等待三周的时间，因此，零售商不得不保持适量的库存以满足顾客的需要。但该公司正好相反，其分销渠道战略以当日送达为基础，形成了包括32个仓库在内的巨大库存系统。该公司提供的价格包括运输费，而其竞争对手却将运输费单列出来。该公司还扩展其产品组合，从轮椅到医院病床和康复设备，还包括诸如电动轮椅的垫子和电池等小物件商品。

### （七）低成本分销渠道战略

建立在低成本基础上的分销渠道战略使分销渠道成员能赢得对价格敏感的目标市场，将费用节约的好处让给消费者，并通过挑战竞争对手的价格获得满意的利润。

**营销视角4-2 名创优品的低成本渠道模式**

分销渠道成员可以通过自动化（如订货、仓储和记账的自动化）、租用低租金设备（作为展厅、仓库和零售店）、将提供给顾客的服务减至最少（如通过自选购物，目录销售或对运输、设备安装和修理等收取额外费用）等方法来降低其成本。

### （八）专业市场分销渠道战略

这种战略使公司能更好地满足其目标市场的特殊需要，在竞争中更有效率地进入市场。没有通向专业市场的分销渠道，企业就不得不想办法把它的产品和服务推向更大范围的市场，这会造成巨大的浪费。

各种渠道战略都有优缺点，企业可以将这些战略混合使用。例如，企业可采用技术策略（如更好的管理或库存技术）来降低成本或提供更为优质的顾客服务（如维修服务），也可以采用一些非传统分销渠道作为传统分销渠道的补充，从而构成双重分销。

一般来说，利用分销渠道竞争优势的企业总是能将企业的分销渠道战略与其整个市场营销战略相统一。例如 L'eggs 公司为其自助购物专门设计了一种创新式的包装：用一种蛋形容器来吸引消费者的注意，并提供市场广告陈列。

分销渠道管理作为竞争优势的主要原因在于其长期性。例如，许多渠道合同是长期的，一些特许经营的合同 20 年才更新一次。建立一个零售网络也是非常耗时的，产品如果不在市场上经历充分的展示是难以实现其销售潜力的。许多批发商不愿意承接市场上有众多竞争者的产品，而制造商因为这种状况很难接近最得力的批发商。

除了长期性，分销渠道关系是竞争者难以效仿的，尽管竞争者可以模仿企业的价格战略，模仿其产品线，或模仿其促销战略，但是分销渠道关系不好模仿。例如，最好的批发商可能早就承诺为竞争对手服务了，或者企业发现最佳的零售地点已经为竞争对手所占据。

## 4.2 渠道战略与公司其他营销战略的关系

本节主要介绍渠道战略与公司产品、价格以及促销战略的关系，只有清楚地知道渠道战略与公司其他营销战略的关系，才能更有效地制定渠道战略。

### 渠道战略与产品战略

产品战略是企业对其生产与经营的产品进行的全局性谋划。它与市场战略密切相关，也是企业经营战略的重要基础。企业依靠物美价廉、适销对路、具有竞争力的产品去赢得顾客，开拓市场，获取经济效益。产品战略是否正确，直接关系到企业的胜败兴衰。

产品的具体特点决定了企业选择渠道的类型，决定了渠道的长短、宽窄、直接还是间接以及接触性的高低。产品组合也对渠道选择有一定的影响。产品组合长而深的企业适宜选用窄的营销渠道网络或者通过专卖店销售。

(1) 产品不同，顾客的需求不同，适宜的销售渠道相应不同。如前所述，顾客购买时的需求表现为购买批量多少、等候时间长短、出行距离远近、选择范围宽窄和售后服务好坏。这一切都会因产品不同而有很大差异。产品类别直接影响营销渠道目标的确定，营销渠道是为目标服务的，无疑其构成要受到产品因素的影响。

(2) 产品不同，相应的渠道特征不同。每种产品都有自己的自然属性和社会属性：使用价值和价值。从使用价值方面看，各类产品使用价值的实现所要求的时间、空间是不同的；从价值方面看，渠道的差异会使产品价格上升或者下降。这些因素自然会影响分销渠道的长短与宽窄。如海鲜适宜短渠道，日用品适宜长渠道，大型机械设备适宜短渠道，标准化程度高的产品（电饭锅、电熨斗等）适宜长渠道。

(3) 产品生命周期的阶段不同，适用的渠道策略不同。在产品的投入期，为了向市场推出产品，渠道应该是高接触性的，一般选择直销或者有经验的分销商。而在产品的成长期，竞争激烈，为了占据更多的市场份额，多渠道组合策略比较适合。在产品的成熟期，销售规模和分销结构趋于稳定，宜选用低成本的渠道，以获取更大的利润。而在产品的衰退期，低成本的自有渠道安排最合适。

### 渠道战略与价格战略

价格战略是指以企业总体战略和效益目标为依据，为满足占领目标市场的要求而对产品价格目标、价格水平、价格手段等作出的谋划与方略。

定价是市场营销组合的重要组成部分，渠道战略对企业的价格战略有重要的影响。影响商品的价格因素主要包括成本费用、销售数量、资金周转、产品质量、竞争产品的价格等。渠道战略因其连接产品与市场，进行商品实体和服务传送的特性，主要从以下两个方面影响商品的价格：

（1）影响单位商品的总成本。企业的渠道能力是决定销售数量和资金周转的重要因素。因此，良好的销售渠道可以促进销售，增大销量，形成规模经济，加速资金回流，降低单位产品的总成本，提高商品竞争力，使产品的定价有一定的优势。

（2）渠道成本是商品成本的重要组成部分，直接影响商品的定价水平。据统计，在分销渠道的各项成本中，物流成本占很大的比重。据市场专家统计，物流成本已经占到全部营销成本的50%，而且还在不断增长。高效的分销渠道可以通过各环节的协调，或通过渠道扁平化策略，显著降低物流成本，进而降低商品最终价格。

### 渠道战略与促销战略

促销是市场营销组合的组成部分之一。促销战略是指企业通过人员推销、广告、公共关系和营业推广等各种促销方式，向消费者或用户传递产品信息，引起他们的注意和兴趣，激发他们的购买欲望和购买行为，以达到扩大销售的目的。

（1）促销战略是贯彻渠道战略的重要方面。促销是在营销渠道基础上的市场营销活动。它的使命是配合营销渠道运用一些特殊手段大力促进商品的销售。它的内容包括人员促销、销售促进、广告、营业推广以及公共关系等。

（2）促销战略需要渠道战略的配合。企业为了使顾客购买其产品，一般会采用推动与拉动相配合的促销战略。推动策略是指制造商采取一定的方式刺激中间商的需求，把产品推销给中间商，中间商再采取积极措施刺激消费者的需求，把产品卖给消费者。这样一步步地推动产品在渠道中前行。拉动策略是指企业利用广告和销售促进等方式，刺激消费者和中间商的需求，从而使批发商、零售商、消费者等主动经营或购买其产品。因此，要使推拉策略配合成功，必须有正确有力的渠道战略的配合。

## 4.3 渠道战略与渠道设计

这一节主要介绍渠道设计，目的是揭示渠道战略与渠道设计的关系。这两者之间的关系显而易见：渠道战略指导渠道设计，以帮助企业获得差异化优势。

## 差异化优势与渠道设计

差异化优势也称可持续竞争优势，是指企业在市场上获得的更具竞争优势的地位。从长期看，它可以使企业充分发挥特长，比竞争对手更好地满足客户的需求。企业获得的所有资源以及企业主要的职能活动都可以影响企业差异化优势的形成。资金水平、管理质量、人员素质以及生产、财务、市场营销战略都是影响企业差异化优势的重要因素。

**营销视角 4-3 屈臣氏的渠道差异化**

虽然渠道设计只是企业差异化优势形成的一个环节，但是我们应该将其视为重要部分认真谨慎地对待。事实上，建立在卓越的营销渠道基础上的竞争优势，能给企业带来令人惊喜的收益，同时，这种优势又不易被竞争对手所仿效。

卡特彼勒的营销渠道赢得了世界上许多企业的称赞。在过去 50 年，卡特彼勒一直是重型设备产业中，更确切地说是美国所有大型企业中财务绩效最好的企业之一，甚至在面对日本强有力的市场竞争对手的时候也不例外。

是什么促成了卡特彼勒的成功？它有若干项区别于竞争对手的特征。卡特彼勒曾多次指出，以一流的分销商为基础，设计完美的营销渠道是促使其成功的最关键因素。卡特彼勒的大多数产品的营销渠道是由 186 家美国和其他国家分销商组成的分销网络。分销商的平均销售收入在 1 亿美元以上，平均净利润达百万美元。这支财务稳定、有较高营销能力的分销商队伍使卡特彼勒的顾客能迅速地在最方便的时间、地点获得所需要的产品和服务。在这一点上，卡特彼勒可以说是无与伦比的。这一设计完美、给企业带来强有力的差异化优势的渠道系统并不是偶然产生的。正如前面所述，卡特彼勒一直十分重视营销渠道的建立和培育，花了很大的力气提高其竞争力。例如，这一系统的一大特点就是计算机网络将所有分销商与设立在伊利诺伊州的分销中心连接起来。这一网络使分销商可以立即在美国本土范围内采购到其两三天内需要分销出去的部件，在世界其他地区也只需提前 48 小时。卡特彼勒还为美国和海外的分销商开设了培训课程。公司甚至为分销商的子女专门开课，鼓励他们继承父业。可见，高水平的渠道设计对企业获得差异化优势意义重大。

## 渠道定位

当渠道管理者试图通过渠道设计培育企业差异化优势时，充分理解渠道定位的概念对他们的工作是十分有益的。为了更好地管理渠道成员、建立持续竞争优势，制造商应通过渠道定位来建立与渠道成员的长期合作伙伴关系。渠道定位是制造商通过提供比其他竞争对手更好的产品、服务、财务收入、项目和系统等而获得的在渠道成员中的一种信誉。渠道定位应该反映公司的市场定位，以公司独特的能力为基础，并且建立在一种持续的伙伴关系优势的基础之上。比如，一个通过给渠道成员提供最好的技术支持而建立持续的伙伴关系优势的制造商，可能确立的渠道定位是“技术支持型领导”。又如，一个通过给渠道成员提供各种促销活动来建立持续的伙伴关系优势的制造商，可能确立的渠道定位是“促销支持型领导”。因此为获取持续竞争优势，制造商的主要任务是建立一种持续的伙伴关系优势和一种有利的渠道定位。英菲尼迪公司通过自己的营销渠道销售汽车，在市场竞争中脱颖而出。英菲尼迪公司的一则广告以“无限变革汽车零售”为主题，诚恳地指出“传统的购车过程对消费者来说不甚愉快”。之后，它推出了“基于顾客的定价”“价格保证计划”“先期拥有的满意承诺”等新政策。根据先期拥有的满意承诺，英菲尼迪将向消费者提供较其以前购买经历更令人满意的销售服务。

定位良好的营销渠道的形成，要求渠道管理者必须获得渠道成员的信任和支持。一个正确的定位可以使企业获得极富差异性的竞争优势。制造商获得渠道成员的信任的程度决定了渠道定位的性质，而渠道定位又进一步影响企业能否形成真正的差异化优势。选择有利的渠道定位应该以公司的能力及其独特的竞争力为基础，同时还要考虑公司的整体目标和战略。首先，要审视公司当前的定位是否满足分销商的需求。其次，把公司主要竞争对手的渠道定位与分销商的需求进行比较，发掘两者之间的差距即分销商未被满足的需求。最后，以分销商最为看重的这些差距及公司的能力为基础进行渠道定位。渠道定位对于分销商来说应该是能够观察到的、独特的，并能给分销商带来价值。

当渠道定位作为企业通过渠道设计获得差异化优势的一种方式时，有一点必须注意：渠道定位战略必须使渠道成员意识到这个战略是有利可图的。如果不能做到这一点，渠道定位战略很可能会因为得不到渠道成员的支持而破产。美国桂冠达公司失败的渠道定位或许可以给我们一些启示。桂冠达公司作出了这样一个具有战略意义的渠道设计决策：在批发和零售环节大量削减公司的直销队伍，大力扶持独立渠道成员的发展。公司是以提高汽油质量、降低对价格的重视程度为基础进行渠道定位的。该公司认为，这种定位战略应该受到其批发商和零售商的欢迎，因为高质量的产品必然会在市场上获得更高的价格，销售这种高质量产品会提高渠道成员的利润水平。然而，结果与其预期大相径庭，桂冠达的市场份额在两年间从22%下降到14%，其市场领导者的地位也被后来者所取代。是什么导致桂冠达公司的失败呢？最终客户认为桂冠达公司的产品与其他公司的产品没有差异，不愿支付更高的价格，因此，桂冠达公司的渠道成员无法将这些高价格的产品大量销售出去，尽管这些产品号称有更高的质量。结果，渠道成员迅速转向桂冠达竞争对手的产品，这些产品虽然利润水平相对较低，但由于可以大量销售出去，比桂冠达公司的产品更有利可图。

## 4.4 渠道战略与渠道管理

本节主要阐述渠道管理和渠道战略之间的关系。在渠道管理中，管理者通过设计和实施一系列计划实现渠道成员的合作。在这一过程中，他们往往会遇到以下三个问题：一是与渠道成员之间的关系应该多密切；二是如何激励渠道成员通过与制造商的合作实现制造商的渠道目标；三是如何通过营销组合加强产销之间的合作。

### 渠道关系的密切程度

近些年出现了一大批著作，认为在批发或零售层次上，制造商与渠道成员之间应该形成一种更密切的关系。这种观点坚持认为，只要形成了更密切的关系（伙伴关系或战略联盟），制造商和渠道成员就可以共同努力，实现分销的高效性。事实上，这些讨论渠道管理的著作在推理过程中预先假定了产销之间密切关系的必要性。我们很难听到不同的观点，例如“不必强调密切的渠道关系”，甚至“有意识地保持更远的距离”。那么众人支持前一种观点，没有人持不同观点，是否就意味着“保持密切关系”的观点是正确的？事实上，没有任何一种观点一定是对的或者是错的。

在这场争论中不应该忽略的是，对于任何一个企业而言，与渠道成员保持何种密切程度的关系是一个战略性问题。如果渠道管理者相信，密切的渠道关系可以帮助他们更好地完成渠道管理工作，实现企业的分销目标，那么就应该强调建立密切的渠道关系。而如果渠道管理者认为密切的渠道关系无益于改善渠道管理的效果，那么加强渠道关系可能就是不必要的，甚至是浪费时间、金钱和精力。例如，一个通过成千上万家零售商销售其无差异产品的制造商想要与每个零售商建立一种密切的关系，很可能就是错误的。然而，如果制造商是通过数量相对较少的批发商将产品送到零售商手中，那么它与批发商建立密切关系则可能十分必要。所以，每个企业都应该根据自身情况来决定与渠道成员保持何种密切程度的关系。制造商与渠道成员之间的关系可以分为五种：非常密切、密切、中等、松散、非常松散。

处理关系密切程度问题的一般战略性原则是，渠道管理者应该把它与分销的密集程度（在渠道设计时已经确定）结合起来考虑。分销密集程度可分为密集型（很多渠道成员）、选择型（渠道成员相对较少）、排他型（一个渠道成员）。如果放在平面坐标中，可以发现，分销密集程度与渠道关系的密切程度是负相关的。例如，非常松散对应的是密集型，中等对应的是选择型等。一般来说，在其他因素相同的情况下，如果渠道成员是有选择性的或唯一的，制造商就应该与其建立密切的关系；如果渠道管理者在设计渠道时更强调密集分销，就应该与渠道成员建立一种更为松散的渠道关系。

当然，分销密集程度不是影响制造商与渠道成员的关系密切程度的唯一因素。其他因素，如目标市场、产品、公司政策、中间商、环境等，都会对制造商的决策产生影响，不过它们并不影响分销密集程度的重要性。

## 渠道成员的激励

渠道成员的激励将在本书后面进行详细的讨论。渠道管理者在制定分销决策时，应以渠道战略为指导。制造商在激励渠道成员时，无论是在批发还是零售层次上，都会遇到这样一个战略性问题：如何维护渠道成员之间在实现制造商分销目标方面的合作？与这方面相关的渠道战略包括为了促成这一结果的实现，渠道管理者可以采用的指导思想和方法。更具体地讲，就是将所有适当的策略结合起来，用以激励渠道成员。表4-1列出了普遍使用的渠道激励策略。从该表可以发现，激励策略极富多样化特征。

**表4-1 激励渠道成员的常见策略**

| |
|---|
| 1. 支付比竞争者更高的补贴。 |
| 2. 提供比竞争者更高的销售折扣。 |
| 3. 奖励履行更多分销任务的渠道成员更多的利润。 |
| 4. 向渠道成员提供受价格保护的产品，拒绝与削价的中间商进行交易。 |
| 5. 向渠道成员提供强有力的广告和促销支持。 |
| 6. 向渠道成员提供比竞争对手更广泛的促销补贴。 |
| 7. 向渠道成员提供比竞争对手更多的特定交易或销售策划活动。 |

8. 提供比竞争对手更高水平的广告合作预算。
9. 利用销售指导人员对渠道成员的销售给予支持。
10. 在“推式”和“拉式”促销战略之间建立良好的均衡。
11. 通过高度选择性的分销保护渠道成员的销售。
12. 根据销售潜力分析确定渠道成员的销售定额。
13. 向渠道成员提供伙伴协议，以强调相互的承诺和预期。
14. 签订许可或特许协议，以强化渠道关系。
15. 运用双重分销促进渠道间竞争。
16. 向渠道成员提供排他性交易。
17. 运用捆绑式的协议限制渠道成员销售竞争对手的产品。
18. 向渠道成员提供受保护的经营领域。
19. 向渠道成员提供高质量、创新性或差异化产品。
20. 确立销售保障和无条件将利益返还给渠道成员。
21. 为渠道成员的销售人员提供销售培训。
22. 向渠道成员提供财务支持。
23. 向渠道成员提供管理支持和培训。
24. 向渠道成员提供卓越的物流支持。
25. 为渠道成员提供在线订购系统。
26. 为渠道成员提供技术支持和帮助。
27. 建立顾客引导，并将其传递给渠道成员。
28. 建立分销商委员会，使渠道成员参与到渠道决策中。

资料来源：科兰．营销渠道．北京：中国人民大学出版社，2008.

渠道管理者必须从表4－1所列的众多渠道策略中分辨出哪一个对激励渠道成员最有效。渠道管理者可以“组合”概念为基础来激励渠道成员。组合在渠道中的应用称为分销组合分析。分销组合分析为渠道成员的分类提供了一种方法，其本质就是通过将制造商的渠道结构以及渠道成员看成一个个组合，使渠道管理者更深入地了解渠道成员。每一种渠道结构以及这一结构下的渠道成员组合，都可以认为是一项特定投资。

为激励渠道成员，渠道管理者所选择的激励策略必须随着渠道成员类型的改变而变化。例如，对批发商而言，专业培训是一种行之有效的激励手段，而对大众经销商而言，高额补贴更具吸引力。组合激励方法背后所隐藏的思想，正是对渠道结构中不同类型的渠道成员分别采取不同的激励手段。渠道管理者在启动激励计划之前需将渠道结构以及渠道成员视为一个个组合，这一工作对于选择适当的激励策略大有裨益。

## 营销组合在渠道管理中的应用

选择营销组合以满足目标市场的需求，不仅要求营销组合中四个组成因素本身都必须是优秀的战略，而且要求四个因素之间相互联系且保持一致。产品战略影响价格战略，价格战略与促销战略相关联，促销战略又进一步与渠道战略相关联（见图4－3）。

从营销组合的角度讲，任意一个与某一因素相关的计划或决策都会对其他营销组合因素产生影响。因此，改变产品性能的决策可能引起价格上涨，价格的变化要求促销也作相应的调整，以向消费者解释产品改变后的特征以及价格上升的合理性。最后，分销也会受到影响，因为负责销售产品的渠道成员需要重新了解产品的性能、特征。另外，渠道成员这时必须认真考虑新产品相对于竞争对手是否有竞争力等问题。

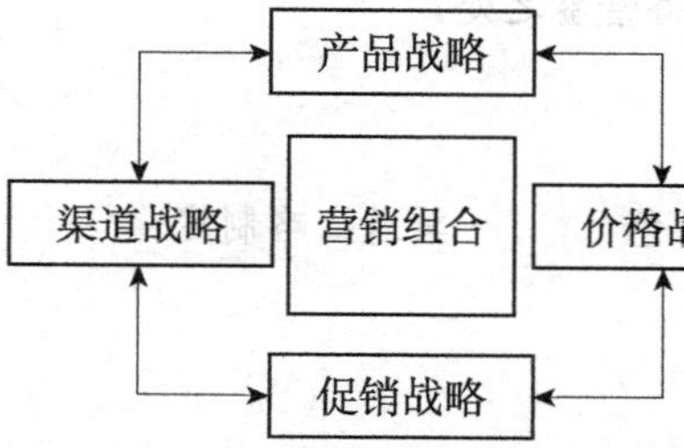


**图 4-3 营销组合中四个战略的相互关系**

最理想的状况是，市场营销管理者充分预料到所有可能的相互作用，为每个营销组合制定一个战略，使得各个因素之间相互补充、相互强化，最终得到一个最佳营销组合。

当然，在实践中，这种理想的营销组合是不存在的。不过，通过预先考虑和利用 4P 之间相互影响的关系，树立产生协同作用的战略观点，在营销组合管理中颇有价值。虽然最佳营销组合可能无法获得，但非常有效的营销组合还是可以实现的。

从分销特别是营销渠道管理的角度讲，渠道管理者应该在头脑中建立起培养整合效应的战略观念。这样做可以帮助渠道管理者看到营销组合因素强化而非削弱渠道管理的特性。

## 案例分析

### 互联网时代如何实现渠道制胜

Zara 是西班牙 Inditex 集团旗下一个子公司，它既是服装品牌，也是专营 Zara 品牌服装的连锁零售品牌。Zara 是全球排名第三、西班牙排名第一的服装商，在 87 个国家设有 2 000 多家的服装连锁店。Zara 深受全球时尚人士的喜爱，其设计优异，价格低廉，能让平民拥抱时尚。Zara 的成功与其渠道制胜战略息息相关。

（一）Zara 的垂直分销系统

(1) 组织架构：产品开发—生产制造—批发—零售终端—消费者。

(2) 运作模式：高效的集成式生产模式与高速的物流配送系统。

(3) Zara 是市场导向、生产导向的，随市场变化随时设计产品。

（二）Zara 分销渠道的整合策略

(1) 混合型渠道战略——经销制-直营制。

Zara 的渠道战略和企业整体营销战略保持一致，采用直营制的同时，在目标市场注册营业执照，进行税务登记，采用经销制。分布在各个区域市场的销售分公司，对该区域市场经销商覆盖不了或不愿意覆盖的渠道进行直接销售。

(2) 产品线变革，协同渠道——快速时尚＋民族时尚。

在现代信息技术得到运用以后，定制销售成为适应顾客个性化的有效营销方式，得到不少企业的重视。从分销渠道管理角度看，定制销售使分销渠道与生产系统合为一体，针对个别顾客的“专销”取代了针对众多顾客的“分销”。

资料来源：互联网时代下 Zara 如何实现渠道制胜 . https://ishare.iask.sina.com.cn/f/2ZRu8HMyXGc.html.

**讨论**

1. Zara 的渠道战略是怎样的?

2. Zara 渠道战略有哪些与众不同之处?

3. Zara 的渠道战略有哪些值得借鉴之处？

## 重点名词

| | | | |
|---|---|---|---|
| 渠道战略 | 渠道战略角色 | 渠道战略制定 | 渠道战略关系 |
| 渠道设计 | 渠道管理 | | |

## 思考题

1. 什么是营销渠道战略？它有哪些特点？
2. 渠道战略的制定分为哪几个步骤？
3. 渠道战略与公司其他营销战略的关系如何？
4. 渠道战略与渠道设计、渠道管理的关系是怎样的？

第 5 章

# 营销渠道设计

## 本章要点

1. 了解营销渠道设计的影响因素。

2. 掌握营销渠道设计的原则。

3. 掌握营销渠道设计的流程与方法。

在企业的营销渠道建设和管理过程中，营销渠道设计是战略性的必需环节，也是基础环节，属于渠道战略管理的内容，决定着企业营销渠道未来的发展方向。本章将重点讨论营销渠道的设计与选择，通过本章的学习，可以了解营销渠道设计的影响因素、原则、流程以及方法。

## 引 例

### 宜家人性化的“体验式”渠道设计

宜家是创立于1943年的一家瑞典家居用品企业，创始人坎普拉德（Kamprad）最初主要经营文具邮购、杂货等业务，后以家具为主业，在不断扩张的过程中，产品范围扩展到各种家居用品。经过70多年稳健而迅速的发展，宜家已经成为全球最大的家居用品零售商。这种辉煌的成绩与其独特的“体验式”渠道设计是分不开的。

1. 自设卖场控制渠道

宜家的渠道策略是在世界各地开设卖场，专卖宜家自行设计生产的产品，直接面向消费者，控制产品的终端销售渠道。

2. 宜家成了体验的地方

宜家既是家具卖场品牌，也是家具品牌。通过一系列运作，宜家在人们眼中已不单单是一个购买家居用品的场所，它还代表了一种生活方式，所以当你看到追求时尚的年轻人提着印有宜家标志的购物袋神采飞扬地走出宜家卖场时，不用感到惊讶。

3. 卖场的人性化布局

宜家的卖场布置显示出其对顾客的重视。宜家的卖场设计有着标准规范，进入卖场后，地板上有箭头指引顾客按最佳顺序逛完整个卖场。主通道旁边为展示区，展示区的深度不会超过4米，以保证顾客不会走太长的距离。展示区按照客厅、餐厅、工作室、卧室、厨房、儿童室的顺序排列。这种顺序是从顾客的习惯出发设计的，这种展示有利于客户看到整体效果，同时还有利于购买。

资料来源：浅析宜家营销策略．https://wenku.baidu.com/view/6899755e336c1eb91b375d03.html.

## 5.1 营销渠道设计的影响因素

营销渠道设计受到多种因素的影响，包括市场、产品、企业、中间商、竞争者以及环境等。企业在设计营销渠道时，需要充分考虑多方面因素的影响，然后在理想渠道与可行渠道之间进行权衡、比较和选择。渠道模式的选择既要适应市场环境的变化，又要能够发挥企业的资源优势，更要最大限度地满足消费者需求。只有了解渠道设计的影响因素，并清醒地认识和把握企业的渠道状况、市场覆盖范围以及面临的挑战，才能设计出符合企业发展现状的高效渠道。

### 市场因素

产品不同，其市场特性也不同，不同的市场特性决定了渠道选择也不相同。

#### （一）目标市场的规模

无论是消费品市场还是工业品市场，目标市场的规模都是决定企业是否采用中间商的一个重要因素。当目标市场的实际消费者和潜在消费者数量较多时，对于有限的企业分销能力来说，采用短渠道很难将产品分销给目标消费者，而间接渠道或者较多的中间商可以降低企业的分销成本，并将产品有效地送达目标市场，这种情况下应选择较长、较宽的营销渠道。相反，当目标市场规模较小时，则可考虑采用短渠道进行销售。

#### （二）目标市场的分布

当目标市场的空间分布较为集中或者目标市场与生产商的距离较近时，可以采用直销方式；反之，当目标市场较为分散或者目标市场与生产商的距离较远时，则需要采用中间商进行销售。

#### （三）消费者购买行为

1. 购买批量与频率

顾客单次购买批量较大而购买频率较低时，企业可以考虑短而窄的渠道来分销，因为较大的购买批量可以平摊购买成本，较低的购买频率也会降低顾客对购买便利性的要求。与之相反，如果某种产品顾客的购买频率很高，但每次的购买批量很小，企业就需要考虑使用长而宽的渠道来服务顾客。

2. 购买的季节性

如果某些购买行为具有显著季节性，企业很难在较短时间内达到较高的铺货率，同时在淡季会造成渠道闲置浪费，那么企业应该在渠道中增加中间商的数量，使用较长的分销渠道，使其履行相应的仓储职能，进而减少生产、库存中的波动。

3. 购买的地点

随着市场环境和人们生活方式的变化，越来越多的消费者倾向于在家中购物，企业应该考虑减少中间商，推动直销的策略。当然消费者对便利性的要求也越来越高，对于日常消费品，消费者更加看重购买的便利性，这就要求生产此类商品的厂商选择长而宽的销售渠道。相反，对于高档商品，消费者则需要精挑细选，所以厂商最好选择少数信誉高且服务质量好的中间商来销售其产品。

4. 消费者购买时的介入程度

在考虑消费者购买的介入程度时，有两个问题需要注意，由谁实施购买和哪些人参与购买决策。在消费者市场中，消费者的购买行为可能受到家庭其他成员决策的影响。对于产业市场，购买者可能本身就是决策者，但更多的情况是购买者仅仅负责执行决策，而购买决策是在其他职能部门人员参与的情况下作出的。所以如果企业想要对购买者和购买决策参与者施加较强的控制力和影响力，就应采取较短、较窄的渠道。

**营销视角 5-1　让消费者告诉你渠道在哪里**

## 产品因素

产品的用途、定位等对营销渠道结构的选择很重要。

(1) 单位产品价值。单位产品价值低的产品，如消费品中的便利品和工业品中的标准件，其营销渠道可以适当长些。一般而言，单位产品价值越小，营销渠道越多，渠道越长。

(2) 体积与重量。体积过大或过重的产品，应选择直销或中间商较少的间接渠道，如大型设备、水泥、矿石、谷物、饮料、啤酒等应减少运输距离和重复搬运次数。

(3) 产品易腐性。易腐（如蔬菜、海鲜等）及保质期很短（如奶制品、熟食品等）的产品宜采用较短的渠道，这样可以缩短中转过程，不至于使产品变质或失效。

(4) 产品标准化。高标准化产品应该比低标准化产品使用更长、更宽的渠道。标准化低，尤其是定制的产品顾客数量少，可以进行直接销售。

(5) 产品时尚性。样式、款式变化快的产品，应多利用直接营销渠道，尽可能缩短分销在途中的时间，使产品尽早上架以免错过流行季节。

(6) 产品季节性。具有季节性的产品应采取较长的营销渠道，以充分发挥批发商的作用。

(7) 产品线。产品线越长，表明产品数量越多，往往需要通过中间商分销，以扩大销售面。

(8) 产品组合。产品组合横向越广，生产商向用户直接销售的能力越大；产品组合纵向越深，享有独家经营权的经销商就越可能从中获得好处。

(9) 产品生命周期。在产品生命周期的不同阶段，对营销渠道的选择是不同的，比如，衰退期的产品就要压缩营销渠道。

(10) 技术性和售后服务。具有技术性或经常需要服务与保养的产品，营销渠道要短。非标准化的产品最好由企业销售代表直接销售，便于安装与指导使用，在这方面中间商往往缺乏必要的知识。需要安装调试的产品或者要提供长期售后服务的产品，一般应由公司或独家经销商来销售。

## 企业因素

在设计营销渠道时，企业自身一些条件的制约会影响渠道结构的选择，因此考虑企业自身的因素非常重要，主要包括以下几个方面。

### （一）企业规模

一般情况下，不同渠道结构的选择与公司的规模呈正相关关系。规模较大的企业在选择渠道时拥有更多的权力，因而具有更大的自由度和灵活性，进而可以选择、开发适合分销任务的最佳渠道，甚至可以建立自己的销售网点。相比之下，规模较小的企业由于受到条件和能力的限制，可供选择的渠道结构方案非常有限，只能选择较长的销售渠道以借助中间商的力量来销售产品。

### （二）资金实力

资金实力较强的企业对其他渠道成员的依赖性一般较低。在采用直接渠道的情况下，企业通常需要配备自己的销售人员和服务人员，有时需要提供零售服务，同时还要拥有较强的仓储和订单处理能力。资金实力较强的企业一般能够承受直接渠道所需要的高成本。无力承担这些费用的资金实力相对薄弱的企业需要依赖其他渠道成员来分担成本。当然，随着互联网的发展，小企业利用电子渠道将产品销售给最终用户也是可行的。

### （三）管理专长

很多企业往往缺少履行分销任务所必需的相关管理技能，在这种情况下，选择渠道结构时，企业应该考虑借助其他中间商来提供所需的服务，待企业取得渠道管理技能和经验后，可以考虑改变渠道结构以减少对过多中间商的依赖。

### （四）目标和战略

企业的某些目标和战略往往会对渠道结构的设计产生限制和约束作用。如果企业的营销目标是采取保护市场份额的垄断竞争策略，就需要对营销渠道进行高强度的控制，进而采取较窄的渠道结构来限制中间商的数量，直接控制产品营销的全过程，关注产品营销的实时变化，以便作出及时的调整。因此，对于采用积极进取的促销战略的企业来说，不能选择密集型分销渠道策略。

## 中间商因素

在考虑市场基础时，渠道设计者应着重考虑现有中间商的现状、特点及要求，在能够兼顾和发挥现有中间商资源优势的前提下设计合理的营销渠道结构。

### （一）可获得性

如果现有渠道成员中不存在可以经营本企业产品的中间商，或者即使存在却不能有效地经营本企业产品，企业就要考虑组建自己的直接渠道。

### （二）使用成本

使用中间商的成本是评价渠道的重要方面。如果采用某类中间商使得企业承担过高的费用，在设计渠道时就可以考虑不采用这类中间商。但是，要注意不能把成本因素看得过重而忽视了渠道目标。过分看重成本是渠道结构设计的一个误区，它可能导致企业倾向于利用成本最低的中间商而舍弃一些高端渠道（如大卖场、购物中心），使得产品不能有效覆盖市场和提供必要的服务，从而造成顾客不满意和销售不力。渠道结构设计要考虑渠道效益（销量、利润、品牌价值）与渠道成本之间的平衡。

### (三) 服务

渠道成员所提供的服务与企业渠道结构的选择有密切的关系。企业在设计渠道时应该比较中间商提供的服务与顾客对中间商服务的要求，选择那些可以最低成本最有效地完成任务的渠道成员作为自己的中间商。

## 竞争者因素

行业不同，企业间营销渠道的竞争方式也不同。竞争者的营销渠道会对企业的营销渠道设计产生重要影响。企业应对竞争对手的销售地点、渠道类型、产品和服务特点、市场规模、消费者特点与规模等进行分析，还要对竞争对手的分销策略如销售密度、销售性质、渠道成员及渠道结构进行分析，从而设计适合自身的营销渠道。

一般来说，企业可以采用积极竞争或标新立异两种竞争策略，或选择与竞争对手相同的营销渠道，或回避竞争对手，采用不同的营销渠道。比如，消费品生产厂家如果觉得自己的产品在品牌、价格、质量上有竞争力，就可以将其产品和竞争对手的产品放在一起销售。如果竞争对手在传统的营销渠道中占据绝对优势，企业无法与其竞争，就可以采取完全不同的营销策略。

**营销视角 5-2　赛道竞争激烈 生鲜电商仅 1%盈利**

## 环境因素

环境包含营销渠道赖以存在的所有外部非可控因素，这些因素会影响渠道结构的设计、开发和管理。通过对影响渠道结构的外部环境进行扫描，可以将环境因素分为五个方面：竞争环境、经济环境、社会文化环境、技术环境和法律环境。

### (一) 竞争环境

企业对渠道结构的选择必然受到竞争对手所使用渠道的影响和制约，因此分析竞争者的渠道情况非常重要。一般来说，存在四种竞争性的市场环境：水平竞争、业内竞争、垂直竞争和渠道系统竞争。水平竞争是在相同渠道层次相同类型企业之间的竞争。业内竞争是在相同渠道层次不同类型企业之间的竞争，如折扣店与百货店之间的竞争。垂直竞争是指不同渠道层次成员之间的竞争。渠道系统竞争是指完整渠道系统之间的竞争。

企业应该通过对各种竞争类型的理解，分析主要竞争者如何维持其市场份额，运用何种营销手段刺激需求，如何对渠道成员给予服务支持等，分析本企业的市场地位以及市场竞争激烈程度，制定渠道结构战略。通常，企业可以采用三种渠道结构战略：对抗型渠道战略、共生型渠道战略、规避型渠道战略。

### (二) 经济环境

经济可能是影响渠道结构的环境变量中最显著、最普遍的因素，企业必须对经济变量对营销渠道产生的影响非常敏感。一般来说，可以将经济环境中的各种指标划分为四个经济要素：经济基本设施、消费者购买力、通货稳定性和国家贸易政策。渠道成员需要关注经济因素对渠道结构与管理的影响，综合评价，进而选取最优渠道结构。

### （三）社会文化环境

社会文化环境作为渠道成员、社会和文化的连接点，是社会上每个人对信仰、价值观、风俗和生活方式的共同看法，是个人与社会系统之间相互作用和相互影响而形成的。事实上它涉及社会的所有方面，企业的渠道结构当然也受到其所处的社会文化环境的影响。人口年龄结构、家庭结构、受教育程度以及女性的社会地位等都要求渠道成员细致地考察不断变化的社会文化环境并对此作出反应，进而对现有渠道结构进行相应的调整。

### （四）技术环境

技术是最具持续性且变化最为迅速的环境因素，每个人都可以找到过去十多年来发生并改变我们生活的技术进步的例子，如个人电脑、传真、电子扫描仪、手机、计算机控制的库存管理系统、电子数据交换等。技术不断地影响着渠道参与者，许多渠道系统的话语权也由此从制造商转移到零售商——零售商现在能够迅速地获得与顾客需要有关的精确信息。面对不断发展的技术，厂商要了解那些能够对自己的营销渠道战略产生影响的技术，有针对性地进行调整并选择与之相适应的渠道结构。

### （五）法律环境

法律环境是指对营销渠道产生影响的各种法律，它是由一系列原则和条例构成的条款，用来解决不同的问题或争端。法律环境能对渠道成员的行为起到约束、指导和控制的作用。法律条款的制定和废止会给渠道成员和整个渠道分销系统带来挑战和机会。企业应该掌握与渠道管理有关的法律知识，提高对渠道管理相关法律的敏感性，这有利于渠道结构的管理，还有助于避免营销渠道管理中潜在的、严重的、成本高昂的法律纠纷。

# 5.2 营销渠道设计的原则

营销渠道的设计需要在一定的原则指导下进行，营销渠道的设计实际上是渠道设计者对渠道功能的预期，体现了渠道设计者的战略意图，直接影响渠道建设的成败。

企业在进行渠道设计时，一方面要追求销量和市场覆盖的最大化；另一方面要考虑投入成本、企业的资源状况，考虑如何通过最小的投入、最有效的管理实现渠道效益最大化。渠道的设计要科学，不能盲目贪大，也不能随意。没有哪一种渠道形式、结构是绝对好的，要根据企业的具体情况和需要进行设计和选择。为此，我们提出营销渠道设计的五大原则：顾客导向原则、畅通高效原则、稳定可控原则、发挥优势原则和协调平衡原则。

## 顾客导向原则

现代营销追求顾客导向，渠道设计和再造是为了及时对客户需求作出反应。企业必须将顾客的需求放在第一位，以顾客导向的经营思想设计渠道，方便顾客购买，这是营销便利性的要求。因此，企业应进行周密细致的市场调查研究，不仅提供符合消费者需求的产品，还必须使营销渠道的建设为目标消费者的购买提供方便，满足消费者在购买时间、地点以及售后服务方面的需求。

### 畅通高效原则

企业不仅要让消费者在适当的地点、时间以合理的价格买到满意的商品，还应努力提高营销效率，降低营销费用，以尽可能低的营销成本获得最大的经济效益，赢得竞争的时间和价格优势。在渠道规划方面，应充分考虑商流、信息流、物流、资金流等的顺畅性和运营维护成本。除考虑市场容量、需求、产品特性和地理位置等一般影响因素外，还应该考虑区域商流的习惯，合理设计渠道层次关系，减少不合理的物流和价格环节，提高渠道效率。

### 稳定可控原则

企业在设计营销渠道时，还有可控性的要求。一般来说，企业的营销渠道模式一旦选定，就需要花费相应的人力、物力和财力去建设和维护。建设和维护的过程往往是复杂且漫长的，所以，企业一般不会轻易更换营销渠道模式及成员。畅通有序和可控性是营销渠道稳固发展的基础，只有保持渠道的相对稳定和可控，才能提高渠道的效益。

### 发挥优势原则

企业在设计、选择营销渠道时，要注意发挥自己的特长，确保在市场竞争中的优势地位。现代营销的竞争是综合性的整体竞争，凭借自己的优势，选择合适的渠道模式，企业能够获得最佳的经济效益和良好的客户反应。同时，企业也要注意通过发挥自身优势来保证渠道成员的合作，贯彻企业的渠道战略方针与政策。

### 协调平衡原则

企业在选择、管理营销渠道时，应该注意各个营销渠道层次和类型的渠道成员之间的协调平衡，不能只追求自身的利益最大化而忽视其他渠道成员的局部利益。这种协调平衡主要体现在价格体系的制定和渠道促销资源的分配方面，应该兼顾各个渠道成员的利益，实现它们之间的优势互补，比如经销商、大型零售商和批发商之间就存在各自优势特点不同、承担功能不同的问题，需要厂家进行协调和平衡，不能厚此薄彼。

**营销视角 5-3 李宁公司网络营销渠道**

## 5.3 营销渠道设计的流程

营销渠道设计是一个系统工程，企业在具体设计和规划营销渠道时，会采取不同的措施，但是从本质上来讲，营销渠道的设计基本上可以分为以下几个步骤，如图 5-1 所示。

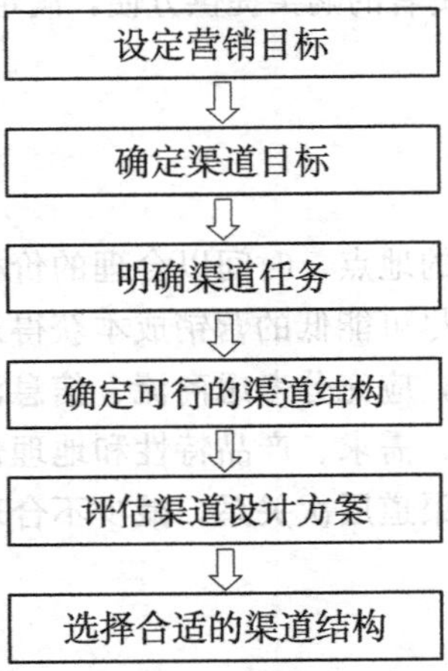


**图 5－1　营销渠道设计的流程**

## 设定营销目标

无论是开发新的营销渠道还是对现有的营销渠道进行调整，渠道设计者都会以营销目标为出发点。没有明确的营销目标，渠道设计的意义就荡然无存。那么什么样的营销目标才是符合企业自身情况的合理的营销目标呢？这就要看它是否与企业其他营销组合的战略目标相一致，是否与企业的策略和整体目标相一致。

为了使营销目标与公司整体目标保持一致，渠道设计者必须完成以下几项工作：

（1）熟悉其他营销组合的目标、策略及公司其他相关目标、策略。

（2）制定营销目标，并明确表达出来。

（3）检查所制定的营销目标是否与公司其他相关目标、策略相一致。

在这个过程中，为了使渠道目标的执行者能够准确无误地了解营销目标的作用，渠道设计者要把营销目标具体描述出来。例如，有人曾这样描绘 IBM 最初的个人电脑营销目标：让美国的任一潜在购买者驱车就能找到展示 IBM 个人电脑的零售商。随后，IBM 又把它的营销目标拓展为“无论消费者在哪儿，都能直接获得产品”。要想确定适合企业发展的营销渠道，渠道设计者必须使制定的营销目标与其他方面的目标不冲突，与公司总体目标和策略不冲突，否则达不到预期效果。

**营销视角 5－4　D 公司营销目标的调整**

## 确定渠道目标

营销目标是企业总体发展战略的一个重要方面，企业要有步骤、有目的地实现总体发展战略，必须制定明确的营销目标。而营销渠道的设计有助于企业实现营销目标，因此，为了实现营销目标及总体目标，企业会确定相应的营销渠道。

### （一）渠道服务需求分析

在设计营销渠道时，分销人员必须了解目标顾客对服务的要求，即人们在购买产品时所期望的服务类型和水平。如果生产者无力提供这些服务，就需要营销中介机构。营销渠道可满足以下五种服务需求。

1. 购买批量

购买批量是指营销渠道允许顾客购买的最小单位。若顾客小批量购买商品，则要求企业提供更多的服务，企业所需承担的成本就越高。影响顾客购买批量的因素有很多。对工业品来说，企业的性质及规模、产品性质等会影响到用户的购买批量。对消费品而言，产品性质、家庭规模、居住条件、收入甚至意外情况都可能影响购买批量。

2. 等候时间

等候时间是指顾客从订货或决定购买到拿到商品的平均等待时间。相比之下，顾客更愿意选择等候时间较短的营销渠道。要缩短顾客的等待时间，企业就需要更多的人员以及设备为顾客服务。等候时间越短，企业承担的成本就越高。

3. 空间便利

空间便利是指营销渠道为顾客购买产品所提供的方便程度。首先，在其他条件不变的情况下，空间便利与出行距离成反比。出行距离是指顾客到达商店的距离，出行距离越短，空间便利程度越高。其次，除了出行距离，交通状况也是决定空间便利的因素。如果出行距离短，但交通不便利，那么空间便利程度也会降低。渠道为顾客提供的空间便利程度越高，服务输出也就越大，企业渠道成本就越高。最后，顾客对空间便利的要求因产品而异。比如，顾客购买日用品要求有很高的便利性，而购买高价值的产品（如汽车、房子等）对便利性的要求就很低。不同的营销渠道类型与空间便利性也有关联，比如，网络营销、电视营销等新兴渠道的等候时间可能长一些，但便利程度很高。

4. 选择范围

选择范围是指营销渠道提供给顾客的产品的品种和数量。一般来讲，顾客希望有较多的品种和数量供其选择，因为这样更容易挑选到满意的产品。营销渠道提供的产品的品种和数量越多，表明其服务水平越高。

5. 服务支持

服务支持是指营销渠道提供的附加服务，如信贷、送货、安装、维修等。服务支持的范围和力度越大，服务需求输出也越大，进而企业所负担的成本就越高。顾客对服务支持范围和力度的要求取决于不同的产品。例如，顾客购买电脑、数码相机等技术含量高的产品或耐用产品时，对送货、安装、维修等方面的要求较高，而购买食品等一般消费品时，对服务支持范围及力度的要求则很低。

## （二）制定渠道目标

营销渠道目标所描述的是渠道成员对营销渠道在实现企业整体营销目标过程中所起的作用。营销渠道目标要与整体营销目标以及企业的整体目标保持一致。首先，营销渠道目标是企业整体营销目标的重要组成部分，必须服从并服务于整体营销目标。而企业的整体营销目标是企业整体目标的重要组成部分，整体营销目标要服从并服务于企业的整体目标。其次，营销渠道目标还要与营销组合的其他方面（价格、产品和促销）保持一致，否则会降低营销渠道的效率，影响整体营销目标的实现，甚至破坏企业的整体目标。

**营销视角 5-5 领克的渠道设计**

图 5－2 给出了企业的目标层次及其关系。

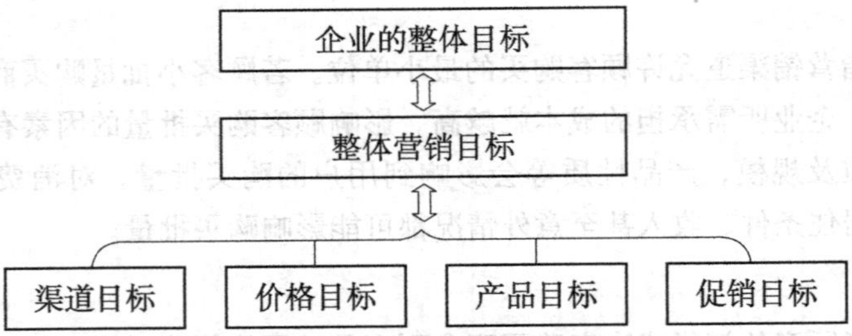


**图 5－2　企业的目标层次及其关系**

## 明确渠道任务

要实现既定的渠道目标，必须将渠道目标分解为各种具体的渠道任务，即渠道需要履行的具体功能。所有渠道功能都可以有特定的产出，渠道设计的本质就是对这些功能在渠道成员之间进行分配。渠道任务必须明确、具体、全面，以满足渠道目标的基本要求。营销渠道的主要任务包括推销、渠道支持、物流、产品维修与售后服务以及风险承担等，如表 5－1 所示。

**表 5－1　主要渠道任务**

| | |
|---|---|
| 推销：<br>● 新产品市场推广<br>● 现有产品的推广<br>● 向最终消费者促销<br>● 建立零售展厅<br>● 价格谈判与销售形式的确定 | 产品维修与售后服务：<br>● 提供技术服务<br>● 调整产品以满足顾客需求<br>● 产品维护与修理<br>● 处理退货<br>● 处理取消的订单 |
| 渠道支持：<br>● 市场调研<br>● 地区市场信息共享<br>● 向顾客提供市场信息<br>● 与最终消费者洽谈<br>● 选择经销商<br>● 培训经销商的员工 | 风险承担：<br>● 存货融资<br>● 向最终消费者提供信用<br>● 存货的所有权<br>● 仓储设施投资 |
| 物流：<br>● 存货<br>● 订单处理<br>● 产品运输<br>● 与最终消费者的信用交易<br>● 向顾客报单<br>● 单据处理 | 其他任务 |

## 确定可行的渠道结构

营销渠道的结构维度包括三个方面：渠道的长度、渠道的宽度和渠道的中间商类型。

## （一）渠道的长度

营销渠道的长度，也称营销渠道的级数，指营销渠道中处于生产制造商和消费者或最终用户之间的中间商的层次数。据此。营销渠道可以分为两大类：一类是直销渠道，这是最短的营销渠道，也称零级渠道，是指生产制造商使用自己的销售队伍直接把产品销售给顾客或用户；另一类则是中间商渠道，也称间接渠道，是指生产制造商通过中间商（如批发商、代理商和零售商）销售自己的产品。由于影响企业渠道长度的因素多且复杂，同时这些因素之间有时相互冲突，因此作出确定渠道长度的决策并非易事。

## （二）渠道的宽度

渠道的宽度也称渠道的密度，指各级渠道上中间商的数量，如批发商、零售商或工业品终端经销商的数量。渠道的密度反映了企业渠道战略的主要方面，而且密度决策与在企业渠道中实施关系营销密切相关——有些企业遵循少而精的原则，注重与其他渠道成员建立长久的合作伙伴关系，所以渠道密度决策是渠道结构设计的重点。

一般来说，企业设计渠道结构时，有三种渠道密度方案可供选择：密集分销、独家分销和选择性分销（见表5-2）。

**表5-2 渠道覆盖的密度决策**

| 特征 | 密集分销 | 独家分销 | 选择性分销 |
|---|---|---|---|
| 目标 | 大范围市场覆盖<br>渠道接受<br>薄利多销 | 声望及形象<br>渠道控制及忠诚<br>价格稳定<br>较高的毛利率 | 中等市场覆盖<br>较好的形象<br>适度渠道控制<br>适度销量与毛利率 |
| 中间商 | 数量众多<br>所有零售类型 | 一家或者数家<br>声誉高的零售店 | 数量中等<br>效率高的零售类型 |
| 顾客 | 最终顾客：<br>人数众多<br>注重便利<br>组织顾客：<br>关注所有顾客<br>期望中间商提供服务 | 最终顾客：<br>数量少<br>品牌忠诚<br>组织顾客：<br>关注主要客户<br>期望生产制造商提供服务 | 最终顾客：<br>数量中等<br>品牌意识<br>组织顾客：<br>关注所有顾客<br>期望生产制造商或中间商提供服务 |
| 渠道重点 | 最终顾客：<br>大众广告<br>就近销售<br>备有存货<br>组织用户：<br>可得性<br>定期沟通<br>优良服务 | 最终顾客：<br>人员推销<br>愉悦的购物环境<br>良好的服务<br>组织用户：<br>可得性<br>定期沟通<br>优质服务 | 最终顾客：<br>促销组合<br>愉悦的购物环境<br>良好的服务<br>组织用户：<br>可得性<br>定期沟通<br>优良服务 |
| 主要缺点 | 渠道控制差 | 销售潜力小 | 市场准确定位难 |
| 举例 | 家用杂货<br>办公用品<br>常用服务 | 汽车<br>设计的服装<br>资本设备<br>服装服务 | 家具<br>服装<br>机电工具<br>工业服务 |

1. 密集分销

密集分销是指企业尽可能多地使用中间商销售产品，以达到最大的市场覆盖率。企业通常针对消费者经常购买而且购买地点多样化的产品采用这种渠道策略，如零食、饮料、日用品等。消费者对此类产品最大的要求是便利性。只要市场上有货，消费者就会按照习惯购买。由于市场覆盖面大，可以充分发挥企业的销售潜力。

密集分销策略不仅取决于企业自身的能力与愿望，还受到中间商的制约。如果中间商不愿经销企业产品，或者设置过高的进入门槛，企业就难以实行密集分销。此外，密集分销策略还需要企业有较强的促销力度，一方面通过广告刺激需求，另一方面通过各种贸易促进方式促使中间商接纳产品。

2. 独家分销

与密集分销相反，独家分销是指企业在一定的地理范围内只利用一家中间商销售其产品。消费品中的特殊品尤其是奢侈品，常常使用独家分销策略。生产制造商只与一家中间商建立合作关系，容易进行渠道控制，也易于与中间商建立长期稳定的合作关系，提高渠道运行效率，同时还有助于提高企业及其产品的声望。对中间商来说，在本地没有其他中间商参与该品牌的竞争，可以独家享受生产制造商的促销行为带来的销售量。如果品牌销售情况好，企业利润就有保障。

独家分销也有其局限性。首先，消费品中的便利品和选购品以及许多工业品都不适合采用独家分销。其次，对生产制造商来说，如果唯一的中间商出现问题，就会失去对某一区域市场的覆盖。对中间商来说同样也存在风险，生产制造商可能因为某种原因而更换中间商。

3. 选择性分销

选择性分销是指企业在一定市场范围内选择一家以上而又不是某个层次全部的中间商经销其产品。需要采用选择性分销策略的产品包括消费品中的选购品和特殊品、需要经销商大力推销的工业品等。选择性分销介于密集分销和独家分销之间。企业只与几家中间商进行合作，一方面有助于企业与中间商建立良好的合作关系，另一方面有助于企业更好地控制渠道。

在利用选择性分销策略时，企业要注意以下两点：首先，企业所选择的中间商要和产品的形象相吻合。其次，当企业的多数销售额是由少数顾客产生的时候，选择性分销就是很好的选择。

### （三）渠道的中间商类型

企业设计渠道结构的第三个维度，就是确定各级渠道的中间商类型。营销渠道结构采取哪种类型的中间商，在不同的行业有着较大的差异。企业可以根据不同类型的中间商在经营方式、品种、与生产制造商的关系等方面的不同进行选择。

**营销视角5-6　华润雪花啤酒分销渠道优化**

确定渠道结构的长度、密度和中间商类型这三个方面应该以渠道目标为导向。

## 评估渠道设计方案

企业所选择的营销渠道在长度、宽度、广度和系统各方面都要有利于分销目标的实现，所以，从众多的渠道中选择一条或几条合适的渠道要比列出备选方案复杂、困难得多，这就需要企业对备选渠道方案进行评估。在评估营销渠道时，企业要考虑所选渠道的长度、宽度、广度和系统等是否有利于分销目标的实现。

如果制造商已经确定了几个分销渠道的备选方案，现在需要选取一个最能实现该公司长期目标的渠道方案，该怎样选择呢？其实这并不难，只要对每个备选方案都从控制性、经济性和适应性三个方面加以评估就可以了。

### （一）控制性标准

中间商是独立的企业，使用中间商意味着制造商对产品的分销失去了部分或全部的控制，从而使制造商在营销的投入力度和根据市场竞争采取的对抗性行为方面受到影响。中间商的目标是实现利润最大化，制造商不可能对中间商作过多的干涉，尤其是在具体业务方面。所以，在选择分销渠道的时候，一定要注意控制性标准，使制造商不至于对中间商失去控制。

### （二）经济性标准

无论渠道方案是优是劣，都将产生不同的销售量和成本费用，而销售量和成本费用是评估分销渠道最重要的一个因素。

从这一标准出发，首先，要评估不同渠道方案的预期销售量的大小。有些企业在进入一个新市场时，由于对该市场不太熟悉，不敢贸然大量投入营销费用，而是先让中间商进行试探性营销，当市场明朗、销售量增加时，企业便组建自己的分销渠道。由于是企业自己的渠道，利益联系密切，同时对本企业产品也比较熟悉，销售人员工作起来可能比较尽心，此外，一些顾客也喜欢直接与制造商打交道，觉得直销的商品让人放心。不过，也有一些大企业一开始就注意研究市场，建立起知名度，打开销售局面，然后再由代理商或经销商分销。

其次，要对不同销售方案的成本进行评估。一般来说，代理商的固定费用比企业自己的销售机构要低。随着销售业务量的增加，企业给代理商的佣金也会增加。当销售量较小时，可由代理商销售；当销售量较大时，用企业自己的销售队伍就比较合适。

### （三）适应性标准

制造商与渠道成员建立间接渠道时，双方一般要签订为期几年的合同。合同必须履行是一项基本的原则。在合同的约束下，制造商与中间商都没有足够的自由，关系缺乏弹性。但是，从经济性和控制性的角度出发，长期合作的渠道具有更大的优越性。

## 选择合适的渠道结构

在评估渠道结构之后，我们要对采用何种渠道结构作出选择，也就是选择最佳渠道结构，即在成本最低的情况下能有效完成渠道目标及各项渠道任务的渠道结构。选择渠道结构的主要方法有：财务方法、交易成本分析法、直接定性判断法和重要因素评价法。

### （一）财务方法

财务方法认为，营销渠道结构的决策过程就是比较不同渠道结构下的投资成本，以此得出不同渠道结构下的投资收益率。除此之外，还需要比较渠道投资的机会成本。如果在一项渠道功能中的投资收益率较大，大于资本用于生产制造功能或其他功能的投资收益率，那么企业就应该保留该渠道功能；否则，就应该让中间商来承担该渠道功能，而把企业的资金投到收益率更大的方面。

这种方法突出了财务指标对营销渠道结构选择的作用，使决策标准客观严格，其缺点是可操作性差。不管使用的投资方法如何，要获得准确的未来收入预期和估计机会成本是非常困难的。

### （二）交易成本分析法

交易成本分析法，就是通过分析交易成本来确定生产制造商应该采用垂直一体化渠道来完成所有的渠道任务，还是应该采用独立中间商来完成部分渠道任务。交易成本分析法关注的是交易的成本，这是企业完成分销任务所必需的。在营销渠道中，渠道成员之间为了达成交易，需要针对彼此投入一定的专有资产，包括有形资产与无形资产。如果专有资产投入很大，为了防止渠道投机行为的伤害，企业应该选择垂直一体化的渠道结构。相反，如果专有资产的投入不大，制造商面临的资产风险就比较小，因而有较大的选择余地，可以让中间商来承担渠道功能。

交易成本分析法的主要缺陷是，营销渠道的选择范围局限在一体化与独立中间商二者之间，不能对其他渠道结构问题进行分析。此外，这种方法所采用的渠道投机行为假设与现实中大量的渠道合作与信任现象并不完全吻合。

### （三）直接定性判断法

直接定性判断法是简单且最常用的选择渠道结构的方法。使用这种方法时，企业的渠道管理人员往往根据他们认为比较重要的决策因素对不同的渠道结构进行定性的评估、比较。企业短期或长期的成本及利润、控制渠道的愿望、渠道灵活度、企业发展总体规划等，都是渠道管理人员需要考虑的重要因素。至于什么是重要的因素，什么不是重要的因素，主要由渠道管理人员来定，并没有统一的标准。

### （四）重要因素评价法

重要因素评价法是一种比直接定性判断法更为精确的定性判断方法。这种方法包括以下几个步骤：

（1）明确列出渠道选择的决策因素；

（2）以百分比形式标出每个决策因素的权重，以反映它们的相对重要性；

（3）对每种渠道选择的每个决策因素打分（1～10）；

（4）将权重与因素分数相乘，计算出每种渠道方案的加权总分；

（5）将备选的渠道结构加权总分排序，一般获得最高分的渠道方案即为最适合的选择。

## 5.4 营销渠道设计的方法

目前渠道设计的方法有两类：一类是“点、线、面”渠道布局法；另一类是营销渠道的逆向重构法。

### 以点带面，纲举目张

营销渠道布局工作的实质，就是确定营销渠道中“点、线、面”这三个要素的选择、投入与配合，这是市场营销渠道布局的关键。

“点”是指市场营销力量（包括人、财、物）在市场中所选择的关键点，通常是优势区位。企业通过对“点”的选择和抢占，争取竞争的主动权或适度回避竞争对手，进入现有竞争格局中的薄弱地带，以形成局部优势。“点”的选择是对整个渠道的支撑，是整个营销渠道的基础。

“线”是指渠道实际流通的线路。正是在“线”中运行营销过程中的实物流、信息流等，以实现渠道的动态功能，保障企业机制的健康运行。线路要把“点”作为出发点、终止点或中转站，通过“点”上的基础设施实现储存、调运等功能。线路受环境的影响是经常变化的。环境的变化，比如新道路的开通、地方经济的发展、人口流动等，会使原来的运行线路变得不再经济或效率不高，因而需要重新评估和设置营销渠道。

“面”是点、线所构成框架的总体功能和综合作用，主要指区域的划分、渗透以及在区域中确立企业强有力的竞争地位，建立起阻止竞争对手进入的壁垒并保证企业长期获利。

## （一）“点、线、面”方法的特征

### 1. 阶段性

渠道布局是一个过程，需要多个步骤来完成，其中前一步骤的实现为下一步骤的开展确立了前提条件。因此，渠道布局工作既要通盘周密计划，又要严格按照“点—线—面”的顺序进行。

### 2. 地域性

阶段性是从时间延续的角度来说的，地域性则是从空间布局的角度来看待渠道布局。一般来说，企业所能投入的营销力量都是有限的，为了达到最佳效果，就要在合适的区域内有重点地投入营销力量。比如 20 世纪 60 年代，美国大多数的快餐店都设在大城市的繁华地段，而麦当劳则将营业重点放在城市近郊区域，这一策略取得了巨大成功。20 世纪 70 年代，麦当劳开始在都市和城镇开设分店。

### 3. 层次性

主要指营销渠道组织上的层次性。通过设置合理有效的层次结构，渠道管理组织能够更有效地推进渠道布局进程，实现既定的渠道布局战略，形成渠道布局的组织保障。

企业在推行“点、线、面”布局战略之前，首先要做准备工作，主要包括市场调研，寻找竞争优势并在此基础上形成企业总体布局战略。市场调研要求准确、客观，这是渠道布局的基础。企业必须把自己放在整个产业的竞争格局中寻找独特的竞争优势，作为营销渠道布局的支撑。在对市场和企业都有充分理解的基础上，企业要制定总体渠道的布局战略，指出行动的方向、重点和阶段，并围绕这一战略开展宣传。

## （二）设计“点、线、面”营销渠道布局的步骤

### 1. 布置网点

对于企业营销渠道布局来说，网点要有关键点（即优势区位）和切入点。关键点是指客观上形成的对企业产品销售起重要作用的市场区域和销售集中区域。比如，高档家电在大中型城市，御寒皮衣在东北、西北等市场区域，再如上海的南京路、淮海路，北京的王府井、西单，广州的北京路、上下九等商家必争之地，都构成企业经营的关键点。这些点对企业营销具有重要意义，因此行业中各企业都会不遗余力地争夺，竞争十分激烈。这就要求企业具

有很强的竞争实力，或者拥有创新产品。如果企业实力不足，就要寻找现有市场竞争格局中的薄弱环节，即市场切入点，先进入市场保证生存，再寻找机会发展，即避免与实力强大的竞争对手硬碰硬，而采取避实击虚的策略建立生存空间。这一策略常常为中小企业所采用。

2. 疏通渠道

“线”是企业营销渠道中的一个关键因素，关系到整个渠道的运行成本与灵活性。由于营销渠道中存在实物流、资金流、信息流等，这些流有的运行是一致的，有的则要经由不同的线路，因此企业的渠道线路非常复杂，其中某些线路担负多种流程功能，需要从多种角度看待这些线路的效率，以及线路中渠道成员承担各种流程功能的能力。需要注意的是，营销环境的变化对渠道线路效率的影响极大，特别是交通运输、信息基础设施的发展常常能提供更快、更好的渠道线路。

3. 地域扩张

地域扩张主要是指销售范围的渗透和覆盖。地域渗透主要是指运用多种营销、宣传、公关手段，使消费者对产品有所了解、产生印象并试用，这时要综合考虑消费者的购买心理和各种影响因素。地域覆盖主要是指形成消费者的偏好、对本企业产品的消费习惯，建立牢固的销售根据地，并对竞争对手进行认真分析，建立区域市场的进入壁垒，阻止竞争对手进入。

## 逆向重构，曲径通幽

如今很多企业在市场上的成功源于一个特别的营销理念：倒着做渠道。也就是说，开发市场并不像通常那样先向一级批发商零售，再由一级批发商向二级批发商推广，产品最终到达零售商和最终消费者手中。渠道设计也可以采用逆向思维。

### （一）渠道逆向重构的概念

1. 什么是渠道的逆向重构

渠道的逆向重构，又称倒着做渠道，是制造商不直接寻找分销机构进行分销，而是自己首先切入终端市场，直接操控零售终端及销售者，通过做好销售终端，扩大产品及品牌影响力，以吸引中间分销机构主动加入产品分销行列的一种经营模式或渠道建设方式。

渠道逆向重构是指制造商先向零售商和最终消费者推销，当产品达到一定销量时，二级批发商闻风而动，要求经销该产品；当二级批发商的销量达到一定规模时，一级批发商争相要求经销该产品，于是制造商在一级经销商之间进行招标，条件优惠者获得经销权。有些企业依靠倒着做渠道这一营销策略，无往不胜，这一套手段常被企业视为秘而不宣的经营法宝。

2. 为什么要逆向重构渠道

新产品进入市场之初，其知名度较低，企业与经销商谈判时地位也很低，如果按传统的营销渠道从高级别的经销商做起，可能不得不接受经销商苛刻的市场准入条件（如赊销或货物铺底、大规模的宣传促销、降价、退货等），答应这些条件无异于“自杀”，不答应又难以进入市场，很多新企业经营失败就在于此。怎么办？答案很简单：倒着做渠道。

渠道的逆向重构还包括这样的含义：从最终消费者和终端经销商做起，最后的落脚点是规模较大、级别较高的一级、二级批发商。有些覆盖面广、消费频率高的产品必须依靠大批发商的经销网络，倒着做渠道的目的就是引起级别较高的经销商的注意，取得与经销商谈判的地位，获得较低的市场准入条件，增强经销商对新产品的信心。

3. 渠道逆向重构为何行之有效

逆向重构渠道成功的原因就在于它绕过了大经销商（实际上是既得利益的获得者），直接对传统上不受重视的终端经销商销售。终端经销商很容易认同新产品，其市场准入条件很低，经销热情很高，所以，前期针对终端的推广很容易收到成效。

某食品企业开拓重庆市场时就采用了倒着做渠道的策略。该企业进入重庆市场多年，但市场一直没有起色，销售额维持在每年500万元左右。鉴于这种情况，公司及时改变了渠道策略。公司找到一家规模较大、信用较好的经销商，但该经销商信心不足。公司的销售员主动表示承担经销商的销售工作，协助客户销售，直接针对最终消费者和终端经销商（如零售店、路边店）铺货送货。不到3个月，经销商发现市场铺货和销量明显有起色，统计发现，该品牌产品竟有60%～70%是这位销售员卖出去的。经销商自然信心大增，主动提出要做该产品的经销商，愿意现款现货经销，并且开始动用所有的渠道力量分销该产品。仅一年的时间，销售额就猛增到4 500万元，第二年销售额达6 000万元。这一做法就是典型的渠道逆向重构，又叫做协助客户销售，是新产品开拓市场行之有效的方法之一。

渠道逆向重构这种渠道建设方式适合那些没有品牌知名度的中小企业产品的市场推广。当产品通过传统渠道无法很好地销售时，不妨试一试倒着做渠道策略，它可能会成为打开市场的“金钥匙”。

## （二）渠道逆向重构的操作策略

1. 控制零售终端做到“随手可得”

渠道的最终目的是将产品在消费者需要的地方、需要的时间送到他们手中，所以成功的渠道策略就是对消费者即时的服务。如日用消费品主要通过零售商向消费者销售，制造商应该通过渠道支持并服务于零售终端，实现如可口可乐提出的“随手可得”的零售覆盖目标，让消费者随手买得到、买得起。

2. 拓展渠道宽度以增加流量

要建立一个完善的营销渠道，一方面必须要有一个宽大的基础层，即要有一定数量的具有同样功能和作用的经销商。在中心城市，根据市场的需要进行渠道布点工作，所选择的属于基础层的经销商要有一定的密度，能覆盖目标市场区域。另一方面，在同一区域的经销商本身又可以进行分工，除产品的批发配送外，有些渠道对百货商品有较强的供货能力，有些渠道专门做连锁超市的供应工作，而大型卖场如家乐福、开市客、沃尔玛则会接受制造商的供货。制造商通过建立这样一个有宽度的渠道层面来支撑渠道，向目标零售终端供应产品，并把产品呈献给目标消费者。

3. 动态循环的渠道改变游戏规则

在传统的渠道建立方法中，制造商选定了总经销商或代理商后，总是致力于用广告和促销活动唤起消费者的消费欲望，以拉动市场，力求让消费者在零售终端表现出消费需求，将相关需求信息传递给零售商，零售商则根据需求信息去寻求相关产品，然后从批发市场进货，从而使产品在渠道中流动起来，这称为市场推广“拉”的策略。有人相信好的、大量的广告是渠道循环的原动力，会最终带动渠道各环节运动起来。但是这要求制造商有比较雄厚的资金实力，一些资金实力弱的企业完全可以采取动态循环的渠道来推广产品。

4. 有弹性的渠道控制以适应新的市场变化

弹性控制原则要求渠道体系可随竞争情况压缩渠道环节以提高竞争力。渠道长，产品流通环节多，一旦某个环节出现问题，渠道调整见效慢，不利于市场竞争；渠道短，产品流通环节少，一旦某个环节出现问题，渠道调整见效快，市场竞争力较强。

渠道究竟是长好还是短好，要随市场竞争情况适度、适时调整。为了保持竞争优势，必须对渠道体系进行有弹性的控制。不是选择了一级经销商或总经销商就等于渠道的逆向重构做完了，企业还需要协助大经销商做好向下一级经销商分销产品的工作，保持对各层面一定数量经销商的控制，特别是控制好基础层面——零售终端的批发配送商层面，要和这一层面的经销商保持长期的客情关系，这是整个渠道结构的基础。在竞争日趋激烈的背景下，企业要对多环节的渠道进行压缩，减少流通层次，缩短渠道长度，使其变为短而粗的渠道结构。同时企业必须回到加固基础层面的工作上来，制定鼓励这个渠道层面的政策，通过加强对批发配送商层面的控制，来加强对零售终端的控制，掌握市场竞争的关键点。

5. 采用以中心城市带动周边市场的方法实现规模经营

渠道的逆向重构策略要求在中心城市实施较为密集的渠道策略，以使产品获得较高的市场占有率和较好的品牌认同感。中心城市的消费潮流会带动周边城市的消费潮流。这在我国内地市场表现得尤其明显，产品在中心城市的市场占有率越高，越有利于产品向周边城市辐射。从销售体系成熟后产品销售情况来看，中心城市的销售额在整体销售额中只占到20%，而周边市场却占到80%，有的产品甚至达到90%。每个企业在其市场拓展计划中都把中心城市作为必争之地，一旦在中心城市取得成功，就可能占领这个省的其他市场，这叫“中心造势，周边取量”。

“中心造势，周边取量”之所以有效，究其原因，除了品牌在中心城市的树立起到很大的消费带动作用，流通上的影响功不可没。一个产品在中心城市的市场占有率的提高、参与经营的批发商的增多，会导致产品的流通环节非常通畅。只要厂家的价格体系稳定，产品的质量有效期越长，产品的流通辐射能力就越强。

## 案例分析

### 梅西百货的全渠道O2O战略

梅西百货通过多方努力走出了金融危机的低谷，市值和销售规模连续增长，这些主要归功于M. O. M——MY MACYS（我的梅西百货）、OMNI-CHANNEL（全渠道战略）、MAGIC SELLING（魔力销售），它们分别代表着本地化、线上线下资源的整合、服务品质。

（一）开拓全渠道，加强渠道融合

梅西百货在2008—2009年的经济低迷时期开始困难重重的转型，转型的背后是梅西百货所进行的全渠道融合战略。梅西百货是最早“触网”的零售企业之一，1996年就开通了公司网站 http://www.macys.com，当年收入只有3万美元。从那时起直到现在，梅西百货在打造网上渠道上不吝投入，仅2006—2008年就投资3亿美元进行IT基础设施建设。

梅西百货在对顾客的购买行为进行分析后认为，大部分顾客并不是只在网上或者只在实体店购物，他们根据自己的需要选择购买渠道。因此，重要的是让顾客知道，梅西百货能够满足他们的购物需要，无论是在梅西实体店、梅西网站、梅西移动应用上还是其他梅西品牌的渠道。“越来越多的梅西百货和布鲁明戴尔百货店（Bloomingdale's，也归属梅西百货集团）的顾客既使用网络购物，又会到实体店购物。这两种渠道之间的互动具有非常强大的效力，使用两种渠道购物的顾客比使用单一渠道购物的顾客购买额超出一倍。”伦德格伦说：“每1美元的线上收入，在此后10天里会为公司带来近6美元的实体店收入。”如今，梅西百货的线上业务年销售额已超过10亿美元。

面对电商巨鳄亚马逊的冲击，梅西百货把店铺转化为配送中心，依靠其在全美的800多家门店与亚马逊的物流网络抗衡。利用实体门店的存货仓库作为网上订单的配送中心，最大的好处是能更好地管理库存，顾客订购的产品即使网上仓库缺货，只要任何一家实体门店有货，梅西都可以快速调配并发送给顾客。

（二）线上线下，体验无差异

在电子商务的初创期，各企业都努力在网上营造出实体店的顾客体验，各大零售商从网上购物的体验中吸取精华后移植到实体店里。而梅西百货的做法是将这两种理念结合，互取所长，以期为顾客打造出贯穿多种购物渠道的、始终如一的和无缝的购物体验。

梅西百货和布鲁明戴尔百货店开展了一系列试点项目，推出多项互动性的自助服务技术，以加速购物结算流程和“移植网上购物体验”。同时，梅西百货也努力在其网上商城加进典型的“实体店特性”，比如在网上如试穿一样精准地选购牛仔裤。梅西百货的全渠道策略有个非常明确的主题——“让购物体验简单而周到”。这些改变能够为顾客提供更快速、更高效和更轻松的购物体验。这种双管齐下的策略，考虑到了顾客在网购时的习惯（购买前喜欢在网上了解商品，并到实体店内感受商品），让顾客在获得所有必要的产品信息的同时，不会牺牲便利性。

目前，梅西百货在体验店内配备了自助设备，帮助用户查询网上顾客评论、在社交媒体上分享购物清单以及进行一站式自助购物，其POS机上可以下电子订单，价格查询机还能够给顾客推荐商品，手机App可以点对点地向顾客发送电子优惠券等。所有的一切，都是为了让顾客更好地享受融合了各渠道优点的购物体验。

（三）自主品牌比例高，抢占商品独家经销权

许多家电零售商和以服饰为主的本土百货公司往往面临严重的商品同质化危机，使其在转型过程中劣势显著。有专家指出，这与百货公司的经营模式有直接关系：大部分百货公司一般是依靠租金或者销售返点来维持收入，而有些百货公司采用自营的“买手制”模式或以销售自有品牌为主，买手不同的喜好和经验自然会为百货公司带来差异化明显的商品。

梅西商品集团是梅西百货公司的子公司之一，负责梅西百货自有品牌以及一些特许品牌的设计、开发和市场推广，这些品牌的存在能够保证梅西百货的商品不同于竞争对手。除此之外，梅西百货还在全世界范围内寻找那些崭露头角的新锐设计师，并采购他们独一无二的商品。更重要的是，自营模式能够控制货物的所有权。

资料来源：杜航．梅西百货独属的全渠道O2O．时代经贸，2014（7）：78-81.

**讨论**

1. 梅西百货的全渠道模式相对传统的百货公司有何优势？
2. 梅西百货的全渠道模式相对传统的百货公司有何劣势？
3. 哪些产品或企业适合采用梅西百货的渠道结构？

## 重点名词

渠道设计影响因素　　渠道设计原则　　渠道设计流程
渠道设计方法

## 思考题

1. 简述营销渠道设计的影响因素。
2. 简述营销渠道设计的原则。
3. 简述营销渠道设计的流程。

## 实训练习

为什么渠道“扁平化”是当前一些企业渠道改革的方向？从渠道设计的角度出发，你认为哪些行业或企业适合扁平化的分销结构？哪些行业或企业适合多层次的分销结构？

# 第 6 章 营销渠道成员的选择

## 本章要点

1. 了解渠道成员选择的重要性以及渠道成员的来源途径。
2. 理解渠道成员的评价。
3. 理解渠道成员选择的策略与方法。
4. 了解渠道成员任务的分配。

渠道成员选择是在渠道设计完成之后进行的，优秀的渠道成员可以为生产制造商今后的渠道管理打下坚实的基础，而由优秀的渠道成员所构建起来的强大的销售网络则可以为生产制造商出色地完成分销任务。对于生产制造商来说，选择营销渠道成员不是为了实现一笔买卖，而是要与之“结亲”，使其成为商品分销的战略伙伴或合作者。选择怎样的营销渠道成员作为合作伙伴直接影响到生产制造商的产品能否及时、顺利地转移到消费者手中；影响到生产制造商的分销成本和服务质量；影响到生产制造商的营销目标能否顺利实现；影响到产品及生产制造商在消费者心目中的形象。不少生产制造商发现，渠道成员的选择不是一件轻松的事情。渠道成员有不同类型，其形象、声誉和市场影响力有很大差别，利益目标也不同，要找到合适的渠道成员并不容易。

## 引　例

**华帝的经销商选择**

华帝作为中国燃具知名品牌，选择经销商的独特方式值得借鉴。华帝在成立初期，决定实行区域独家代理制：在每一区域只选择一家有实力、有诚信的一级经销商，通过一级经销商的网络优势发展二级代理商，直至终端销售。但这仅仅是一种想法而已，尤其是在华帝刚刚成立的1992年，当时它仅仅是一个组装厂，所有配件全部靠外供，核心技术无从谈起，简单地说，也就是一个比较会上螺丝的工厂而已。

对于一个仅有100万元注册资金的小企业，新创品牌的当务之急是得到消费者和经销商的认可。在这方面华帝具有实战经验，它知道怎样把有限的资金用在刀刃上。广珠高速公路被誉为家电销售的“黄金之路”，沿线名牌家电企业云集，全国的经销商都必须沿着这条公路到厂家提货。华帝就在这条公路的前中后三段，离燃具界巨头万家乐和神州厂门不远的地方各树立起一块巨大的广告牌，上面写有“华帝燃具”四个大字和销售热线，色泽简单明快，非常醒目，前来提货的经销商过目难忘。

与此同时，华帝开始致力于营销网络的建设，在《羊城晚报》和《金融时报》连续六次刊登招商广告，向外发布企业发展的理念和思路以及企业全新的形象，诚聘各地经销商。当时，不仅燃具行业，其他许多行业的厂家都在实行同一区域与多家经销商合作的策略，暗地里鼓励经销商之间相互竞争以炒作产品，华帝则反其道而行之，率先实行区域独家代理制，最终建立了独具特色的“华帝共同体”。

华帝表示，“在经销商的选择上，我们比较注重专业经验，如曾做过华帝产品或经销过其他燃具产品的经销商，是首选。在二级市场上，不可能对学历有太高的要求。在加盟时，我们签订加盟合同和经销合同，其中根据市场特点还专门制定了装修保证金制度，即向店主收取1万元的装修保证金，在完成当年合同任务50%时返还一半，另一半在终止合作时返还，此举维护了店主对华帝的忠诚度，促成双方长期合作，也保证了华帝的利益。经销商对此比较理解，至今没有违反和终止合作的先例”。

资料来源：张韬．华帝3 000经销商：华帝营销队伍建设问题．http：www. emkt. com. cn/article/95/9525. html.

## 6.1 渠道成员的来源

在营销渠道管理中，对渠道成员的选择主要是指对成员性参与者的选择。因此，寻找渠道成员主要是搜寻渠道中的成员性参与者。当然，有些企业在构建营销渠道时，可能并不需要这一步，因为它们已经有足够的合作者，它们要做的就是从中寻找最满意的。但对于那些新创企业，寻找可能的合作伙伴就是一项必须做的工作。在这一节我们主要讲述渠道成员选择的重要性以及渠道成员的几种来源途径。

### 渠道成员选择的重要性与意义

#### （一）渠道成员选择的定义

渠道成员的选择就是从众多相同类型的分销成员中选出适合公司渠道结构的能帮助完成公司分销目标的渠道伙伴的过程。营销渠道设计的最后一步是着手选择营销渠道成员。如果渠道设计结果是采用直销方式，就不存在对渠道成员的需求，也就无所谓对渠道成员进行选择了。

#### （二）渠道成员选择的重要性与意义

设计好营销渠道的结构体系，按区域划分好市场后，对营销渠道成员的选择就显得尤为重要。这不仅仅是新公司开拓新市场所要做的事，更是众多的老公司调整营销战略及营销渠道战略时对渠道成员去粗存精的过程。首先，营销渠道成员选择的成败关系到营销渠道战略的成败乃至公司整体营销战略、发展战略的成败。如果选择的标准不当或考察不实，必将给公司带来灾难性的后果。其次，营销渠道成员的选择是一个争夺市场资源的过程，如果将信誉好、实力强的经销商选拔出来，不但可以增大自身品牌的影响力和市场占有率，而且可以遏制竞争对手对市场的侵占速度；反之，如果这些经销商被竞争对手收归旗下，必将给公司产品进入市场带来障碍。另外，从以上论述不难看出，营销渠道成员的选择与调整有一个时效问题，即当发现某一渠道成员出现问题需要调换时，已经给公司造成了损失，起码损失了应有的市场份额和获得此份额的时间，而且调整本身也是一个复杂且难以操作的过程，甚至可以说是一个厂家付出代价的过程。

选择渠道成员是渠道设计的最后一步，公司通常在以下情况下选择成员：现有渠道成员流失，公司经过周期性的评估发现某些渠道成员无法胜任分销任务，公司需要在目前的销售区域获得更大的覆盖率。即使企业的渠道按照长度、宽度和中间商的类型来说都是不变的，也可能考虑增加终端数量，以提高销售增长率。渠道成员的选择非常重要，选择渠道成员不是为了一笔生意或一桩买卖，而是要较好地与其合作共事。现在越来越多的公司重视与渠道成员的关系，有的甚至结成战略伙伴关系，这说明选择成员时要慎重。成员选择将决定消费者需要的产品能否及时、准确地转移到他们手中，进而影响到分销成本和顾客服务。渠道成员选择的重要性与公司的分销密度紧密相关。也就是说，公司的分销密度越小，分销成员的选择就越重要。在独家分销即只有一个分销成员的情况下，一旦选择了某个成员就意味着失去了选择其他分销成员的机会，同时，公司的分销任务能否有效实施完全取决于该分销成员的表现，公司承担的风险很大。相反，分销密度越大，渠道成员选择的重要性会相应地减少。就像营销渠道实践家罗杰·佩格勒姆（Roger Pegram）在关于渠道选择实践方面的经典研究中描绘的："采用密集型分销的公司往往将产品投放到几乎每一个可能的渠道当中去，以便覆盖市场，确保消费者在任何地方都可以得到它们的产品。除了考虑渠道成员的信用度，公司很少严格鉴别这些渠道成员。"

如果渠道的结构突出密集型分销，通常可以根据其是否具有合理的盈利能力来选择中间商。相反，如果渠道的结构突出选择型分销，就应该仔细审查潜在的分销成员的有关情况，包括经商的时间、经营的其他产品、偿付能力、信誉和合作态度等，然后作出选择。

## 渠道成员的来源途径

有营销经验的企业，尤其是拥有独立销售队伍的企业，足不出户就可通过企业的现场销售队伍获得潜在渠道成员的名单。这些活跃在批发和零售层面上的销售队伍，通过多年与现有中间商的接触和交往，比谁都更了解在某些地域有哪些潜在的渠道成员。

**营销视角 6-1 斐乐的中国渠道**

事实上，许多公司正是通过现场销售人员来获得潜在渠道成员的。原因很简单，通过长时期在销售现场的经常性交往和接触，现场销售人员可以掌握有关地区的大部分中间商的基本信息。对销售人员来说，出于敏感或工作接触的关系，他们通常认识那些不代理本企业产品的中间商的某些管理和销售人员。因此，如果公司打算在一个地区重新选择渠道成员，该地区的销售人员不仅可以提供较完善的潜在中间商的名单，甚至可以为这些潜在中间商排序，充分估算它们成为真正的渠道成员的可能性。显然，当需要改变现有的渠道销售网络或者增加新的渠道成员时，渠道经理应该尽量通过销售人员的介绍来获得新的渠道成员。

除了现场销售人员，公司还可以利用内部人力资源的关系网络来获得潜在的渠道成员。

有时，公司内部的某些成员由于来自不同的地区，可能对该区域中间商的情况比较了解，通过他们获得潜在渠道成员的名单也是可取的。当然，这种信息必须经过详细的调查和分析才可以使用。

但是，对于那些新创立的企业，寻找可能的合作伙伴就是一项必须做的工作。一般来说，寻找渠道成员时，搜寻的范围越大越好。搜寻的范围越大，找到合适渠道成员的机会就越大。企业可以通过以下几种方式寻找合适的渠道成员。

（1）工具书。包括当地的电话号码簿、工商企业名录、地图册、手册、消费指南、专业杂志等。尤其是电话号码簿，一般情况下，比较有经验、有实力的经销商都会在当地电话号码簿上刊登自己公司的名称。

（2）媒体广告。到达一个新的市场，先买几份当地的报纸，看看当地电视，听听广播或到街上走走，或许就能发现同类产品的经销商的名称。媒体上常常有同类产品的广告，且有“由××公司总经销、总代理”的字样。

（3）专业性的批发市场。许多城市都有小商品市场或日用品批发市场，到这种地方走走，经常会看到经销商门口或是店里面有“××地区总经销、总代理”的招牌。大部分经销商为了扩大自己的知名度，会要求厂家给它们制作类似的招牌、条幅等。

（4）向广告公司咨询。广告公司对当地的媒体、市场情况比较了解，它们为了成为新企业的广告代理商，必然会详细地告知本地经销商的情况。

（5）刊登招商广告。这种方式费用高、见效快、操作水平高，可以较全面地了解经销商的情况。

（6）举办产品展示会、订货会。这种方式对展示公司品牌形象有着巨大的推动作用。专业性的订货会会带来专业性的经销商。

（7）网上查询。通过访问专业网站，渠道管理人员可以搜寻到某一行业中很多同一类型或不同类型的企业。通过这些网站，企业可以找到很多未来可能的合作伙伴，而且几乎不需要什么投入。

（8）向顾客和中间商咨询。企业营销活动围绕的中心是顾客需求，而要满足顾客的需求则需要借助中间商，如零售商。顾客对中间商的服务满意，他们就会经常与中间商打交道；对中间商的服务不满，他们可能就不再去中间商那里购买商品。企业可以通过正式或非正式的调查，了解顾客在他们所处的区域内对不同中间商的看法，以确定哪些中间商可以成为企业未来的合作伙伴。另外，通过咨询现有中间商或让现有中间商推荐，企业也可能找到新的合作伙伴。再者，很多方法可以交叉使用。如一方面做广告，等有兴趣的渠道成员前来联系；另一方面在企业黄页或网上查找，或让现有中间商推荐。

## 6.2 渠道成员的评价

对于任何一个企业来说，对潜在的渠道成员进行评价是选择渠道成员必不可少的一步，通过评价可以筛选出一部分适宜合作的伙伴。对渠道成员的评价，要根据企业的渠道目标和渠道策略，综合考虑各方面的因素。一般而言，可以从渠道成员的综合实力、渠道成员的可控性和渠道成员的适应性三个方面进行评价。

## 渠道成员的综合实力

### （一）市场范围和地理区位优势

市场是选择中间商最关键的因素。首先要考虑预先确定的中间商的经营范围与产品的预计销售地区是否一致，比如，产品在东北地区，中间商的经营范围就必须包括这个地区。其次，中间商的销售对象是不是生产商希望服务的潜在顾客，这是最根本的条件。因为生产商都希望中间商能打入自己已确定的目标市场，最终说服消费者购买自己的产品。地理区位优势即位置优势。选择零售中间商时最理想的区位应该是顾客流量较大的地点。选择批发中间商则要考虑它所处的位置是否利于产品的批量储存与运输，通常以临近交通枢纽为宜。

### （二）信用和财务状况

这一点考察起来难度较大，在中国现在的市场环境中，信用体系尚未完全建立，很难使企业相信仅仅由渠道成员提供的财务数据。随着国家征信制度的建立、信用环境的改善，以及财务法规、制度的不断建立健全，资信调查会越来越容易。

### （三）销售能力

销售能力往往与规模有关，也就是说，与渠道成员的销售终端数量、规模以及实际雇佣的销售人员的数量乃至销售人员的素质有关。硬指标是年营业额和利润率，任何一个行业都有一个公认的平均利润率。如果经销商的利润率高于行业平均利润率而营业额并不大，这说明它拥有较好的客户资源和成本控制能力，较适于做高端产品的营销渠道成员；如果经销商的利润率低于行业平均利润率但营业额较大，这说明其经营理念以薄利多销为主，比较适于做低端产品的营销渠道成员，前提是它拥有足够大的市场发展空间，否则会面临亏损的危险；营业额小且利润率低于行业平均利润率的经销商应属淘汰之列；营业额大、利润率也高于行业平均利润率的客户未必是营销渠道成员的最佳选择，因为此类经销商往往讨价还价的能力较强，对于渠道的控制力也很强，在渠道体系中占据比较主动的地位，它们会削弱厂家对渠道的控制力，当中止合作时，还会给厂家造成较大损失。所以厂家一定要根据自身产品与市场的特点按既定的营销渠道战略选择渠道成员。

### （四）产品线

“不销售竞争对手的产品”几乎是每一家企业选择经销商的原则之一。制造商通常都希望渠道成员经销相容性的产品，因为同时销售这些产品能够使渠道终端为最终顾客提供更全面的产品组合。另外，产品全面也能够增加对消费者的吸引力，同时使制造商得以知晓同一产品线上相容、相关产品的情况，更清醒地认识到本公司产品的价值与地位。例如，以瓷质地砖为主的企业在考察渠道成员的产品线时，对经销内外墙砖、卫生洁具的经销商往往情有独钟，因为墙砖和卫生洁具的销售通常会带动地砖的销售，经销商也乐于使自己的产品线更加丰富。

### （五）声誉

固特异轮胎橡胶公司曾指出：“中间商的经验或财务能力可以退而求其次，但这些经销商的声誉是绝对重要的、不容商量的。”声誉、口碑这些软性指标往往是至关重要的，同时也是难以考察认定的。例如，山东省有一建筑陶瓷经销商，属于家族企业，成员各有分工。

有负责联系厂家的：专门寻找产品销售有问题、货物积压较多的生产厂家。起初以较优惠的条件经销，在建立起一定的信誉后想方设法赊货，竭力使欠款额度增大，使厂家有所忌惮。有负责下游的：将产品以最快的速度推出，保本甚至亏本销售，当然是现金交易，在短期内完成。有负责法律事务的：专门负责与各方面交易的法律事宜，有时甚至在经销合同上暗藏陷阱，并负责与追债企业在法律上“过招”。还有负责抵顶货物的：以低质高价的方式抵顶货物（四处搜集而来，有时甚至是报废物资），清偿所欠厂家的货款……其年营业额达 4 000 余万元，受骗厂家叫苦不迭。如果制造商在选择渠道成员时对其信誉进行广泛深入的调查，就可免遭损失。

### （六）态度与管理能力

制造商如果想在当今激烈竞争的环境中生存，唯一的途径便是不断地发展与创新，而营销渠道成员能否跟上制造商的发展步伐，其经营态度（理念）与管理能力是关键。如果经销商持小富即安、不思进取的思想且难以转变，则要坚决予以淘汰。因为不发展便意味着落后；而积极进取、胸怀大志的经销商如果管理能力跟不上的话，制造商可以通过培训与引导来解决，这样能保证在公司发展壮大的同时营销渠道成员也能够发展。所以，选择积极进取的渠道成员是营销渠道战略成败的关键。

## 渠道成员的可控性

尽管渠道成员的综合实力对于企业选择渠道成员至关重要，但是企业对于渠道成员的控制也不容忽视。如果企业选择了一个实力强大的渠道成员，这个渠道成员却恃强凌弱，那么后果可想而知，这个企业要么被这个渠道成员榨干油水，要么沦为这个渠道成员的“打工仔”。一般而言，企业总是希望对渠道成员有较高的控制程度。对渠道成员的控制取决于很多因素，有时，企业虽有控制想法，却没有控制能力。从可控角度评价渠道成员，就是看企业控制某个候选成员的可能性。此时，渠道成员的经营能力强大不一定是好事。

根据实际需要，企业可能要对渠道成员实施不同程度的控制。比如，可能实施绝对控制，即不但要控制渠道成员的数量、类型和地理区域分布，还要控制渠道成员的销售和促销政策，以及价格政策。此时，渠道成员就类似于企业的分支机构，要根据企业的指令从事生产经营活动。再如，企业可能对渠道成员实施较低程度的控制，只是通过提供帮助来影响渠道成员的营销方式和营销行为。企业越是需要较高的渠道控制程度，渠道成员可控性的评价结果对于企业选择渠道成员的影响就越大，就越需要认真地评估渠道成员的可控性。

渠道成员可控性评估可以从控制内容、控制程度和控制方式几个方面进行。

（1）从控制内容上评估渠道成员的可控性，就是指企业可以从哪些方面控制某一渠道成员。比如，企业可以控制或者影响渠道成员的哪些营销决策？企业可以控制或者影响渠道成员的哪些渠道功能？企业能否抑制渠道成员可能的投机行为？

（2）从控制程度上评估渠道成员的可控性，就是指企业在某方面控制某一渠道成员可以达到的程度。比如，渠道成员在产品价格上是否会完全按照企业的意思办？渠道成员会在多大程度上接受企业所提出的产品销售建议？对于渠道成员可能的投机行为，企业有没有适用的处罚措施？

（3）从控制方式上评估渠道成员的可控性，就是看企业可以用什么方法在哪些方面控制渠道成员。比如，企业可以通过渠道治理结构的某种安排控制渠道成员的投机行为吗？企业能够使用自己的渠道权力影响渠道成员在产品价格方面的决策吗？企业可以通过与渠道成员良好的关系或彼此之间的高度信任相互影响和相互控制吗？

### 渠道成员的适应性

对渠道成员适应性的评估，主要是分析、评价渠道成员对企业原有营销渠道的适应能力，以及对环境变化的应变能力。需要回答以下两个问题：第一，渠道成员适应企业原有渠道结构的程度如何？第二，渠道成员适应环境变化的程度如何？

评估的方法以定性评价为主，比如，通过访谈了解渠道成员的经营理念和发展思路，判断它融入企业原有营销渠道的难易程度；通过了解渠道成员的发展历史，判断其危机处理能力和应变能力；通过实地考察，了解渠道成员的基础设施和人员素质，由此可以看出渠道成员对企业的适应能力，也可以看出渠道成员在环境变化时可能作出的反应。

在目前电脑和互联网日益普及的情况下，办公是否电子化是判断渠道成员适应性的一个重要指标。要成为以网络为主要信息传递手段的营销渠道的一员，电脑、互联网、办公电子化是必备条件。

## 6.3 渠道成员的选择

掌握了一定数量的渠道成员并根据标准进行分析、评估以后，企业就要选择渠道成员了。对渠道成员的合理选择是一个复杂的综合评估过程，可采用的策略和方法越来越多，总的来说包括以下一些选择策略和方法。

### 渠道成员选择策略

前几节我们简单介绍了渠道成员的来源途径以及对渠道成员的评价，通过对渠道成员进行评价能够选出一部分适宜的渠道成员，但是不是最佳渠道成员呢？这需要通过渠道成员选择策略和方法来进一步确定。我们都知道，在实践中，对于不同的企业，渠道成员的选择既可能是轻而易举的事，也可能是耗时费神的事。就如同公司招募员工一样，有的公司凭借其声望、实力和影响，可以毫不费力地招到人才；而有的公司因其规模、声望等不理想，很难招到人才。营销渠道成员的选择也是如此。对企业来说，是选择渠道成员；对渠道成员来说，是选择供应商。切不可忘记企业本身的因素也会影响到对渠道成员的选择。企业自身的影响体现在各个方面，比如企业历史、产品质量、企业声望等。下面简单介绍三种渠道成员选择策略。

#### （一）分阶段策略

对那些刚刚进入某一行业的企业来说，在中间商的选择上不必坚持一步到位，可以采取两步走的策略：

第一步，在中间商选择初期，接受一些略低于经销商标准的成员的合作；

第二步，待产品在市场上逐步畅销，企业形象有所改善，逐渐淘汰低层次的中间商，然后选择达标的渠道成员进行分销。

许多企业正是采取这种分阶段策略来选择新产品的销售渠道成员。如宝丽来公司在起家时，因为专门的照相器材商店拒绝销售其相机，被迫利用百货商店来卖自己的产品。而后，公司的相机逐步进入专业商店。我国的索芙特集团在挺进日化行业时，其“木瓜白”系列产品在市场上的销售采取的也是这种策略。在对经销商的选择上，公司的策略是：一个原则，分两步走。“一个原则”是指要求经销商商业信誉良好，有较强的实力，销售网络细密而通畅；“分两步走”是指企业推出新产品伊始，由于缺乏消费者和经销商的认同感，优秀的经销商门槛太高或对其品牌不予理睬，因而在这一阶段暂时降低选择经销商的标准。经过一段时期的市场推广，当产品足以引起优秀经销商的兴趣时，公司适时更换网络更大、能力更强的经销商。这种策略使得索芙特“木瓜白”系列产品仅在投放市场的第一步就获得了巨额销售业绩。

## （二）参照选择策略

参照选择策略，顾名思义，就是与竞争对手使用相同的中间商，而这个竞争对手多为该行业的市场领先者。如凉茶行业中的加多宝和王老吉，饮料行业中的可口可乐与百事可乐，日化行业中的宝洁与联合利华，快餐行业中的麦当劳与肯德基等。也就是说，渠道成员的选择在很大程度上是由行业中的竞争结构决定的。

制定参照选择策略的原因有两个，一是中间商能够将同类产品聚集起来销售，更好地满足消费者的需求，因此星罗棋布的渠道正是为了使不同品牌的同类产品同时出现在最后的销售现场——销售终端上。不同制造商的同类产品为了增强在销售终端上的竞争力，在进入通路之前可能通过促销活动有所交锋。但这种交锋必然出现在销售现场，加上销售现场也是很好的广告和宣传场所，因而从这个意义上讲，渠道成员的选择也是制造商竞争策略和市场推广策略的延伸和体现。有些企业选择渠道成员的原则往往简单到竞争者的产品出现在哪里，公司的产品就跟着出现在哪里。这种参照选择策略正是为了打压竞争对手，或至少是毫不示弱的表态。这也就是为什么人们会在大多数超市里看到左手边是加多宝凉茶，右手边就是王老吉凉茶。

二是行业领先者通常也是渠道网络的领先者，其中间商必定具有丰富的销售经验和良好的销售能力。因此对属于市场跟随者的制造商来讲，选择同行业中的市场领先者选择的渠道成员是一种事半功倍的办法。事实上，在日化市场上，很多企业在选择渠道成员时都遵循“选择经销商，跟着宝洁走”的口诀，是不无道理的。

## （三）逆向拉动策略

如果由制造商开始，从上游到下游建立渠道网络称为推式策略的话，那么逆向拉动策略就是指倒着做市场，也就是生产企业从消费者开始，先建立终端渠道，然后再选择中间商，最终的落脚点是规模较大、级别较高的一二级批发商。逆向拉动策略已经成为新产品进入市场的重要营销手段。新企业进入市场时，面临的最大难题是其竞争对手与中间商结成利益联盟，与中间商谈判时地位低，顺着做市场的代价大。

逆向营销渠道模式是一种渠道建设思路的创新，是更能适应市场的一种渠道创新模式，与传统的正向渠道模式相比，逆向渠道模式在理念和操作方式上都有所不同。这不仅冲破了一些渠道障碍，也适应了营销环境的变化潮流。虽然逆向模式是针对特定商品的消费特征而产生的，但理论和实践证明，它对各行业在营销渠道模式的选择上都有启示作用。在实际操作中，一些知名企业如宝洁、德国汉高、美的、顶新、IBM 等在渠道的某些方面已经体现了逆向营销渠道模式的思想。从逆向营销渠道模式的实施范围来看，它适合新企业或新产品在开拓新市场时运用，也适合老企业或老产品在市场上调整渠道时运用。

**营销视角 6－2　从“双十一”看三只松鼠的渠道策略**

## 渠道成员选择方法

企业在确定渠道成员时，通常有两种方法：一是定量确定方法；二是定性确定方法。两种方法各有利弊，不同企业可以根据自身情况选择合适的方法来确定渠道成员。

### （一）渠道成员选择定量方法

**1. 销售量评估法**

销售量评估法是通过实地考察有关分销商的客流量和销售情况，并分析其近年来的销售额水平及变化趋势，在此基础上对有关分销商的实际分销能力（尤其是可能达到的销售量水平）进行估计和评价，然后选择最佳成员。

**2. 加权评分法**

加权评分法就是对拟选择作为合作伙伴的每位中间商，就其从事商品分销的能力和条件进行打分，先根据不同因素对分销渠道功能建设的重要程度，分别赋予一定的权数，然后计算每位中间商的总得分，从中选择得分较高者。

例如，某家公司决定在某地区采用精选的一级分销渠道模式，即厂家把自己的产品销售给零售商，再由零售商销售给消费者。经过考察，初步选出三个比较合适的候选成员。公司希望选取的零售商具有理想的地理位置，有一定的经营规模，客流量较大，声望较高，与生产商积极协作，主动进行信息沟通，货款结算信誉好。各候选成员在不同方面有一定优势，但没有一个在各方面均具有优势。因此，公司采用加权评分法对三位候选成员进行评价，如表 6－1 所示。

**表 6－1　用加权评分法选择渠道成员**

| 评价因素 | 权重 | 候选成员 1 | | 候选成员 2 | | 候选成员 3 | |
|---|---|---|---|---|---|---|---|
| | | 打分 | 加权分 | 打分 | 加权分 | 打分 | 加权分 |
| 经营规模 | 0.20 | 80 | 16.00 | 85 | 17.00 | 80 | 16.00 |
| 地理位置 | 0.10 | 85 | 8.50 | 85 | 8.50 | 90 | 9.00 |
| 企业声望 | 0.20 | 90 | 18.00 | 80 | 16.00 | 85 | 17.00 |
| 可控性 | 0.10 | 80 | 8.00 | 85 | 8.50 | 80 | 8.00 |
| 客流量 | 0.20 | 90 | 18.00 | 85 | 17.00 | 90 | 18.00 |
| 信息沟通 | 0.05 | 75 | 3.75 | 65 | 3.25 | 70 | 3.50 |
| 货款结算 | 0.15 | 75 | 11.25 | 85 | 12.75 | 85 | 12.75 |
| 总分 | 1.00 | 575 | 83.50 | 570 | 83.00 | 580 | 84.25 |

说明：打分时，每个因素的得分区间为 0～100 分。

从表 6－1“总分”栏可以看出，成员 3 加权总分最高，该公司应当考虑选择它作为当地的分销商。加权评分法主要适用于在一个较小范围的市场上，为了建立精选的渠道网络而选择理想的经销商。

3. 销售成本评估法

利用中间商经销商品是有成本的，主要包括市场开拓费用、让利促销费用、因延迟付款而产生的收益损失、谈判和监督履约的费用等。这些费用构成销售费用或流通费用，减少了生产商的净收益。企业可以通过控制流通费用来提高渠道的效益，进而增加净收益。因此，企业可以把预期销售费用看作选择中间商的一种指标。常用的方法有三种：

（1）总销售成本比较法。在分析有关经销商的合作态度、营销战略、市场声誉、客流量、销售记录的基础上，估算各个候选成员作为分销渠道成员在承担分销功能过程中的销售费用。然后，选择其中费用最低的中间商。

（2）单位商品销售成本比较法。销售费用一定时，销量越多，单位商品的销售成本越低，渠道成员的效率就越高。因此在评价有关分销商的优劣时，要把销售量与销售成本两个因素结合起来综合评价。也就是将分销商的预期总销售成本与其能够实现的商品销售量（或销售额）之比值，即单位商品（单位销售额）销售成本作比较，选出比值最低者作为营销渠道成员。

（3）成本效率分析法。是以销售业绩与销售费用的比值作为评价依据，选择最佳分销商。与前者不同的是，此方法采用的比值是某分销商能够实现的销售业绩（销售量或者销售额）除以该分销商的总销售成本，称为成本效率。其公式为：

$$成本效率=\frac{某分销商的总销售额（或总销售量）}{该分销商的总销售成本}$$

可以看出，成本效率是单位商品销售成本的倒数。

## （二）渠道成员选择定性方法

由上面的定量方法可以看出，定量方法的优点是：如果能够掌握较为准确的数据，对渠道成员的选择会比较客观，较少受到渠道管理人员个人好恶的影响。当然，该方法的缺点也很明显：第一，有很多因素（渠道成员的可控性和适应性）很难量化。如果不考虑这些因素，则选择有失偏颇；如果考虑这些因素，貌似客观的方法又有了很多主观的东西。第二，收集量化数据需要进行较深入的市场调研，也需要较大的人、财、物的投入。第三，市场调研需要较长的时间，而企业面对的形势可能根本不允许企业花费时间进行这样的市场调研。第四，企业有可能只是被选者，而不是选择者，这时，定量测算的结果几乎没什么用处。

正是因为定量方法存在不少缺点，所以企业在选择渠道成员时，用得最多的还是定性方法。以下是定性方法的主要步骤和特点。

第一，市场试运作，即厂家选派几个精兵强将在当地建立办事处，自设仓库。可以由厂家直接向零售店铺货，也可以在联系数家有意向的批发商的同时向零售商铺货。如果是后者，事先要写明双方的责任、权利，明确说明是试销，厂家不承诺经销权。这就是所谓的“倒过来做渠道”。

第二，利用竞争把经销商选出来。几家有意向的批发商同时铺货，往往会形成竞争和互相牵制的局面。随着厂家对零售环节和批发商的熟悉，这时再来确定经销商就比较容易了。经过市场运作，淘汰掉那些渠道能力较差或终端运营能力较差的经销商。对被淘汰的批发商，给予一笔市场开拓费用作为补偿。如果初期经销商都采取观望态度，那么厂家只好自己直接铺货，边铺货边商谈经销事宜。

第三，选好经销商，初步铺货后再发动广告促销攻势。中小企业的广告费用有限，可以采取用时间换金钱的方法，先辅助经销商进行市场第一轮铺货；发动广告促销攻势后，再进行第二轮铺货。这样可以最大限度地节约广告费用。

第四，签订经销合同的期限不宜过长，最好不超过一年。有人认为，签订长期合同有利于将经销商与厂家捆绑在一起，使经销商全心全意地投入市场开拓。实际上，这只是一厢情愿的想法。经销商可能会利用中小企业的弱势地位从事投机活动。签订短期合同，合同条款会定得比较细，留给经销商投机的空间也会比较小。另外，短期合同会给经销商施加随时可能被替换的压力，如果它希望继续做该企业的产品，会更加努力。

第五，不轻易承诺经销权。即使市场上只有一个经销商在做，也只承诺特约经销权。很少有批发商能覆盖区域的所有二级批发商和零售商，承诺总经销权就等于放弃了经销商无法覆盖的网点。另外，承诺总经销权也不利于厂家对市场的控制。虽然初期经销商会有意见，但只要厂家坚持网点建设“谁开发，谁管理到位，谁所有”的原则，保证经销商已开发并管理良好的网点企业绝不插手，最终厂家与经销商可以很好地合作。

第六，选择经销商，不大不小用着正好。当厂家的实力有限时，不宜选择能力很强的经销商。这样的经销商经营的品种太多，而且往往经销数个大品牌，对品牌知名度低的新品牌不会全力经营。也不宜选择能力太弱的经销商，因为它没有能力把产品铺到销售终端。厂家最好选择与自己实力匹配而且能够全力经营的批发商。

选择渠道成员的定性方法简便易行、灵活多样、省时省力。主要缺点是有太多的主观随意性，往往不同的人面对同样的情况，会作出不同的选择。

定量和定性两种方法可以综合使用，比如先用定性方法进行初选（类似于前面说过的“倒过来做渠道”的方法），经过一段时间的运作后，再用定量方法进行终选，这样两种方法可以优势互补，最终可能得到适合的渠道成员。

## 赢得渠道成员

通常，赢得渠道成员需要提供优厚的条件，制造商越能具体给出可以提供给渠道成员的支持和帮助，效果越好。如果未来的渠道成员想加入到渠道中来，一开始它们肯定都想明确地知道“加入渠道能得到什么”。尽管制造商可能提供多种具有诱惑力的条件，但大多数可以归纳为以下四种类型：产品线、广告和促销、管理支持、公平交易和友好关系。

### （一）产品线

制造商能提供具有诱惑力的条件的核心，是具有销售和利润潜力的产品线。如果制造商能够保证这一点，则无须提供多少其他条件就能够赢得它们想要的渠道成员。很明显，拥有著名的、广受好评的产品的制造商，比产品上略逊一筹的制造商有更大的优势。因此，产品不具优势的制造商可与渠道成员进行有效的沟通，让渠道成员明白将获得的利益非常重要。但制造商很容易高谈产品的质量，而不是强调产品如何能保证渠道成员成功销售和赚取利润。

饼干制造商施耐德与强大的对手竞争时，在一则广告中表示，产品的质量、多样性和优良的包装不仅让产品卖得好，同时还是极具吸引力的因素，能令消费者把销售施耐德产品的零售店作为自己购物的理想商店。施耐德希望零售商能从这则广告中明白：施耐德的饼干就像一块磁铁，能够吸引更多的消费者。消费者来到商店之后也会购买其他商品，从而提高零售商的营业额和利润。

### （二）广告和促销

未来的渠道成员也依赖制造商的促销支持。在消费者市场上，强有力的全国性广告计划是获得零售商渠道成员最有效的诱因之一。拥有这一计划的制造商几乎可以立即获得未来渠道成员对产品线销售潜力的信任。在产业市场上，强有力的文字广告也会获得类似的好处。此外，在消费者和产业两个市场上，诸如广告折扣、合作广告活动、产品购买点和展览厅陈列等都是对渠道成员的有力支持，可以作为未来渠道成员进入渠道的有效诱因。

### （三）管理支持

未来渠道成员想知道，制造商能否承诺帮助它们——不仅为销售制造商的特定产品提供广告和促销支持，而且还能帮助它们做好管理工作。管理支持是这一承诺的有力见证，涵盖范围很广，包括培训计划、财务分析和计划、市场分析、存货控制程序、销售方法及其他一些方面。支持的程度根据设计的渠道关系类型不同而有所不同。制造商和渠道成员之间达成契约式渠道关系之后，通常能提供比传统、松散结合的渠道关系更全面的管理支持计划。即使是后一种情形，有些形式的管理支持仍然可能是合意的。

### （四）公平交易和友好关系

渠道关系是各种组织之间的关系，确切地说是有着相同的行为作用和过程特性的一种社会体系。渠道成员相互之间可能喜欢或厌恶、尊重或鄙视、怀疑或恐惧，也可能合作或敌视、忠诚或背叛。简而言之，渠道关系不仅仅是一种业务关系，同时也是一种人际关系。在争取渠道成员时，这一点千万不能忘记。具体来说，制造商应该传达给未来的渠道成员这样的信息：它真诚地希望能够与其建立友好关系，这种关系建立在信任和关心的基础上。事实上，有些制造商甚至把渠道成员看作“家庭成员”。这也许有点言过其实，但确实表达了制造商的一种信念，即建立不仅仅是以金钱关系为基础的营销渠道。

人们期望通过公平交易和友好关系弥补渠道关系中潜在的经济和商业损失。然而，公平交易和友好关系的重点不在这里。研究表明，良好的人际关系、真诚的合作甚至渠道成员之间的融洽相处是制定有竞争力的产品、价格和支持计划过程中所不能取代的因素。

## 6.4 渠道成员任务的分配

一般而言，渠道任务在渠道成员之间的分配，可以通过价格政策、交易条件和地区划分等明确加以界定并以合同为规范。

### 价格政策

价格政策是一个渠道成员针对另一个（或一些）渠道成员所制定的价格方面的规定。例如，沃尔玛针对供应商就有两条重要的价格政策：一是“所提供的商品价格必须是市场最低价”，二是“供应商应提供以下折扣：……”有的生产制造商针对经销商的价格政策为“除非双方另有规定，甲方向乙方供货的一般批发价为甲方产品售价的八折”“乙方必须按照甲方规定的售价向顾客售卖商品，不得随意抬价或压价”。

价格政策体现了一个渠道成员对另一个（或一些）渠道成员在产品销售价格方面的要求，或者渠道成员之间在产品销售价格方面达成的共识，有利于防止渠道中的价格混乱，减少由于价格混乱而导致的渠道冲突，如窜货和中间商之间的价格战等。

## 交易条件

交易条件首先包括付款条件，如货款结算方法、支付时间和当购买者不能及时支付货款时，与供货方的协商途径与程序。例如，有些条款中的“收益支付”就是生产制造商对经销商支付销售佣金的有关规定。生产制造商针对中间商有一项重要的付款条件，即对于提前或按时付清货款如何给予价格折扣。此条款可以激发中间商及时付款的积极性。

交易条件还包括其他很多内容，如生产制造商的商品质量保证、按时供货保证和货物交割方式，以及中间商的库存水平、服务质量和服务方式等。具体的交易条件如“代理商应配备2～4人，专职负责××产品的销售和售后服务工作，在代理商主管认可后，服从本公司区域办事处的统一安排”“代理商负责提供轿车一辆，专门用于本公司开展业务”“代理商所辖区域零售商资金出现困难时，代理商有责任对其提供资金担保，并保证赊欠资金的回收”“本公司承担对零售商的售后服务工作，并承担因售后服务而产生的配件亏损”。

除此之外，交易条件还包括生产制造商向中间商作出的次品或积压品处理保证、价格调整保证和退换货保证等，以鼓励中间商放手进货，消除中间商的后顾之忧。

## 地区划分

地区划分就是要规定中间商的地区权力，明确说明各中间商的顾客服务范围，以免渠道内成员之间发生内耗。中间商通常希望在某个地区独家专营，把自己销售地区的所有交易都归为己有，并希望生产制造商承认在其专营范围内的所有销售实绩，不论这些实绩是不是它们努力的结果。至于是否满足中间商的这些要求，可以在合同中作出规定。

当涉及独家经销或独家代理、总经销或总代理、特许经营关系时，生产制造商更应当就有关中间商的分销地区范围、促销、市场渗透水平和发展渠道新成员等问题认真进行磋商，在合同中作出明确的规定。

## 其他特定内容

除了上面所讲的责任和规定的义务，在一些特定内容上，也要在渠道成员之间明确划分责任界限，如针对促销、信息沟通、资金帮助、人员培训、销售服务、商品展示和商品陈列等方面所作的安排。这里要特别注意责、权、利相关的原则。如果中间商承担了有关分销任务，生产制造商就要明确规定报酬的形式和标准。

## 案例分析

**中档童装生产企业渠道成员的选择**

预计未来五年，中国童装市场将以5%左右的速度增长，在未来几年中具有更大的发展空间。综合考虑企业的产品特性、市场竞争因素以及外部经济环境等因素的影响，W童装公司结合自身实力，选择如下短渠道成员：

（一）一二线城市：选择相应层次、级别的代理商

按照渠道成员在产品流通过程中所起的作用，渠道成员可分为代理商、批发商和零售商。分销商的主要职责是将产品分销到渠道，分销给消费者，使分工协作实现双赢。根据目标市场原则，W公司针对其在行业里处于什么层次、是什么级别的制造商，考虑按地理区域划分，在一二线城市选择一些相应层次、级别，有若干年童装推广经验的分销商作为代理商，便于日常合作交流和管理，避免出现“店大欺企”现象。

（二）三四线城市：选择当地有一定销售推广能力的服装店作为零售商

三四线城市是近年中档童装市场发展较为迅速的一块较大市场，零售商是营销渠道中最贴近目标消费者的群体，选择对的零售商就有可能使企业飞速发展。W公司以目标市场的需求、消费者的购买习惯和消费习惯为依据，根据发挥区域性优势原则，应因地制宜选择合适的服装店作为零售商。

（三）线上渠道：选择网销经验较丰富的线上服装店作为童装加盟商

根据效率效益原则，W公司在建立一个营销渠道时，不但考虑了该渠道对自身的产品销量和市场覆盖的贡献预期，还考虑了该渠道的费用投入预期。随着童装网购的兴起，线下的渠道覆盖面和实现产品销量的比重在逐年下降，W公司按一定的资质划分线上加盟商，可作为线上零售商，也可发展成线上代理商。选择一些线上推广经验丰富的服装店铺作为线上加盟店，有效提高了渠道的效率和投入产出效益。W公司在选择线下和线上渠道商时，首先考察其合作意愿、经营信誉和服务态度，其次考察其销售实力、信用和财务状况，以及管理能力，如导购人员的管理。

营销渠道作为一个整体，每个成员的利益诉求不同，难免会导致一些冲突，只有所有成员具有共同愿望、共同抱负，遵循共同发展原则，才有可能真正建立一个有效运转的营销渠道。

**资料来源**：2019年中国童装行业市场分析：未来2 000亿市场规模童装市场亟待规范化发展. https://baijiahao.baidu.com/s?id=1631491294713138822&wfr=spider&for=pc.

**讨论**

1. W公司在童装市场采用了什么渠道成员选择策略？
2. W公司通过哪几个方面对渠道成员进行评估？
3. W公司对线上渠道成员的任务分配体现在哪里？

## 重点名词

渠道成员选择　　渠道成员可控性　　逆向拉动策略　　销售量评估法
价格政策

## 思考题

1. 渠道成员选择的含义是什么？渠道成员选择的重要性体现在哪几个方面？
2. 渠道成员的来源途径有哪些？
3. 如何对渠道成员进行评价？
4. 渠道成员有哪些选择策略？常用的选择方法有哪些？
5. 如何对渠道成员的任务进行分配？

## 实训练习

找一家国内的家电企业，根据本章知识分析其对渠道成员的选择和激励。

第7章

# 服务营销渠道

## 本章要点

1. 了解服务的特点与渠道管理。
2. 熟悉服务营销渠道的类型。
3. 熟悉服务营销渠道的设计原则与步骤。

服务营销渠道既是使服务从生产领域转移到消费领域的媒介，也是信息传递的途径，对企业广泛、及时、准确地收集相关信息起着重要的作用。

## 引　例

### 保险渠道选择多

随着经济的发展和收入的稳步提高，近年来人们对保险的需求明显增长。在保险销售领域，随着一批高素质的保险从业人群的加盟，保费收入也增长迅速。目前购买保险有以下六个渠道：

第一，代理人渠道。截至2017年我国保险代理人已经超过700万。保险代理人的优势非常明显，特别是资深的保险规划师能够根据客户的情况定制保险方案，在理赔的时候也能够延续很好的服务。但是目前该领域也存在综合素质参差不齐、营销手段落后、为销售任务出现错误引导等问题。

第二，团险渠道。团险是以单位为主体，为员工集体投保的情况居多。现在越来越多的公司为员工缴纳相关的保险，包括意外、健康等险种。对个人而言，因为该保险具有大众性和与单位绑定等特点，要把该保险作为补充，不能因为有单位团险而忘记自己的保险规划。

第三，银行渠道。银行与普通投资人具有天然的金融关系，而且作为资产配置的品种，银行推广保险有天然的优势。银行的优势在于，可以从客户整体的理财出发，把保险融入投资理财方案。但是在过去银行分红险、万能险偏多，这些容易与理财产品相混淆。

第四，保险经纪公司。保险经纪公司是专门销售各个保险公司产品的渠道，属于专业化分工的结果。类似于现在很多基金销售公司专门销售基金产品一样，保险经纪公司可以对现有产品作出筛选。保险是复杂产品，要对客户利益负责的话需要在不同产品、不同公司之间筛选，保险经纪公司可以承担这样的责任。

第五，电话销售渠道。电话销售渠道可以降低推广成本，在财险方面有一定的优势。在一些标准化的险种中，电话销售渠道的快速便捷很吸引人。但是在复杂产品销售上，还需要进一步了解客户需求。

第六，互联网渠道。近年众安保险等线上保险公司通过支付宝、微信等方式进行销售，增长迅速。应该说互联网渠道在客户体验上做得非常极致，由于其便捷的特点，甚至可以让客户清晰地看到自己的权益。再如，支付宝推出的互助险“相互宝”，采取“0元加入，先享保障；一人生病，众人均摊；30万保障，帮一个家”的模式。自推出以来，已有超1亿人加入。

资料来源：保险重要，那么购买保险渠道到底有哪些．https://www.sohu.com/a/278474080_178037.

服务营销渠道是指服务通过交换从生产者转移到消费者所经过的路线，涉及服务从生产向消费转移的整个过程。在这个过程中，起点为生产者出售服务，终点为消费者或用户购买、使用服务，位于起点和终点之间的为中间环节。中间环节包括参与从起点到终点之间服务流通活动的个人或机构。

随着生活节奏加快，事事都讲求高质高效，网络的普及和电子商务的风靡更是改写了传统企业的经营方式，服务行业也不例外。在这种形势下，服务企业要在营销中取得竞争优势，就应该顺应潮流，积极探索既符合网络时代顾客的特殊要求，又能给传统顾客的服务消费带来便利性，还能最大限度提高企业资源的利用率、节约服务成本的交易模式。所以，服务企业向目标顾客提供服务时需要思考两个问题：一是如何把服务交付给顾客；二是应该在什么地方交付。

# 7.1 服务与服务营销渠道的特点

服务产品的特性决定了服务渠道与有形产品的渠道有显著差异，因此，服务渠道的设计、形式应当根据服务业的特性来确定。本节主要介绍服务的特点以及在不同特点下渠道管理需要作出的相应调整。

## 服务的特点

### （一）服务的无形性

服务的无形性即服务的本质是抽象的、无形的。顾客在购买之前，一般不能看到、闻到或感觉到。因此，广告宣传不宜过多介绍服务的属性，而应集中介绍服务所能提供的利益，让无形的服务在消费者眼中变得有形。实际上，完全无形的服务极少，很多服务需借助有形的实物才可以产生。对顾客而言，某些产品只是一些有效的载体，这些载体所承载的服务或效用才是最重要的。

无形性对服务营销既有有利的影响，也有不利的影响。

有利影响主要表现在：作为无形资产的服务，顾客看不见、摸不着，但能感觉到和享受到，这种神秘感独有一种吸引力，对服务营销是有利的；无形背后的实质是服务技巧，包括服务技艺、技术、知识、文化乃至信息等，这些具有抽象美的东西恰是服务的吸引力或魅力的来源，因此服务技巧的存在是服务发展的基础；服务岗位多少都是有技巧或讲技巧的岗位，这对喜欢钻研技巧的就业者是有内在吸引力的，而这些人员进入服务岗位就能促进服务营销。

不利影响主要表现在：顾客不容易识别服务；服务质量较难考核和控制；服务投诉或纠纷较难处理；服务广告、服务展览比较难做；抽象、复杂、无形的服务产品的营销难度较大。

### （二）与从业人员的不可分割性

服务水平总是与从事服务业的人员的工作状态和工作能力紧密相关，因此，服务营销与从业人员具有不可分割性，即服务渠道具有服务提供者与服务的最终产品相伴随的特点。当我们说某家生产企业的服务水平较高时，事实上是在肯定这家生产企业的服务营销成绩，但是我们作这样的评价时肯定会联想起一些提供相应服务的生产企业的员工。因此，服务营销渠道中更应重视人的能力的培养。

人的行为具有非常复杂的特性，服务营销较之普通的可以觉察的产品营销更为复杂和难以判断。服务营销渠道是服务生产企业向消费者提供服务产品的整个过程。在这个过程中，消费者能否像生产企业宣称的那样，按质按量尽情享用服务产品，不仅取决于生产企业的管理能力和营销渠道的建设水平，在更大程度上还取决于直接提供服务产品的员工的现场发挥。由需要引发动机，再由动机产生行为，这是行为模式的全过程。由于个人行为是复杂的，它不仅受需要的影响，还受动机的影响，因此服务营销渠道的建设需要关注服务提供者的行为因素。服务营销渠道建设的关键是使渠道中的员工主动改正不良行为习惯，尽可能按照标准的操作程序工作。

我们经常会发现，在餐馆就餐，每位服务员的服务水平不尽相同，有些员工的反应比较快，有些员工的反应则慢一些。如果为你提供服务的员工恰好是一位新员工，他的反应不是很敏捷，你可能会对这家餐馆的服务水平产生质疑。再比如，一家国际著名零售商的各连锁超市的服务质量并不完全一样，虽然它们有共同的服务标准和工作程序要求，所提供的产品和服务却存在差异。概括而言，产生这种差异的主要原因就是在服务营销渠道中，不同的营销网点对生产企业营销理念的理解不一致。即使所有的员工在理解上都是一致的，在执行上也会有一定的偏差。因此，服务营销渠道的效率与员工的行为有直接关系。

### （三）标准化的困难性

正是基于上一点，服务营销渠道的标准化更加困难。在整个服务行业，倡导服务标准化是相当困难的。由于不同的员工对于标准化的理解可能不一致，服务标准化的实际效果可能大相径庭。有的生产企业在开办企业之初就作出了“提供一流服务”的质量承诺。但什么样的服务才是一流的，这本身就是一个动态的概念。昨天的一流服务到了今天可能就不再是一流的了。有些生产企业在提供服务时，使用一些语言和文字来标准化服务产品的质量，但实际效果并不理想。例如，一家大型生产企业要求所有员工在接待顾客时，要嘴角向上显示出微笑，但有些员工这样做以后，由于不够真诚，反而使顾客唯恐避之不及。

餐馆在标准化方面就有很大的难度。这并不是由于饭菜的标准难以制定，而是由于服务员的态度难以控制和具体量化。因此，对于大型餐饮企业来讲，如何把自己的产品和服务通过便捷的营销渠道推向市场，主要取决于服务人员的培训和管理队伍的成长。对于一家大型餐饮企业或者与之类似的其他企业，建立高质量的各级分销渠道、直接把服务提供到顾客面前，是一项艰巨的任务和挑战。例如，一家在国际上有重要地位和影响力的银行就需要建立庞大的可以覆盖全球金融市场的营销渠道网络，以巩固自己的现有地位和产品服务对于消费大众的持久影响力。为此，这家银行可能需要在各个大的洲际区域建立地区性总部，在市场经济比较发达的国家建立分支机构，再在这些国家的各个行政区域建立相应的营业网点。总部肯定会有一整套服务营销的质量标准，但是具体到不同的国家，受政治、文化、宗教习俗、地理环境等因素的影响，需要对总的标准作出相应的修改。因此，这家银行在不同国家的分支机构的服务标准就可能有一定的差异，即使是同一个国家的不同营销机构，也可能存在较大差别。

### （四）服务中顾客的参与性

在服务营销渠道中需要强调顾客的参与。不同的服务产品要求顾客参与的程度不同。例如，同样是提供服务产品的企业，金融机构和餐饮企业对于顾客参与程度的要求就不同。总体来讲，金融机构要求顾客参与的程度相对低一些，它更加重视本单位内部员工的培训。而对于餐饮企业而言，它不仅需要提供按质量要求制作的饭菜，还需要征求顾客的意见，如饭菜是否可口、环境是否清洁、服务员态度如何等，以获取大多数顾客对于企业所提供服务的真实评价。由于在服务营销渠道中，生产企业直接将服务作用于顾客或者与顾客相关的其他事物，因此，顾客自身的满意程度非常重要。一般来讲，在服务营销渠道中，顾客参与程度越高，生产企业所提供的服务的质量就越有保障。

在服务营销渠道中，顾客参与服务产品的评价是多方面的。从参与态度来讲，可以有积极的、一般的和消极的三种类型。服务产品提供的质量虽然主要取决于服务提供者的技术、能力和态度，但在一定程度上与顾客的认知水平、审美、对事物的评价方式有直接关系。例如，一家美容中心为顾客提供美容服务时，服务人员就需要顾客的真实参与。首先，她需要了解顾客的真实需要是什么，然后才能基于自己掌握的专业知识提供服务。在这个过程中，顾客对自己的要求描述得越准确、越细致、越全面，服务人员的服务水平可能就越高。对于那些并不能很好地描述自己要求的消费者，服务人员会揣摩其真实意图，但是有可能出现服务人员与服务需求者的信息不对称，从而引起服务质量纠纷。因此，服务企业在营销渠道建设中，不仅要了解顾客参与的重要性，还需要明确要求服务提供者与顾客进行充分的沟通。

### （五）服务的易逝性

服务的提供往往是伴随产品的提供而进行的，有时产品的形态尚在，但是服务已经不复存在，现实中这样的例子很多。消费者在诉说对服务的不满时无从取证，往往就是因为服务的易逝性。例如，在超市购物时，如果某个服务员的态度并不是很好，消费者虽然最终仍购买了超市的商品，但对服务感到不满意，可是服务已经结束了，消费者很难有机会向他人展示。随着现代信息科技的广泛运用，有些企业在营销渠道用“电子眼”来跟踪员工的服务，这为确保广大消费者得到优质服务提供了技术保障。

服务不能先于顾客需求或根据对顾客需求的预测预先生产出来，并储存直到购买。如在拥有6万个座位的大型露天运动场举行的摇滚音乐会只售出了5万张门票，则1万张未售出的门票不能保存到下次再售出。这1万张未售出的门票就永远不存在了。同样，未售出的航班座位、旅馆房间、电影或电视节目中的广告时段甚至比蔬菜、水果、时装等特殊商品还要容易消逝。如果采取措施，后者可以短时间内储存，即使不是最佳状态或最新款式也仍有使用价值，但是未售出的服务甚至连几分钟也无法储存，其价值为零。

## (六)服务的主观性

服务的主观性与服务标准的难以确定类似，但是有一定的区别。主观性主要体现在两个方面：一是服务提供者与服务购买者对于服务质量的评价都是比较主观的，通常情况下，只有一个存在于内心的标准，而且受当时双方心理状态和情绪的影响。二是在不同文化群体中生活的人对于品质无差异的服务内容的主观感受是不同的。由于世界上民族众多，人们生产生活的具体状况也有一定差异，因而很难对同一种服务取得一致认同。也就是说，在不同文化背景下生活的消费者对于同一种服务的理解可能是不一样的，内心的标准也不一致。

从服务提供者的角度来看，主观性有可能导致服务过程中的随意性；从服务购买者的角度来看，主观性有可能导致评价过高或过低。因此，服务供应的状态与购买的需求和人们的主观感受紧密相关，也与当时的情境高度相关。尤其是当人们在群体压力下购买服务时，这种主观性可能表现得更为明显。购买者的情绪容易为他人所感染，对于服务产品的质量、价格、过程的感受也会发生一定变化。例如，一个人去欣赏一部电影就可能和与他人，特别是与一些关系密切的人共同欣赏得出的结论不一致，有时甚至完全相反。此时，群体文化氛围起着左右消费者购买服务产品的关键作用。也就是说，他人的判断对消费者的影响非常大，并且会使消费者的主观判断倾向加剧。

服务的主观性也体现在服务提供者与服务购买者之间的情感交流方面。与其他产品不同，服务产品更容易加入一些情感因素，因而长期的客户资源比新的客户资源更为重要。一般来讲，在服务业中开发新客户的成本比维持某些老客户的成本要高得多，如果能够长期拥有一批客户资源，就意味着服务产品的提供者与服务产品的使用者之间已经建立了一种比较稳定、长久的心理依赖关系。这种主观性可以从顾客的消费倾向中体现出来，也可以从一些服务生产企业的产品特征中体现出来。由于服务产品的提供者与人员的工作技能紧密地结合在一起，因而在服务产品的销售中，渠道成员更需要关注情感交流。具体表现在经营文化中要充分展示人性化的一面，以对人的关怀，尤其要以对顾客的关心为中心来开展渠道文化建设工作。

## (七)服务的可变性

服务的可变性与服务的主观性、服务的标准化相关联。一般来讲，服务质量与服务人员的素质、工作状态、周围环境等高度相关。同一连锁企业的不同分店的服务质量不会完全相同，这在餐饮企业中很常见。同样的操作流程，其结果可能大相径庭。同一品牌下开设在不同城市的餐馆质量可能存在较大差异。也就是说，服务质量是可变的，这不仅由于生产企业本身所致，也可能由于最终用户的心理体验发生了变化。同时，不同的气候、环境也会导致质量差异。即使是同一名员工也可能由于工作时间的不同导致服务质量出现较大差异。尤其是当服务者长时间提供服务以后，心理和生理上的疲劳会导致服务质量不稳定，这表现在态度时好时差，提供的服务缺乏持续性。

服务的可变性的另外一个方面就是，服务提供者能够与东道国的文化和市场环境更好地结合在一起。对于纯粹的有形产品来讲，为了与东道国的文化和市场环境相结合，通常只是在外观和形式上作出必要调整；对于服务来讲，可能要在内容上作出调整。这就是服务的可变性的集中体现。同样是一家餐馆，它可以把一种经营理念输入到各个东道国的市场中去，但是它经营的服务种类需要与东道国的市场需求相一致，否则就可能被市场所淘汰。因此，服务是无形的，更多的时候是指一种内在的经营理念或者创业精神，而不仅仅是以产品的外观或质量去取胜。由于服务是无形的，难以量化和标准化，因而给予生产企业更大的追求变化的空间。在服务业的发展中，如果不能做到与市场发展同步，服务质量就可能越来越低，发展前景会越来越暗淡。

### (八) 服务的不可储存性

一般来讲，有形产品都可以用适当的方式储存，不同之处仅仅在于，储存的时间有一定差别，或者产品在储存期之后发生的变化有一定差异。但是，服务通常是不能储存的。有形产品市场可以通过适当的储存来调节市场需求、稳定物价，但是服务业很难这样做。服务的生产与服务的消费必须同步。服务业的这一特点决定了企业必须与市场需求的变化保持一致，才能取得更大发展。例如，一家出租车公司雇佣了100名司机，它面对的可能就是对100辆出租车的需求。如果这时市场发生变化，只需要50辆出租车，而这家公司仍雇佣100名司机，就可能导致员工实际收入下降。因为每天可能有50名司机找不到乘客，或者找到了乘客却不能保证满负荷运营。也就是说，出租车业很难像其他提供有形产品的行业一样，把生产能力储存起来，或者每天进行同样的生产得到同样的产出。服务行业在需求淡季可能面临生产能力或者服务提供能力的过剩，而在需求旺季，可能又面临生产能力或者服务提供能力的不足。

这一点对于服务业来讲非常重要。如果忽视服务业与一般有形产品生产制造行业的区别，就有可能按照有形产品的经营理念来经营服务业。有形产品由于具有既定的形式以及可以测度的质量标准，能够进行同类产品的对比。但是，对于服务业来说，横向对比或者纵向对比都是非常困难的，因此，在服务业的经营中需要充分考虑服务产品的这种差异。由于服务业提供的产品难以储存，对这一行业的管理需要区别于其他行业。首先，需要准确地预期市场变化，以使服务生产企业尽可能地适应这种变化，并事先安排好生产和经营。其次，要给予服务生产企业更大的定价自主权，以区别于有形产品的生产企业。由于服务企业的产品很难储存，因而在市场需求不平衡的时候，需求会发挥调节价格机制的作用。例如，旅游、餐饮、运输等行业在需求旺季要通过价格调整来抑制需求，而不仅仅是依靠增加服务产品的供给来引导市场需求。这方面如果做不好，就可能导致资源浪费。在统一定价且没有变化的情况下，可能导致一些服务业的生产能力过剩，进而造成社会资源配置的严重失衡。

## 服务的特点与渠道管理

针对以上几点，在服务这种特殊产品的营销中，需要对渠道管理方式作出相应的调整。

### (一) 无形性与渠道管理

既然多数服务企业提供的产品是无形的，那么管理这些服务产品的营销渠道就有别于普通的有形产品。服务企业的产品更加难以区分，也更容易被模仿。这是服务产品的无形性带来的主要问题。

由于企业提供的服务产品具有无形性，并没有实物的东西加以佐证，因此，作为服务生产企业，在渠道管理方面，要重视这种服务过程是从无形变为有形，而不仅仅是依赖于顾客的主观评判。

由于每个企业提供的服务之间的差别可能很小，甚至种类趋同，因此直接将本企业的服务提供过程与其他企业的服务提供过程区别开来，就是服务营销渠道制胜的关键。通过一些有形的东西使消费者产生积极的联想，并使他们真实地感觉到服务的存在，以及由此带来的身心愉悦，是服务营销渠道有形化的具体表现之一。

在具体方式上，可以用一些有形的标准来规范和控制服务质量水平。这些标准可以是一两句话，也可以是一些条文。总的原则是使顾客感受到他们正在接受服务，并能衡量这些服务是否达到应有标准。这些标准和规范在不同的企业之间应该有所区别，这种区别就是企业所提供服务的形式。一些餐饮企业打的就是“质量”的旗号，它们对外宣称有严格的质量标准，如需要经过多少道工序，每一道工序需要经过多少次检验，最终达到什么样的标准，等等，这都是在向消费者灌输一种有形的东西。消费者可以直接感受到通过这些渠道所提供的服务是真实存在的，从而能够在内心深处体会到这些服务的价值。

促使服务从无形向有形转化的另一个有力措施是在硬件和环境上体现服务的差异性，即根据使用工具、工作场所的不同，区分不同品质的服务。一流的员工、一流的设备、一流的场所都能使顾客真切地感受到服务的价值。例如，在航空运输中，从服务内容来看，不同的航空公司都在提供同质服务。也就是说，从服务产品的核心来看，大家是一样的，即把消费者从一个地方运输到另一个地方。但是从服务产品的形式来看，却大不相同，有的提供餐点、饮料、视听服务，有的则不提供。这些形式产品很容易使消费者将同质的服务内容区别开来，并将这些形式产品理解为核心产品。不同的机型、空乘工作人员、装饰等也容易使乘客将服务与其联系在一起。

促使服务从无形向有形转化的第三个有力措施是有形象代言人和相应的标志。服务的类型与形象代言人、相应标志的类型要匹配。例如，餐饮企业的代言人首先要健康，它的标志应当是与餐饮文化相联系的东西，宣传语主要应强调食物的不同之处。航空公司的形象代言人应当是美丽、能干的，所使用的标志多与运动和飞行相联系，使用的宣传语也应是动态的。一家金融机构在选择形象代言人时，则应考虑其职业和身份是否具有财富的象征。在宣传语方面，主要强调“安全”“增值”“便捷”等。这些提法与广大顾客的要求和评价基本是一致的。在这些方面做得好，顾客就会认为它们提供的服务是优质的。

### （二）不可分割性与渠道管理

由于服务不能独立于提供者而存在，因此服务与其渠道本质上是不可分离的。当顾客到加油站加油、去银行存钱或去干洗店洗衣物时，他们与渠道的相互作用就是提供服务的过程。营销渠道与顾客接触的各个方面就是服务质量的反映，这包括许多因素。例如，重要的物资设备方面包括通道、停车位、外部标识、建筑外观、内部装饰、灯光、温度控制、固定设施等。例如，一家旅行社交通便利、停车方便、内部是高档地毯与家具、设施整洁；与之对应的另一家旅行社交通不便、车位少、外部环境恶劣、内部是廉价的办公家具。顾客对这两家旅行社提供的服务的预期就会十分不同。

或许比设施设备更重要的是直接与顾客接触的人员。如果豪华旅行社的代理人员穿着不当、嚼口香糖、说话粗俗，其设施设备最初给顾客的美好印象很快就会被破坏掉；另一方面，即使是一家小型旅行社也会因其衣着得体、态度和蔼、知识渊博的工作人员而增强顾客的好感。当然，最好的状况是设施设备和人员同时以最佳状态体现公司的服务质量。

在通过营销渠道使消费者享受服务时，服务与提供者的不可分割性意味着服务提供者缺少有形产品生产商拥有的有效安全网。如果渠道运作不好，服务将不能完好地传递给消费者。

### （三）标准化的困难性与渠道管理

任何一个具备一定服务能力并能满足其目标消费者要求的服务提供者，都愿意让其所有部门在任一时点重复其服务。假日酒店的口号很好地体现了这一理念：“没有惊喜”（No surprises），即让世界各地的假日酒店提供同一质量水平的服务，这样消费者能得到一致的服务，不会因酒店提供的服务不同而感到吃惊。假日酒店为其服务制定了57条标准，并要求所有成员酒店遵守。

服务标准化是理论上的目标，在现实中很难实现，组织试图最大可能地保持一致性以接近理想状态。对于服务企业集团来说，当集团中的企业拥有独立的所有权时，如特许经营企业，它们会通过有效的渠道管理最大限度实现服务标准化。然而，使每个独立的企业提供质量一致的服务，类似于产品生产商要求所有分销渠道都竭尽全力销售其产品，是一项巨大的挑战。即使特许权授予人要求特许商在全国各地甚至是世界各地设立同样的产品销路，在每一销售口径保持行为一致也是非常困难的。一些特许商或许实力较强，另一些特许商则实力较弱，一些特许商或许与特许权授予人就企业如何经营有不同的观点，这些分歧在向消费者提供服务时会形成一定的帮助或阻碍。

## （四）顾客的参与性与渠道管理

许多服务都需要一定程度的顾客参与。比如，美容美发、健身、装修、医疗保健通常需要顾客一定的参与才能完成。

为提供这些或其他需要顾客参与的服务所涉及的渠道，应当努力促进顾客的参与。例如，美发店提供大块镜子，以便顾客能够看到头发修剪的过程，美发师努力征求顾客意见，以了解他们对发型的要求；健身俱乐部通常采取量身定制方式，全面测试每个顾客的健康状况，用计算机为顾客设计课程体系。

## （五）易逝性与渠道管理

服务的易逝性对渠道管理的影响十分直接。如前所述，由于绝大多数的服务产品不能储存起来以后销售，因此所设计的渠道必须尽可能将服务提供给那些愿意获得服务的人。当然，渠道结构因所提供服务的特性不同而有所不同。比如，定期航线仍然大量利用独立的旅行社，以使其服务最大限度地传递给旅游群体。

## （六）主观性与渠道管理

服务的复杂性主要体现在服务的主观性上。与有形产品不同，服务产品不仅需要外部营销，即依据4P向外部顾客进行营销，而且需要内部营销和交互营销。外部营销是指服务提供企业为渠道成员提供的服务、定价、分销、促销等常规性工作。内部营销是指服务生产企业为直接与顾客接触的人员提供培训和激励。交互营销是指服务生产企业的雇员在与最终用户打交道时，必须具备与顾客进行有效沟通的技能。沟通技能越高，最终用户对服务质量的评价也就越高。最终用户不仅评价服务提供者的技术水平，还评价服务提供者的精神状态以及与顾客沟通的水平。对最终用户来讲，服务生产企业的内部营销通常是不可见的，而外部营销和交互营销是可见的。

由于服务生产企业的服务人员与顾客接触时需要体现交互营销的特点，主观性比较明显，每位服务人员都会按照自己的理解方式来体现对最终用户的关爱。在与顾客的接触中，也可能是服务的提供过程中，员工很难确定哪些是顾客比较关心的话题。通常情况下，员工需要就顾客关心的话题进行沟通。在这种情形下，与顾客的沟通就有一定的随机性和主观性。在营销渠道管理中，服务生产企业需要与其他渠道成员就此制定一些规范和说明，尽可能把雇员的主观性控制在一定范围之内，否则很难形成一致的标准。例如，某些餐饮企业的渠道成员可能按照自己的理解来开发一些与客户沟通的技能，而没有遵循服务生产企业长期形成的文化价值观，这就可能导致渠道内部的文化冲突。

当然，把渠道成员提供服务的主观性控制在一定范围之内，并不意味着渠道成员不发挥主观性。在某些情形下，充分发挥渠道成员及其下属员工的主观性非常重要，这也是服务生产企业经营文化创新的重要方面。每个渠道成员都会在提供服务的过程中增加自己的内容，也会根据实际需要更改服务内容，甚至在必要的时候删除多余的内容和要求。服务生产企业并不需要对此提出苛刻的要求。但是，对于某些渠道成员严重背离服务生产企业的文化价值观且损害企业形象的行为，服务生产企业必须及时制止和劝阻。如果渠道成员不顾整个渠道团体的利益，仍然按照自己的理解提供服务，服务生产企业就有必要将其排除在渠道之外，具体到渠道成员雇佣的员工也要采取上述做法。

### (七) 可变性与渠道管理

服务的可变性主要是指不同渠道成员在提供相同内容的服务时，最终的服务质量可能存在一定差异。同时，这种差异也会体现在同一个雇员的不同工作时段或者是不同的工作情境中。从管理的角度来看，服务可变性并不利于渠道成员之间的合作。为了尽可能将可变性控制在一定的幅度之内，服务生产企业通常会在渠道成员之间设立一定的质量标准。由于服务生产企业与最终用户之间的中间商环节比较少，这种质量标准比较容易付诸实施。例如，一家提供商品销售服务的企业可能有多家连锁店，为了便于渠道管理，通常会要求下属企业在服务方面形成一致特色，常见的有统一的服饰、一致的问候语、统一的上下班时间、相同的质量承诺等。

在一些比较特殊的环境中，服务生产企业可能要求渠道成员主动作出改变。这种改变主要是为了使渠道成员更好地适应竞争的需要，具体到员工工作状态的变化引起的服务质量差异，服务生产企业要尽可能将其最小化。这一方面要求服务生产企业定期调整员工的工作状态；另一方面要求服务生产企业为在不同环境下工作的员工提供相应的工作条件和技术条件保障。因此，强调服务可变性中变化的一面，主要是为了适应最终用户的需要；而强调服务可变性中不变的一面，主要是为了确立统一的标准，避免质量水平下降。

在渠道管理中，为了控制服务质量，通常采取稳定员工队伍或者稳定渠道成员的做法，这样能够将服务的质量控制在一定水平。另外，服务质量的可变性并不总是指服务质量下降这一趋势，也包括服务质量不断提高的趋势。例如，提供餐饮服务的企业在经营数十年后，一方面，可能开发了一大批忠实的客户，这些客户对于这家企业的服务质量的评价越来越高；另一方面，也可能在经营中员工的技能不断提高，所提供的服务越来越完善。服务生产企业就应当对渠道成员采取激励措施，使它们继续保持高质量。因此，在对渠道成员所提供服务的质量控制方面，服务生产企业一方面需要制定统一的质量标准，约束各个渠道成员去执行这一标准；另一方面，也需要制定相应的激励措施，对于质量比较稳定或质量逐步提升的渠道成员及时给予奖励。

### (八) 不可储存性与渠道管理

服务的不可储存性在渠道管理中的作用也很重要。科学地认识这一点，有利于服务生产企业在渠道发展中采取客观务实的态度，尤其在渠道扩张方面，应当采取谨慎的态度。在经济快速增长时期，市场容量的扩张可能会诱发大量的市场需求，这可能促使服务生产企业加速渠道的建设。但是，在市场趋于萧条时，购买力下降以及最终用户的心理预期发生变化，可能导致大量渠道成员业务骤减。作为服务生产企业，需要认识到服务与有形产品不同的供需特点，控制渠道成员的数量及其提供服务的总量。例如，一家提供餐饮服务的企业在经营某种服务产品时，发现有大量的市场需求，因而大力发展加盟店，但是，当对这种服务产品的需求下降时，加盟店的经营效益会下降。

服务的不可储存性对渠道管理的另外一个启发是，服务产品需要通过畅通的渠道尽快送到最终用户的手中，有时需要以价格变化来应对市场需求的变化。例如，一家经营商业比赛的服务生产企业需要把比赛的实况及时传递给最终用户。如果出现时间上的推迟，就会引起最终用户对服务产品效用的质疑。当然，这家服务生产企业完全可以将体育比赛的现场音频和画面录制下来，然后以各种媒介传递给最终用户，事实上相当于把服务储存起来，但是这种滞后的服务产品提供的实际效果会大打折扣。由于信息获得方式和途径的不断增多，服务产品的延期提供可能意味着服务的折价或者不具备任何实际意义。

服务的不可储存性还意味着服务必须即时消费，否则服务提供者很难再复制出相同的服务质量。因此，与不可储存性相关的是服务的不可再生性或者服务的一次性。由于提供服务的人员不能保证在所有的时段内都保持一致的工作状态，因此，即使是同一名称的服务，在内容上由于时间的变化也会发生相应的改变。这和有形产品有较大的不同，有形产品在一定时间内的变化并不明显或者基本没有变化。例如，最终用户在采购一台电视机时，早买一个小时或者晚买一个小时，产品没有实质性的变化；而当他购买一项服务时，如去一家餐馆用餐，早去一个小时与晚去一个小时，可能就会面对不同质量的服务。服务的不可储存性更多地体现为一种人与人交流的过程。

**营销视角 7-1　茶颜悦色贴心的服务**

## 7.2 服务营销渠道的类型

服务从生产者移向顾客涉及一系列公司或中间商。通常认为服务销售以直销最为普遍，而且渠道很短，但也有许多服务业的销售渠道包括一个或一个以上中介机构。本节将对服务营销渠道的三种类型进行简要描述。

### 直销

由于服务的不可分割性和不可储存性，直销是最适合服务产品的配送方式。

#### （一）直销的优点

（1）可以使服务的生产者与消费者保持不断的接触；

（2）能提供真正意义上的个性化服务；

（3）对所提供服务的数量和质量可以保持较好的控制；

（4）能保证经销原则得到始终贯彻；

(5) 服务的生产者无须与他人分享利润。

### (二) 直销的弊端

(1) 成本较高。直销需要大量投资，会消耗大量的人员精力和企业资源，风险很大。

(2) 影响市场拓展。对于某些专业的个人服务的提供，直销会严重影响其市场拓展，如著名的辩护律师、资深的咨询专家。

(3) 地域的局限性。在人的因素所占比重较大的服务项目中，如果供需双方之间没有有效的联系方法（如网络终端等设备联系、分支服务提供点等机构联系），服务提供者的不可复制性会造成服务市场的地域局限性。

## 经由中介机构销售

在现实的商务活动中，有许多服务行业选择间接渠道——包含一个或一个以上中间商，例如，采购的外包、售后服务的外包、咨询服务的外包等。其中有些中介机构承担了所有的风险；有些担任所有权转移的中介角色（如采购）；有些承担实体移动的任务（如运输）等。

### (一) 服务中间商的类型

服务业中常见的中间商根据结构和行使的职能大致分为以下几种。

1. 经销商

经销商指将一定服务产品买进后再售出的中间商，其利润来源于进销的差价。经销商包括批发商和零售商。批发商是从事批发业务的服务中间商，如出国留学的中介机构，其业务是收集整理国外大学的具体情况和报考办法等，然后介绍给打算出国的学生；零售商面向广大顾客从事服务产品的供应，如美发店为客户做发型、按摩店为不同的顾客提供不同的按摩服务等。

2. 代理人

代理人指依据代理合同的规定，由服务提供者授权从事某项服务活动的人。如保险代理人接受委托，代表保险公司招揽业务，代收保险费，接受投保人的保单，从保险公司获得保险代理手续费。代理人在旅游、运输、保险、酒店等服务业市场较多。

3. 代销商

代销商指以特许权的方式提供服务，或为服务提供者代为推销服务产品的中间商。一些演出单位常物色能接触目标客户的机构和人员（包括报纸、广播等媒体）代为出售门票，代销商收取手续费或从折扣中取得收入。

4. 经纪人

在某些市场，服务因为传统惯例的要求必须经由中间商才能提供，如股票市场和演出市场。经纪人在市场上为服务提供者和顾客双方提供信息，充当中介并收取佣金。经纪人的形式有很多，在进行某些服务交易时，具有特殊的作用。

### (二) 中间商在服务营销渠道中的职能

1. 拓展服务的时间与地点

中间商可以帮助服务生产者选择潜在顾客方便的时间和地点提供服务。比如，酒店会找到旅行社作中介，方便顾客通过旅行社预订酒店客房，这样就可避免因地域限制带来的不便。虽然酒店的位置是固定的，但订房服务却可在潜在购买者合适的地点和时间提供。

2. 搭建服务产品供需双方信息传递的桥梁

潜在购买者往往需要通过广告宣传、现场演示或与生产者直接沟通等形式来了解服务产品的信息。中间商可以帮助生产者向潜在购买者提供信息，也可以成为消费者了解服务企业的桥梁。另外，由于长期与消费者频繁接触，中间商能够获知消费者的真正需求和对服务产品的意见并反馈给企业，使企业能及时调整经营策略，完善产品，改进服务，提高市场竞争力。

3. 丰富产品类型

对于大多数消费者来说，生产者提供的服务产品往往比较有限。中间商却能提供多种服务，并不局限于品牌或厂商。客户能够根据自己的兴趣选择服务产品及其配套服务，甚至包括彼此竞争的各种服务。生产商也得以找到一个可以集中展示产品的平台，吸引更多的消费者，如旅行社可以集中展示不同地区、不同类型的旅游产品。

4. 完善售后服务

售后服务作为服务产品的重要组成部分，也是影响顾客满意度的重要因素。中间商不仅能促使服务生产商与顾客沟通，还可以代替企业为顾客提供相关的售后服务，既有利于提高顾客的忠诚度，也可以为企业分担一定的业务，节约企业的人、财、物等资源。

5. 分散企业经营和投资的风险，提高管理效率

中间商的参与可以承担部分企业经营和投资的风险，对服务生产者是有利的。此外，中间商还能为顾客提供很多后勤服务，解决顾客在消费过程中遇到的问题。中间商承担这部分职责后，企业可以减少日常的事务性工作，核心工作的管理效率以及企业资源的利用率得以提高。

## （三）中间商在服务营销渠道中的作用有限

**营销视角7-2 爱莱莉太平洋集团与屈臣氏建立战略合作伙伴关系**

服务中间商的作用非常重要，比一般有形商品的中间商更为特殊。但服务的性质也决定了服务中间商的作用是有限的，并不能行使所有典型的中介职能，如表7-1所示。

**表7-1 中间商作用的有限性**

| 服务的性质 | 对销售的影响 |
| --- | --- |
| 没有所有权 | 中间商转移的不是所有权，而是服务的使用权 |
| 不可触知性 | 没有库存，中间商的作用因此而减弱 |
| 大部分生产与消费同时 | 中间商分为参加生产过程和不参加生产过程两种 |
| 很难标准化 | 难以通过中间商控制质量，企业一般直接提供服务（如搬家公司） |
| 某些服务专业化、复杂化 | 中间商对于需要不断强化培训、不断更新知识的服务不感兴趣（如金融产品） |
| 某些服务商品化 | 竞争激烈，价格到顶，边际利润很低，低到中间商没有利润（如干洗店） |
| 立法 | 协会立法可能限制甚至禁止中间商的使用（如银行储蓄存款） |

## 电子渠道

服务企业越来越多地使用电子渠道销售服务产品。电子渠道是唯一不需要人员面对面交流的媒介。企业先将服务设计好，然后通过电子渠道进行递送。电子渠道并不将产品推向市场，而是通过希望得到服务或信息的顾客的拉动实现交易。越是基于科技的服务，其渠道就越不需要面对面的沟通。这种形式的服务不受不可分割性的影响，可以实现标准化和定制化。

电子渠道最初出现在娱乐、广播、金融、教育、公共服务等行业。近年来，随着 IT 产业的发展，电子渠道在服务业的应用越来越普遍。

### (一) 电子渠道的优势

使用电子渠道的服务企业可以获得以下优势。

1. 扩大市场

电子渠道不受空间的限制，可以大大便利顾客，顾客可随时随地获得服务。例如，一家拥有电话渠道和网络渠道的银行，它的市场就可以不受地理因素的限制而大幅拓展。有了互联网，每一家服务机构在理论上都可以将其市场扩大到全球互联网用户。

2. 增强顾客的自主参与感

由于电子渠道依靠顾客拥有的终端设备（电话、电视机、计算机）提供服务，电子渠道的服务实际上是顾客的自助服务，即顾客自主启动服务（设备）、进行服务（设备）操作等。因此，电子渠道可以激发顾客自主参与的积极性并由此增强服务的正面效果。比如，现在旅游者可以依靠电脑、手机通过互联网与旅行社联系，实现自助游。

3. 降低服务成本

服务成本中人工成本占很大的比重。电子渠道可以大幅节约服务中的人工费用，从而有效地降低服务成本。据一家保险公司统计，在网络上每销售一份保单，保险公司将节省 200～350 元的费用。又如许多航空公司推出网上订票，因为网上订票比使用传统的票务代理商更节约成本。

4. 不会受到人为干扰

电子渠道不像人员递送，不需要为服务进行解释，也不需要根据解释来执行。它的递送与所有的传送系统一样，这就保证了服务质量。

### (二) 电子渠道的局限性

尽管电子渠道具有多方面的优势，但服务供应商仍需了解它的局限性。电子渠道可能给服务机构带来以下问题。

1. 服务的人性化程度受到影响

服务质量具有主观性，服务质量的高低包含人性化的成分。由于电子渠道的服务接触不是面对面的接触，服务的人性化程度受到影响。例如，电视大学、网络大学都存在这个问题。普通大学的教师与学生面对面接触，即教师不但向学生传授知识，而且展现自己的人格，给学生一种人性化的感受。这一点在电视大学或网络大学很难做到。

2. 对顾客自助服务的能力有要求

电子渠道能增强顾客的参与感，同时也对顾客的自助服务能力有一定的要求。例如，网络渠道要求用户学会计算机操作，在计算机普及率较低的地区，很难采用网络渠道。因此，使用电子渠道的服务机构面临帮助顾客提高自助服务能力的问题。

3. 网络安全问题

有的服务公司在顾客上网时要求进行注册，这难免会涉及顾客的个人隐私。服务公司应保护顾客的个人隐私，不能强迫顾客进行所谓的“注册”。

4. 产生大量的信息

许多不受欢迎的信息的存在使不少顾客不喜欢使用电子渠道。太多的宣传资料与垃圾邮件也会对顾客使用电子渠道产生负面影响。

5. 服务供应商不能进行调整

电子渠道适用于事先设计好的服务，不能用于顾客定制。这导致服务供应商很难为满足顾客需求进行及时的调整。

## 7.3 服务营销渠道的设计与选择

随着服务生产企业经营规模的扩大，渠道的选择将在企业战略部署中发挥更加重要的作用。渠道的设计和选择是企业经营战略的重要组成部分，是企业经营目标顺利实现和企业在市场竞争中取得成功的关键。

### 服务营销渠道的设计

#### （一）服务营销渠道设计的基本原则

服务营销渠道的设计原则是进行渠道选择、评价和调整的基本准则，是服务营销渠道管理的主要依据，也是对渠道成员进行衡量的标准，主要内容如下。

1. 便利消费

由于服务产品的生产和消费是同时发生的，渠道的设计应以消费者需求为导向，以便利消费者使用为原则，以提高经济效益为目的，这样既能够降低销售成本，又能将服务高效、高质地送达消费者。

2. 有效覆盖

服务企业在设计渠道时不仅要考虑渠道成本，还要考虑建立渠道的目的是将产品销售出去，并保证一定的市场占有率。

3. 相对稳定

设计和建立分销渠道需要花费大量的人力、物力和财力。一般情况下，企业在设计渠道时必须注意到渠道的相对稳定性，以免在使用过程中经常修改，这样才能进一步提高经济效益。

4. 利益共享

在设计渠道时应注意协调平衡各成员之间的利益。企业要有效地引导渠道成员建立良好的合作关系，鼓励开展良性竞争，实现利益共享。

5. 综合应用

渠道战略只是企业市场营销战略的一个方面。企业要在竞争中取胜，应将渠道的设计与企业的其他战略如产品战略、价格战略、促销战略结合起来，综合应用。

6. 不断创新

在不同的企业发展阶段，营销渠道的设计应该有所不同，因此，营销渠道的设计应该注重求新、求变，以保持渠道的生命力和适应市场变化的能力。

## (二) 服务营销渠道的设计步骤

服务公司应当提供什么样的服务，如何传递这种服务，采用直销还是中间商的形式，服务渠道的设计过程可以回答这些问题。服务渠道的设计要讲究业务的优良性和客户的亲密性。业务的优良性是指组织应以有竞争力的价格向客户提供可靠的产品和服务，同时把困难和不便减到最小。客户的亲密性是指对市场进行精确的细分，更好地满足每个细分市场客户的需要。服务地点越接近顾客，服务机会就越大，赢得的顾客也就越多。

服务营销渠道的设计是一个开放性系统工程，公司应首先进行SWOT分析，然后在渠道目标的指引下对渠道方案进行评价、比较、选择，最后还要根据环境的变化作出相应的调整，如图7-1所示。渠道战略一旦制定，需要稳定运行一段时间，如果变动过于频繁，将影响公司的形象，也不利于服务质量的稳定。

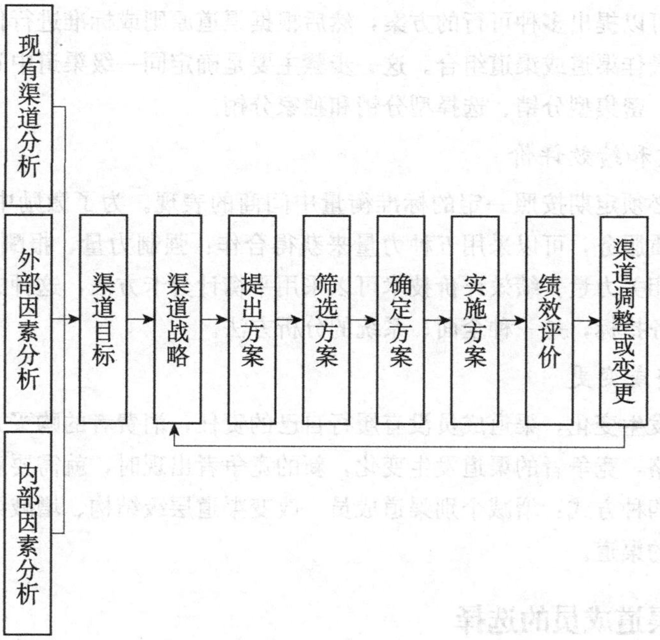


**图7-1 服务营销渠道的设计步骤**

1. 现有渠道分析

现有渠道分析主要包括对现有渠道的结构和类型、盈利能力、与公司的适应程度等进行分析。如果现有渠道不符合产品要求，就应当及时进行调整。信息的来源主要有市场调研、专家咨询或直接观察。新成立的公司没有这一步骤。

2. 外部因素分析

外部因素分析主要包括宏观分析和微观分析，宏观分析的内容包括国家法规、政策、经济、社会、文化、信仰、价值观、产业链等，微观分析的内容包括竞争对手分析和顾客分析。竞争对手分析的内容包括竞争对手的实力、规模、战略、渠道策略、渠道结构、支持渠道的营销计划等；顾客分析的内容包括消费者的消费心理、消费习惯、年龄、教育、性别、收入、生活方式等。

3. 内部因素分析

内部因素分析的内容主要包括企业的战略和目标、提供的服务产品、企业的规模和信誉、企业管理渠道的愿望和能力、内部业务流程、人力资源等。其中，对服务产品的分析包括服务提供方式、产品种类、标准化程度、附加服务多少、知识含量等。

4. 渠道目标

渠道目标主要包括满足公司战略需要、提高市场占有率、盈利最大化、提高知名度、增加品牌价值、减少销售费用、提高用户满意度等。

5. 渠道战略

在对内外环境进行充分分析的前提下，确定渠道成员的责任，包括价格政策、地区权力、销售条件等，然后制定切实可行的渠道战略。

6. 提出、筛选、确定方案

在初始阶段可以提出多种可行的方案，然后根据渠道原则或标准进行仔细的筛选，最后找到适合公司的最佳渠道或渠道组合。这一步骤主要是确定同一级渠道中间商的数目，一般有三种选择方案：密集型分销、选择型分销和独家分销。

7. 实施方案和绩效评价

服务提供商必须定期按照一定的标准衡量中间商的表现。为了激励中间商或合作伙伴向消费者提供优质服务，可以采用五种力量来获得合作：强制力量、报酬力量、法律力量、专家力量和其他相关力量。绩效评价技术可以采用平衡计分卡方法，这种方法不仅包含财务指标，还有非财务指标，是一种全面、系统的分析方法。

8. 渠道调整或变更

当外界环境发生变化，渠道成员没有履行自己的责任，消费者的购买方式发生变化，企业要采用扩张策略，竞争者的渠道发生变化，新的竞争者出现时，就需要对渠道进行调整或变更，一般包括四种方式：增减个别渠道成员、改变渠道层级结构、增减渠道成员中服务的内容、创建全新的渠道。

## 服务营销渠道成员的选择

服务企业选择间接渠道进入市场，下一步即应作出选择渠道成员的决策。渠道成员的选择关系到服务企业的产品是否能够及时、准确地转移到消费者手中；关系到渠道的效率和分销的成本高低；关系到企业经营目标能否顺利实现；关系到服务产品的质量及企业在消费者心目中的形象。因而，服务企业在选择渠道成员时，必须以严谨的态度从众多相同类型的中间商中选出适合公司渠道结构的合作者，为企业今后的渠道管理打下坚实的基础，并借助渠道成员构建起来的强大的销售网络帮助企业完成分销目标。

### (一) 选择渠道成员的条件

选择渠道成员首先要了解中间商的经营状况、信誉度、市场范围、服务水平等方面的信息，确定审核和比较的标准。具体来说，服务企业选择渠道成员必须考虑以下几个方面。

#### 1. 渠道成员的财务状况及管理水平

渠道成员的财务状况关系到能否按时结算货款，对于企业回笼资金很重要；而整个渠道成员的内部管理是否规范，与企业的成败休戚相关，会直接影响企业的发展。这两方面是选择渠道成员的必要条件。

#### 2. 渠道成员的声誉和信誉

所谓声誉也就是人们说的口碑效应。声誉往往与渠道成员的信誉密切相关，信誉良好的渠道成员更容易获得服务企业的青睐。一个渠道成员的形象代表着企业的形象，因此，很多企业愿意与资金实力雄厚、声誉和信誉好的渠道成员结为合作伙伴。

#### 3. 渠道成员的市场覆盖范围和地理区位优势

通常，企业希望选择的渠道成员拥有最大的市场覆盖范围。但是，除了范围的大小，企业还应该考虑渠道成员的经营范围与服务产品的预计推广地区是否一致，以及渠道成员的销售对象是不是服务的目标市场。此外，还应该考虑渠道成员的地理区位优势。例如，订票中心最好靠近机场或车站，健身房则应选在居民小区附近。

#### 4. 渠道成员的销售能力和绩效

销售能力也是选择渠道成员的重要标准之一，而销售绩效常直接带来市场份额。对于企业来说，渠道成员采用何种方式提供和推销服务产品将直接影响销售效果，选择对服务产品销售有专门经验的渠道成员可以迅速打开销路。但在选择中间商之前应该对其营销策略和销售绩效作出评估。

#### 5. 渠道成员的综合服务能力

服务产品的生产和消费是同时发生的，服务渠道成员同时扮演着服务生产者的角色，其服务能力也是服务产品的一个组成部分，不能独立于产品而存在，渠道成员提供的服务的好坏直接影响产品本身的质量，因此，考察渠道成员的综合服务能力很重要。

### (二) 渠道成员的评估

定期考察渠道成员的工作绩效是渠道管理的重要内容。如果某个渠道成员的绩效大幅低于既定标准，则需找出主要原因，同时还应考虑可能的补救办法。如果放弃或更换渠道成员将会导致更坏的结果，生产者只能容忍这种令人不满的局面。若不至于出现更坏的结果，生产者应要求工作业绩欠佳的渠道成员在一定时期内有所改进，否则就取消其资格。评估渠道成员的绩效主要有以下两种方法：

(1) 将每一渠道成员的销售绩效与其上期绩效比较，并以整个渠道的平均升降百分比作为评价标准。对低于平均水平的中间商，必须加强评估与激励措施。

(2) 将各中间商的绩效与该地区的销售潜量相比较。即在销售期过后，根据渠道成员的实际销售额与其潜在销售额的比率，将各渠道成员按先后名次进行排列。这样，企业的激励措施可以集中于那些未达到既定比率的渠道成员。

### （三）渠道成员的选择策略

在评估之后，企业便可以根据自身的具体情况，结合对潜在渠道成员的评估结果确定选择策略。

1. 时期型选择策略

时期型选择策略适用于刚进入某行业或某个区域市场的企业，通常为了使其产品在该行业或区域市场上有一个熟悉与适应的过程，企业在渠道建立初期，可以根据自身实际选择基本符合企业标准甚至低于该标准的渠道成员进行合作，以便迅速建立起渠道体系，赢得市场机会。当产品知名度逐步扩大、形象逐渐建立起来时，企业就需通过严格考核选择符合企业标准的渠道成员作为长期合作伙伴。采用此策略可以根据企业在不同时期的发展状况来选择渠道成员，避免初期资金不足、缺乏知名度等问题影响到市场的开拓。但是，如果处理不当有可能导致更换渠道的结果，也会给企业带来损失。

2. 竞争型选择策略

竞争型选择策略主要适用于市场的进攻者。对渠道成员的选择往往受到市场竞争结构的影响。在市场经济下，建立服务营销渠道是市场专业化发展的趋势，将同类服务放到一起销售既可以节约企业的运营成本，又可以简化消费者的挑选过程。与强大的对手竞争，对于提升企业的形象也有一定帮助。但是，企业在竞争的同时可能会受制于居于市场领导地位的渠道成员。

3. 拉动型选择策略

拉动型选择策略适用于市场追随者。它们对市场竞争状况更了解，对消费者需求更清楚，但因为缺少可以展开竞争的资源，只能另辟蹊径选择渠道成员来开拓市场。这类企业通过刺激消费者来拉动市场需求，再用需求刺激各渠道成员主动寻求与企业的合作，从而建立起企业的渠道体系。采取拉动型选择策略的企业一般对渠道成员的话语权较强，对消费者的影响较深。但是刺激和引导消费者市场的需求是一个漫长的过程，在实践中，拉动型选择策略是一种理想的方案，但实施起来要特别注意消费者的选择。

当然，企业对渠道和渠道成员的选择不是一成不变的，而应该根据竞争的变化、产品的特点适时地调整渠道成员的选择策略，以适应企业和市场的发展。

## 服务网点的选择

### （一）服务网点定位的意义

服务网点的定位是与服务企业营销战略和竞争战略相联系的一项重要决策。成功的定位从战略层面出发，使企业在环境应变、竞争位置、需求管理、规模效益、生产的灵活性和需求的灵活性等经营要素上取得全面进步。

1. 环境应变

环境应变是指服务企业对外在经济条件变化的反应能力。定位决策涉及企业大量资金的投入，网点位置的选择将影响企业能否对未来的经济、人口和竞争态势变化保持良好的反应能力。例如，在全国范围内定位，可以摆脱因为区域经济下滑导致的经营困境；在全球范围内定位，可以抵御国家政治、经济危机造成的全面金融风险。

2. 竞争位置

竞争位置是指服务企业相对于竞争对手的地位。成功的定位可以通过率先形成的便利的服务体系和市场认知度设置无形的进入壁垒。而在市场繁荣前获得并保持最佳位置，更能人为地创造一种竞争优势，从而有效地打击竞争对手对有利地点的争夺。

3. 需求管理

需求管理是指企业对服务需求的数量、质量和实践的控制能力。服务固有的属性——生产能力的有限性、低弹性和服务的不可储存性，决定了服务企业往往很难引导和控制需求，但是，服务企业可以通过在不同的市场群体周围定位的策略来达到控制需求的战略目的。不同的需求群体可以为企业提供相对稳定的需求，这对于饱受需求波动之苦的服务企业具有重要的战略意义。

4. 规模效益

服务企业可以通过在众多定位点提供相同或相似的服务获得规模经济效益。多点定位和服务标准化策略能使优质的服务得到迅速复制，这是企业扩张的一种常用策略。当然，多点定位也可能引发邻近的网点相互争夺业务、浪费经营资源的风险，但是基于理想的成长模式规划的定位策略有助于规避风险。

5. 生产的灵活性

一些服务所需设施简单，所需服务人员较少，比如便利店、私人诊所、健身房等。这些服务项目在空间上具有很大的灵活性，对需求的空间适应性很强。但另一些服务却与空间地域结合得非常紧密，消费需求只有在服务的集中地才能得到满足，典型的代表就是旅游业，比如故宫只有在北京才能看得到。还有一些服务只有实现大型设施和专业人员的集中，才能保证服务质量、服务特色或服务优势，比如协和医院等中外闻名的医疗机构。这些服务项目本身的特点决定了其生产灵活性的不足，对它们进行多点定位是不现实的。近年来，由于技术的进步和文化水平的提升，服务生产在比过去低得多的投资水平下便能够实现规模效应，网点分散化的倾向日益明显。

6. 需求的灵活性

由于需求是与人的欲望共生的，所以需求会因为人在空间位移方面的灵活性而具备相当的空间灵活性。从理论上讲，对大多数服务项目而言，没有什么会成为限制需求物理运动的因素，但对于一些特殊的服务需求，则至少有以下四个因素限制了需求的灵活性。第一，有些服务的标的是顾客所有的一个物体，而这个物体具有空间上的固定性，比如针对住宅、厂房、设备等的保洁、调试、维修等服务。第二，有些服务的目标顾客本身就不能移动或不便移动，比如以重伤、重症病人为服务对象的急救中心的服务等。第三，对于靠低价促销的服务、标准化的服务、人员接触少的服务等，顾客很难体会到服务间的差别，所以一般不太乐于为获得服务而进行长距离移动，因此，只有在需求发生点附近设置分销点，才会方便购买。第四，对于经常性、习惯性购买的服务，顾客希望就近获得。只有对那些购买频率低、服务优势明显、专业化程度高的服务，顾客才愿意投入更多的时间，搜索更大的空间范围去消费。

### (二) 服务网点的选择依据

一旦服务企业的决策层认定有必要建立分散的网点，就需要进一步考虑网点数量和地址选择的有效标准，具体包括以下四个方面。

1. 营销战略和竞争战略

营销战略和竞争战略是决定服务企业是否采取多点定位最根本的标准。如果一家服务企业在营销和竞争战略上采取全球扩张、主动竞争的态势，那么它的网点数量和地址选择的标准自然就是基于全球范围的多点定位和全线出击的策略；如果只希望在某一区域内逐步扩张，那么它的标准就可能是以重点地区的重要网点为中心的梯度扩张策略。

2. 追求的目标和服务特征

所有服务企业在定位问题上都会以追求某种利益最大化为决策标准。不同的是竞争性的服务企业的网点定位策略由成本最小化或利润最大化决定，而公共服务组织的定位决策则更多地考虑社会整体利益的最大化。

3. 竞争对手的网点分布

竞争对手的网点分布是影响服务企业网点定位和地址选择的重要因素。采取积极抗衡、同步竞争策略的服务企业往往把网点设置在竞争对手网点的邻近区域，比如肯德基和麦当劳两大快餐店，网点遍布全球，数量庞大，竞争十分激烈。几乎所有能看到肯德基的地方附近就有麦当劳。

4. 行业的网点分散程度

行业的网点分散程度也是决策中应当重点考虑的因素。举例来说，对超市连锁集团而言，15 万人以上的商圈可以支持一家超市，而在 60 万人的区域范围内至少应有两家分店，以便居民能在短时间内完成日常购物。银行、诊所、干洗店、公共浴室等行业内部也都存在以距离或居民人口为基础的网点分布惯例。服务企业依据这些惯例，兼顾竞争对手的定位和企业长远发展的潜力确定待进入的商圈，供下一步参考。

### (三) 服务网点的定位策略

了解了网点定位的战略意义和网点选择标准等问题之后，就到了具体运用的阶段，即制定网点定位策略阶段。许多服务企业始终按照传统的服务定位观念采用以便利顾客为目标的网点均衡布局模式。随着现代服务营销观念和技术的不断发展，打破传统、寻求创新的网点定位策略成为各大服务企业增强竞争力和创造力的方向。下面是三种具体的网点定位策略。

1. 分散策略

分散策略是将服务企业的网点布局分散，即多店铺和多点化策略。分散策略通过将网点布局的均衡区域放大，扩大目标市场的覆盖面，提高竞争力，可以获得至少三项优势：

(1) 扩大知名度。大范围的网点布局辅之以统一的形象识别，可以扩大服务企业的知名度，提高各网点的吸引力。

(2) 利用先入优势取得良好回报。服务企业如果是当地的先入者，可利用分散布局抢先占领市场，取得良好的投资回报。

(3) 统一调度资源，扬长避短。服务网点分布广泛，可以由企业统一调度资源，发挥整体优势，激励各网点扬长避短。

2. 群落策略

“群落”原本是一个生物学概念，这里用来指商家群聚的现象。群落策略包括竞争群落策略和饱和群落策略。竞争群落策略是指在众多竞争者集中的地方设立店铺，这样会带来共赢。这是基于对顾客在众多竞争的服务企业之间选择时表现出的消费行为特征的分析总结出来的，并且得到了实践的证明。饱和群落策略则是竞争群落策略的进一步发展，指在繁华市区、交通流动率高的街区集中众多提供相同服务的场所或店铺。尽管理论上对资源的浪费显而易见，但在实践中，广告费用的降低、便于监督和识别等优点大大掩盖了其缺点。比较著名的马连道京城茶叶一条街、王府井小吃一条街等，都是这种策略的体现。

3. 替代策略

网点定位策略的本质在于利用网点抢占市场先机，用最低的成本为最大范围的目标顾客服务。在市场中的网点定位不一定需要实实在在的空间占有，但不在空间上扩展并不表示不进行市场扩张。以下一些利用其他资源替代网点的定位策略可以为我们开拓思路。

(1) 以营销中介替代网点。这种网点定位思路打破了由服务生产和销售的同时性决定的服务无法分销的定律，可以充分发挥服务分销渠道和网络的优势，利用分销商的信誉和网点提供服务或作出承诺，是服务提供商实现低成本扩张的最佳选择。实践中，这种替代策略为不少服务商带来了良好的收益。例如，代办信用卡的零售商便是银行服务的虚拟网点。服务企业虽然付出了一些佣金，让渡了部分利润，但是节省了网点建设的成本，缩短了建设工期，避免了市场风险和经营风险。

(2) 以委托和授权替代网点。常规的网点布局强调的是与竞争对手争夺有利的市场进入点，而现代服务营销观念甚至提出利用竞争对手的网点来扩展自己市场的策略。以委托和授权替代网点策略是指有声誉、有实力的同业服务商之间通过委托或者授权的方式建立合作关系，利用对方的网点作为自己的“虚拟网点”，以此来发展市场。这种思路的本质就是通过合作共同将市场做大，这符合大家的共同利益。银行业、审计业、物流业等行业对此运用得越来越多。银行业通过往来行之间的相互合作，如ATM机联网，向自己的客户提供更大范围、更加便利的服务。对审计业、物流业来说，通过委托、授权当地各企业完成就近的业务也是节省人力、物力、财力的有效途径。

(3) 以通信和运输替代网点。随着网络技术、电信技术的不断发展，信息流对物流的替代趋势日渐明显。许多服务通过电话和网络进行沟通就足够了。因此，一些从事咨询业、保险业、证券业的企业开始把服务的平台向通信网络方面转移。互联网的普及使得电子商务的潜在实力逐步变为现实。另外，城乡交通体系的完善使运输的成本和时间大大缩减。对许多服务而言，服务商根本不需要设立众多网点，通过电话和运输就可以完成服务的提供。例如，急救中心没有遍布各地，只需电话就可随时调派急救车。

**营销视角7-3　开市客超市为何选址中国上海的大虹桥?**

本节简单地介绍了一些渠道布局策略。随着信息技术的发展和营销理论研究的推动，会有更多更有创新性的策略被实践证明，并运用到广大服务企业中去。

# 7.4 服务营销渠道的拓展与创新

随着服务业的迅猛发展，在服务的营销上也产生了许多新的方法，包括新服务的开发和新服务机构的产生。本节将主要介绍服务渠道的拓展与创新。

## 服务营销渠道的拓展

服务企业大都可以独立渠道和结合型渠道两种方式来实施渠道的拓展。

### （一）独立服务渠道

独立渠道的兴起是为了满足特定需要而无须与另外的产品或服务相关联。因此，一家顾问公司或旅行社不与其他公司联合，即属独立服务公司的例子。不过，独立服务公司也可以利用其他的中介机构。

### （二）结合型服务渠道

结合型服务渠道是指将服务纳入销售某一产品的渠道之中。结合型服务渠道一般是由下述形式发展而来的：

（1）收购。服务是整个产品组合的一部分（如对耐用消费品采购的融资）。

（2）租用。服务在另一家公司的设施中提供和运营，租用方必须给付租金或者将营业额抽成给出租服务的公司。

（3）合同。这是两家或两家以上的独立公司以某种契约合作营销的一种方式。因此，金融服务公司和汽车经销商可以基于“搭配协议”共同经营。

## 服务营销渠道的创新

### （一）租赁服务

服务业的一个有趣现象是租赁服务业的增长，这就是说许多个人和公司已经或者正在从出售服务转向出租服务。此外，新兴的服务机构纷纷出现，投入租赁市场的服务供应。

在产业市场，可以租用或租赁的包括客车、火车、厂房和设备、飞机、货柜、办公室装备、制服等；在消费品市场，则有公寓、房屋、家具、家用电器、运动用品、帐篷、工具等；还有些过去生产有形产品的公司开发了新的服务，提供设备租赁租用。在租用及租赁合同中，银行和融资公司以第三方的身份扮演了重要的角色。

在租赁服务中，出租者可以获得如下利益：

（1）扣除维护、修理成本和服务费之后的所得可能高于买断产品的所得。

（2）租赁可以促使出租者打开市场，否则因产品成本太高根本进不了市场。

（3）设备的出租使出租者有机会销售与该设备有关的产品（如复印机和纸张）。

（4）租用合同可以协助开发和分销新产品，并配合客户购买所引发的各种补充性服务。

在租赁服务中，租用者可以获得如下利益：

（1）资金不致被套牢在“资产”上，可以利用这些资金来从事其他方面的采购。

（2）在产业市场，租用或租赁比拥有物品更能获得税收上的利益。

（3）物品能够租用的话，进入某一行业或某一市场所需的资本支出比购买物品少。

(4) 租用者可以获得新设计的产品，减少购置过时产品与遭受式样改变的风险。

(5) 如果对一种产品只有季节性或暂时性需求，租用设备就比拥有设备更为经济。

(6) 在多数租用合同中，服务上的问题包括维护、修理等都是由出租者负责。

(7) 租用可以降低产品选用错误的风险并减少购后需考虑的问题。

租赁是一种无所有权的消费，它很可能在消费品市场形成一种趋势，这种趋势可能对企业的服务营销和企业本身产生很大的影响：

第一，租赁及租用品的库存投资会提高，随之而来的是存货周转率降低而对储存的需求增加，同时对维护、修理设施及存货整理和再包装的需求也会增加。

第二，大量的存货引发更多的融资和财务需求，这往往会造成金融机构在分销渠道中执行所有权功能。随之产生的现象是，消费者信用需求可能降低，因为所有权已转移到分销渠道内部。

第三，在租赁及租用情况下，必须要有新的库存观念。例如，应多注重占用比例和产能利用率而不是只注重存货周转率。

第四，凡供租赁及租用的产品都必须有较高的质量、耐用性且易于维护和修理，因为租用物品往往使用率高。

## (二) 特许经营

特许经营是一种非常成功的商业模式，是特许人授权外部成员（受许人）在特定地点按规定的方式与条件提供特许服务的一种商业模式。它们之间的法律规范就是特许合同。

由于大部分服务是无形的，供应商按照固定的程序提供服务，而潜在的受许人可能想得到完整的营销系统以支持其服务过程，这一类型的关系就是特许经营。采用这一方式的行业包括快餐店、酒店、汽车旅馆与商业服务等。许多全球性服务企业都是通过特许经营成长起来的，如麦当劳、肯德基、必胜客、假日酒店等。自 20 世纪 70 年代早期开始，通过特许经营的形式开设的会员店的销售额都得到了稳步上升。

### 1. 特许经营的优缺点

从事特许经营的企业可以获得多方面的利益：

(1) 由于投资主要来自受许人，特许人可以实现低成本扩张。

(2) 特许经营意味着可以在许多地方快速建立销售点。

(3) 利用本地专业人员，可以实施出色的市场管理。

(4) 通过本地受许人经营，可以增进社区对产品的接受程度。

(5) 可以与受许人分摊营销与渠道费用。

(6) 可以将部分运作成本转嫁给受许人。

(7) 可以从受许人那里收取租金。

(8) 出售给受许人的原材料与其他供应品可以带来丰厚的利润。

(9) 通过特许协议保留了对产品质量的控制权。

(10) 能保持固定的销售利润率。

受许人也能从特许经营中获得多方面的利益，从特许人那里得到完善的管理程序、培训和决策支持，具体表现为：

(1) 经营经过市场检验的流行产品，风险较小。

(2) 现成的促销与广告计划。

（3）成为庞大零售系统的会员。

（4）采购的部分商品可获得低息财务支持。

（5）在库存与货源供应方面获得一定的信用额度。

（6）获得销售地点决策方面的支持。

然而，作为一种营销渠道，特许经营也存在一定的弊端：

（1）需要对受许人进行远距离控制。

（2）可能需要在投资、供应品采购与产品库存方面扩大受许人的信用额度。

（3）有培训与监督管理人员方面的支出。

（4）丧失一定的所有权。

2. 特许经营的种类

特许经营按特许权的内容划分为两种基本类型：

（1）产品商标型特许经营，又称产品分销经营。这是较早出现的特许方式，是指特许人向受许人转让某一特定品牌产品的制造权和经销权。这类特许形式的典型例子有汽车经销商、加油站等。目前这种模式在国际上发展趋缓并逐渐向经营模式演化。

（2）经营型特许经营。它被称为第二代特许经营，目前人们通常所说的特许经营就是这种类型。它不仅要求加盟店经营总店的产品和服务，而且在质量标准、经营方针等方面都要达到特许人的要求。受许人缴纳加盟费和其他费用，这些经费使特许人能够为受许人提供培训、广告、研究开发和后续支持。这种模式发展快速。

3. 特许经营的适用条件

特许经营涉及快餐、汽车出租、印刷和复印、饭店和汽车旅馆、旅行社等行业。同时，特许经营也渗透到专业服务领域，如眼镜、会计和保险经纪人。但不是所有的企业都适合采用特许经营这种方式，为了识别特许经营的基本条件是否存在，有一些需要考虑的特殊标准，如下所述：

（1）提供的产品或服务应当是被消费者认可的，这是为了确保特许权购买者相信他们正在进行一项有利可图的事业。

（2）产品或服务具有特色，并且其品牌或商标非常著名，这是为了确保特许权购买者获得有价值的商业资产。

（3）特许权出售者提供给特许权购买者的流程和系统必须是简单易学的，而且能够在特定时间内投入运营。这是为了确保在所有的网点进行成功的拷贝和始终如一的形象设计。

（4）毛利必须满足特许权出售者和特许权购买者的要求。随着企业的发展，必须建立一个提供特许网络的机制。

## （三）综合服务

综合服务是服务业增长的另一个现象，已经开始主宰某些服务领域。例如，在酒店和汽车旅馆业，综合体系如假日饭店、希尔顿饭店等愈发显示其举足轻重的地位。在观光旅游方面，许多服务系统正在结合两种或两种以上的服务业，譬如机票、饭店、汽车租赁、订票及订位等。目前有些大型服务公司通过垂直和水平的服务渠道系统控制了整体的服务组合，为旅游和度假的人提供综合服务。

## （四）定制服务

一般来讲，生产企业为了保证营销渠道有效运转，需要采取计划、组织、领导、控制等一系列手段，即许多环节的工作可能固定下来，并具有一定的稳定性和系统性，否则渠道的管理和控制非常困难。

服务不像多数工业产品那样，一个环节紧扣一个环节地大批量生产。在大多数情形下，它需要顾客的参与，按顾客特定的要求提供相应的产品，在产品的生产过程中，还会不断地根据顾客的消费变化进行调整。因此，服务很难实现大批量生产，更多的是按照顾客的个性化需求量身定制。

定制服务对服务企业提出了挑战。它要求服务企业提供尽可能多的服务产品类型供消费者选择，而且这些类型应当涵盖各个年龄层次，或者具有不同收入、不同文化背景的社会群体，有时还需要为一些没有涵盖的对象提供更为独特的服务。定制服务要求服务生产企业了解每个消费者的真实需求，而不是像工业生产企业那样掌握大众需求。因此，对定制服务更为精确的描述是“一种服务形式对一个特定的需求”，它与工业生产企业那种“一种产品形式对多种顾客群体”的模式有根本区别。

## 案例分析

### 京东家电的一站式服务

2018年3月20日，京东家电2018战略发布会在北京举行。京东家电在会上发布了聚焦于赋能、渠道、服务和营销的2018年四大重点战略。其中，以“京伞计划”为代表的一站式服务战略，在家电和零售行业均引起了巨大关注。

（一）颠覆传统服务模式，让家电服务进入新时代

在冰箱、彩电、空调、洗衣机这四大家电刚刚普及的时代，不计其数的私营家电维修门店应运而生。当时的家电企业还停留在交付产品就完成闭环的初级阶段，私营家电维修门店填补了品牌企业售后服务的空白。

随着家电企业建立日益完善的售后服务体系，当家电产品出问题时，人们出于专业性和安全性的考虑，会将官方售后服务体系作为第一选择。

现在，京东家电推出的一站式服务战略，又将家电服务带入了一个全新的阶段。简单来说，京东这个原本的电商平台，如今还承担起售后的责任。即今后凡是在京东购买的家电产品出现了问题，消费者都不再需要费尽周折地去找厂家售后，而是可以直接向京东家电寻求一站式售后服务解决方案。值得一提的是，在整个售后服务过程中，消费者都可以在线上非常清晰地看到统一、完整的售后流程，这种透明与便利是传统售后服务模式完全无法比拟的，彻底颠覆了以往家电服务体验不佳等问题，用简单一站式解决的方案取而代之。

（二）消费者不再弱势，加速改变消费者和企业的关系

从消费者的体验来看，京东一站式服务与其他服务体系最显著的区别就是，一站式服务为消费者提供了统一的服务接口，遇到各种服务问题时，消费者只需联系京东家电就可以统一受理解决。消费者所有的售后问题，全部都可以通过京东家电这一对接主体来解决，而不再需要同若干个家电厂商售后打交道，从而极大地简化了各种手续。

以往在家电市场中，消费者往往处于弱势地位，而且售后服务烦琐复杂的流程也极大降低了消费者的体验。譬如，当消费者遇到售后问题时，原有的鉴定流程需要等到厂家鉴定之后将照片给到消费者，消费者再在系统中进行上传，这样就导致了消费者需要在家电厂家和平台之间来来回回多次沟通，让不少消费者苦不堪言。

而通过京东家电一站式服务，消费者将问题直接反映给京东后，京东家电会出面沟通家电厂商解决售后问题。通过售后系统直连的方式，厂家服务人员按照京东的派工要求直接上门，检测后直接在系统中备注退换货决定，即可完成售后问题，再也不会出现消费者需要反复对接的现象。

从表面上来看，是京东家电在帮消费者跑腿联系售后，省了很多麻烦。从更深层次来看，一站式服务事实上增加了消费者的话语权，同时也把消费者对京东品牌和家电品牌的信任牢牢握在了手中。

在一站式服务这一创举的背后，渗透着京东家电对无界零售的深刻理解，即商品和服务互相渗透、不分你我，商品即服务。在无界零售的推动之下，未来企业和消费者之间的关系，将逐渐打破买卖双方信息不对称导致的强弱不平衡，从而成为一种互动平等的关系。

（三）服务不再各自为政，打通家电产业服务评价体系

京东家电的一站式服务战略，还打造了一套横跨全平台的家电服务口碑评价体系。这套体系对家电服务的售前、售中和售后服务指标体系以及全流程的服务指标体系做了系统定义，是一套完整可执行的家电服务口碑评价体系。

一位家电行业资深人士表示，家电产业服务评价体系的打通，对整个行业的服务模式将产生巨大影响。

首先，各个家电企业的售后服务标准参差不齐，各自为政。把各个家电企业的服务评价体系打通，形成一套产业通用的体系，本身就是一件阻力和难度很大的事。没有一定的产业链整合能力和对消费者的担当，这一模式很难推广。

在战略发布会上，京东集团高级副总裁、京东商城电子文娱事业群总裁闫小兵也谈到了推动一站式服务的困难："我们在推进的过程中也会遇到阻力，但是我们觉得这个对消费者有利，所以会坚定地推下去。服务的问题是一场攻坚战，因为对传统的生产体系和零售体系来说，这意味着对传统次序的冲击和挑战。"

其次，统一评价体系不是店大欺客，而是多方共赢。闫小兵强调，一站式服务是京东家电计划与合作伙伴全面推动行业的服务水平提升，与合作伙伴共建服务生态。未来的无界零售，一定是商品、内容、数据、服务等彼此渗透——商品即内容，内容即数据，数据即服务。在家电行业的核心竞争力早已从产品、价格转到服务体验的今天，一站式服务带来的颠覆式体验也变得愈加关键。

京东家电战略发布会的数据显示，在推行一站式服务战略后，售后问题处理时效提升了50%，客户满意度提升至93%。业内人士表示，如果一站式服务在京东家电试水成功，未来这一全新的服务模式很有可能会进一步扩展到3C、快消品等更多的领域。

资料来源：京东亮出"王炸"：家电一站式服务带来三大颠覆．https://www.sohu.com/a/226157014_117770.

**讨论**

1. 联系实际，说说京东是哪些服务产品的营销渠道成员？

2. 京东电商平台体现了服务中间商的哪些作用？

3. 除了案例中提及的业务，你认为京东还可以在哪些方面拓展业务，以完善自身的渠道功能？

## 重点名词

服务　　　服务营销渠道　　　渠道管理　　　服务营销渠道成员

服务网点

## 思考题

1. 服务营销渠道有哪几种类型？
2. 简述服务营销渠道的设计原则。
3. 简述特许经营的种类与优缺点。

## 实训练习

每日优鲜是一个围绕着老百姓餐桌的生鲜 O2O 电商平台，覆盖了水果蔬菜、海鲜肉禽、牛奶零食等全品类，一直以下单后“1 小时达”的极速服务满足消费者即需即买的需求。结合服务营销渠道的设计原则分析每日优鲜产生的原因，并探讨其未来发展趋势。

# 第 8 章 营销渠道的物流管理

## 本章要点

1. 了解物流管理的概念和程序。
2. 熟悉物流管理的目标和原则。
3. 了解物流系统的构成及规划步骤。
4. 熟悉配送成本控制及策略。
5. 熟悉配送中心的功能及作业流程。
6. 掌握配送中心的设计规划．
7. 了解供应链及供应链管理的内涵。
8. 掌握供应链合作伙伴关系的目标。
9. 了解第三方物流的含义。
10. 掌握第三方物流战略实施设计与实施要点。

## 引 例

### 2019 年“双十一”快递物流状况报告

2019 年的“双十一”刚刚过去，物流又成了大家讨论最多的话题之一。很多朋友对“双十一”最担心的就是物流。不过这样的情况这几年得到了明显的改善。菜鸟数据显示：11 月 11 日上午 8：01，天猫“双十一”的第一亿个包裹发出，比 2018 年提早了 59 分钟，再次刷新纪录。自 2013 年以来，同样数量的订单发货时长已经累计缩短了 40 小时。

根据菜鸟网络的数据，“双十一”产生物流订单 12.92 亿单。根据国家邮政局的监测数据，“双十一”全天各邮政、快递企业共处理 5.35 亿件包裹，是 2019 年第二季度以来日常处理量的 3 倍，同比增长 28.6%。其中，中国邮政 11 日订单量超过 1 亿件，包裹快递收寄量达 6 668 万件，同比增长 91.5%；中通宣布当天快递订单量超过 2 亿单（2018 年同期宣布突破 1.5 亿单）；圆通宣布比 2018 年“双十一”提早 4 小时 8 分突破 1 亿订单；申通宣布 15：25 快递订单量超过 2018 年“双十一”全天；德邦宣布到 18：42 大件快递产品收入超过 1 亿元；顺丰速运全网收件量环比增长 145.6%，其中阿里平台订单量同比增长 118%，揽收率高达 80.8%，排名全行业第一。

尽管各大物流公司都扩大了运营能力，如申通快递全网运力投入超过 5 亿元，新增车辆超过 1 万辆，产能提升 1 倍以上，但是全国快递总量巨大，2019 年“双十一”期间总共产生了 28 亿个包裹，210 万名一线快递员每人每天要送 240 件快递，所以难免出现快递等待一周还未到达消费者手中的情况。

资料来源：2019 年了，双十一快递的发货速度变快了么．https://www.360kuai.com/pc/9b3ffceba0198b203?cota=3&kuai_so=1&sign=360_57c3bbd1&refer_scene=so_1.

由引例可以看出物流在营销管理中的作用。虽然网络高度发达，但单纯的电子商务无法完成大多数有形产品的营销活动。相当一部分的实物必须借助物流才能到达消费者的手中。本章将介绍企业营销渠道的物流管理，包括物流管理的内涵、物流系统规划、配送管理、现代供应链管理与第三方物流等内容。

## 8.1 物流管理的内涵

物流是营销渠道需要发挥的一项重要功能，指的是将商品实体从生产地转移到售卖地，再转移到使用地的过程，目的是方便消费者或用户使用。此时物流管理显得更为重要，物流管理中的活动不仅决定着商品价值的顺利实现，而且是企业降低成本、增加效益、提升竞争力的有力手段。

### 物流的含义及特点

#### (一) 物流的含义

物流是指为了满足客户的需要，以最低的成本，通过运输、保管、配送等方式，为实现原材料、半成品、成品及相关信息由产地到消费地所进行的计划、实施和管理的全过程，具体包括商品的运输、配送、仓储、包装、搬运装卸、流通加工以及相关的物流信息等环节。

#### (二) 物流的特点

1. 信息化

互联网时代，信息化是现代物流发展的必然要求。物流信息化表现为物流信息的商品化、物流信息收集的数据化和代码化、物流信息处理的电子化和计算机化、物流信息传递的标准化和实时化、物流信息存储的数字化等。与此同时，能够提供准确、及时、有效信息的信息化技术也得到了迅猛发展。条码技术、数据库技术、电子订货系统、电子数据交换、快速反应及有效客户反应等在物流行业得到了普遍的应用。

2. 网络化

物流领域的网络化有两层含义：一是物流配送系统的计算机通信网络化，包括物流配送中心与供应商或制造商的联系要通过计算机网络，另外与下游顾客之间的联系也要通过计算机网络；二是组织的网络化，即所谓的组织内部网。

3. 自动化

自动化的基础是信息化，自动化的核心是机电一体化，自动化的外在表现是无人化，自动化的效果是省力化。自动化可以提升物流作业能力、提高劳动生产率、减少物流作业的差错。物流自动化的设施非常多，如条码/语音/射频自动识别系统、自动分拣系统、自动存取系统、自动导向车、货物自动跟踪系统等。

4. 智能化

智能化是物流自动化、信息化的高层次应用。物流作业过程中大量的运筹和决策，如库存水平的确定、运输（搬运）路径的选择、自动导向车的运行轨迹和作业控制、自动分拣机的运行、物流配送中心经营管理决策支持等问题，都需要借助大量的知识才能解决。在物流自动化的进程中，物流智能化是需要解决的技术难题，一般来说可以借助专家系统、机器人等相关技术。

5. 柔性化

柔性化本来是为了实现“以顾客为中心”的理念而在生产领域提出的，但要真正做到柔性化，即真正地根据顾客需求的变化来灵活调节生产工艺，没有配套的柔性化的物流系统是不可能实现的。20世纪90年代，生产领域纷纷推出柔性制造系统、计算机集成制造系统、制造资源系统、企业资源规划以及供应链管理的概念和技术。这就要求企业根据顾客需求多品种、小批量、小批次、短周期的特色，灵活组织和实施物流配送。

另外，物流设施、商品包装的标准化，以及物流的社会化、共同化，也都是现代物流的新特点。

## 物流管理的概念

所谓物流管理，是指在生产过程中，根据物质资料实体流动的规律，应用管理的基本原理和科学方法，对物流活动进行计划、组织、指挥、协调、控制和监督，使各项物流活动实现最佳的协调与配合，以降低物流成本，提高物流效率和经济效益。现代物流管理是建立在系统论、信息论和控制论的基础上的。物流管理主要包括以下内容：

（1）对物流活动诸要素的管理，即对采购、仓储、包装、搬运装卸、运输和配送等环节的管理。

（2）对物流系统诸要素的管理，即对人、财、物、设备、方法和信息六大要素的管理。

（3）对物流活动中具体职能的管理，主要包括物流经济管理、物流质量管理和物流工程管理等。

## 物流管理的程序

### （一）物流计划阶段的管理

物流计划是为了实现物流达到预想的目标所做的准备工作。物流计划的大致步骤是：

首先，确定物流所要达到的目标及为实现这个目标所进行的各项工作的先后顺序。

其次，分析研究在物流目标实现过程中可能产生的任何外界影响，尤其是不利因素，并确定消除这些不利因素的对策。

最后，制定实现物流目标的人力、物力、财力方面的具体措施。

### （二）物流实施阶段的管理

为了实现物流目标，须将物流计划付诸实施。物流的实施管理就是对正在进行的多项物流活动进行管理，它在物流多阶段的管理中具有突出的地位。这是因为在这个阶段，多项计划将通过具体的执行而受到检验。同时，它也将物流管理与物流多项具体活动进行紧密的结合。

### （三）物流活动检查阶段的管理

物流活动的检查，就是在一定时期内，将物流活动实施的结果与原计划的物流目标进行对照，检查目标完成情况。

### （四）物流评价阶段的管理

通过对物流活动的全面剖析，人们可以确定物流计划的科学性、合理性，明确物流实施阶段的成果与不足，为今后制定新的计划及组织新的物流提供宝贵的经验和资料。

## 物流管理的目标和原则

### （一）快速反应

快速反应关系到一个企业是否具备及时满足顾客需求的能力。信息技术的提高为企业创造了在最短的时间内完成物流作业并尽快交付的条件。快速反应能力就是把企业作业的重点从预测转移到以最快的方式实施生产、装运，及时满足顾客需求的能力。

### （二）最小变异

变异是指破坏物流系统化表现的任何想象不到的事件。它可能产生于物流领域中的任何一个作业环节，如顾客收到订货的期望时间被推迟，储存中物资被意外地损坏，或者把货物交付到不正确的地点等，所有这一切使物流系统的正常流程遭到破坏。物流系统的各个作业领域都可能遭到潜在的变异，减少变异的可能性是所有物流作业追求的目标。在充分发挥信息作用的前提下，采取积极的物流控制手段，可以把这些风险降到最低限度。

### （三）最低库存

最低库存的目标不仅涉及物资周转速度和资金占有问题，还涉及能否满足顾客需求的问题。在企业物流系统中，存货所占用的资金是企业物流作业最大的经济负担。在保证供应的前提下，降低库存、提高库存周转率，意味着库存占用的资金得到了有效的利用。因此，最低库存的目标是把库存减少到与顾客服务相一致的最低水平，以实现物流的最低水平。零库存是企业物流的理想目标，但在实际中只能做到尽量减少库存。物流设计必须把库存资金占用和库存周转速度作为重点来进行管理。

### （四）保证质量

物流目标是持续不断地提高物流质量，无论是产品的质量，还是物流的质量，全面质量管理都要求做得更好。如果企业产品有缺陷，或者没有履行对服务的承诺，那么物流费用就会增加，而物流费用一旦支出，便无法收回，有时甚至还要重新支出。所以，物流本身必须执行其质量标准，包括流转质量和业务质量标准，物流的数量、质量、时间、地点等都有其评价的标准。随着物流全球化、信息技术化、物流自动化水平的提高，物流管理所面临的任务是实现零缺陷，物流高质量的要求强化了物流的作业目标。

### （五）策略选择

企业在产品生命周期的不同阶段，所采取的物流策略不一样。

（1）产品引入阶段策略。在该阶段，企业要能迅速而准确地供货。如果存货短缺或配送不稳定，就可能抵消营销战略所取得的成果。因此，本阶段的物流费用较高，需要在充分提供物流服务与避免过多支持费用之间寻求平衡。

（2）产品成长阶段策略。在本阶段，产品取得了一定的市场认可，销售量骤增，物流活动的重点从不惜代价提供所需服务转变为平衡服务和成本，处于成长时期的企业有最大的机会去设计物流作业并获取利润。此阶段的渠道是畅通的，不断增长的销售量会带来丰厚的利润，几乎任何水准的服务都可实现规定的利润目标。

（3）产品成熟阶段策略。在本阶段，物流活动具有高度选择性，竞争对手会调整自己的服务承诺，以取得顾客的青睐。为了能在本阶段发挥多种销售渠道的功能，许多企业采用建立配送仓库网络的方法，以满足来自不同渠道的多种需求。在这种多渠道的物流条件下，递送至任何一个地点的产品流量都较小，并需要为特殊的顾客提供特殊的服务。成熟阶段的竞争状况增加了物流活动的复杂性和挑战性。

（4）产品衰退阶段策略。在本阶段，企业需要在低价出售产品和继续有限配送等可选方案之间进行平衡。于是企业一方面继续相应的配送活动，另一方面要最大限度地降低物流风险。这两者中，后者更重要。

# 8.2 物流系统规划

物流系统规划直接影响企业营销的质量，同时，物流系统规划的好坏对企业的管理成本、效率、竞争力有重要影响。

## 物流系统及其构成

企业无论使用哪种类型的营销渠道，都必须向中间商或最终消费者提供产品，即完成商品的实体分配。实体分配也就是通常所说的物流。通过物流活动，企业为顾客提供时间和空间效用。现代物流在企业营销中占据越来越重要的位置。一方面，现代企业的规模越来越大，其产品市场扩大到全国甚至全球，物流管理的难度和成本不断增加；另一方面，企业间的竞争越来越激烈，客户对企业的服务要求越来越高，物流管理是企业竞争不容忽视的一个重要环节。

### （一）物流系统的含义及构成

1. 物流系统的含义

物流系统是由物流各要素所组成的，要素之间存在有机联系并具有使物流总体合理化的功能的综合体。物流系统是社会经济大系统的一个子系统或组成部分。物流系统和一般系统一样，具有输入、转换和输出三大功能，通过输入和输出使系统与社会环境进行交换并相依而存，而转换则是具有特点的系统功能。

2. 物流系统的构成

物流系统由物流作业系统和物流信息系统两个子系统组成。

(1) 物流作业系统。物流作业系统是指在运输、保管、包装、流通加工等作业中使用先进技能和技术，并使生产据点、物流据点、配送路线、运输手段网络化，以提高物流活动效率的系统。

(2) 物流信息系统。物流信息系统即支持物流系统信息流动的系统，在保证订货、进货、库存、出货、配送等信息畅通的基础上，使通信据点、通信线路、通信手段网络化，以提高物流作业系统的效率。

## (二) 物流系统的功能

物流系统的功能指的是物流系统所具有的基本能力，这些基本能力有效地组合在一起，便成为物流的总功能，从而合理、有效地实现物流系统的总目标。物流系统的功能一般包括包装、装卸、运输、保管、流通加工、配送、物流情报等。从物流活动的实际工作环节来考察，物流由上述七项具体工作构成。换句话说，物流能实现这七项功能。

1. 包装

包装包括产品的出厂包装，生产过程中在制品、半成品的包装以及物流过程中换装、分装、再包装等活动。对包装活动的管理根据物流方式和销售要求来确定。无论以商业包装为主，还是以工业包装为主，都要全面考虑包装对产品的保护作用、促进销售作用、提高装运率的作用、包拆装的便利性以及废包装的回收及处理等因素。还要根据全物流过程的经济效果，具体决定包装的材料、强度、尺寸及包装方式。

2. 装卸

装卸包括对运输、保管、包装、流通加工等物流活动进行的衔接，以及在保管等活动中为进行检验、维护、保养所进行的装卸等活动。伴随装卸活动的搬运一般也包含在这一活动中。在全物流活动中，装卸活动是频繁发生的，因而是产品损坏的重要原因。对装卸活动的管理，主要是确定最恰当的装卸方式，力求减少装卸次数，合理配置及使用装卸机具，做到节能、省力、减少损失、加快速度，获得较好的经济效果。

3. 运输

运输包括供应及销售物流中的车、船、飞机等方式的运输，生产物流中的管道、传送带等方式的运输。对运输活动的管理，要求选择经济效果最好的运输方式及联运方式，合理确定运输路线，以实现安全、迅速、准时、价廉的要求。

4. 保管

保管包括堆存、保管、保养、维护等活动。对保管活动的管理，要求确定库存数量，明确仓库以流通为主还是以储备为主，确立保管制度和流程，对库存物品采取有区别的管理方式，力求提高保管效率，降低损耗，加速物资和资金的周转。

5. 流通加工

流通加工又称流通过程的辅助加工活动。这种加工活动不仅存在于社会流通过程中，也存在于企业内部的流通过程中，所以，实际上是在物流过程中进行的辅助加工活动。企业、物资部门、商业部门为了弥补生产过程中加工的不足，更有效地满足用户或本单位的需求，更好地衔接产需，往往需要进行这种加工活动。

6. 配送

配送是以配送、送货形式最终完成社会物流并实现资源配置的活动。配送活动一直被看成运输活动的一个组成部分，是一种运输形式。所以，人们过去未将其看成独立的功能要素。但是，配送作为一种现代流通方式，集经营、服务、库存、分拣、搬运装卸于一身，所以在本书中将其作为独立功能要素。

7. 物流情报

营销视角8-1　盒马鲜生的新物流系统

物流情报包括与上述各项活动有关的计划、预测，以及收集动态情报、费用情报、生产情报、市场情报等活动。对物流情报活动的管理，要求建立情报系统和情报渠道，正确选定情报科目和情报的收集、汇总、统计、使用方式，以保证其可靠性和及时性。

## 物流系统规划的基本概念及步骤

### （一）物流系统规划的基本概念

所谓物流系统规划，是指确定物流系统发展目标和制定达到目标的策略与行动的过程，实际上就是对整个物流系统的计划。物流系统是一个非常广泛的综合系统，涉及交通运输、货运代理、仓储管理、流通加工、配送、信息服务、销售策划等领域，其规划的内容主要有发展规划、布局规划、工程规划三个方面，可以说物流系统规划是对物流战略层面的计划与决策。物流系统是一个开放的复杂的系统，影响其发展的内外部因素多、变化大，外部环境有很大的不确定性，因此，不论是改进现有物流系统还是开发新的物流系统，进行物流系统规划都很重要。

### （二）物流系统规划的步骤

物流系统规划是物流系统从调查分析到实效评估的详细设计过程，特别适用于宏观物流系统的规划。物流系统规划大体上按照六个步骤进行：调查分析、需求预测、规划设计、方案评价、实施、实效评估。如图8-1所示。

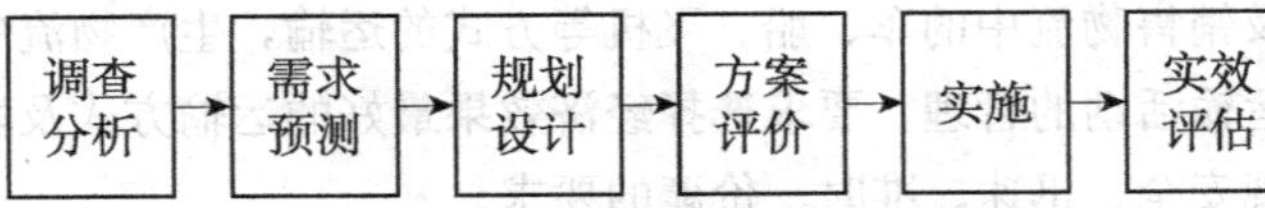


**图8-1　物流系统规划的步骤**

1. 调查分析

对物流系统规划所需要的各项资料进行调查分析，是物流规划方案的基础工作。调查资料是否全面、准确、真实，将直接影响物流发展预测以及物流系统评价的准确性，进而影响物流规划方案的合理性。调查分析是一项十分繁重的工作，资料的获取涉及物流设施及与物流有关的社会、经济、自然等方面。调查的主要内容包括：社会经济发展情况、物流设施情况、物流流动情况。对社会经济发展的调查分析主要是确定物流系统规划的目标和发展阶段；

对物流设施的调查分析主要是规划物流系统的服务水平和服务能力；对物流流动的调查分析主要是确定物流的发展趋势。

2. 需求预测

需求预测是物流系统规划的主要内容。对物流用地、物流企业、物流基础设施布局、数量和容量进行需求预测，可以为物流系统的规划和评价提供依据。

3. 规划设计

现代物流系统规划的内容主要有发展规划、布局规划、工程规划三个方面，具体包括物流业或物流企业发展战略规划、物流用地布局与物流基础设施布局、物流链设计及物流信息系统规划等。物流系统规划，首先要进行物流业发展战略规划，即根据调查分析和物流需求的预测结果确定物流未来发展目标、发展速度和发展规模。其次，根据物流业发展战略规划确定物流用地布局，包括分布模式和数量，相应地布局物流基础设施，包括道路、仓库、中转站、配送中心和物流园区等。接着是物流链设计，应按照时间、成本、服务的目标要求，确定物流链的企业，决定物流链的各个环节，选择物流链各环节的主体企业，确定物流链主导企业与参与企业横向和纵向联合协议，计划和确认物流链的运作模式和管理模式。最后是物流信息系统规划。在信息时代，物流信息的电子化是必然要求。物流信息系统规划是物流信息的数据库化和代码化、物流信息处理的电子化和计算机化、物流信息传递的标准化和实时化、物流系统存储的数字化。物流作业过程中的商流、物流、信息流要精确地流动，不能过多也不能过少，这就需要规划物流信息系统使物流链和需求保持同步。

4. 方案评价

物流系统规划的评价体系通常包括三个主要方面，即物流规划方案的技术性能评价、物流规划方案的经济评价和物流规划方案的社会环境影响评价。

通过评价物流系统的多个备选方案，有利于选择最优物流系统方案，从而使建设成本最小化和经济效益最大化。同时，通过对物流系统的评价，能较准确地估计所建议措施的费用与效益的来源，为决策者提供政策变动、社会发展和市场经济波动等方面的信息。此外，对物流系统的规划、实施和运营各阶段的评价可以帮助规划人员与管理人员发现问题，并提供解决问题和进一步改进物流系统的机会。

5. 实施

在规划制定完成并经过决策后，规划要进入实施，为此要在规划制定时提出方案的实施办法，包括阶段、政策、措施、工程等。

6. 实效评估

方案实施后要进行实效评估，即对实施方案进行追踪监督，分析方案实施前后的变化，撰写评估报告，作为方案修正的依据。

## 8.3 配送管理

从物流配送的发展过程来看，在经历了以自我服务为目的的企业内部配送中心的发展阶段后，政府、社会、零售业、批发业以及生产商都积极投身于物流配送中心的建设。专业化、社会化、国际化的物流配送中心显示出巨大优势，有着强大的生命力，代表了现代物流配送的发展方向。物流配送中心将是未来物流配送发展的必然趋势，也是我国物流业今后相当长一段时间内发展的重点。

## 配送概述

### （一）配送的含义

我国于2006年发布实施的《物流术语》国家标准（GB/T 18354—2006）中对配送的表述为：在经济合理区域范围内，根据客户要求，对物品进行拣选、加工、包装、分割、组配等作业，并按时送达指定地点的物流活动。

### （二）配送的特点

配送是一种现代化的物流服务方式，这种服务方式具有以下特点。

（1）配送是一种特殊的送货形式。一般的送货着重于送货的过程，是指从起始地到目的地一般性运送货物的过程，而配送则着重于配，当然也涉及送，因而配送具体涉及对各类商品的价值、时间、地点的分类管理以及对配送成本等的核算。配送是一种专业化的物流分工方式，在配送过程中涉及许多指标，如订单准时完成率、完好交货率、配送时效等。

（2）配送是一项难度特别大的工作。配送是分货、配送、送货等一系列活动的有机结合体，是商品生产高度发展的要求，在商品经济尚不发达的时期，真正按用户的需求开展配送业务是很难办到的。在现今社会中，要做到配送的效率非常高、配送的各项指标都能完成得很好是不容易的。

（3）配送活动应有现代化的技术装备做保证。在配送过程中，由于存在大量的分货、配送、送货等工作，需要采用各种传输设备及条码识别、拣选等机电装备。现代化技术装备的应用，给了配送活动一个强有力的支撑。很多企业全国范围内的配送业务只需3～5天，地区性的配送活动只需1～2天，同城配送只需几个小时。

## 配送成本控制和策略

### （一）配送成本控制

配送成本控制的途径主要包括以下几个方面。

1. 加强配送的计划性

加强配送计划性的意义在于避免临时配送、紧急配送或计划外的随时配送带来的配送成本的增加。这就需要制定健全的分支机构配送申报制度或完善连锁门店的POS、EOS系统，以便配送中心及时掌握各门店的存货情况，并及早安排配货计划。

对鲜活商品，需要实行定时定量申请、定时定量配送制度；对普通商品，则应根据各门店的实际情况确定合适的存货量，然后依次确定合理的订货周期，由配送中心综合协调，建立定期申请、定期配送制度。配备了POS、EOS系统的连锁门店，在订货处理上则相对主动，各门店应根据自身的实际情况确定再订货点，即订货时的存货水平。一般来说，再订货点存货量等于门店从订货到收货期间的销售量加安全存货量加货架上的基础存货量，当存货水平降到一定水平时，就要考虑向配送中心订货了。

2. 确定合理的配送路线

配送路线合理与否直接影响配送的速度和成本。因此，采用科学合理的方法确定配送路线是配送活动中一项非常重要的工作。确定配送路线的方法主要有综合评价法、线性规划法、网络图法和节约里程法等，目的无非是要实现最大限度的里程节约、合理的车辆配载和配送时效。

3. 确定合理的车辆配载

不同品种的商品在包装形态、储运性能、物理密度上差别较大，因此，在车辆配载时应注重实重商品与轻泡商品的组合搭配，既要充分利用车辆的载重能力，又要充分利用车辆的有效体积。

通常，在已知两种商品密度和体积的情况下，通过二元一次方程可以得出两种商品的经济配载数量，但在实际操作中往往过于复杂，可考虑以下两种简化的方法：一是大类组合法，即将要配载的商品按体积和密度分成若干类别，从中选出密度最大和最小的两种，利用二元一次方程计算配装；二是利用计算机将商品的密度、体积及车辆的技术指标存储起来，配装时输入要配装的全部商品的编号，由计算机输出配装方案。

## (二) 降低配送成本的策略

配送管理的关键是在顾客服务水平与配送成本之间寻求平衡：在一定的配送成本下尽量提高顾客的服务水平，或在一定的顾客服务水平下使配送成本最小。降低配送成本除了依靠以上介绍的技术，成功的配送策略也十分重要，主要策略有以下几种。

1. 混合策略

混合策略是指配送业务一部分由企业自身完成，另一部分外包给第三方完成。这种策略的基本思想是，采用纯策略（即配送活动或者全部由企业自身完成，或者完全外包给第三方完成）易形成一定的规模经济，可以使管理简化。但由于产品品种多变、规格不一、销量不等，采用纯策略的配送方式达到一定程度后反而不能形成规模经济。而采用混合策略，合理安排企业自身完成的配送和外包给第三方物流完成的配送，能使配送成本最小化。

2. 差异化策略

差异化策略的指导思想是：产品特征不同，顾客服务水平也不同。当企业拥有多种产品线时，不能对所有产品都按统一标准的顾客服务水平来配送，而应按产品的特点、销售水平来设置不同的库存、不同的运输方式以及不同的储存地点。忽视产品的差异性会增加不必要的配送成本。

3. 合并策略

合并策略包含两个层次：一是配送方法上的合并；二是共同配送。

配送方法上的合并指企业在安排车辆完成配送任务时，充分利用车辆的容积和载重量，做到满载满装。由于产品品种繁多，不仅包装形态、储运性能不一，在容重方面也往往相差甚远。一辆车如果只装容重大的货物，往往是达到了载重量，但容积空余很多；只装容重小的货物则相反，看起来车装得满，实际上并未达到车辆载重量。这两种情况都造成了浪费。实行合理的轻重装配，将容积不同的货物搭配装车，既可以达到满载，又能充分利用车辆的有效容积，有利于取得最优效果。

共同配送是一种产权层次上的共享，也称集中协作配送。它是几个企业集小量为大量，共同利用同一配送设施的配送方式，其标准运作形式是在中心机构的统一指挥和调度下，各配送主体以经营活动或资产为纽带联合行动，在较大的地域内协调运作，共同为一个或几个客户提供系列化的配送服务。

4. 延迟策略

在传统的配送计划中，大多数的库存是根据对未来市场需求的预测设置的，存在一定的预测风险，当预测量与实际需求量不符时，就会出现库存过多或过少的情况，增加库存成本。延迟策略的基本思想就是产品的生产、组装、配送应尽可能推迟到顾客下单后再进行。一旦接到订单就要快速反应，因此采用延迟策略的一个基本前提是信息传递要非常快。一般来说，实施延迟策略的企业应具备以下几个基本条件：（1）产品特征：模块化程度高、产品价值密度大、有特定的外形、产品特征易于表述、定制后可改变产品的容积或重量；（2）生产技术特征：模块化产品设计、设备智能化程度高、定制工艺与基本工艺差别大；（3）市场特征：产品生命周期短、销售波动大、价格竞争激烈、市场变化大、产品的提前期短。

实施延迟策略常采用两种方法：生产延迟和物流延迟。具体操作中，常常在诸如贴标签、包装、装配和发送等领域实施。

5. 标准化策略

标准化策略就是尽量减少因品种多变而导致产生附加配送成本，并尽可能多地采用标准零部件、模块化产品。采用标准化策略要求厂家从产品设计开始就要站在消费者的立场去考虑怎样节省配送成本，而不要等到产品生产出来才考虑采用什么方法来降低配送成本。

## 配送中心的功能及流程

### （一）配送中心的定义

我国于2006年发布的《物流术语》国家标准（GB/T 18354—2006）中对配送中心的表述是："配送中心指从事配送业务的物流场所或组织。"配送中心应符合下列基本要求：

（1）主要为特定的用户服务。

（2）配送功能健全。

（3）辐射范围小。

（4）多品种、小批量、多批次、短周期。

（5）主要为末端顾客提供配送服务。

对配送中心的定义，国内外有不同说法。如《物流手册》对配送中心的定义是："配送中心是从供应者手中接受多种大量的货物，进行分类、保管、流通加工和情报处理等作业，然后按照众多需要者的订货要求备齐货物，以令人满意的服务水平进行配送的设施。"

《现代物流学》对配送中心的定义是："配送中心是从事货物配备（集货、加工、分货、拣选、配货）和组织对用户的送货，以高水平实现销售或供应的现代流通设施。"

《市场用语词典》的解释为："配送中心是一种物流节点，它不以贮藏仓库这种单一的形式出现，而是发挥配送职能的流通仓库，也称作基地、据点或流通中心。配送中心的目的是降低运输成本、减少销售机会的损失，为此建立设施、设备并开展经营、管理工作。"

总之，不管对配送中心的定义或解释如何，配送中心是物流领域中社会分工、专业分工的产物。

## （二）配送中心的功能

配送中心不仅是从事配送业务的物流场所或组织，而且是集加工、理货、送货等多种职能于一体的物流节点。它的主要功能有：储存、分拣、集散、衔接、流通加工、信息处理等。

### 1. 储存

配送中心的服务对象是为数众多的生产企业和商业网点（比如连锁店和超市），需要按照用户的要求及时将各种配装好的货物送到用户手中，满足生产和消费需要。为了顺利有序地完成向用户配送商品的任务，更好地发挥满足生产和消费需要的作用，配送中心通常要兴建现代化的仓库并配备一定数量的仓储设备，储存一定数量的商品。某些区域性的大型配送中心和开展代理交货配送业务的配送中心，不但要在配送货物的过程中储存货物，而且所储存的货物数量更大、品种更多。

### 2. 分拣

作为物流节点的配送中心，其为数众多的客户彼此差别很大，不仅各自的性质不同，而且经营规模也大相径庭。因此，在订货或进货时，不同的用户对于货物的种类、规格、数量会提出不同的要求。针对这种情况，为了有效地进行配送，即为了同时向不同的用户配送多种货物，配送中心必须采取适当的方式对货物进行拣选，在此基础上按照配送计划分装和配装货物。这样，在商品流通实践中，配送中心又增加了分拣货物的功能，发挥分拣中心的作用。

### 3. 集散

货物一般由几个公司集中到配送中心，再进行发运。凭借其特殊的地位以及拥有的各种先进的设施和设备，配送中心能够将分散在各个生产企业的产品集中到一起，经过分拣、配装向多个用户发运。集散功能意味着可以将不同公司的货物放到一个配送中心进行处理、发运，以提高卡车的满载率，降低成本。

### 4. 衔接

通过开展货物配送活动，配送中心能把各种产品直接送到用户的手里，客观上起到媒介生产和消费的作用。这是配送中心衔接功能的重要表现。此外，通过集货和储存货物，配送中心又有平衡供求的作用，能有效地解决季节性货物的产需衔接问题。这是配送中心衔接功能的另一种表现。

### 5. 流通加工

为了扩大经营范围和提高配送水平，国内外许多配送中心都配备了各种加工设施，由此形成了一定的流通加工能力。这些配送组织能够按照用户提出的要求，根据合理配送商品的原则，将货物加工成一定的规格、尺寸和形状。

### 6. 信息处理

配送中心连接着物流干线，直接面对产品的供需双方，承担信息的传递和处理任务，包括配送中心的信息生成和交换。配送中心只有具备完善的信息处理功能，才能把内部各个作业环节有效地衔接、协调起来，才能和客户进行更好的信息沟通和交流。

## （三）配送中心作业流程及管理

一般来说，一个综合型配送中心的作业流程是：接受订单—从供应商处进货—验收入库—分拣—储存—加工—包装—装盘—配装—送货。与配送中心的作业流程相对应，配送中心的作业管理主要有订单管理、进货管理、储存管理、理货管理、配装管理、送货管理等内容。

### 1. 订单管理

无论从事何种货物的配送活动，配送中心都有明确的服务对象。换言之，无论何种类型的配送中心，从事的都是有目的的经济活动。按照惯例，接受配送服务的各个客户一般在规定的时间内将订单发给中心，以此确定所要配送货物的种类、规格、数量和配送时间等。收取和汇总客户的订单是配送中心组织和安排诸如进货、理货、送货等活动的重要依据，是配送中心作业流程的开端。

### 2. 进货管理

根据配送中心的进货流程，主要侧重于以下作业环节：

（1）订货。配送中心收到和汇总订单后，首先要确定配送货物的种类和数量，然后要查询现有库存商品中有无所需的现货。如有现货，则转入拣选流程；如果没有，或虽有现货但数量不足，则要及时向供应商发出订单。有时，配送中心也会根据各客户需求情况、商品销售情况以及与供应商签订的协议，提前订货，以备接货、发货。通常，在商品资源宽裕的条件下，配送中心的有关人员接到货物以后，需要在送货单上签收，继而对货物进行检验。

（2）验收。即采取一定手段对接收的货物进行检验。若接收的货物与订货合同要求相符，则很快转入下一道程序；若不相符，配送中心将详细记录差错情况，并且拒收不合格货物。按照规定，质量不合格的商品由供应商负责处理。

（3）分拣。供应商送来的商品经过有关部门验收以后，配送中心的工作人员按照类别、品种将其存放到指定的场地，或直接进行下一个操作——分拣。分拣工作是科学库存管理和确保理货顺利进行的必要条件。

### 3. 储存管理

储存管理的主要目的是加强商品养护，确保商品质量安全，同时加强储位合理化工作和商品数量管理工作。商品储位可根据商品属性、周转率、理货单位等因素来确定。储存商品的数量则需依靠健全的商品账务制度和盘点制度来管理。商品储位是否合理、储存商品的数量是否精确将直接影响商品配送效率。

### 4. 理货管理

理货作业是配送作业最主要的前置工作。配送中心接到配送指示后，应及时组织人员，按照顾客要求、储位区域、出货先后顺序、配送车辆、配货单位，把要配送的货物整理出来，经复核人员确认无误后，放置到暂存区，以备装车发送。

### 5. 配装管理

为了充分利用载货车辆的容积和提高运输效率，配送中心常常把同一条送货路线上不同的货物组织起来，配装在同一辆载货车上，这就是配装作业。和一般送货的不同之处在于：通过配装送货，可以充分利用车辆的容积和载重量，做到满载满装，从而大幅提高送货水平，降低送货成本。简单的配装可以手工计算，但在配送货物、车辆较多的情况下，可以借助计算机程序进行数据处理。

6. 送货管理

送货管理是指根据制定的配送计划，按照客户的需要、交通条件等，选择合理的配送时间、最佳配送路线、配送频率，将货物安全、准确地送到客户指定的地点。

**营销视角 8-2　每日优鲜的“前置仓”配送中心**

## 配送中心设计规划

### （一）配送中心设计规划的内容

所谓配送中心设计规划，是指从空间和时间上对配送中心的新建、改建和扩建进行全面系统的规划。配送中心的建设代表一个企业在获取时间与地点效用方面做出的努力，在一定程度上是企业实力的标志。更为重要的是，设计规划的合理性将对配送中心的施工和运作、作业的质量和安全以及所处地区或企业的物流合理化产生直接和深远的影响。

配送中心设计规划的内容包括：确定配送中心的规模及服务范围；确定备选配送中心的地址；配送中心的库区平面规划设计；确定配送中心的建筑类型及规模；确定配送中心的设备类型及数量；确定配送中心的技术作业流程；预测配送中心的建设投资及运行费用。

### （二）配送中心设计规划流程

1. 规划准备

在这个阶段，企业必须成立配送中心规划建设项目组，成员应来自投资方、工程设计部门等；确定配送中心未来的功能与运营目标，以利于资料收集与规划需求分析；收集所处地区相关发展资料和有关基本建设、自然条件、交通条件等资料，资料收集的目的在于把握现状，掌握市场容量。

2. 系统规划设计

此阶段应该将收集的相关资料进行汇总整理，作为规划设计阶段的依据。必须做好以下分析和规划：

（1）物品特性分析。比如，按货物重量可分为重物区、轻物区；按货币价值可分为贵重物品区、一般物品区等。因此，规划仓库时，首先需要对货物进行物品特性分析，以划分不同的储存和作业区域。

（2）储运单位分析。考察仓库各个主要作业（进货、拣货、出货）环节的基本储运单位。一般来说，仓储的储运单位包括托盘（P）、箱子（C）和单品（B），不同的储运单位，其配备的设备也不同。因此，掌握物流过程中的单位转换相当重要，需要对这些包装单位（P，C，B）进行分析，即所谓的 PCB 分析。通过对现有资料的分析，可以充分了解企业或地区原有仓储网络的弱点，进而确定配送中心的仓储能力、自动化程度等，以及配送中心作业流程、设备与作业场所的组合等。

（3）设施需求规划与选用。包括支持配送中心运作的服务设施规划，以及办公室和员工活动场所等场地的设施规划。

（4）信息情报系统规划。配送中心管理的特点是信息量比较大。配送中心所管理的物品种类繁多，而且由于入库单、出库单等单据数量大，关联信息多，查询和统计的需求水平很高，管理起来有一定的困难。为了避免差错和简化计算机工作，需要统一各种原始单据、账目和报表的格式。程序代码应标准化，软件要统一化，确保软件的可维护性和实用性。界面应尽量简单化，做到实用、方便，满足企业不同层次员工的需要。

（5）整体布局设计。估算储运作业区、服务设施的大小，并依据各区域的关联性来确定各区的摆放位置。

3. 方案评估决策

一般的规划过程均会产生多种方案，应由有关部门依照规划的基本方针和基准加以评估，选出最佳方案。

4. 局部规划设计

局部规划设计阶段的主要任务是在已经选定的地址上规划各项设施设备等的实际方位和占地面积。如果局部规划的结果改变了系统规划的内容，必须返回到前面的步骤，作出必要的修正后再继续进行局部规划设计。

5. 计划执行

当各项成本和效益评估完成以后，如果企业决定建设该配送中心，则进入计划执行阶段，即配送中心建设阶段。

## 8.4 现代供应链管理与第三方物流

随着物流理论与实践的发展，传统的物流渠道的概念已经不能适应生产、流通与消费之间日益密切的联系，因此产生了供应链和供应链管理的概念，也产生了现代物流如何适应供应链管理发展的问题。

### 供应链概述

#### （一）供应链的概念

目前供应链尚未形成统一的定义，许多学者从不同角度给出了定义。美国供应链管理专业协会对供应链的定义是：涉及从供应商的供应商到顾客的顾客最终产品生产与交付的一切努力。《物流术语》国家标准（GB/T 18354—2006）对供应链的定义为：生产及流通过程中，涉及将产品或服务提供给最终用户所形成的网链结构。一般意义上，供应链的定义为：商品到达消费者手中之前各相关者的连接或业务的衔接，是围绕核心企业，通过对信息流、物流、资金流的控制，从采购原材料开始，制成中间产品以及最终产品，最后由销售网络把产品送到消费者手中的将供应商、制造商、分销商、零售商直到最终用户连成一个整体的功能网链结构。

#### （二）供应链的特征

从供应链的结构模型可以看出，供应链是一个网链结构，由围绕核心企业的供应商、供应商的供应商和用户、用户的用户组成。一个企业是一个节点，节点企业和节点企业之间是需求与供应的关系。供应链主要具有以下特征：

1. 复杂性

因为供应链节点企业组成的跨度（层次）不同，供应链往往由多个、多类型甚至多国企业构成，所以供应链的结构模式比一般单个企业的结构模式更为复杂。

2. 动态性

供应链因企业战略和适应市场需求变化的需要（其中节点企业需要动态更新）而具有明显的动态性。

3. 面向用户需求

供应链的形成、存在、重构都是基于一定的市场需求，并且在供应链的运作过程中，用户的需求是供应链中信息流、产品/服务流、资金流运作的驱动源。

4. 交叉性

节点企业可以是这个供应链的成员，同时又是另一个供应链的成员，众多的供应链形成交叉结构，增加了协调管理的难度。

## 供应链的管理

### (一) 供应链管理的含义

供应链管理（supply chain management，SCM）是以提高企业个体和供应链整体的长期绩效为目标，对传统的商务活动进行总体的战略协调，对特定公司内部跨职能部门边界的运作和供应链成员中跨公司边界的运作进行战术控制的过程。供应链管理就是要整合供应商、制造部门、库存部门和配送商等供应链上的诸多环节，减少供应链的成本，促进物流和信息流的交换，以求在正确的时间和地点，生产和配送适当数量的正确产品，提高企业的总体效益。供应链管理通过多个环节提高整体效益。每个环节都不是孤立存在的，这些环节之间存在错综复杂的关系，形成网络系统。同时，这个系统也不是静止不变的，不但网络间传输的数据不断变化，而且网络的构成模式也在实时进行调整。

### (二) 供应链管理的内容

作为供应链中各节点企业相关运营活动的协调平台，供应链管理应把重点放在以下几个方面。

1. 战略管理

供应链管理本身属于企业战略层面的问题，因此，在选择和参与供应链时，必须从企业发展战略的高度考虑问题。它涉及企业经营思想、企业文化发展战略、组织战略、技术开发与应用战略、绩效管理战略等，以及这些战略的具体实施。供应链运作方式、参与供应链联盟所必需的信息支持系统、技术开发与应用以及绩效管理等都必须符合企业经营管理战略。

2. 信息管理

信息以及信息的处理质量和速度是企业在供应链中获益大小的关键，也是实现供应链整体效益的关键。因此，信息管理是供应链管理的重要方面。信息管理的基础是构建信息平台，实现供应链的信息共享，通过 ERP 和 VMI 等系统的应用，将供求信息及时准确地传递到相关节点企业，从技术上实现与供应链其他成员的集成化和一体化。

3. 客户管理

客户管理是供应链的起点。如前所述，供应链源于客户需求，也终于客户需求，因此供应链管理是以满足客户需求为核心来运作的。通过客户管理详细地掌握客户信息，从而预先控制，在最大限度地节约资源的同时，为客户提供优质的服务。

4. 库存管理

供应链管理就是利用先进的信息技术，收集供应链各方以及市场需求方面的信息，减少需求预测的误差，用实时、准确的信息控制物流，减少甚至取消库存（实现库存的虚拟化），从而降低库存持有风险。

5. 关系管理

通过协调供应链各节点企业，改变传统企业间进行交易时的“单向有利”的意识，使节点企业在协调合作的基础上进行交易，从而有效地降低供应链整体的交易成本，实现供应链的全局最优化，使供应链上的节点企业增加收益，进而实现双赢。

6. 风险管理

信息不对称、信息扭曲、市场不确定性以及其他政治、经济、法律等因素会导致供应链上节点企业的运作风险，必须采取一定的措施尽可能地规避这些风险。例如，通过提高信息透明度和共享性、优化合同模式、建立监督控制机制，在供应链节点企业间合作的各个方面、各个阶段建立有效的激励机制，促进节点企业间的诚意合作。

**营销视角8-3　每日优鲜的数字化供应链**

## 供应链合作伙伴关系

### (一) 供应链合作伙伴关系的定义

供应链合作伙伴关系（supply chain partnership，SCP）一般是指在供应链内部两个或两个以上独立的成员之间形成的一种协调关系，以保证实现某个特定的目标或效益。建立供应链合作伙伴关系的目的在于通过提高信息共享水平，减少整个供应链产品的库存总量、降低成本和提高整个供应链的运作绩效。

### (二) 供应链合作伙伴关系的目标

通过建立供应商与制造商之间的战略合作关系，可以达到以下目标。

1. 对于制造商、买主

(1) 降低成本；

(2) 获得数量折扣以及稳定而有竞争力的价格；

(3) 提高产品质量和降低库存水平；

(4) 改善时间管理；

(5) 缩短交货提前期，提高可靠性；

(6) 改进面向工艺的企业规划；

(7) 更好的产品设计和对产品变化更快的反应速度；

(8) 强化数据信息的获取和管理控制。

2. 对于供应商、卖主

(1) 保证有稳定的市场需求；
(2) 对用户需求有更好的了解；
(3) 提高运作质量；
(4) 提高零部件生产质量；
(5) 降低生产成本；
(6) 提高对买主交货期改变的反应速度和柔性；
(7) 获得（比非供应链合作伙伴的供应商）更多的利润。

3. 对于双方

(1) 改善相互之间的交流；
(2) 实现共同的期望和目标；
(3) 共担风险和共享利益；
(4) 共同参与产品和工艺开发，实现工艺、技术和物流集成；
(5) 减少外在因素的影响及其造成的风险；
(6) 减少投机概率；
(7) 增强矛盾冲突的解决能力；
(8) 在订单、生产、运输上实现规模效益以降低成本；
(9) 降低管理成本；
(10) 提高资产利用率。

虽然存在一些利益，但仍然有许多潜在的风险会影响供应链合作伙伴关系的参与者。重要的是，过分地依赖一个合作伙伴可能会在合作伙伴不能满足其要求时造成惨重的损失。同时，企业可能会因为对合作伙伴关系的控制、过于自信、合作伙伴过于专业化等原因而降低竞争力，还可能因过高估计供应链合作伙伴关系的利益而忽视其潜在的缺陷。企业必须对传统合作关系和合作伙伴关系进行比较，再作出最后的决策。

**营销视角 8－4　华为和其供应商伙伴京东方**

## 第三方物流概述

### （一）第三方物流的含义

第三方物流是指由商品的供方和需方之外的第三方提供物流服务，第三方不参与商品供需方之间的直接交易，只是承担从生产到销售过程中的物流业务，包括商品的包装、储存、运输、配送等一系列服务活动。专业化、社会化的第三方物流的承担者就是物流服务企业。

### （二）第三方物流公司的选择

企业在作出外协物流服务的决策之后，就面临如何选择第三方物流公司的问题。

首先，应根据企业业务发展的前景，估计现有物流力量在服务广度与深度方面存在的差距，然后确定对外协物流服务能力的核心要求。

其次，尽可能多地收集各物流服务供应者的信息，比较分析后初步确定备选公司的名单。

最后，要求备选的物流公司提出运作方案，然后由评估小组来评定。

评估时应特别看重备选公司是否具备以下素质：创造性、独特性与提供增值服务的能力；与内外部相关人员合作的能力；市场意识与客户至上的精神；将先进技术用于解决实际问题的能力。

鉴于第三方物流外协合同一般长达数年乃至数十年，企业方面应该把签约的第三方物流公司当作本企业的一个组成部分，犹如本企业功能的延伸，建立起战略联盟关系。这种战略联盟应该是一种双赢的关系，即双方休戚与共，共同致力于提升经营业绩。

## 第三方物流战略实施设计与实施要点

首先，战略总体设计要突出第三方物流的战略优势。对制造商而言，第三方物流是利用外部资源，此举可以变用户的固定费用为可变费用，得到并享用物流专家的经验与物流技术革新成果，提高物流管理职业化的服务水平，也能为用户提供各类满意的增值服务。

其次，第三方物流经营要贯彻准时和有效的客户响应原则。物流经营者应对用户需求变化作出迅速、有效的响应，以满足用户需要。

再次，第三方物流战略的支撑重点在于准时制（JIT）和有效顾客响应（ECR），主要包括移动通信、电子数据交换、车辆追踪与物流链管理专家的指导。

最后，要充分发挥市场机制的作用，科学设计第三方物流的组织系统。

企业对基于供应链管理的第三方物流的认识与实践有一个过程。就我国实际情况而言，大而全、小而全的企业数量太多，这些企业与其他企业合作的意识极为淡薄，非核心业务过多导致企业核心能力不突出，也不利于参与国际竞争。这类企业改造的基本思路是将现有运输部门的业务或资产独立出去，采用社会公开招标的形式，利用外部资源完成基于供应链的第三方物流改造。

总体来讲，第三方物流在我国仍处于起步阶段，企业物流和公众物流仍然是社会物流的主要形式，严格意义上的第三方物流有效需求不足的局面短期内难以明显改观。同时，第三方物流在中国已经有了十几年的探索和发展，在全球经济一体化的影响下，中国正在成为第三方物流发展最迅速的国家之一。

## 案例分析

### 大润发的供应链管理

连锁零售企业的供应链管理主要通过对供应商、零售商和门店信息的有效集成，使商品能以正确的数量、正确的时间、正确的状态供应给正确的地点，从而在满足服务要求的基础上实现整个系统成本的最小化。大润发正是采用了现代化的供应链管理思想，通过对信息流、物流、资金流的有效调控，把供应商、零售商、终端客户连成一个功能性整体进行协调管理。

（一）大润发自建配送中心，合理利用第三方物流

大润发自建配送中心的目的在于降低运输与仓储成本，减少重复的管理成本，有效提高卖场空间的利用率，将物流过程中诸多变化成本固定化，使整体进、销、存作业规范一致。换言之，其成立配送中心最终是要把信息、物流和商流独立出来，把属于物流部分的资金尽

量简单化以集中全力攻占市场，尽量减少后勤工作所带来的大量管理成本与物流的变动成本所造成的负面效应。

采用配送中心作业的商品一般销量大、周转率高、产品包装尺寸与重量较为一致、需特殊温湿控制、需特殊包装处理，而大润发作为大型量贩超市，其所经营的产品中不乏具有此类特性的商品。

（二）建立共用的信息平台，实现链上成员的协同与合作

在市场竞争激烈的今天，成功企业的标志之一是能对供应链末端顾客的需求进行快速反应。为了形成最强大的竞争优势，供应链成员应当相互合作，这样服务与顾客需求之间的缝隙才会越来越小，最终形成无缝隙供应链。为了提高整个供应链的运作水平，大润发建立了基于 Web 的信息互动平台，此信息平台和大润发的 POS 系统相连，供应商可实时监控商品库存、顾客需求等，很好地与大润发达成协同合作，真正做到高效运营的无缝隙供应链管理。

（三）强调细节管理，实现作业流程标准化、最优化

信息系统在供应链的实物流程上是十分重要的，大润发供应链管理中心通过自动化的 POS 系统，减少了人工操作，提高了整个物流的速度和准确度。

运用信息技术，优化了仓库内的物流作业，使流程标准化，大润发大大降低了运作成本。因为仓储作为物流各环节的接合部，涉及入库、分拣、在库、盘点、出库、补货等，流通的信息量非常大，包括物品种类、数量、用途、储存位置、库存状况等。因此，POS 系统在公司内部统一商品编码、统一进货渠道，当供货商将货物运到大润发物流之后，就贴上唯一识别的标签，通过射频技术、数据通信技术、条形码技术、扫描技术实现产品的入库，使采集的数据自动导入标准化数据库。仓储信息网络化，已经成为大润发提高物流运转效率的非常必要的手段。

（四）实时监控物流业务，降低供应链成员的整体库存

除了流程的优化，大润发利用信息系统收集和处理数据，协助制定订货计划。大润发供应链管理中心借助信息系统记录的销售资料，利用数据挖掘的技巧，分析顾客需求的第一手资料。

通过各个连锁门店的 POS 系统，大润发供应链管理中心可以对各个连锁门店的销售、库存、进价等信息系统进行控制，从而实现整个物流业务的统一管理。经过中央信息处理中心，将各个物流节点的信息数据汇总，实现了统一订货。这也就从整体上降低了供应链的运作成本，并有效地发挥了规模化效应。而且这种订货方式使以前靠经验做的事情变成使用统计数据对订货进行分析，完成了从定性到定量管理的转变，从而有效地优化了库存。

（五）通过集中配送、逆向物流方式，大大降低营运成本

一家成功的超级市场背后一定有一个高效的物流配送系统，大润发也不例外。大润发供应链管理中心的配送中心为企业的成功作出了极大的贡献。配送中心有一个电脑网络配送系统，分别与各店铺相连。电脑系统每天都会定期收到各个店铺发来的库存报告和要货报告，在得到门店的要货单并汇总后，物流计划部根据第二天的收货、配送任务制定物流计划。

做好配货计划后，就安排人员拣货。拣货根据汇总单取货，汇总单标识从各个仓位取货的数量。取货数量为本批配货的总量。取货完成后系统预扣库存，被取商品从仓库仓间拉到待发区。在待发区配货检查人员配货检验无误后使用手持终端确认配货数据。商品分捡完成

后都堆放在待发库区，按正常的配送计划，这些商品在晚上送到各门店。

（六）快速响应客户信息，提高服务质量

顾客是供应链管理的核心，顾客需求是供应链的起点。大润发利用数据挖掘去收集信息，继而评估顾客的需求。

基于电子商务网，大润发建立了客户服务系统，为有效服务顾客提供了数据支持。顾客或门店一旦对商品或服务有异议，都可及时反馈到大润发源通物流的客服中心，会有专人给出答复和处理意见。高效快捷的客服系统大大提高了大润发的服务品质，增进了大润发与顾客的关系。

作为中国零售市场的领头羊，大润发在供应链管理方面不断追求更高的目标，优化供应链，实现供应链的双赢原则，这将成为大润发永远的追求。

资料来源：大润发的供应链管理. https://www.docin.com/p-2209304471.html.

**讨论**

1. 简述大润发供应链管理的运作思维。
2. 大润发具体是如何实施自身供应链模式的？
3. 和其他国内大型超市相比，大润发有哪些优势和劣势？结合案例谈谈你的看法。

## 重点名词

物流管理　物流系统　配送成本　配送中心

供应链管理　供应链合作伙伴关系　第三方物流

## 思考题

1. 物流管理的目标是什么？
2. 找一家配送中心，了解其运作过程，并给出降低配送成本的策略。
3. 配送中心的作业流程是什么？
4. 如何理解供应链合作伙伴关系？
5. 如何选择第三方物流公司？

## 实训练习

找一家零售类企业，根据本章所学知识分析其配送中心和供应链模式，谈谈你对其未来发展的看法。

第 9 章

# 营销渠道成员的激励管理

## 本章要点

1. 了解渠道沟通的含义。
2. 熟悉渠道沟通的路径和作用。
3. 掌握渠道沟通的策略。
4. 了解渠道激励的期望理论。
5. 熟悉渠道激励的内容和形式。
6. 掌握渠道激励的原则和方法。
7. 了解渠道调整的时机。
8. 了解渠道整合的概念、原则和作用。
9. 熟悉渠道调整的主要路径和方法。
10. 掌握渠道调整的主要趋势。

## 引　例

**周黑鸭联合御泥坊跨界营销，助力分销渠道升级**

2018 年 5 月，湖北的名片之一、以麻辣卤味出名、深受消费者喜爱的周黑鸭，这个美食品牌玩起了跨界，联合御泥坊以“跨界彩妆、辣么出色”为主题，推出联名口红——小辣吻咬唇膏。这款口红分为暖洋红、蜜桃粉、南瓜橙三个色号，外壳采用亮黑色，大小和鸭脖相近，形状设计成了红唇的模样，小巧便捷。

两者联合推出的口红，无论是设计、还是生产或包装都应当是御泥坊起到主要作用，周黑鸭提供的主要是推广分销渠道。据了解，周黑鸭的微博粉丝目前是 49 万，天猫官方旗舰店的粉丝数量是 301.7 万，再加上其超过 1 000 家的线下门店，周黑鸭的受众必然是百万级的。同样，御泥坊的 27 万微博粉丝量和天猫御泥坊旗舰店的 731.2 万粉丝量，也为周黑鸭提供了非常好的推广分销渠道。

资料来源：2018 跨界营销成功案例分析，经典营销新思路 . https://www.1shang.com/Index/show/catid/8/id/95.html.

稳定的经销渠道是市场稳定的基本保证。在设计渠道结构和选择分销商以后，必须对渠道成员进行激励管理，从渠道沟通到渠道激励，最终对渠道进行调整，以实现高效畅通的分销渠道。

## 9.1 渠道沟通

在实际工作中，渠道沟通与整个渠道管理活动相伴随，它渗透于渠道管理活动的每一个环节。很难想象没有渠道沟通的渠道管理活动。同时，渠道沟通对渠道激励和渠道调整具有重要的作用。

### 管理沟通概述

#### （一）沟通的含义

“沟通”一词源于拉丁文。对于该词，《大英百科全书》解释为“用任何方法，彼此交换信息”；《美国传统双解词典》解释为“交流、交换思想、消息或信息”；《新编汉语词典》解释为“使双方能通连”。

1916年，亨利·法约尔第一次提出了沟通的作用，他认为沟通是指组织内部传递信息，这对于促进管理沟通特别是组织沟通的研究起到重要的作用。此后，众多学者围绕沟通的信息交流、信息传递作用，给出了很多有关沟通的定义。

一般而言，沟通被认为是在两个或更多的人之间进行的关于事实、思想、意见和情感等方面的信息交流。通过沟通，人们能够增进彼此的了解，取得彼此的信任，建立良好的人际关系。

本书认为，沟通就是信息的交流，即把信息传递给客体或对象，以期客体作出反应的整个过程。

#### （二）管理沟通过程

管理沟通过程即管理信息传递和交流过程。在这个过程中，至少存在一个信息发送者和一个信息接收者。

第一，信息发送者有需要向信息接收者传送的信息，如有关管理活动的一些想法、观点、资料等。

第二，信息发送者将这些信息译成接收者能够理解并且媒介能够传递的信息符号，如语言、文字、图标、照片等。

第三，将上述符号通过适当的媒介传递给接收者，如通知书、口头甚至肢体动作等。

第四，接收者通过适当的方式接收这些符号。

第五，接收者将这些符号翻译为具有特定含义的信息。

第六，接收者消化、理解信息的内容，并采取行动。

第七，发送者通过接收者的行为反应或信息反馈了解自己想传递的信息是否被对方准确无误地接收了。

### （三）管理沟通的分类

管理沟通有多种分类。按照采用的媒介可分为口头沟通、书面沟通、非言语沟通、体态语言沟通及电子媒介沟通等。

按照信息交流的流向可分为下行沟通、上行沟通和平行沟通。下行沟通指上级将信息传递给下级，是由上而下的沟通。上行沟通指下级将信息传递给上级，是由下而上的沟通。平行沟通指同级之间的横向信息传递，也称横向沟通。

按照功能可分为工具式沟通和感情式沟通。工具式沟通指发送者将信息、知识、想法、要求传递给接收者，以影响和改变其行为，达到个人或企业的目标。感情式沟通指沟通双方表达情感，获得彼此在精神上的同情和谅解，从而改善相互之间的人际关系。

按照是否有反馈可分为单向沟通和双向沟通。单向沟通指的是没有反馈的信息传递，一方是单纯的信息接收者，一方是单纯的信息发送者。双向沟通是指有反馈的信息传递，是发送者和接收者相互之间进行信息交流的沟通。

按照组织系统可分为正式沟通和非正式沟通。正式沟通指的是按照组织明文规定的途径进行的信息传递和交流，与一个组织的结构密切相关，主要内容包括企业高层的命令、指示、文件，企业召开的正式会议，企业内部上下级之间或同事之间因工作需要而进行的正式接触。非正式沟通以社会关系为基础，由员工自行选择进行，与组织内部明文规定的制度无关，不受组织的监督，也没有层级结构上的限制，如员工之间的交谈、议论、小道消息、流言等。

## 二、渠道沟通及其策略

### （一）渠道沟通的含义

营销渠道要正常运行，必须进行各种形式的沟通。沟通可以使人们增进相互的了解，及时传递信息，排除交流障碍，获得相互的理解和信任。更重要的是，沟通把组织融为一个整体，产生统一的行动。在由多个企业组成的营销渠道中，要协调各种关系、解决各种矛盾，就必须有效地沟通。

沟通渠道是指由信息源选择和确立的传送信息的媒介物，即信息传播者传递信息的途径。信息源必须确定何种渠道是正式的，何种渠道是非正式的。一般来说，正式渠道由组织建立，它传递那些与工作相关的活动信息，并遵循组织中的权力网络，而其他的信息在组织中是通过非正式渠道来传递的。

### （二）渠道沟通的路径和作用

渠道沟通是管理沟通的一种，其特点在于它的跨组织性。具体的沟通路径如下：（1）渠道领袖企业的高层管理者与本企业渠道管理人员之间的沟通；（2）渠道成员企业与该企业渠道员工之间的沟通；（3）渠道领袖企业与渠道成员企业之间的沟通；（4）渠道领袖企业的渠道管理人员与渠道成员企业之间的沟通；（5）渠道领袖企业的渠道管理人员与渠道成员企业的员工之间的沟通。前两者属于企业内部沟通，后三种属于跨组织沟通。

营销渠道管理中，沟通是一种黏合剂，将渠道参与者黏合在一起。通过沟通，渠道领袖或主要参与者可以实现以下目标：第一，传递规劝性信息；第二，调动其他成员参与决策的积极性；第三，分配渠道任务，协调渠道工作；第四，对其他成员的决策施加影响；第五，鼓励互信、互依和相互承担责任的合作关系，建立良好的渠道氛围。

## （三）渠道沟通的策略

### 1. 沟通的属性

（1）沟通频率。指一定时期内组织间进行沟通的次数。尽管沟通是必要的，但是过多的沟通会加重组织成员的负担，从而影响组织的效率。因此，对沟通频率进行评估时，要把渠道成员间的实际沟通量与合作所必需的沟通量放在一起对比，过高和过低的沟通频率都意味着沟通存在问题。

（2）沟通方向。指沟通信息在组织中纵向或横向的流动。在营销渠道中，分为向上游沟通、向下游沟通和双向沟通。这是渠道沟通与组织内部沟通的一个重要差别。组织内部沟通一般分为向上、向下和双向沟通，这里的"上""下"表示组织内部的层级关系。然而，在营销渠道中，层级关系并不是很清楚，有时生产制造商权力较大，有时批发商或零售商权力较大，因此按照营销渠道的结构，将渠道成员向生产制造商方向进行的沟通称为向上游沟通，向零售商方向进行的沟通称为向下游沟通。这里的"上""下"并不表示渠道权力的大小和地位的高低，而是营销渠道中的相对位置。向上游沟通和向下游沟通都是单向沟通，当一方渠道成员向上游沟通，而相对一方的渠道成员同时向下游沟通时，就是双向沟通。

（3）沟通形式。指信息传送的形式，如面对面的沟通、文字沟通和电话沟通等。一个广泛采用的分类方式是正式沟通和非正式沟通。正式沟通一般指渠道成员通过书面或者会议形式进行的沟通。非正式沟通则是指渠道成员的员工之间进行的较为个性化的沟通。

（4）沟通内容。指沟通所传送的信息内涵。就沟通内容而言，主要有两种分类：一种是信息交换的内容；另一种是信息交换过程中施加影响的类型。克罗斯（Cross）认为市场营销渠道中信息交换的内容主要包括储存、促销、产品特征、定价结构和市场情况。弗雷泽（Frazier）和萨默（Summer）区分了直接影响和间接影响。直接影响是直接通过暗示或者要求信息接收者做信息发送者所希望做的事情，以此来改变信息接收者的信念或者态度，而不直接提出具体的要求。在权力平衡的情况下，就会采取间接沟通。因为双方的权力是平衡的，通过信息交换，双方能够作出相应的决策。当权力不平衡时，权力较强的一方更容易采取直接沟通，明确地说明权力较弱的一方应该采取的行为。

### 2. 渠道沟通策略

沟通策略在这里被定义为沟通属性的不同方式。综合渠道沟通策略的要素，渠道沟通策略可以分成两大类：合作式渠道沟通策略和自主式渠道沟通策略。合作式渠道沟通策略倾向于与其他渠道成员进行高频率、双向、非正式和间接的沟通；自主式渠道沟通策略则倾向于与其他渠道成员进行低频率、单向、正式和直接的沟通。

Mohr and Fisher（1999）对合作式渠道沟通策略给出了更加明确的定义，即针对分销商的以加强合作为目的的密集型沟通策略。该策略包括以下四个重要组成部分：（1）包含各种沟通方式（如面对面的交流、电话、电子邮件等）的高频率的互相交流。（2）更强调相互的、双边的沟通以及制造商与分销商之间持续的对话。（3）正式沟通（依赖于制定关于沟通的政策与程序）。强调正式沟通并不是说非正式沟通不重要，而是说正式沟通作为该策略的组成部分不可或缺。（4）使用影响策略来强调双方的共同目标。诸如通过讨论来改善分销商的经营，为分销商增强盈利能力提供建议等。

## 渠道沟通环境与渠道沟通策略

这里考虑三种渠道沟通环境：渠道结构类型、渠道氛围和渠道权力结构。表 9－1 显示出渠道沟通环境与渠道沟通策略之间的关系。

**表 9－1　渠道沟通环境与渠道沟通策略之间的关系**

| 渠道沟通环境 | 渠道沟通策略的要素 | | | | 渠道沟通策略 | |
|---|---|---|---|---|---|---|
| | 频率 | 方向 | 形式 | 内容 | 合作式 | 自主式 |
| 结构类型 | | | | | | |
| 关系型 | 高 | 双向 | 非正式 | 间接 | A | C |
| 市场型 | 低 | 单向 | 正式 | 直接 | B | D |
| 氛围 | | | | | | |
| 支持 | 高 | 双向 | 非正式 | 间接 | A | C |
| 不支持 | 低 | 单向 | 正式 | 直接 | B | D |
| 权力结构 | | | | | | |
| 对称 | 高 | 双向 | 非正式 | 间接 | A | C |
| 非对称 | 低 | 单向 | 正式 | 直接 | B | D |

说明：A，B，C，D的含义见下文。

渠道结构类型可以根据渠道成员之间交换的特点分为两种形式：市场型渠道结构和关系型渠道结构。市场型渠道结构，指渠道成员之间的交换以实物为基础，是一种非联系性交易——有明确的开始与结束，且持续时间很短。关系型渠道结构，指渠道成员之间的交换以无形的东西（如情感、承诺、信任等）为基础，可以追溯到先前交换双方的活动，反映一个持续的过程，且持续的时间较长。一般而言，在市场型渠道结构中，渠道成员倾向于采用自主式的渠道沟通策略与其他成员沟通；而在关系型渠道结构中，渠道成员倾向于采用合作式的渠道沟通策略与其他成员沟通。

渠道氛围指渠道成员对渠道工作环境的总体认知，包括渠道的组织特点和成员之间的关系状态。它有点像渠道文化，人们看不到它，但它无所不在。渠道氛围有很多不同的分类方法，简单一点，可以把它看作一条直线，两个端点分别是：(1) 相互支持和彼此信任的渠道氛围；(2) 缺乏支持与彼此不信任的渠道氛围。两个端点之间存在大量的中间状态。一般而言，在相互支持与彼此信任程度较高的渠道氛围中，渠道成员倾向于采用合作式渠道沟通策略与其他成员沟通；而在相互支持与彼此信任程度较低的渠道氛围中，渠道成员倾向于采用自主式渠道沟通策略与其他成员沟通。

渠道权力结构通常划分为对称的权力结构与非对称的权力结构。在渠道成员关系中，对称的权力结构指双方拥有大致相同的渠道权力；而非对称的权力结构则指一方拥有的权力明显大于另一方。一般而言，在对称的权力结构中，渠道成员倾向于采用合作式渠道沟通策略与其他成员沟通；而在非对称的权力结构中，渠道成员倾向于采用自主式渠道沟通策略与其他成员沟通。

**营销视角 9－1　沟通的 7 个基本原则**

### 渠道产出与渠道沟通策略

渠道产出分为定性产出和定量产出。定性产出是指那些很难量化、主观色彩很浓（不同的人有不同的评价）的渠道产出，如渠道成员之间的协调性、渠道成员的满意度、渠道成员之间的关系水平（由信任与承诺水平测量）。定量产出是指渠道的整体绩效，主要由商品的流通量、流通费用和利润额等测量。

根据权变理论，渠道沟通策略对渠道产出的影响由渠道沟通策略和既定的渠道特性的相互作用决定，并无绝对好坏之分。使用得当（渠道沟通策略和渠道特性很好地匹配）就好，使用不得当（渠道沟通策略和渠道特性没有很好地匹配）就不好。

营销渠道理论认为，总体来讲，合作式渠道沟通策略对渠道产出的影响要好于自主式渠道沟通策略，但是与渠道特性不匹配的合作式渠道沟通策略不如与环境匹配的自主式渠道沟通策略。一般而言，我们有

产出水平：A>D>B>C

其中，A表示合作式渠道沟通策略配关系型渠道结构、相互支持与彼此信任程度较高的渠道氛围、对称的权力结构；B表示合作式渠道沟通策略配市场型渠道结构、不相互支持与彼此信任程度较低的渠道氛围、非对称的权力结构；C表示自主式渠道沟通策略配关系型渠道结构、相互支持与彼此信任程度较高的渠道氛围、对称的权力结构；D表示自主式渠道沟通策略配市场型渠道结构、不相互支持与彼此信任程度较低的渠道氛围、非对称的权力结构。

**营销视角 9-2　农夫山泉：营销渠道研究**

根据渠道沟通的模型，采取什么样的渠道沟通策略，要根据渠道特性（结构、氛围、权力）来确定。考虑到渠道沟通策略由多个渠道沟通要素变化和组合而成，渠道沟通策略的选择空间还是很大的。

## 9.2 渠道激励

在全球化制造与营销态势下，制造商为了集中自身的制造优势，通常依赖于外部渠道力量完成再生产过程的循环。营销渠道成员间的专业化分工成为社会化大生产条件下的必然趋势。由于每个渠道成员都是市场中独立的经济实体，行为目标是多元化的，因此渠道成员的行为不会自动地相互一致。制造商采取渠道激励措施的根本目标是在满足最终用户需求的条件下，以合理的费用对中间商产生最大的激励。有效的渠道激励可以促使渠道成员求同存异。许多学者对制造商与中间商的关系及其影响因素、中间商的评价与控制方法、销售佣金的设计等进行了研究，目的是找到解决冲突、激励营销渠道成员的途径。

### 激励理论

通常，激励是通过刺激和满足人们的需求或动机，强化、引导或控制人们行为的过程。有多种激励理论，如需求层次理论、双因素理论、目标设置理论和期望理论等，可以作为激

励活动的指导。

需求层次理论主要有马斯洛的需求层次理论和 ERG 理论两种。马斯洛的需求层次理论将需求分为五个层次，由低到高依次为生理需求、安全需求、社交需求、尊重需求和自我实现需求。当低层次的需求满足以后，高一层次需求的满足就变得越来越迫切。因此，当某种需求满足后，针对这一需求的刺激将不再具有或只有很小的作用。根据这一理论，首先应该知道被激励者处于需求的哪个层次上，然后设法满足他的需求。

ERG 理论是对马斯洛需求层次理论的重组。该理论认为，人有三种核心需求，即生存（existence）、关系（relatedness）和成长（growth）。生存需求涉及基本的物质生存需求，包括马斯洛需求层次理论的生理需求和安全需求两项；关系需求包括马斯洛需求层次理论的社交需求和尊重需求的外在部分；成长需求则包括马斯洛需求层次理论的尊重需求的内在部分和自我实现需求。ERG 理论通过实证研究发现：（1）多种需求可以同时存在；（2）如果高层次的需求得不到满足，则满足低层次需求的愿望会更强烈。

根据双因素理论，影响人们工作态度和行为的因素有两大类：保健因素和激励因素。保健因素指对人们维持工作现状起保全作用的因素，主要属于工作环境和工作关系方面的因素，如企业的物质条件、工资和福利待遇、监督的方式方法，以及人与人的关系等。如果这些问题解决不好，低于人们可接受的水平，就会引起人们对工作的不满，但它们不会提高人们工作的积极性。激励因素指对人们工作的积极性起调动作用的因素，主要属于工作本身和工作内容方面的因素，如工作上的成就感、才能得到认可、增加工作任务、获得成长和发展的机会等。这些因素被满足时，人们的工作积极性会大幅提高。赫茨伯格认为，只有通过激励因素来调动员工的积极性，才能提高生产效率。

目标设置理论提出，指向某个目标的工作是工作激励的主要源泉，因为目标告诉员工需要做什么以及需要付出多大的努力。目标设置理论有三个要点：第一，如果能力和目标的可接受性保持不变，则目标越具体、越困难，绩效水平就会越高；第二，当人们获得了工作业绩的反馈时，人们会做得更好，因为反馈能帮助他们认清已做的和要做的之间的差距；第三，如果员工有机会参与设置自己的目标，他们会更努力地工作。

最后，期望理论认为，一种行为倾向的强度取决于一个人对这种行为可能带来的结果的期望强度以及这种结果对行为者的吸引力。当一个员工认为努力会带来良好的绩效评价时，他就会受到激励从而付出更大的努力。因此，期望理论的关键是了解努力与绩效、绩效与奖励、奖励与个人目标满足之间的关系。

## 渠道成员的需求

### （一）渠道成员的需求特点

1. 渠道成员的需求与制造商不尽相同

作为渠道成员的中间商企业，是独立于生产企业的法人，在企业文化、定价策略、员工激励、技术培训、广告宣传、售后服务、营销手段等方面与制造商存在或多或少的差异。

麦克威将这种差异概括得最为全面，他认为中间商与制造商在需求与所面临的问题方面的差异可以归纳为以下几点。中间商并不认为自己是“生产企业铸造的链条上雇佣的环节”。中间商首先充当的是顾客的采购代理，其次才是供应商的销售代理。中间商对顾客希望从其处购买的任何产品都十分感兴趣，试图把所有产品组成一个家族，并以组合的方式打包出售给顾客。中间商尽力销售的目的是获取整体产品而不是单个产品的订单。对制造商的产品定价、组合或促销有用的信息通常隐藏在中间商自己的记录中，它们有时甚至故意不提供给制造商。

2. 渠道成员的需求会随着时间而改变

产品在投入市场后会经历一个生命周期，包括导入、成长、成熟和衰退。渠道成员之间的关系也具有这样的特点，即制造商与中间商之间的关系也会经历一个生命周期，在周期的不同阶段，渠道成员的需求和出现的问题不尽相同（见表9-2）。

**表9-2 中间商在渠道关系生命周期不同阶段的需求和问题**

| 渠道关系生命周期阶段 | 渠道成员的需求和问题 |
|---|---|
| 导入期 | 解释其经营哲学、目的 |
| 成长期 | 提出首要问题，不要让观点悬而未决，努力寻找机会，要诚实正直 |
| 成熟期 | 沟通、沟通、再沟通，持续强化问题 |
| 衰退期 | 迅速退出 |

制造商与中间商签订协议后，双方就正式进入了渠道关系的生命周期。此时，制造商向中间商详细介绍其经营理念、企业文化、产品的目标群体和将来的发展目标。同时，中间商也希望尽快进入角色，了解产品的特点，及时推广市场，为双方的渠道关系奠定坚实的合作基础。此时，合作双方的步调比较一致，积极推进合作，尽力满足对方的需求并解决出现的问题。如果此时制造商忽略了与中间商的沟通，或在某些服务上做得不到位，又没有及时解决问题，则很容易由于初期的合作基础不牢固、信任关系没有完全形成而无法继续合作。

到达成熟期的渠道合作关系应该逐渐趋于稳定。中间商的市场推广在正常情况下应该比较顺利，利润率上升，市场占有率加大，从而获得预期利益。但这种良好的渠道关系需要双方共同的努力和维持，如果连续发生服务延迟、投诉处理不当、投入减少等冲突，双方的渠道关系将很快从成熟期步入衰退期。

总之，中间商的需求和问题在不同时期有所不同，因此制造商采用不同的方式对症下药才是维护双方关系的正确途径。当然，如果双方的关系确实难以维系，渠道总体效率下降，则应考虑结束渠道关系。

## （二）渠道成员的需求类别

马斯洛认为人总是首先满足低层次的基本需求，之后才会逐渐为满足高层次的需求而努力。类似地，可以把渠道成员在渠道关系中的不同需求简单、形象地划分为生存需求、关系需求和成长需求（见表9-3）。制造商应根据渠道中间商不同类别的需求分别制定相应的渠道政策，以便更好地促进双方的沟通和合作。

**表9-3 渠道中间商的需求类别**

| 需求类别 | 中间商 |
|---|---|
| 生存需求 | 有维持企业生存的收益；关注购销差价及让利 |
| 关系需求 | 中间商与合作伙伴、政府、团体、大众的关系得到同行的尊重 |
| 成长需求 | 为未来成就奠定基础，增强企业实力并积累经验 |

# 渠道激励的期望理论

在企业建立渠道系统后，即使渠道结构设计得非常完美，也需要企业对其渠道中间商不断进行激励，才能使双方合作更加愉快，让渠道系统内部成员都能获得较大的收益。

期望理论相信，个体的行为倾向取决于他对这种行为可能带来的结果的期望和这种结果的吸引力，其中涉及三个变量或三种关系。

A. 期望——努力与绩效的关系。回答这样的问题：我能达到要求的绩效水平吗？为了达到一定的绩效水平，必须付出多大的努力？

B. 工具——绩效与奖励的关系。回答这样的问题：达到要求的绩效水平，我能得到奖励吗？我会得到怎样的奖励？

C. 吸引力——奖励与个人目标满足的关系。回答这样的问题：那个奖励是我想要的吗？它能够帮助我实现自己的目标吗？奖励的吸引力有多大？

将上述内容应用到渠道激励中，可构建出渠道激励模型。首先，渠道参与者对其工作产出或者结果有一个认知。如果渠道参与者通过努力工作获得利润和工资，并从渠道领袖或者渠道管理人员那里获得各种奖励、安全感以及良好的合作关系，那么渠道参与者的工作产出效果可能是正向的。否则，如果渠道参与者面临着工作的艰辛、无聊、烦琐、压力以及来自渠道管理人员的严密监控和威胁，那么他的工作产出效果可能是负向的。问题的关键在于渠道参与者怎么对待他们的工作结果。

其次，渠道参与者会对其工作产出的吸引力进行评价。评价结果可能是正的，可能是负的，也可能是中性的。此评价是非常个性化的，取决于不同渠道参与者的态度、个性和需要。当工作产出被渠道参与者认为有吸引力时，他就希望这个结果能够出现；否则，他就会想办法躲避这一结果。这里讲的是 C 关系。

再次，当工作产出被认为有吸引力时，为得到这一产出，渠道参与者会考虑他需要采取的行动。只有当他清楚地知道自己需要做什么、怎么做、工作绩效怎么评价、评价标准是什么时，以渠道领袖为首的超级组织的奖励才会影响他的行为与工作绩效。如果不相信渠道领袖会兑现奖励承诺，渠道参与者一般不会为提高工作效率而努力工作。这里讲的是 B 关系。

最后，当上面的问题都得到肯定的回答以后，渠道参与者就会考虑他的能力，以及成功完成任务的可能性。这时，如果业绩指标定得太高，渠道参与者根本无法达到，则其他一切激励措施都很难产生激励效果。这里讲的是 A 关系。

三个关系又可以看作三个缺口，分别是能力缺口、信任缺口和认知缺口。只有这三个缺口被很好地弥合起来，渠道领袖的激励才是最为有效的。为此，渠道领袖要根据自己的实际情况选择较有能力的渠道成员，弥补能力缺口；言而有信，奖罚分明，弥补信任缺口；了解渠道成员及其员工的需要，弥补认知缺口。

## 渠道激励的内容和形式

人的需求可以归纳为物质和精神两大类，有的人偏重物质需求，有的人偏重精神需求。以此为据，渠道激励的内容尽管丰富多彩，激励中间商的形式哪怕多种多样，但归根结底不外乎物质激励与精神激励两个方面。

### （一）物质激励

物质激励是以提供物质产品为奖励手段的激励形式，比如，提供价格优惠、提供奖金、提供独家经营权、提供市场费用补贴等。物质激励的实质是向渠道成员提供金钱刺激，它永远不失为一种有效的激励形式。

追求利益是渠道的天性，中间商作为独立运营的企业，获取利润是其进行经营活动的根本目标，如果运用得当，物质奖励往往会起到非常好的激励效果。因此，制造商可以根据中间商的经营目标和需要，在谈判与合作时提出一些商业利益上的优惠条件来对中间商进行鼓励，具体策略如下。

1. 给中间商返利

返利是指厂家根据一定的评判标准，以现金或实物的形式对中间商进行滞后奖励。其特点是滞后兑现，而不是当场兑现。

2. 给予中间商价格折扣

制定各种价格折扣政策，给予中间商最优惠的价格，实质上是变相让利给中间商，这是渠道利润分配的一种手段，体现了厂家和中间商利益共享的渠道激励思想。

3. 放宽信用条件

通常相对于制造商而言，许多中间商的资金实力都非常有限，它们对付款条件也会较为关注。因此，企业应针对此类渠道成员的特定需要，在调查合格后适当地放宽付款方式的限制，甚至可在安全范围内提供信用贷款，帮助其克服资金困难，这样也能达到较好的激励效果。

4. 各种额外补贴

针对中间商在市场推广过程中所付出的种种努力，带有奖励性地对其中一些活动给予补贴，如广告费用补贴、通道费用补贴、商铺陈列补贴，既加大了产品的市场推广力度，也调动了渠道成员的积极性。

## （二）精神激励

虽然物质激励非常重要，但它并非对所有的中间商都能产生激励作用，还必须配合精神激励才能达到理想的效果。如果中间商感觉自己受到重视，在渠道中有较大的发言权和自主权，那么必然会形成强大的凝聚力和渠道忠诚。

1. 协商咨询

通过协商、咨询等方式使中间商参与企业的战略制定及业务管理工作，一方面能帮助企业直接获取目标客户的信息反馈；另一方面也可满足渠道成员的社交需求和尊重需求，最大限度地调动其工作积极性。

2. 授权激励

企业在管理过程中适当授权给中间商，如赋予其独家经营权或者其他一些特许权，对中间商来说也是一种很好的激励方法，可以满足其地位提升的需要，使其产生较强的成就感和责任感，从而达到较好的激励效果。

3. 合作开发

可以加强与中间商的合作力度，将单纯的产品供销合作拓展到共同进行产品的研发与改进、市场开发与推广、售后服务活动等领域，进一步扩大品牌的知名度。全面合作加强了渠道成员之间的沟通与感情，维持了较好的渠道稳定性，同时不断提升的品牌效应使渠道成员长期受益，成为对其最好的激励。

4. 提供培训

在专业性上对渠道成员进行全方位的培训，这将对渠道成员产生一定的吸引力和号召力，在渠道整体经营能力不断提升的同时，减少渠道的冲突和摩擦。

5. 市场支持

及时了解渠道成员的实际困难并帮助解决。如当中间商出现较大的人员变动、组织结构不清晰或信息通路不畅等问题时，企业可在控制自身风险的前提下尽力为其提供帮助，以维持渠道的稳定性、增强渠道的凝聚力。

**营销视角 9-3　百事对渠道成员的返利政策**

总之，必须针对不同渠道成员的实际需要，结合多种方式给予帮助和鼓励，才能达到理想的激励效果。

## 渠道激励的原则和方法

### (一) 渠道激励的原则

渠道激励作为调动渠道成员积极性的一种手段，需要遵循一定的原则。否则，轻者起不到激励的作用，重者可能引起渠道成员的不满、渠道领袖和渠道成员之间的矛盾、渠道成员与渠道成员之间的斗争，以及一个企业不同渠道之间的混乱。

1. 实事求是

渠道激励的起点是满足渠道成员的需要，不同渠道成员的需要存在差异并具有动态性。因此，渠道领袖在进行激励时，要坚持实事求是的原则，深入了解各个渠道的实际需求。只有在调查研究的基础上，根据大多数渠道成员的需要层次和需要结构，有针对性地采取激励措施，才能收到实效。

2. 目标相容

在激励机制中，设置目标是一个关键环节。目标设置必须体现组织的目标，兼顾各个成员的目标，力求使渠道中各个成员之间的目标相辅相成。当渠道目标与某些渠道成员的目标相左时，渠道领袖应设法予以协调。

3. 适时激励

激励的适时原则，指在激励过程中应注意把握时机。如果时机把握不当，应奖励时不奖励，则会使渠道成员丧失工作的积极性，甚至产生不满和消极情绪。如果导向错误，过分重视短期效应，则会使渠道成员产生错误的营销理念，只顾眼前，采用不道德的手段销货，损害企业形象，酿成恶果。因此，激励要适时，要注意长期效果。

4. 奖励与惩罚相结合

奖励是一种正激励，处罚是一种负激励，两种都是必要的。只奖不惩，领袖没有威严；只惩不奖，渠道成员没有积极性。渠道领袖在激励时要善于正负结合，以正为主，以负为辅，鼓舞士气。

5. 兼顾公平

人们通常用两种方法来判断自己所得报酬是否公平，即横向比较和纵向比较。横向比较，即将自己与别人相比较来判断自己所获报酬是否公平。纵向比较，即把自己目前的状况与过去进行比较。一个人对得到的报酬、奖励是否满意不是看其绝对值，而是通过比较看其相对值——如果经过比较认为自己现在的所得偏低，就会感到不公平、不合理，从而影响工作热情。因此，渠道领袖在激励渠道成员时一定要遵循公平的原则，只有这样，才能充分调动整个渠道大多数成员的积极性。

6. 多样性

渠道激励的多样性原则是指针对渠道成员的不同需要及愿望，结合不同的时机和环境，将激励的一般原则灵活加以运用，以期达到最好的效果。比如，除了将渠道成员作为整体进行奖励，还可对具体的销售人员进行奖励。激励形式包含物质激励、培训激励、参与性激励等，可以根据激励对象的不同有重点地结合使用。

## （二）渠道激励的方法

根据以上渠道激励原则，可以采纳的渠道激励方法有很多，只要生产企业根据渠道成员的具体需求和问题有针对性地制定激励措施，就可以达到激励的目的。概括地说，渠道激励在实践中应用的主要方法如表 9－4 所示。

**表 9－4　渠道激励方法**

| 相互交流方面的激励 | 工作、计划、关系方面的激励 | 扶助方面的激励 |
|---|---|---|
| ● 向渠道成员提供本企业的最新产品或服务<br>● 向渠道成员展示本企业的中长期发展计划<br>● 领导层的定期私人接触<br>● 定期信息交流<br>● 经常性磋商机制 | ● 对渠道成员面临的困难表示理解<br>● 经常交换意见，提供经营方面的建议<br>● 一起进行渠道计划工作，统筹货源、促销等内容<br>● 承担长期责任（较高的专有资产投入）<br>● 定期举办渠道成员会议<br>● 听取渠道成员对于本企业渠道工作人员的意见 | ● 提供管理理念与管理实务方面的支持<br>● 提供企业文化建设方面的建议<br>● 提供产品创新建议或产品销售知识<br>● 提供广告或促销方面的支持<br>● 人员培训<br>● 融资支持 |

具体来看，生产企业对中间商的激励方法主要有利润返还、价格优惠、广告支持、先期铺货、及时供货、提供备品、定期培训、价格补贴等。从生产企业的角度来说，所面临的渠道成员主要有批发商和零售商，对这两种成员的激励措施稍有差别。再结合前文所讲的渠道成员在不同阶段的生存需求、关系需求和成长需求的差异，可以将生产企业提供给渠道成员的具体激励措施进行分类（见表 9－5）。

**营销视角 9－4　OPPO 的渠道激励政策**

**表 9－5　生产企业对各种渠道成员的激励措施**

| 成员需求 | 激励措施 | |
|---|---|---|
| | 对批发商 | 对零售商 |
| 生存需求 | ● 提供畅销产品<br>● 保持一定的利润空间<br>● 给予广告与销售支持<br>● 特许一定区域<br>● 销售现金奖励 | ● 提供畅销产品<br>● 保持一定的利润空间<br>● 给予广告和促销支持<br>● 指导商品陈列<br>● 销售现金奖励 |
| 关系需求 | 发展感情：定期走访、联谊、答谢、生日祝福 | 发展感情：定期走访、联谊、答谢、生日祝福 |

续表

| 成员需求 | 激励措施 | |
|---|---|---|
| | 对批发商 | 对零售商 |
| 成长需求 | ● 培训<br>● 发展咨询和诊断<br>● 提供成长计划 | ● 培训<br>● 店铺咨询与诊断<br>● 合作开发新的机会 |

# 9.3 渠道调整

随着信息时代的来临，几乎所有企业都意识到渠道建设的重要性。科学设计、别出心裁的“渠道调整宝典”往往可以为企业带来更高的回报。高效、畅通的渠道已成为企业间竞争的一个重要砝码。高效、畅通的渠道意味着成本的降低、效率的提高和利润的增加。

## 渠道调整的时机

近年来，随着市场需求的变化和竞争的加剧，许多企业为了获取竞争优势以及更好地满足客户需求，纷纷开展了不同程度的营销渠道调整。然而，由于诸多原因，不少企业的渠道调整并未达到预期的效果，反而给企业带来了极大的风险甚至造成了不可挽回的损失。

一般来说，当企业出现以下几种情况时，需要调整自己的营销渠道：

第一，消费者或用户对渠道服务不满有上升趋势。消费者或用户对渠道服务的要求会随着市场环境的变化而变化，其一般趋势是越来越高。消费者或用户会越来越挑剔，一旦对渠道服务不满形成上升的趋势，企业如果不在渠道方面做出改变，这种趋势将很难扭转，直至情况越来越恶化。

第二，企业的营销渠道没有被充分利用。市场上消费者或者用户的需求存在差异，购买量、购买方式和购买习惯也不同，因此单一的营销渠道很难被所有的消费者或者用户利用，于是很多企业采用多渠道策略。不过，多渠道建立起来后，企业常常发现：多渠道并不像原来想象的那样，有些渠道是多余的，并没有得到很好的利用。这时，企业就应该根据不同渠道的效率，对整个企业的渠道体系作出调整。

第三，企业规模越来越大，原有渠道的辐射力日渐不足，或者企业对渠道控制力的要求日益提高。企业在经营初期一般实力比较弱，为了使自己的产品能够顺利进入市场，它不得不依赖中间商，当中间商投机行为严重时，企业的经营风险就会很大。随着企业规模的不断扩大，一方面，原有中间商可能在辐射力上已经达不到企业的要求；另一方面，要规避营销渠道中的经营风险，加大对渠道的控制力。这时，就需要对企业的营销渠道体系进行调整。

第四，企业营销战略的改变对渠道提出了新的要求。营销渠道是企业的一个重要的可控因素，它要服从营销战略的要求。当企业的营销战略改变时，往往会对营销渠道提出新的要求。

# 渠道整合

## （一）渠道整合的概念和类型

渠道整合是指企业为了达到营销渠道整体优化的目的，将渠道任务分配给适当的渠道和渠道成员的过程。渠道整合有渠道间整合与渠道内整合两种基本类型。

### 1. 渠道间整合

渠道间整合适合采用多渠道策略的企业使用。随着企业细分市场和可使用营销渠道的增加，企业倾向于建立多条营销渠道。通过使用多种渠道，企业可以扩大市场覆盖面，更好地满足顾客需求。然而，多条营销渠道的使用，不可避免地会带来渠道之间的冲突，控制也更加困难。因此，需要进行整合，一方面发挥多渠道营销系统的优势；另一方面把冲突限制在可以掌控的范围内，减少内耗。

### 2. 渠道内整合

渠道内整合既适合采用多渠道策略的企业使用，也适合采用单一渠道策略的企业使用。它的目的就是将企业某一渠道内的各项渠道任务一一分配给具有比较优势的渠道成员去做，通过资源的优化配置提高该渠道的效率。

## （二）渠道整合的原则

### 1. 渠道覆盖面与满足重点顾客相统一

营销渠道整合的主要目的是通过渠道的多元化，接触更多的目标顾客，扩大企业渠道的覆盖面。但是，不要忘记“二八定律”：企业80%的销售额或利润一般是由20%的消费者或用户带来的。因此，在扩大渠道覆盖面的同时，企业不要忘记重点客户的特殊需求，尤其是不要以牺牲重点客户的利益为代价扩大渠道覆盖面。

### 2. 妥善处理渠道冲突

同时拥有多条营销渠道，或对营销渠道中不同企业所承担的渠道功能重新进行调整，免不了会引发渠道之间与渠道成员之间的冲突。新设立的营销渠道可能与原有的营销渠道争夺客户；对于渠道功能的重新安排，可能会使原有营销渠道中某些渠道成员的利益受损。企业需要对这些冲突做出妥善处理，对受损者给予适当的补偿。

### 3. 渠道增值

增加营销渠道可能会产生两种效果：渠道转移和渠道增值。渠道转移是指新增的营销渠道使消费者或用户只是简单地从一条渠道转向另一条渠道，渠道的整体覆盖面和渠道成本都没有明显的变化。渠道增值是指新增的营销渠道或者为企业带来了新的业务，使企业渠道的整体覆盖面扩大了；或者降低了渠道成本，提高了渠道效率。营销渠道整合的目的不是渠道转移，而是渠道增值。

## （三）渠道整合的作用

### 1. 实现渠道的整体优化

在当前竞争时代，企业营销实践的复杂性前所未有。解决实际问题时，很容易陷入“按下葫芦浮起瓢”的顾此失彼的怪圈，为此必须面向全局综合分析和解决问题，使渠道得到整体优化。当然还应注意以知识为核心的活性要素的作用，以此带动其他要素功能的改善，这也是 IT 业渠道建设的特殊要求。不少业界知名公司纷纷加大了对渠道的知识培训与提升力度。如联想集团的“大联想学院”、思科公司的“网络大学”等，从产品功能、技术趋势、营销技巧到服务策略，对渠道商乃至用户展开深层次的培训。这当然和企业自身实力不无关系，但众多中小企业也不可忽视这一点，要尽可能保障、激发知识要素在渠道中的作用。在此基础上，还要最大限度地发挥主观能动性，施加对市场环境的反作用力，努力使之呈现有利于渠道系统整体优化的形势。

2. 利用外部资源

随着用户群的不断扩大，单靠厂商自身很难保证良好的技术支持和服务。事实上，在现代经济中，资源相对紧张，企业要想超常发展，不断突破自身的局限，就必须有效地利用外部资源。

厂家可以与经销商一体化经营，实现厂家对渠道集团的控制，使分散的经销商形成一个整体，渠道成员为实现自己或者大家的目标共同努力，追求双赢或多赢。供应商的服务从产品研发开始，通过对渠道的全面支持，最终得到用户的认同。渠道商的服务则要面向供应商和客户，对于供应商要提供信息、用户反馈等，对于用户则要全力确保其最大满意度。服务会使渠道联盟更加稳固，供应商、渠道商和用户之间的亲密度会大大提高。

3. 实现多赢

为了实现多赢，仅仅在渠道内部加强合作是不够的，还需要借助与外界的有效联盟。与消费者联盟，可以更好地识别并满足消费者的需求，如用友公司的“中国计算机用户协会用友分会”就匠心独具。与其他生产商、供应商结盟，可以降低供应成本，增加市场触角，减轻自身技术开发压力，业界盛行的 OEM 当属此列。与科研机构联盟，能够获得人才、技术优势，如联想集团与中科院计算机研究所共建“联想研究院”，堪称典范。

4. 化解渠道冲突

在渠道建设中，不可避免地会伴随各种各样的冲突，其中最重要的就是文化冲突及渠道冲突。营销渠道本身也是一个包含多重文化的系统整体，沟通势必会引起中西文化之间、地域文化之间的交流或交锋。如果存在冲突或抵触，将会给渠道建设带来负面影响。只有对“拿来文化”进行系统整合，增进其亲近度，才能使渠道文化资源变成优势。正如法国著名的发展经济学家弗朗索瓦·佩鲁（Francois Perroux）所言：“各种文化价值才是抑制或加速经济增长的发动机。”这一点对于国内外的商家来说是同样重要的。

## 渠道调整的主要路径和方法

（1）调整渠道政策，但不增减渠道成员。这是最小幅度的调整，主要包括但不限于渠道政策中的价格政策、铺货政策、市场推广政策、信用政策、激励政策等。

（2）增加或减少某些渠道成员。企业可适度增加或减少渠道系统中的少数渠道成员，但这种调整和变化必须考虑对企业利润及其他渠道成员的间接影响。

（3）增加或减少某些渠道。这是一种较大幅度的渠道变革。考虑到目标顾客的变化、消费者需求和购买行为的变化以及新渠道模式的出现，企业往往需要适时调整和增减某些渠道模式。特别是对传统渠道和新型渠道的取舍，经常是企业难以抉择的。不过在现实渠道活动中，多渠道逐渐成为渠道决策的一个显著特点。如海尔既有专卖店模式，也有大卖场和其他模式。

（4）调整渠道成员关系，即根据渠道成员经营本企业产品的业绩，调整其在营销渠道中的地位，给予一些优惠政策。

（5）改进和修正整个营销渠道系统。这是最复杂也是最困难的一种渠道变革，面临的风险也最大，因此，该类决策通常要由企业最高层来决定，如格力一度放弃国美的大卖场。

## 渠道调整的主要趋势

1. 渠道扁平化

渠道扁平化主要是针对传统的多层次分销渠道的弊端提出的。随着市场暴利时代的终结，厂家与商家之间围绕着利益和权力的争夺和冲突日益频繁，同时由于客户价值让渡要求的不断提出，促使并要求厂家积极面向最终客户，降低成本和价格，做好服务。正是在这样的背景下，减少不增值或不必要的中间环节、实现渠道扁平化成为一种趋势。当然，渠道扁平化并不是取消中间环节。在市场上，需要根据不同的产品、不同的用户和不同的市场，采用不同的渠道架构和渠道策略。

2. 渠道联盟和渠道一体化

在市场竞争日趋激烈的背景下，加强渠道内部成员间的协调与合作、建立良好的渠道关系，逐渐成为制造商与经销商的共识。其中，渠道联盟关系被认为是渠道关系的最高、最优形式，也成为众多厂商追求的目标。

在一个渠道联盟中，渠道系统上下游的两个或更多企业发生联系（法律的、经济的或人际的），是为了降低渠道整体运营成本、增加渠道各方的共同利益，以加强相互的沟通，保持持续的和相互的支持。为此，企业应选择具有互补能力的合作企业作为联盟对象。渠道联盟的主要形式包括特许经营（如4S店）、会员制联盟、联营公司等。

为了应对复杂多变的市场及竞争环境，许多制造商与渠道商（分销商）组成统一的系统，以开发新技术、分担交易风险以及确保供应和需求，从而使市场竞争表现为整个渠道系统的竞争。

渠道联盟和渠道一体化的趋势在国际竞争中表现得更加明显，如宝洁与沃尔玛的联盟、丰田与供货商形成的纵向一体化伙伴关系等。

3. 渠道电子化和网络化

在网络和电子商务时代，越来越多的企业开始关注如何利用互联网提供更多的顾客价值，新型网络渠道和传统网络渠道的网络化正在成为新的潮流。利用网络，渠道企业可以借助原有的分销渠道继续巩固自己承上启下的地位：一方面可以迎合上游供应商实现网上交易的需要；另一方面可以更好地发展下游经销商，建立广泛的渠道网络。

**营销视角 9-5　九阳公司：新品和渠道边际改善提供弹性**

## 案例分析

### SY 公司安全套营销渠道

SY 公司是中国第一家安全套企业，它诞生于20世纪50年代。尽管这家企业在国家的支持下，几十年来平稳发展，但是在互联网和零售业高度发展的今天，它的发展遇到了瓶颈。在竞争中，它主营的安全套品牌受到了杜蕾斯、冈本等国际大品牌的挑战。作为土生土长的企业，要想在市场上扬眉吐气，就必须对产品的营销渠道进行改革和创新。

（一）产品渠道困境

1. 线上营销渠道问题

线上营销的发展在给企业带来诸多便利的同时，也带来了一系列问题，如假冒伪劣产品频繁出现、消费者的投诉不断等。SY 公司的 Z 总让部门小黄收集了线上的一些数据，这些数据显示：SY 公司的线上营销主要是通过第三方平台，从网店点击率看，京东直营店排名第一，米奥成人店排名第二。京东等平台尽管是合法的电商平台，但是也会出现假冒伪劣产品。小黄在半个小时内，就查到了三家网店销售假冒伪劣的 SY 安全套，严重损害了消费者和公司的利益。2016 年 SY 公司开设了线上"健康生活馆"，但由于功能尚未完善，点击率并不高。

2. 零售商或经销商合作问题

Z 总从渠道部那里发现公司安全套业务出现了许多不忠诚的合作者。安全套的渠道成员比较多，不仅有医药系统、超市或者便利店等零售终端，同时也有各大型的批发商、代理商等。SY 公司的管理层对终端渠道的重视程度不够，所以其日常营销渠道管理存在较多的漏洞，如部分经销商或代理商缺乏忠诚度，特别是部分零售超市在 SY 安全套的专柜上摆放其他品牌的产品，而公司难以进行监督。

3. 窜货问题

SY 公司的广州经销商就曾经跨到佛山、东莞等地降价销售，严重违反了经销商的相关规定；也有部分经销商为了实现销售目标，未按照相关规定出售货物，甚至将所有货物都供应给一些需求量比较大的分公司，导致它们之间相互窜货。2014 年 7 月公司曾召开过一次管理层会议，渠道部员工向大家反馈了华南地区发生的严重的经销商窜货现象。窜货无论对公司来说，还是对中间商来说，都可能导致严重的利益受损。Z 总发现，本公司安全套的窜货现象首先会导致价格混乱，这样会引起中间商对公司的不信任，使其对公司的产品逐渐失去信心。其次，部分中间商同时经销几个品牌的安全套，假若利润受损，就会对 SY 公司的产品慢慢失去信心，甚至中止合作。最后，差价悬殊，容易让消费者担心买到的是假货，不敢放心购买，这样会大大影响销售量。

关于冲突方面，线上与线下之间的冲突也比较严重。例如，部分经销商为了降低运营成本，将一些线下产品拿到线上去销售，严重违反了双方的合作协议；也有部分线上经销商，为了赚钱高额利润，将产品拿到线下销售，严重扰乱了市场秩序。

（二）SY 公司的渠道优化

1. 完善传统营销渠道结构

安全套的营销渠道一般呈现渠道层级多、环节冗杂的状态，SY 公司的营销渠道过去也存在渠道较长、经销商数目较多的问题。针对渠道结构的优化，SY 公司曾多次召开相关会议，据 Z 总回忆，公司对安全套代理商的区域城市也讨论过几次。在深入调查各城市的情况后，最终代理商的区域城市分为三大类：A 类城市、B 类城市以及 C 类城市。A 类城市（国内四大一线城市）：北上广深；B 类城市：主要是省会、长三角、珠三角等地区的城市；C 类城市：除了 A 类、B 类城市以外的各中小城市，如洛阳、泉州、清远等。销售终端包括商店超市、便利店、药房渠道、医药系统、娱乐场所以及酒店渠道等。

2. 完善经销商或代理商的选择标准

渠道部针对SY公司目前经销商和代理商的选择标准在内部召开了几次会议，反复讨论修改，最后经公司管理层批准，其主要内容如下：(1) 经销商或代理商要认同公司的企业文化；(2) 优先选择在行业具有一定影响力的经销商或代理商；(3) 要考虑经销商或代理商是否有健全的终端网络；(4) 信誉资质有保障；(5) 有比较强大的资金实力。

3. 加强对零售商或经销商的激励

首先是市场费用的支持：SY公司会依据客户终端销售需求在限额范围内提供科学合理的市场支持，包括消费者促销费、商品超市的进场费和陈列费等各类相关费用。SY公司这几年也推出赠品，同时加大对经销商的赞助。其次是授信铺货：代理商要交保证金，在此基础上，SY公司将提供不超过保证金额度1.5倍的产品授信铺货支持。铺货金额是分批次铺出，年终的时候统一回收，双方在签订第二年合同的时候再次授信。再次是退换货的支持：对于代理商第一次经营的商品，SY公司给以三个月的产品试销期，在试销期内，只要产品完好无缺，SY公司就允许代理商在负责范围内进行产品更换。最后是加强权益保障：公司将严格保护区域产品流通，加强对加盟商核心利益的保护；严格执行全国统一供货价以及终端零售价；严格管理市场，落实市场规范，保障区域经销商的利益。

资料来源：彭雷清，郑金明，刘珍．困境中成长：SY公司安全套营销渠道改革创新之路．中国管理案例共享中心，2020.

**讨论**

1. 总结SY公司的渠道现状。
2. 思考SY公司渠道激励措施的理论依据。
3. SY公司的渠道激励举措对其他企业有什么启示？

## 重点名词

渠道沟通　　期望理论　　渠道激励　　渠道整合　　渠道调整

## 思考题

1. 什么是渠道沟通？渠道沟通的策略有哪些？
2. 渠道激励的期望理论是什么？
3. 渠道激励的方法有哪些？
4. 渠道调整的时机是什么？
5. 渠道调整的路径和方法有哪些？

## 实训练习

上网搜索优衣库的相关资料，了解其对渠道成员的激励措施，并对照本章知识点谈谈这些激励措施是如何发挥作用的。

第10章

# 营销渠道关系管理

## 本章要点

1. 了解垂直营销系统和水平营销系统的概念、类型及特点。
2. 了解营销渠道冲突产生的原因和管理方法。
3. 掌握营销渠道控制的内容与程序。
4. 掌握营销渠道控制的方法。
5. 掌握营销渠道投机行为的成因和治理机制。

随着社会经济的发展，市场竞争日趋激烈，越来越多的企业开始重视对营销渠道关系的管理，渠道关系的好坏决定了一个企业能否在激烈的竞争中立足。因此，认识和了解渠道关系并且主动对渠道进行控制是本章所要讨论的重点。

## 引　例

**安溪铁观音分销渠道现状及问题**

随着经济的发展，大多数茶企开拓了线上交易渠道，拓展了销售渠道，但就目前而言，安溪铁观音的分销渠道还是以批发市场、集贸中心、茶叶零售店等形式的传统线下销售模式为主，呈现出如下特点：

(1) 茶农数量减少。由于茶叶行业市场越来越不景气，渠道中间商谋利较多，茶农到手的收入比较低。茶叶从种植到采摘需要漫长的周期，其间茶农的劳动十分繁重。安溪的茶农正是因为无法以种植茶叶来满足生活所需，积极性降低，数量减少，且呈现老龄化的趋势，劳动力下降。茶农作为营销渠道的起点，其数量减少会直接影响茶叶的质量和产量。

(2) 茶农营销渠道单一。茶农主要的营销渠道可以分为两种，一种是在集市上进行买卖等直接营销模式，另一种是将收获的新鲜茶叶经过中间商售卖给茶叶的需求方。首先，茶农单一的营销渠道会影响市场的覆盖率。当市场的覆盖率较小时，就不利于茶叶扩大销售量。其次，茶叶的保质期不长，如果茶农没有在一定期限内将收获的茶叶全部卖出去，茶叶就会变质，自身的利益也会受损。随着互联网的普及，网上购物的方式越来越受人们欢迎，特别是一些较为年轻的消费群体。茶农只局限于线下销售的话，就会失去一些爱茶的年轻客户。

(3) 茶叶运输保管难度大。茶叶保质期相对较短，而且储存条件十分严格。茶叶的品质与其保鲜程度是密切相关的。如果茶叶没有得到较好的保藏，其味道、香气都会大打折扣，甚至会变质。目前，缺乏运输茶叶的专用工具，茶叶的运输条件也比较落后。安溪铁观音往往要经过长时间的转移运输，储存条件落后，影响了其质量。

(4) 品牌影响力不够大。安溪铁观音在不断发展的过程中，已经塑造了一个良好的品牌形象。在闽南地区，安溪铁观音几乎是人们耳熟能详的，它在泉州的销量也遥遥领先，但纵观整个中国乃至整个世界，其品牌覆盖面并没有达到一定的程度，这就限制了安溪铁观音的发展。安溪铁观音这个品牌的影响力不够，它目前主要是通过“熟客”来进行营销，通过熟人之间的关系来传播，但是这种方法对安溪铁观音这个品牌来说只能起到短暂的扩张作用，很难提高市场占有率。

资料来源：陈德华，吴文敏，张巧珍．茶叶分销渠道存在问题及对策研究：以安溪铁观音为例．现代商业，2019（21）.

渠道是营销的工具之一，好的渠道关系对企业的成功至关重要，因此，对于渠道关系的了解、管理和控制十分必要和紧迫。基于此，本章首先详细介绍营销渠道的关系类型和特点；其次，对渠道中经常出现的冲突进行系统梳理，并且提出相应的管理冲突的方法；最后，给出控制一个企业的营销渠道的程序和方法。

## 10.1 营销渠道垂直关系管理

垂直营销系统是近年来最重大的渠道发展之一。那么，什么是垂直营销系统？它有哪些类型？又有哪些特点呢？本节围绕这几个问题展开。

### 垂直营销系统概述

传统营销渠道由独立的生产商、批发商和零售商组成。每个成员都作为一个独立的企业实体追求利润的最大化，即使以损害系统整体利益为代价也在所不惜。没有一个渠道成员对其他成员拥有全部或者足够的控制权。传统渠道是一个高度松散的网络，其中，生产商、批发商和零售商松散地联结在一起，相互之间讨价还价，对于销售条件各执己见、互不相让、各自为政、各行其是。

垂直营销系统则相反，它是由生产商、批发商和零售商组成的一种统一的联合体。每个渠道成员都把自己看作系统的一部分，关注整个系统的成功。某个渠道成员作为渠道领导者，拥有其他成员的产权，或者是一种特约经营关系，或者某个渠道成员拥有相当的实力使其他成员愿意合作。随着渠道的发展，渠道中的某个成员会逐渐展现出超出其他渠道成员的实力，此时，它会有较强的控制渠道行为和消除成员在追求各自利益时所造成的冲突的欲望，基于此动机，垂直营销系统出现了。垂直营销系统因其规模、谈判实力和重复服务的减少而获得效益。垂直营销系统可以由生产商支配，也可以由批发商或者零售商支配。垂直营销系统的特征是“专业化管理和集中执行的网络组织，事先规定了要实现的经营经济和最好的市场效果”。在消费品销售中，垂直营销系统已经成为一种占主导地位的分销形式。

综上所述，传统营销系统和垂直营销系统的对比见表 10－1。

**表 10－1　传统营销系统和垂直营销系统的对比**

| 传统营销系统 | 垂直营销系统 |
|---|---|
| 渠道成员相互独立 | 渠道成员协同合作 |
| 单独的自由成员 | 作为一个竞争整体联系在一起 |
| 对立性谈判 | 依据法律或契约领导 |
| 冲突无法控制 | 拥有稳定的结构和成员关系并且冲突可控制 |
| 缺乏共同的目标与愿景 | 拥有整个渠道的目标和愿景 |

## 垂直营销系统的类型及特点

垂直营销系统根据渠道成员间关系的密切程度可以分为三种不同的形式，即公司式垂直营销系统、管理式垂直营销系统和契约式垂直营销系统。

### （一）公司式垂直营销系统

所谓公司式垂直营销系统，是指一家公司拥有并统一管理若干工厂、批发机构、零售机构等，控制分销渠道的若干层次，甚至控制整个分销渠道，综合经营生产、批发、零售等业务，也称产权型垂直营销系统或“刚性”一体化渠道模式。这种营销系统又分为两种：一种是大工业公司拥有和统一管理若干生产单位和商业机构，采取工商一体化经营方式。例如，美国胜家公司在全美各地设有缝纫机商店，自产自销，并经营教授缝纫等服务项目；美国火石轮胎和橡胶公司在利比里亚拥有橡胶种植园，在美国橡胶工业中心俄亥俄州阿克伦拥有轮胎工厂，其下属的批发机构和零售机构遍布全美。

另一种公司式垂直营销系统是大零售公司的营销系统，如美国零售业巨头西尔斯、JC 潘尼公司等，它们拥有并统一管理若干批发机构、工厂等，采取工商一体化经营方式，综合经营零售、批发、加工生产等业务。

威廉·希尔公司目前拥有并经营 2 000 家以上的零售商店；西尔斯公司出售的商品中有 50％来自它拥有股权的制造厂；假日酒店正在形成一个自我供应的网络，包括地毯厂、家具制造厂，以及大量为其所控制的再分销机构。总之，这些组织以及其他类似组织都是大规模的、垂直一体化的系统。把它们称为“零售商”“制造商”“经销商”无疑是把它们经营的复杂性过分简化了，同时也忽视了市场的现实情况。

公司式垂直营销系统之所以被很多跨国大企业采用，是因为这种营销系统具有很多优点，具体包括以下几点：

（1）对渠道的控制力强大。由于该模式是以产权为纽带组织而成的，从生产到销售的各个环节都在总公司的严密监控之下，由总公司统一指挥。在这种前提下，总公司与分销系统的其他成员之间的根本利益是一致的，因而公司的经营战略和分销策略能够得到彻底的贯彻和执行，减少了渠道网络变动的成本和风险。

（2）制造商可以摆脱大型零售商的控制。随着卖方市场向买方市场转换，渠道中的权力中心也逐渐由制造商向渠道下游转移，零售商的“通路力”正在不断地增强，制造商在分销活动中越来越受到大型零售商的限制和控制。通过产权纽带建立产权型的渠道关系，可以使制造商将某些分销职能内部化，逐渐摆脱对大型独立零售商的依赖。

（3）各种经营策略的统一化。公司式渠道关系通过产权控制将生产过程和分销过程置于一个产权企业的控制之下，因而各分销单位可以实现形象、价格、服务、品牌等经营要素的统一，有利于公司品牌形象的树立。

（4）即时监控市场需求的变化。制造商通过向渠道终端的延伸，可以最大限度地接近最终消费者，及时了解顾客的需求、购买行为的变化，加快企业的反应速度，及时对商品和服务作出调整。

从哲学上说，事物是对立矛盾的统一体，公司式垂直营销系统也不例外，它也存在一些缺点，具体为：

（1）成本花费较大。公司式渠道关系的最大特点是制造商自己投资建立渠道网络，进行渠道的管理与控制，这势必带来巨大的成本费用。

（2）整体适应性较差。通过大量投资建设的渠道系统使整个系统有了巨大的惯性，改变渠道结构或对渠道进行调整都会遭遇巨大的障碍。另外，对渠道进行大幅调整不仅可能引起渠道的混乱，还可能使企业的先期投入变成沉没成本，给企业带来损失。

（3）制造商需要漫长的学习和经验积累过程。对于制造商来说，向商业领域延伸不是专业化的经营，因此，制造商启动一个公司式渠道系统需要相对漫长的学习与经验积累的过程，这也是一种不小的成本。

**营销视角 10 - 1　娃哈哈当前营销渠道管理模式**

## （二）管理式垂直营销系统

在西方国家，许多制造商（包括一些大型制造商）不能耗费巨资建立推销其产品所需要的全部商业机构，因此，有些享有盛誉的大型制造商为了实现其战略计划，往往在销售促进、库存供应、定价、商品陈列、购销业务等问题上与零售商协商一致并且予以帮助和指导，与零售商建立友好协作关系，这种渠道系统叫做管理式垂直营销系统。所谓管理式垂直营销系统，是指由一个或少数几个实力强大、具有良好品牌声誉的大公司依靠自身影响，通过强有力的管理将众多分销商聚集在一起而形成的营销系统。例如，卡夫食品公司积极改善产品包装，广泛开展销售促进，对食品杂货商提供购销业务指导，帮助它们改进商品陈列。

管理式垂直营销系统对于我国当前的汽车行业特别适用，这种管理系统可以表现为一种工贸结合的方式。我国汽车行业在 20 世纪 80 年代后期两次市场波动的冲击下，不少矛盾已暴露出来，生产企业没有稳定的用户和市场，突出表现为畅销时朋友一大堆，滞销时朋友少得可怜且意见一大堆。我国汽车工业尚不成熟，生产厂家繁多，品种单一，上规模的少，不具备完善有效的分销系统。鉴于我国汽车工业的现状和流通体制，走独家代理的道路显然是行不通的，因而要依靠现有社会销售企业来实现营销目的，建立有中国特色的代理体制，实行工贸结合。

如上所述，我国的汽车行业要想利用管理式垂直营销系统，就应该对它的优缺点有全面的了解。管理式垂直营销系统的优点包括以下几个方面：

（1）系统会形成一个核心。管理式渠道关系形成和维系的基础是规模大、实力强的企业，该企业成为整个渠道系统的核心，渠道的分销策略、规划等都出自这个核心，各个通路成员都围绕这个核心从事各种分销活动，使渠道关系更为紧密、团结。

（2）渠道成员间的关系相对稳定。在管理式渠道关系中，渠道系统是围绕一个核心企业建立的，核心企业对于渠道成员来说具有一定的信誉和盈利能力，这就形成了一种相互依存的关系，只要核心企业没有剧烈变动，渠道关系就会保持相对稳定。

（3）渠道成员之间的利益协调性较好。与松散型渠道关系不同，管理式渠道关系中的渠道成员不再把追求自身利润最大化当作唯一目标，因为要想在这一关系网络中获得发展，就必须关注渠道整体的利益，只有渠道整体利益得以实现，才能保证各个成员的利益最大化。

（4）更好地实现资源共享。在管理式渠道关系中，根据市场的状况及合作伙伴的性质，核心企业可以在资金、信息、技术、设备、人员及管理等方面给予支持，同时这些资源也可以由其他成员流向核心企业，从而扩大资源共享的范围，提高资源共享的效率。

管理式垂直营销系统的缺点具体包含以下几个方面：

（1）对核心企业的过分依赖会导致分销商独立自主地位的丧失。管理式渠道关系建立在核心企业对整个渠道系统进行管理、领导的基础上。渠道的分销规则、利益分配方法等都由制造商制定，分销商只能服从，这导致分销商对核心制造商过分依赖，失去对市场需求的准确判断和把握。尤其是当核心企业的实力过于强大时，可能会出现其用实力胁迫其他成员承担更多的义务而自己不增加任何支持的情况。

（2）核心企业时刻面临合作终结的风险。一方面，一旦核心企业面临经营困境或危机，由于渠道利润下降，分销商很有可能改换门庭，使制造商陷入更深的困境；另一方面，当分销商的实力增强后，实力的对比发生了变化，它们会向核心企业提出更加有利可图的合作条件，或者不再执行核心企业的指令，这会影响整个渠道的稳定与均衡。

（3）渠道成员的贡献与收益不对等。渠道成员的地位不同，势必导致渠道中成员收益的不均衡。由于企业规模小、分销能力有限，制造商所列出的某些优惠恐怕小企业无法得到，相反可能还要承担更多的义务。

**营销视角 10－2　我国航空公司客票分销渠道信任关系现状**

## （三）契约式垂直营销系统

契约式垂直营销系统是指在商品流通的过程中，参与商品分销的各渠道成员通过不同形式的契约来确定彼此的分工协作与权利义务关系。这种营销系统可以进一步细分为三类：特许经营系统、批发商倡办的自愿连锁、零售商合作社。

### 1. 特许经营系统

特许经营是近年来发展最快的零售形式。尽管基本思想并不新鲜，但有些特许经营的形式却是全新的。

特许经营渠道系统可以分为三种。第一种是制造商倡办的零售商特许经营系统。例如，福特汽车公司、大众公司、丰田公司等享有盛名的大型制造商和一些独立零售商签订合同，授予经营其产品或服务项目的特许权。这是大型制造商与独立零售商的联营。

第二种是制造商倡办的批发商特许经营系统。例如，美国可口可乐公司（饮料制造商）与某些装瓶者（批发商）签订合同，授予在某一地区分装和发运可口可乐的特许权。这是大型制造商与独立批发商的联营。

第三种是服务公司倡办的特许经营系统。即由服务公司授权其他服务零售商，将其服务更加有效地提供给更多的消费者。这种模式一般出现在汽车租赁业、旅馆业、快餐业。例如，安飞士公司、华美达酒店、麦当劳等就是通过这种服务特许加盟的模式迅速在全球扩张的。

2. 批发商倡办的自愿连锁

批发商倡办的自愿连锁渠道系统，顾名思义，是由批发商发起的，由独立的零售商自愿参加而形成的连锁组织。这种自愿连锁和西方国家零售业中的一般连锁商店不同。首先，自愿连锁（又叫契约连锁）是若干独立的中小零售商为了和连锁商店这种大型零售商竞争而自愿组成的联营组织，参加联营的各个中小零售商仍保持自己的独立性和经营特点。而连锁商店是一家大型零售公司所有的某种类型的零售商店（如百货商店、超市等），这些零售商店是这家大型零售公司的分店。其次，参加联营的各个独立中小零售商要在采购中心的统一管理下统一进货，但分别销售，实行联购分销。此外，联营组织还为各个成员提供各种服务。而连锁商店的总公司虽设有批发机构中央采购处，但连锁商店本身是零售组织。最后，西方国家的自愿连锁通常是由一个或一个以上独立批发商倡办的。例如，德国的自愿连锁是由一个独立批发商和一群独立中小零售商组织的；英国、比利时的自愿连锁是由一个或一个以上独立批发商和一群独立中小零售商组织的。这些独立批发商为了和大型制造商、零售商竞争，维护自己的利益，帮助与其有业务往来的一群独立中小零售商组成自愿连锁，统一进货，推销批发商经营的商品。

3. 零售商合作社

零售商合作社是一群独立中小零售商为了和大型零售商竞争而联合经营的批发机构（各个参加联营的独立中小零售商要缴纳一定的股金），各个成员通过这种联营组织，以共同名义统一采购部分货物，统一进行广告宣传活动以及共同培训员工等，有时还进行某些生产活动，利润按成员的购买量分配。非成员零售商可以通过合作组织采购，但不能分享利润。例如，荷兰中小零售商组成采购联营组织，直接向国外订购货物，并有自己的仓库，这种组织实际上是中小零售商联合经营的进口批发机构；瑞典的 ICA 公司是由 5 000 多家零售商联合经营的批发机构。

契约式垂直营销系统同样也被企业广泛采用，它的优点为：

(1) 渠道关系的建立比较容易。相对于公司式渠道关系来说，契约式渠道关系不涉及产权关系的变更，而使用法律契约将渠道成员“捆绑”在一起，增加了渠道关系的稳定性，渠道关系建立以及渠道系统组织的成本都较低。

(2) 社会资源的配置比较合理。契约式渠道关系不是通过增加新的生产资料，而是通过重新组合社会资源使之增值，渠道系统成员则分享这种增值。

(3) 渠道关系的灵活性更大。由于契约式渠道关系不涉及产权关系，因而对渠道系统的调整相对容易得多。当市场条件发生变化时，可以通过修改契约条款的方式来改进渠道对环境的适应性，即使变更伙伴关系也无须付出太大的代价。

契约式垂直营销系统也存在某些方面的不足，具体为：

(1) 与公司式渠道关系相比，更难控制。虽然契约式关系不涉及产权问题，具有相对的灵活性，却带来了难以控制的问题。由于渠道成员的目标不一致，存在渠道成员不遵守契约条款的机会主义问题，这会导致渠道系统效率的下降。

(2) 与管理式渠道关系相比，灵活性较差。通过有形的契约，契约式渠道关系具有比管理式渠道关系更大的稳定性，但在对渠道系统作出调整方面，又次于管理式渠道关系。这主要表现在由于契约没有到期或其他条款的限制，无法对渠道关系作出及时的调整和改进。

# 10.2 营销渠道水平关系管理

除了垂直营销系统，现实的经济中还存在另一种营销系统，即水平营销系统，相比于垂直营销系统，这种营销系统在经济体中所占的比例相对较小。那么，什么是水平营销系统？它有哪些类型？它的特点又是什么？本节围绕这三个问题展开。

## 水平营销系统概述

水平营销系统是指由两家或两家以上的公司横向联合，共同开拓新的营销机会的分销渠道系统。这种联营主要是由于单个企业无力单独积聚进行经营所必需的巨额资金、先进技术、人力、生产设备及市场营销资源，或是由于风险太大不愿单独冒险，或是由于期望能产生更大的协同效应等，故又称为共生营销系统。这种公司间的联合行动可以是暂时性的，也可以是永久性的，还可以创立一个专门的公司。例如，银行和保险公司联合、银行和超市联合等。花旗银行与连锁超市的联合就是这样一个例子。花旗银行在很多超市都有分店，大约占到其全部分支网络的 30%，为了对不同客户的需求作出迅速的反应，花旗银行在超市中的员工更加注重销售、更年轻并且比传统柜台的员工拥有更多的零售背景。

水平营销系统的成员可以是同行业的，也可以是不同行业的。同行业企业间的横向联合通常发生在同行业但不同的细分市场中。比如，生产保健食品的公司和生产普通食品的公司合作构建水平营销系统，共同拓宽市场覆盖面，实现资源的互补与共享。再比如，可口可乐公司和雀巢公司合作，雀巢公司以其专门的技术开发新的咖啡及茶饮料，交由熟悉饮料市场分销的可口可乐公司去销售。

不同行业的企业也可以构建水平营销系统，小天鹅和碧浪洗衣粉的联手就是一个很好的例证。小天鹅和宝洁公司在一些大专院校建立了碧浪-小天鹅洗衣房。碧浪洗衣粉的包装上写有推荐使用小天鹅洗衣机的字样，同时每销售一台小天鹅洗衣机，顾客都会获赠一包碧浪洗衣粉。这种不同行业企业间的合作模式能产生品牌叠加效应，达到双赢。

## 水平营销系统的类型及特点

根据横向联合企业在营销渠道中位置的不同，水平营销系统可以分为以下三种主要形式，即制造商水平营销系统、中间商水平营销系统、促销联盟。

### （一）制造商水平营销系统

制造商水平营销系统是指同一层次的生产企业共同组建和利用的营销系统，或共同利用的服务及维修网、订货程序系统、物流系统、销售人员和场地等。例如，2003 年末，由格兰仕牵头，康宝等全国 11 家知名家电生产企业在北京高调签署了《互动联合营销联盟公约》，宣布试水跨行业互动联合促销模式。

### （二）中间商水平营销系统

中间商水平营销系统是指连锁店中的特许连锁、自愿连锁和零售商合作社等。它与契约式垂直渠道系统中的特许经营系统和零售商合作社没有什么本质区别，只是视角不同而已，具体如图 10-1 所示。

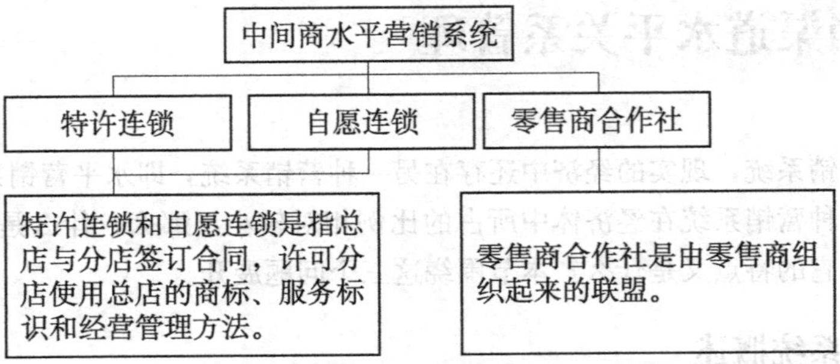


**图10-1　中间商水平营销系统的分类**

契约式垂直营销系统中的特许经营系统，强调的是特许人和受许人之间的关系，中间商水平营销系统中的特许连锁和自愿连锁，强调的也是特许人和受许人之间的关系。契约式垂直营销系统中的零售商合作社，强调的是生产制造商、采购联营组织和零售商之间的关系；而中间商水平营销系统中的零售商合作社，强调的是零售商和零售商之间的关系。

### （三）促销联盟

促销联盟是指产品或业务相关联的多个企业共同开展促销活动或其他有助于扩大销售的活动。参与联盟的企业可以举办产品展销会、做品牌宣传广告、相互向对方的顾客销售产品、搭售产品、开展公关活动等。根据联盟企业提供的产品和服务之间的相关关系，促销联盟可以分为以下四种类型，即同类产品的促销联盟、互补产品的促销联盟、替代产品的促销联盟、非直接相关产品的促销联盟。

**营销视角10-3　最音乐跨界：网易云音乐×亚朵**

水平营销系统的特点可以归纳为以下几点：

（1）发挥资源的协同效应，实现规模经济和优势互补。例如，网络企业依托传统产业强大的配送能力及渠道渗透能力，使电子商务成为一种具有可操作性的行业。

（2）节省成本，避免重复建设。合理的分工使企业间形成良好的合作关系，在实现企业目标的前提下避免了重复建设，节省了成本。

（3）规避风险。通过把部分职能转让出去，把部分风险也转嫁出去。

（4）大树底下好乘凉。这是众多小企业依附于大企业的常见心理。

（5）分享市场。常见于互为竞争对手的企业之间，如可口可乐和百事可乐、麦当劳和肯德基，它们实力相当，谁也无法在短期内打败对方、独占市场，所以很明智地采取了共生战略，互惠互利、共同发展。

要想使水平营销关系得以维持，必须具备以下几个条件：合作各方都拥有对方不具备的优势，这是吸引对方参与的关键；合作各方地位平等，不存在支配与被支配的关系；合作双方有共同的需求。

## 10.3 营销渠道冲突管理

无论是垂直营销系统还是水平营销系统，它们在运行过程中均会存在一定的冲突，有些冲突是积极的，会提高渠道的效率，有些冲突则是消极的，会对企业目标的实现产生影响。为了管理好渠道冲突，必须弄清楚以下几个问题：什么是渠道冲突？它产生的原因是什么？它有哪些类型？如何管理渠道冲突，使之朝着有利于渠道合作的方向发展？

## 营销渠道冲突的含义

营销渠道是作为一种社会体系而存在的，因此，渠道系统不能简单地看成一个存在于经济环境下只受经济因素影响的经济体系，相反，一切社会体系中会出现的基本行为范畴，比如协调、依赖、职责、传播和冲突等，都会在渠道中显露出来。那么，该如何界定渠道冲突的概念呢？罗森布罗姆认为："当营销渠道中的某一成员认为另一成员的行为妨碍它实现自己的目标时，就产生了渠道冲突。"科兰认为："当一个渠道成员的行为与它的渠道合作者相反时，渠道冲突就产生了。渠道冲突以对手为中心和方向，其目标由渠道合作者操控。"

综上所述，本书给出营销渠道冲突的定义：当营销渠道中某一组成部分认为另一组成部分的行为妨碍了其目标的实现或其有效行为模式的成功展现时，受挫的气氛会出现，此时便产生了渠道冲突。

## 营销渠道冲突产生的原因

营销渠道冲突产生的主要原因可以归为五类：目标不兼容、领域冲突、对现实的不同认知、态度性的原因和结构性的原因。

### （一）目标不兼容

由目标不兼容所产生的冲突很常见，也就是说，一个渠道成员的目标会经常和另一个渠道成员的目标不兼容，伴随着经销商的使用，这种不兼容更加明显。虽然相比于企业自己拥有销售队伍，使用经销商成本更低并且为企业提供了更大的灵活性，但协调众多经销商之间的关系仍然是一个挑战。经销商和供应商都想最大化自己的利润，然而，它们关于如何最大化利润的想法却不同。例如，制造商可能想通过低价策略实现快速市场渗透。相反，经销商可能更希望获得高利润。对于经销商而言，这意味着对顾客收取更高的费用，同时降低自己的花费。因此，冲突问题可能包括价格和服务是否维持在一个合理的水平上。

### （二）领域冲突

当一个渠道成员感到另一个渠道成员没有在自己的领域内尽到责任时，领域冲突便会出现。这可能意味着，某个渠道成员正在用错误的方式工作，或者根本没有做这项工作，或者试图去做另一个渠道成员的工作。领域冲突问题还可能包含在给定的区域内谁有权代理一种特定的产品。也就是说，当制造商同时使用若干营销渠道时，渠道成员有时会发现它们努力竞争去服务的是同一群客户。另一个常见的冲突原因是售前和售后的支持，也就是说，营销渠道成员为谁应该做、应该怎样去做和应该怎样补偿而争论不休。一个更深层次的冲突原因是库存，因为供应商经常认为代理商有义务和责任持有大量的库存，代理商却希望供应商能够快速为其补充货源。

### （三）对现实的不同认知

虽然营销系统内的成员目标可能一致，领域也被很好地界定，渠道冲突仍然可能出现，这是因为渠道成员对现实的认知不同，也就是说，渠道成员对相同情况的认知有冲突。这是一个重要的冲突来源，它表明在相同的情形下，渠道成员的行为不同，这会让渠道成员产生沮丧情绪，最终导致冲突。产生误解的一个主要原因是不同的渠道成员暴露在不同的信息和影响因素之下。比如，渠道成员可能会对以下问题有不同的理解：产品和服务的属性是什么？竞争是什么？如果对这样基本的问题都存在分歧，那么渠道成员在更依赖主观判断的问题上存在分歧就不足为奇了。例如，应当在销售产品前做哪些准备？每个渠道成员对产品的价值增值所做的贡献有多大？实际上，渠道成员常常对于对方应当如何去做抱有错误的期望。这些期望使得它们选择了不是很理想的策略，从而加剧了冲突。

### （四）态度性的原因

态度性的原因与对渠道角色、期望、认知和渠道交流的分歧有关。角色是指某种确定的工作职位所规定的行为。如果一个人的行为与既定的角色不一致，或者渠道成员的角色不够清晰，冲突就会出现。由于在信息可得性、信息处理能力和经验方面的差异，渠道成员的期望是不同的。渠道成员对渠道及其环境的认知也不同。例如，经销商可能不会去注意它们没有经营的市场的情况，而制造商可能强调渠道间竞争和需求的更广泛的含义。渠道交流是指营销渠道内持续不断的沟通。新产品的信息、促销活动、技术创新等不得不从制造商转移到经销商，与此同时，经销商不得不告知制造商有关市场的情况、顾客对产品的反应等。因而当交流运转不正常的时候，误解就会出现，错误的战略会被执行，沮丧的情绪便会产生。

### （五）结构性的原因

结构性的原因由三方面内容构成：目标分歧、对稀缺资源的争夺和自主权的驱动。目标分歧作为渠道冲突原因之一已经在前面描述过了。对稀缺资源的争夺出现在某个渠道对资源的需求超过其有效供给时。例如，不同的渠道成员（如经销商和批发商）可能会为某个特定市场的专有权而竞争。自主权的驱动意味着一方试图去控制另一方，例如，某个制造商企图通过建议零售价格列表控制零售商的定价。

## 营销渠道冲突的类型

渠道冲突虽然常被认为是一种状态，但它同时也是一个过程，在这个过程中，某个渠道成员反对它的渠道伙伴的行为。从不同的角度看待营销渠道冲突，会得到不同的渠道冲突类型和表现形式，清楚地了解这些有助于更好地管理它们。

### （一）按渠道冲突程度划分

根据冲突的程度，营销渠道冲突可以分为潜在冲突、感知冲突、情感冲突和显性冲突。

当争论的条件出现但组织没有意识到时，潜在冲突便出现了，它通常是较低水平的以至于渠道成员不能完全感觉到它。当某个渠道成员感觉到某种反对的存在时，感知冲突就会出现，这里的某种反对可以是观点、认知、情感的反对，也可以是利益、目的的反对。当感知冲突带有某种负面情绪，如愤怒、沮丧、忧虑等时，它就会变为情感冲突。在这种冲突水平上，组织成员开始个性化它们的差异。如果没能很好地进行管理，情感冲突很快就会升级为由实际行为所表达的显性冲突。在最坏的情况下，一方会试图针对另一方采取破坏或报复行为。

### （二）按渠道冲突结果划分

根据冲突的结果，可以将营销渠道冲突分为功能失调性冲突和功能性渠道冲突。

1. 功能失调性冲突

渠道冲突常常被认为是功能失调的（即有害的），这种冲突会给渠道带来不良的后果，具体表现如下：(1) 破坏渠道成员的关系，损害双方的利益；(2) 降低整个渠道的销售业绩；(3) 使整个渠道的规则体系受到破坏；(4) 影响产品品牌在消费者心目中的地位。

2. 功能性渠道冲突

渠道冲突也可以是功能性的（即有用的），也就是说，对渠道而言这是正常的竞争。这种渠道冲突被认为是建设性的，因为渠道成员可以通过这种良性的竞争互相激励以提高自己的表现。

### (三) 按渠道冲突主体划分

根据冲突的主体，营销渠道冲突可以分为水平渠道冲突、垂直渠道冲突以及多渠道冲突。

1. 水平渠道冲突

水平渠道冲突是指同一渠道中层次级别相同的公司之间的冲突。在水平渠道中，各成员之间是一种横向的关系，大家都是平等的，即在权力上处于同一水平，但利益是独立的。例如，在同一领域内竞争的两个公司可能会由于不同的定价策略而发生冲突，即同一地区的两个批发商可能相互降价以争取更多的客户。

2. 垂直渠道冲突

垂直渠道冲突出现在分销渠道内不同层次级别的公司之间，科特勒等人认为它比水平渠道冲突更常见。垂直渠道冲突包括以下两类：一是生产商的渠道扁平化策略执行时，上下游之间的竞争性冲突；另一种是争取大客户时，不同级别的经销商为了维护自己的利益使出浑身解数来争取订单。

3. 多渠道冲突

多渠道冲突是指企业建立两条或两条以上的渠道向同一市场分销产品而产生的冲突，其本质是几种分销渠道在同一个市场内争夺同一客户群而引起的利益冲突。市场竞争的压力使得企业加强了对市场的争夺，几乎到了“寸土必争”的地步，所以在同一区域市场往往会使用多种分销渠道，不可避免地就会发生通过几种分销渠道将产品销售给同一客户群的现象。多渠道冲突的主要表现如下：(1) 缺乏针对区域多类型渠道的具体特点进行的统一规划和定位区隔；(2) 市场营销策略组合单一，没有针对不同渠道进行相应的调整；(3) 渠道的日常维护简单粗放，危机处理乏术。

**营销视角 10－4　OPPO 手机渠道的冲突**

## 营销渠道冲突的管理方法

营销渠道冲突是不可避免的，对渠道无论进行怎样的设计和管理，总会有些冲突，最基本的原因就是各个独立的企业实体的利益不可能总是一致的。因此，对于渠道管理者而言，面临的挑战是怎样把渠道冲突控制在一个合理的范围内并进行很好的管理，而不是彻底消除它。营销渠道冲突的管理方法可以分为以下几种。

### （一）采用共同的目标和价值观

有效管理渠道冲突的方法之一是采用共同的目标和价值观。从根本上讲，这个目标是单个公司不能承担只能通过合作实现的目标。渠道成员应该就它们联合追求的基本目标达成协议，无论该目标是企业生存、市场份额、高质量还是顾客满意度。它们通常在渠道面临外部威胁（例如，一个更有效率的竞争性渠道的出现、一条不利的法规的出台，或者消费者的兴趣转移）时这样做。

### （二）第三方机制

第三方机制，也就是调解与仲裁，可以防止冲突出现或者将冲突保持在允许的范围内。调解是双方寻求帮助以解决纷争的过程。第三方调解者试图解决争议，其中包括让参与者相互交谈，帮助它们理解自己的问题，并提出可能的解决方案。调解者通常对具体的情况有新的观点，可能意识到冲突双方所没有意识到的机会，并且在调解双方的冲突上比较熟练。另外，在仲裁中，第三方会作出该怎样解决冲突的决定。仲裁可以是强制的或自愿的。仲裁比调解有优势，如果当事人反对这种处理的话，可以质问仲裁者。仲裁达成的最终解决方案对当事人双方都有约束力。

### （三）人员交流

渠道成员之间可以进行交流，这就意味着在一个特定的时间段内，彼此的员工可以相互交换，渠道成员会被鼓励去开发解决方案而不是参与冲突。例如，宝洁和沃尔玛之间就经常进行这样的人员互换。虽然专有信息泄露的可能性使这样的交流需要制定明确的方针，但是参与者会给其公司带来跨组织的工作观念、投入和额外的培训等。

### （四）合议

合议是另一个鼓励渠道合作以避开其生存威胁的机制。它是一个将新思想融入领导层或组织的决策制定层（如咨询委员会、董事局等）的过程，例如，可以让不同渠道的代表聚集在一起公开讨论。然而，这个方法的缺点是各方面临无意中透露敏感信息的风险。

### （五）信息强化机制

信息强化机制是有风险的并且成本比较高昂，在这种机制下，每一方都有泄露敏感信息的风险并且必须贡献资源。信任和合作是很有利的条件，它们使冲突便于管理。行业协会的联合会员制就是这样一种方法。例如，美国食品杂货制造商协会和食品营销协会之间有良好的合作关系，这种合作促进了通用产品代码的发展。

### （六）建立渠道关系规范

当渠道冲突出现时，管理者可以运用在渠道成员长期交往中形成的关系规范来进行沟通。渠道关系规范是一种对全体渠道成员的行为的期望。强关系规范可以成为阻止渠道冲突的一种有效方式，关系规范的三个维度分别是灵活性、信息交流和团结。灵活性是指适应变化的环境的意愿，信息交流意指双方主动为渠道伙伴提供有用的信息，团结意味着渠道成员相互之间试图建立关系。

### （七）谈判

谈判是有关方面就共同关心的问题互相磋商、交换意见、寻求解决途径和达成协议的过程。谈判的目标在于停止成员间的冲突。妥协也许可以避免冲突爆发，但不能消除导致冲突的根本原因。只要压力继续存在，终究会导致冲突。其实，谈判是渠道成员讨价还价的一个方法。在谈判过程中，每个成员会放弃一些东西，从而避免冲突发生，但如何利用谈判要看成员的沟通能力。

### （八）沟通和协调

在冲突发生前清楚明确地沟通和协调每个渠道的角色是消除冲突的有效方法之一。沟通和协调是一种机制。渠道中出现冲突后，各方应开诚布公地交流意见和信息，心平气和地协商，以求相互理解和让步，最终达成对彼此目标和意见的认同，消除分歧。

### （九）法律方法

诉诸法律是借助外力来解决冲突的方法之一。使用这种方法意味着渠道中的领导力不起作用，即通过谈判、劝说等已没有效果。一旦采用法律手段，另一方可能会改变其行为，但会对诉讼方产生不满，这样的结果可能是双方冲突的增加而非减少。从长远来看，双方可能会不断产生法律纠纷，渠道关系不断恶化。

### （十）经济激励

相当多的证据表明经济激励是解决渠道争端的最有效的方式，这一点也不令人奇怪。经济激励并不仅仅是提供更好的价格或更高的津贴，那些都是容易看得见的，很容易为竞争者效仿。有说服力的经济激励总是建立在一系列因素的基础上，它们能为渠道成员提供财务报酬。

## 10.4 营销渠道控制

渠道系统的运行不会是一帆风顺的，这是因为渠道冲突不可避免，或者说任何渠道系统都需要加以适当的控制，才能最大限度地发挥效益，实现各个渠道成员的目标。基于此，本节的内容包括：营销渠道控制的含义和特点；营销渠道控制的内容与程序；营销渠道控制的方法；渠道投机行为的治理机制。

### 营销渠道控制的含义

营销渠道控制问题由来已久，早期营销渠道控制问题的研究是经济学研究的延伸，当时，一度将渠道权力和渠道控制二者混为一谈，即渠道控制与渠道权力曾被认为是可以互换的两个概念，但二者还是有所区别的。渠道权力是一个渠道成员影响另一个渠道成员决策变量的能力；渠道控制则是一个渠道成员对另一个成员行为和决策变量的实际影响。因而权力是一种潜在影响力，而控制则是权力应用的实际结果。

因此，本书将营销渠道控制定义为：一个渠道成员对另一个渠道成员的行为与决策变量成功施加影响的过程。营销渠道控制的本质是对渠道成员（组织）的行为进行控制，同时它也是一种跨组织控制、相互控制（或交叉控制）和结果导向的行为过程。营销渠道控制根植于相互依赖的渠道关系中，因而它与渠道关系中的诸多变量存在千丝万缕的联系。渠道控制的成效取决于双方或多方的努力。

## 营销渠道控制的特点

营销渠道有多种不同的结构，因此会有不同的控制方法。比如，企业对直销渠道的控制实际上就是组织内部控制，所采用的是基于企业层级系统的各种控制方法和手段。而对中间商渠道的控制，则既有组织内部的控制问题，也有跨组织的控制问题。此时，基于企业层级系统的控制方法可能并不好用。本节只研究中间商渠道的跨组织控制的特点，具体内容如下：

(1) 施控者与被控者之间各自独立。这表现在法人资格、利益、文化、企业战略和行为方式等方面。

(2) 相互依赖、互惠互利。这是渠道这一“超级组织”得以建立、发展和维持的基础，也是渠道控制的前提。

(3) 渠道成员常常互为施控者与被控者。一个渠道成员往往在一种或几种渠道功能上有较大的话语权，是施控者，而在另一种渠道功能上少有或没有话语权，是被控者。

(4) 渠道成员之间的控制介于市场控制与组织控制之间，是二者的混合，有时组织控制较强（如特许经营渠道中），有时市场控制较强（如一般的贸易渠道中）。

(5) 平等原则。基于上面四个特点，一个渠道成员对其他渠道成员的控制更多的是建立在平等原则上的沟通或影响，而不是建立在层级制度上的命令和指挥。

以上的特点决定了：

(1) 在渠道控制中，施控者与被控者在本质上是平等的，基于企业层级系统的控制方法或手段往往很难使用，或者即使使用了效果也不好。

(2) 施控者与被控者的目标同中有异，“同”促其合作，“异”产生冲突。

(3) 双方为了各自利益而进行的影响与控制是相互的。

## 营销渠道控制的内容与程序

渠道控制程序是渠道控制内容在管理控制程序上的具体化，可以分为设计控制标准、对营销渠道运行情况进行监测与评价、纠偏三个步骤。不过渠道控制与一般管理控制不同，即在很多情况下，施控者与被控者并不是很清晰——一个渠道成员想控制另一个渠道成员，而后者也想控制前者；一个渠道成员控制着一种渠道功能，另一个渠道成员控制着另一种渠道功能。另外，因为渠道成员在原则上是独立的，所以渠道控制必须以一定的权力为基础。

### （一）渠道控制的内容

渠道控制的内容很复杂，可以有不同的分类。根据渠道运行的过程，分为对行为的控制和对结果的控制。在营销渠道的跨组织控制中，由于施控者与被控者在信息上严重不对称，所以对结果进行控制相对容易一些，对行为进行控制要困难得多。但是，如果只对结果进行控制而不控制行为，很可能导致渠道投机行为的泛滥。根据营销因素来划分，渠道控制可以分为对产品与服务的控制、对价格的控制、对促销活动的控制和对分销过程与分销区域的控制。表10-2从制造商和中间商的角度，列举了在营销渠道中对营销组合因素的控制的具体内容。

表 10-2　营销渠道中对营销组合因素的控制

| 控制内容 | 控制者 | |
| --- | --- | --- |
| | 制造商 | 中间商 |
| 产品与服务 | ● 控制产品的生产过程<br>● 落实产品的质量保证<br>● 确保中间商为产品提供的各种服务能够兑现<br>● 监督中间商，不让与自己有关的劣质产品通过中间商上市 | ● 控制产品的订购数量、品种、规格和质量<br>● 监督产品质量保证的落实<br>● 提供产品的安装与维修服务<br>● 严把进货关，杜绝假冒伪劣产品上市<br>● 提供售前、售中、售后服务 |
| 价格 | ● 按照合同，监督与控制产品的批发和零售价格<br>● 监督与控制中间商对企业折价政策的落实情况 | ● 根据市场情况和供销合同，确定或建议产品的批发与零售价格<br>● 落实制造商的折价政策<br>● 防止制造商制定对自己不利的价格政策 |
| 促销活动 | ● 根据合同或实际需要，从事和控制企业产品的促销活动<br>● 监督中间商对自己产品的促销方式和促销努力 | ● 根据合同或实际需要，实施产品的售点促销，负责产品在售点的销售活动，进行售点的现场管理<br>● 向制造商提供促销活动的建议 |
| 分销过程与分销区域 | ● 按照合同，控制物流过程和分销区域，避免不同成员之间或不同渠道之间发生大的冲突 | ● 防止制造商窜货和其他投机行为，如产品在售点的“体外循环” |

渠道控制的内容也可以按照渠道功能来划分，分为对渠道信息的控制、对所有权转移过程的控制、对资金流的控制和对物流的控制等。例如，海信广场放弃了对物流、所有权和部分交易信息的控制，只控制发生在售点的资金流，整个控制系统一下子变得非常简单。

## （二）渠道控制的程序

根据管理控制的一般程序，渠道控制程序可以分为设计渠道控制标准、对营销渠道运行情况进行监测与评价、纠偏三个步骤。不过渠道控制是一种交叉着组织内部控制的跨组织控制，所以渠道控制的每一步都渗透着企业内部的控制内容（渠道管理者以企业整个营销渠道体系为控制对象，对企业渠道体系总的运行情况所进行的监督、评价和纠偏活动）和企业对外的跨组织控制内容（渠道管理者以渠道中其他企业的行为为控制对象，对渠道中其他企业可能发生的投机行为进行的监督和约束）。

### 1. 设计渠道控制标准

渠道控制标准是渠道管理者希望渠道运行所达到的状态或完成的任务。如果在企业的渠道方案中已经包括了具体和易于测量的任务或目标，那么这些任务或目标就可以直接作为渠道控制的标准。相反，如果渠道方案给出的渠道任务或目标不具体、难以测量，那么渠道管理者就需要设计具体的、可测量的渠道控制标准。不管在企业的渠道方案中是否给出了易于测量的渠道任务或渠道目标，渠道管理者在设计渠道控制标准时都要以渠道任务和目标为依据。

企业的渠道目标一般分为两大类：一类是渠道在一定的时间内必须完成的任务，我们将其称为“渠道任务”；另一类是渠道管理者根据渠道缺口所确定的渠道要达到的结果，包括渠道建设目标、服务目标和治理目标，我们将其称为“渠道目标”或“渠道设计目标”。渠道任务大多是营销目标的分解，涉及以下几个方面：销售业绩、盈利能力、渠道费用、增长潜力、竞争力。渠道目标涉及以下几个方面：市场渗透、市场覆盖、经销商发展和终端市场展示；不同渠道间的关系互动；渠道的服务产出，如消费者在服务支持方面的渠道满意度。

简而言之，渠道控制标准要具体、明确、可衡量；对于不易量化的标准，也要尽量将其量化。

2. 对营销渠道运行情况进行监测与评价

对营销渠道系统的运行情况进行监测，指企业通过对相关数据或资料的分析，了解企业渠道系统的运行情况，目的在于发现问题，找出渠道运行中实际执行情况与控制标准之间的差距。

对渠道运行情况进行监测的方法很多，包括对销售业绩进行数据统计和分析、对顾客进行调查和分析、在现场进行监测和分析，以及通过中介组织进行调查和分析等。具体内容如下：

（1）通过实际执行情况和控制标准的比较，发现偏差的出处并分析偏差的性质。由于渠道控制的内容和标准很多，所以偏差可能表现在许多不同的方面。比如，偏差可能是渠道的销售业绩不佳或渠道费用太高。找到偏差产生的地方，还要判断其性质。偏差不一定都是坏的，有时可能是对企业有利的偏差，比如，渠道效率好得出奇。对于不利的偏差，渠道控制的目的在于纠偏；而对于有利的偏差，渠道控制的目的重在找出原因，朝更有利的方向引导。

（2）分析偏差的大小及容忍度。一般而言，在实际执行过程中总是会或多或少偏离控制标准，问题在于，偏差的大小是否在允许的范围内。只有那些超出允许范围的偏差，才是企业需要认真对待的。控制者一般对那些重要的控制标准上的偏差容忍度较小，而对那些不太重要的控制标准上的偏差容忍度较大。

（3）分析偏差形成的原因，制定纠偏措施。这里需要把问题的表象和问题的根源区别开来。有时看起来是销售业绩出现偏差，但实际上是渠道成员之间的合作出现问题。有时看起来是渠道合作出现偏差，但实际上是企业的渠道政策伤害了合作者，使得合作者采取消极的态度应对。

3. 纠偏

根据偏差形成的原因，纠偏有两个方面：第一，修改或调整企业自己的渠道任务、目标和策略，以适应环境的变化。偏差有可能是因为环境的变化而使企业以前制定的渠道任务、目标和策略不再适用；还有可能是因为企业的渠道政策设计不当，留下了太多的漏洞给投机者钻空子。不管是哪一种情况，都意味着企业的渠道策略需要作出调整。第二，影响或指导渠道成员改变某些不当行为，采用合理先进的工作方法，提高渠道效率和合作水平。如果偏差确属渠道合作伙伴的行为不当所致，那么就要通过各种手段或策略改变它们的不当行为，如果无法改变，还可以选择与它们中断合作关系。

## 营销渠道控制的方法

营销渠道是一个系统，而系统是需要控制的。营销渠道无疆，但控制有方。在这个“渠道为王”的时代里，任何企业都想控制渠道、获得渠道话语权，但只有掌握了方法的渠道成员才能把想法变为现实。一般而言，企业可以通过以下几种方法实施渠道控制。

### （一）开发优质产品（品牌），形成渠道控制力

无论是生产企业还是流通企业，只要手上拥有优质畅销的产品或品牌，就掌握了渠道的控制权，这是控制渠道的有力武器。试想，如果一个大卖场（或连锁店）没有宝洁或可口可乐的产品，那还能叫大卖场吗？所以，流通企业要争取抓住一线品牌或重要品牌，而生产企业要力争通过产品创新和品牌投入创造出一流的产品和品牌，以提升企业的竞争力，这是渠道控制的根本，是一种专家权力的显示，它决定了厂商的根本地位。

### （二）提供良好的渠道服务，增强渠道感召力

无论对于制造商还是中间商来说，拥有完善的服务体系、为其他渠道成员或最终消费者提供优质服务，都能产生强大的吸引力和影响力，由此赢得对渠道的控制。服务是产品价值的一部分，良好的服务是让顾客满意，是形成顾客信任、偏好和忠诚的必要条件，也是企业持续发展的基础。良好的服务通过口碑相传，达到一传十、十传百的效果。

### （三）实现规模经济，掌握渠道主动权

渠道控制最终取决于企业的实力，而规模则成为实力的重要象征，它包括生产规模（产量）和市场规模（份额）。谁的规模大，谁就拥有渠道发言权；谁的规模大，谁就可以修改和制定游戏规则，这就是渠道赋予的强制力。

**营销视角 10-5 大连市烟草公司渠道控制力的增强策略**

### （四）推行“助销”制度，实现渠道掌控

“助销”是宝洁率先推行的一种有效的分销管理制度，它是指厂商通过人、财、物、广告、技术等资源的投入，支持中间商发展，这是一种完善客户服务、强化市场开发管理的渠道运作理念。它的做法是向中间商派出专业的销售代表，协助中间商进行营销策划、市场开拓、队伍培训、营销推广以及市场管理，同时提供必要的市场费用支持。“助销”制度的实质是，厂商通过帮助中间商，进而影响中间商，达到控制中间商和终端市场的效果。“助销”制度之所以有效，是因为厂商通过提供培训和参与策划，控制经销商的理念和策略，实现文化和思想上的控制；通过参与市场开发和管理活动，实现管理过程上的控制。渠道中处于领袖地位的中间商也可以效仿宝洁的这种做法。

### （五）通过掌握尽可能多的下游中间商控制渠道

有时通过合同契约无法约束中间商，而通过掌握尽可能多的下游中间商可以获得渠道的主动权。一方面掌握可替代的其他中间商，一方面掌握下游中间商，就会在渠道中形成竞争态势，在渠道管理和控制上占据主动地位。当其他的渠道成员不肯合作的时候，渠道中占据主导地位的企业就可以通过这种方式来对不合作的渠道成员形成管控。制造商可以这样做，渠道的中间商也可以这样做。

### (六) 有效利用渠道激励资源，发挥其杠杆功能

渠道激励实质上是渠道资源的再分配，因此，渠道激励也是一种渠道权力，而且是一种很有效的权力。作为渠道权力的一种运用，渠道激励，也称为渠道成员激励，就是针对中间商的渠道行为及贡献持续提供一些资源奖励，进而不断地维持和增强双方关系。不管是生产企业还是流通企业，拥有这些资源，将会获得强大的支配渠道、调节渠道关系的合法权力，形成一种杠杆效应。但切不可滥用这个权力，要兼顾个体和全局，兼顾现在和将来，还要考虑成本和效益因素。

## 营销渠道中投机行为的控制

### (一) 渠道投机行为的内涵

根据代理理论，代理关系中的代理人与被代理人之间信息是不对称的，这种信息不对称加上被代理人不可能时时刻刻监督代理人，代理人就有可能为了自身利益而做出有损被代理人利益的事情，这种发生在不同渠道成员之间代理关系中的投机行为就称为渠道投机行为。渠道投机行为的实质是一个渠道成员的实际行为与合约所规定的行为不一致，即违反合约的行为，通常表现为一个渠道成员以牺牲其他渠道成员的利益为代价，为己方谋取私利。

### (二) 渠道投机行为的成因分析

营销渠道中的投机行为主要是企业与环境之间或者企业之间关系处理不当造成的。对营销渠道中投机行为产生根源的研究主要体现在以下几个方面。

1. 交易成本经济学

交易成本经济学假设决策者不能做到足够理性（即有限理性），决策者自身和交易伙伴具有采取欺骗等投机行为来追求自身利益的倾向，这意味着在不确定或复杂环境下的交易变得成本高昂并充满危险。这就势必产生了起草、谈判和制定协议的事前交易成本，以及议价、监控、争议协调带来的事后成本。这些成本统称为交易成本。

2. 信息经济学

从交易成本经济学中可以发现，事前交易成本和事后交易成本都和交易成员的行为选择有关，其结果是渠道成员的逆向选择和道德风险问题。事前交易成本带来的一个重要问题是契约的不完备性。在不完备契约的条件下，渠道成员之间的交易行为要依靠模糊的、约定俗成的规定来规范。

3. 有关产品、企业特点等方面的不确定性

产品自身的非特异性也会造成供应商和制造商之间的投机行为。产品的非特异性是指在渠道契约中无法对产品进行详尽的说明。产品的非特异性是由于产品自身的原因造成契约无法将其所有特征予以囊括。

另外，渠道成员之间的交易历史、各自的企业性质、交易方式等，都会成为渠道成员从事投机行为的原因。

总的来讲，引起渠道投机行为最主要的原因有三个：（1）锁住效应。即由于某种原因，比如交易专有资产的投入，使得一个渠道成员不能毫无成本地与另一个渠道成员解除既有的交易关系。（2）信息不对称。这增加了前者发现后者投机行为的难度，同时也使得后者从

事投机行为而不必过于担心被前者抓住，使自己受到处罚。(3) 利益上的差异。即渠道合作伙伴之间的利益并不完全一致。

## (三) 渠道投机行为的分类

渠道投机行为按照交易环境和行为可以分为四种类型：原有环境下的主动投机行为，即侵害；原有环境下的被动投机行为，即逃避；新环境下的主动投机行为，即强制让步；新环境下的被动投机行为，即拒绝调整。

1. 原有环境下的主动投机行为（侵害）

这意味着一方正在从事明文或按常规禁止的活动。分销商违反地域或者顾客范围限制的情形就是如此。这种形式的投机行为可能增加受害者的直接成本。比如，当分销商违反分销的地域限制时，生产商就需要采取系统且成本高昂的监控行为。这些分销商提供的服务会因为违反地域限制的投机行为而受到损害，最终，生产商的利益也会受到损害。

2. 原有环境下的被动投机行为（逃避）

通常采取的形式为推卸或者逃避责任。在特许经营的情形中，特许经销商没有遵守特许权授予者的质量标准，就表现为这种情形的投机行为。例如，肯德基的连锁店如果没有按照总部的规定进行经营，比如，在环境卫生、食品质量等方面降低标准，短期内连锁店可以从成本节约中获得收益，但是，长此以往势必会损害肯德基的整体形象，减少顾客光临。

3. 新环境下的主动投机行为（强制让步）

在这种情况下，一方利用新环境去压榨别人以获得对方的让步，正如可口可乐公司与其瓶装供应商之间的关系。压榨对方并使之让步的过程会导致对方争论并产生讨价还价的成本。

4. 新环境下的被动投机行为（拒绝调整）

在这种情况下，投机行为对直接（即现金支付）成本的影响或许很小。实施投机行为的一方在短期内可能获益，但从长远来看，成员一方拒绝为了适应新环境而进行调整，这种行为会影响双方之间的关系，同时也放弃了部分因适应环境才能得到的收益。

## (四) 渠道投机行为的治理机制

治理机制是用来确立和构建交易关系的工具。交易成本理论认为，治理可以通过市场治理、混合治理和层级治理三种机制来实现，但使用不同的机制治理渠道投机行为的成效存在明显的差异。为了防止渠道投机行为造成的交易风险和渠道关系中断风险，渠道经理人员会选择与设计不同的治理机制，甚至采取一体化的所有权控制形式。在渠道关系确立之前先选择合作意愿强烈的渠道伙伴，设计多种激励机制来促使渠道成员自我约束，订立复杂的契约来进行责任约定并规定渠道伙伴违反约定的惩罚措施，或通过规范关系来营造信任机制和氛围以防范渠道投机和保持长期、和谐、稳定的渠道关系。下面详细阐述几种常见的渠道投机行为的治理机制。

1. 所有权控制

所有权控制是投机治理的经典范式，包括完全所有权控制和部分所有权控制两种形式，其具体表现是完全纵向一体化和部分纵向一体化。交易成本理论认为，纵向一体化能够更好地保护投资不受投机行为的冲击，所有权控制可以抑制投机倾向。在渠道共同体内，任何一方的投机行为都会侵害共同利益；而慑于受到完善的控制手段的惩罚，渠道成员会减弱投机动机。一般认为，所有权控制通过将成员行为或结果内部化，能够较好地抑制信息不对称导致的投机动机；一旦渠道环境因技术等因素突然发生变化，所有权控制就无法降低投机的发生概率。因此，在环境发生变化和信息不对称性有所改善时，必须采用新的治理方式来防范渠道投机。

**营销视角 10-6　大庆市杂粮收购商渠道投机行为的原因及治理机制**

2. 渠道伙伴选择

渠道伙伴改换门庭会导致重大损失，因此选择合适的渠道伙伴非常重要。事先选择合作意愿强、投机倾向小的渠道伙伴是控制投机行为的最直接方式。首先，应该对渠道成员进行资格认证，考察渠道伙伴的履约动机和可靠性，分析其经营理念、以往的经营行为和投资渠道关系的意愿，通过缔约前审计来筛选具有相应技能、特质和动机的渠道伙伴。其次，设计规则机制，指导渠道成员自我选择，从而在渠道关系确定之前有效防止逆向选择（事前投机）和道德风险（事后投机）。如果渠道伙伴选择得当，并且愿意为渠道关系进行投资，那么即使环境发生变化，不但合作意愿强的渠道成员主观上仍有维持渠道关系的意愿，而且既成事实的专用性关系投资也能保证渠道关系的稳定性。

3. 激励机制设计

设计合理的激励机制有利于事先遴选履约可靠性高的渠道伙伴。同样，如果能够保证渠道内信息传递畅通，就能通过自执行契约来改变渠道成员的收益格局，使得渠道伙伴维持长期交易关系的收益大于投机所能获取的短期收益，从而阻止渠道成员采取投机行为。自执行契约的形式多样，抵押投资和价格溢价或边际收益是其中主要的表现形式。价格溢价或边际收益能够激励渠道成员削弱主动采取投机行为的内在冲动，按照协议规定履约。如果渠道成员具有潜在的讨价还价实力，就能迫使其他成员投资于专用性设备、工具，或迫使它们将其他专用性关系投资作为抵押品。若有渠道成员提前终止交易关系，则必然遭受无法收回投资的损失。此外，渠道成员之间一旦形成相互依存的关系，投机冲动就会得到抑制。即使环境发生变化，只要抵押品的价值没有耗损、价格溢价大于环境变化后能够获得的收益，激励机制就能有效地防止各种投机行为，并且保持稳定的长期渠道交易关系。

4. 正式契约

通过详细规定渠道成员的期望、责任及角色要求，正式契约可以有效地规避渠道投机行为。交易成本理论详细阐述了古典契约、新古典契约等投机治理形式和手段。虽然新古典契约在古典契约的基础上针对特定的交易类型增加了相机调整条款，还是无法达到实际交易所要求的灵活性，因而其有效性一直受到学者的诟病。当渠道依靠正式契约来规范商业交易时，由于渠道环境总是变动并且难以准确预知，特定的条款就显得过分呆板。因而，这种方式只能适用于信息完备、交易成本为零、环境能够以零成本准确预见的新古典乌托邦。

5. 社会规范

理论界将社会规范或关系规范定义为与行为相关联的共同愿景。社会规范可以反映渠道成员的态度与行为期望，渠道成员通过分享共同的价值观和大家认可的目标来形成特定的交易标准和行为范式，从而促使目标趋同，同时实现渠道成员的个体目标及渠道的集体目标。社会规范主要包括角色的完整性和一致性、双边信息交换、和谐解决冲突、灵活性、权力限制、互惠互利和长期导向。处于社会、政治和经济环境中的渠道成员一旦认同社会规范，社会压力就会抑制逃避责任的行为和投机行为。即使是在信息不对称和面临锁定威胁的情况下，社会规范也能有效防范投机行为。

渠道投机治理研究是以交易成本理论为核心，在融合组织行为、社会关系、不完全契约和博弈论等理论成果的基础上不断演进和发展的，逐渐形成了所有权控制、渠道伙伴选择、激励机制设计、正式契约和社会规范等渠道投机治理机制。虽然以上各种渠道投机治理机制都能在一定程度上防范渠道投机并保证渠道正常运行，但由于它们基于不同的理论，它们的渠道投机治理效应、适用条件以及对其他机制的影响等或多或少存在差异。渠道关系的构建、运行和治理受到渠道主体间信息传递状态和环境变迁的影响，因此要想使嵌入不同营销环境的治理机制发挥作用，渠道主体就必须根据渠道运行的制度环境和任务环境选择适当的机制来治理渠道投机行为，构建和谐的渠道关系，以确保渠道关系健康发展。渠道成员必须在权衡成本收益的前提下，准确分析不同机制的治理特点，组合使用不同的机制，这样才能更有效地防止和控制渠道投机行为。如果不能做到因地制宜和因时制宜，就会顾此失彼，不仅不能有效地治理渠道投机，还会因误用不适当的治理机制而蒙受损失。

## 案例分析

### 快速消费品窜货治理案例分析

新年伊始，小王就被市场上突如其来的窜货搞得晕头转向。第一个月任务没能完成，客户埋怨小王无能，公司批评小王玩忽职守，小王自己也搞不清楚这么多的窜货是从什么地方钻出来的。公司给小王下了死命令，第二个月完不成任务就走人。客户要求小王尽快查明真相，否则要求公司换业务员。

面对尴尬的局面，小王如何开展工作？

小王开始对区域内的窜货原因进行调查。原来在年前的时候，临近的区域市场为了完成任务，给经销商制定了较高的任务，并设置了可观的超额奖。经销商为了拿到超额奖，对小王管理区域内的市场进行了低价窜货。

小王如实向公司做了汇报，公司对窜货区域经销商和业务员进行了处罚。但是面对大规模低价窜货造成区域价格混乱的局面，小王应该如何应付呢？

小王对区域内的窜货现象进行了总结：这次低价窜货影响比较大的是流通渠道的大批发客户，终端商店、小超市等销售终端没受影响，这些销售终端也是该区域经销商的销售盲点。通过这次市场调查，小王认识到：一次窜货可以制止，难的是长期控制窜货，而真正控制窜货的关键就是控制销售终端。

小王把自己的想法跟经销商进行了沟通，经销商认可他的观点，加大了对销售终端的铺货力度。通过控制销售终端，不仅销量提高，产品群也得到丰富，整体利润有所提高。更重要的是销售终端控制的加强在一定程度上削弱了大批发客户的销售数量和在本区域内销售本公司产品的势力，窜货现象得到良好控制。

但是，大批发客户的存在也不容忽视。小王开始对市场上的大批发客户进行统计总结，并与影响力较大的批发客户签订特约经销商协议以加强对产品价格的维护。尽管还有少数的大批发客户窜货，但是市场总体价格体系得到控制，市场进入良性发展，销量也得到快速增长。

（一）窜货的根源在于厂家

窜货是因为厂家的营销政策和销售管理出现漏洞，给经销商以可乘之机。营销系统没有做好，市场迟早会出问题。

窜货的诱因可能是厂家的返利政策。递进销量的返利政策是把双刃剑，对调动经销商的积极性有一定作用，但很容易诱导经销商冲量来拿到更高一级的返利。当年终经销商冲量导致库存压力过大时，它们往往通过窜货或直接降低出货价来迅速套现，严重影响市场正常秩序，使价格体系趋于混乱。

很多企业都采用递进销量的返利政策，有运用得炉火纯青的，也有做得一塌糊涂的。递进销量的返利政策能否运用成功，关键是企业能否做到对经销商的有效掌控。对中小企业而言，如果对经销商的控制力有限，递进销量的返利政策弊大于利，应慎重使用。

（二）只有消除了源头，恶性窜货才能根除

企业必须树立“市场秩序是第一位”的观念，没有稳定的市场秩序，再红火的销量也难持久。要反思公司的其他营销政策，哪些制度是在变相鼓励经销商窜货，哪些地方有漏洞给经销商以可乘之机。

不把厂家营销策略上的漏洞堵住，今天处理了这家经销商，明天还会有另外一家跟进，最终导致价格体系崩溃。大量窜货可带来短期销量的猛增，却是以牺牲市场秩序为代价，最终产品会因通路和零售商都无利可图而滞销。

（三）变更经销商的时机选择

最初选择经销商时要慎重，争取初选成功。变更经销商对市场往往产生比较大的波动，要注意变更的时机：(1) 竞品正在大举进攻时不宜；(2) 销量旺季不宜；(3) 没有做好事先准备时不宜；(4) 没有替补的经销商可供选择时不宜。

此例中该公司应如何处理这起窜货事件呢？

(1) 公开做法，必须对违规的经销商按合同处理，扣除其一个季度的返利，否则合同就是一张废纸，其他经销商会纷纷仿效。这是原则问题，必须无条件执行。

(2) 在公开处罚违规经销商的同时，如何安抚它？为防止其退出经销加入竞争者的行列，可私下由分公司出面，协商给予经销商某种补偿，作为其销量的应得利润，返还经销商该季度销量减去窜货损失后的应得返利，但重申下次决不姑息。

(3) 注意这家经销商的库存，适当减少其存货量，防止谈判破裂时经销商低价倾销。

(4) 如这家经销商是窜货的“惯犯”，放弃它是最明智的选择，但要警惕其扰乱市场来报复。

资料来源：快速消费品窜货治理案例分析．https://www.jinchutou.com/p-90430758.html.

**讨论**

窜货是一种常见现象，根据本案例，谈谈你对窜货的初步认识。

## 重点名词

| | | |
|---|---|---|
| 垂直营销系统 | 水平营销系统 | 营销渠道冲突 |
| 营销渠道控制 | 渠道投机行为 | |

## 思考题

1. 垂直营销系统有哪些特点？

2. 营销渠道冲突的管理方法有哪些?

3. 营销渠道控制的方法有哪些?

4. 营销渠道投机行为产生的原因是什么?治理机制有哪些?

## 实训练习

1. 请你为以下产品设计分销渠道:(1) 化妆品;(2) 报纸、刊物;(3) 机床。

2. 2019 年 11 月 11 日零点 1 分 36 秒,天猫“双十一”的成交总额突破 100 亿元,突破 1 000 亿元用了 1 小时 3 分 59 秒,这个速度再次刷新天猫“双十一”成交额的纪录。“双十一”刚刚过去,大众的话题又开始聚焦于实体店与电商的矛盾之上。传统的购物习惯被颠覆,新的消费习惯已经养成,导致电商与店商的矛盾一直为大众所关注。各大互联网企业都在研究新的零售方式来吸引更多的商户加入平台,也正是这样使很多人更加质疑实体店能否抗过这种冲击。其中电商商品的分销渠道对实体店有较大影响,实体店又该如何解决与电商渠道的冲突呢?请谈谈你的看法。

# 第11章

# 营销渠道评价管理

## 本章要点

1. 了解营销渠道评价的含义。
2. 了解营销渠道评价的原则。
3. 熟悉营销渠道评价的流程。
4. 熟悉营销渠道整体绩效评价的方面和成员绩效评价的方法。
5. 掌握营销渠道优化的原因和方式。

营销渠道评价管理是一个动态过程，不仅包括确定渠道模式，选择与激励渠道成员，而且包括在必要的时候对渠道进行必要的调整。渠道建设不是一劳永逸的，而是需要根据企业内外部环境的变化持续改进。因此，企业需要定期对渠道系统及其成员进行相应的评价，以确保整个渠道系统高效运转。

## 引　例

### 印刷设备企业的渠道危机

D印刷设备有限公司是中国最早一批致力于丝网印刷机产品研发的高新技术企业。最近几年，随着小型丝印机领域内的产品竞争愈加激烈，D公司希望通过优化营销渠道，为企业的发展寻求一个突破口。据D公司的内部数据显示，2018年5月至2019年5月，由于各销售渠道间的冲突，如产品跨区销售、价格恶性竞争等，造成了300多万元的利润损失。在D公司整个营销渠道体系运行中，各渠道间的冲突时有发生，各成员由于资质不同，在销售资源的分配上产生了不平衡。而这些资源的倾斜必定会在一个区域内形成某个渠道成员相对另一个成员的优势，这些优势可表现为销售产品的价格优势、促销政策的优势等。同时在对渠道成员的考核上，D公司更重视对销售目标的实现，这样就导致部分渠道成员利用其所具有的相对优势，去占有原应属于其他渠道成员的销售业绩，来实现自己完成销售任务的目的。例如2019年，沈阳经营部由于其销售规模和地域特质，成为D公司的重点关注地区，在一款小型丝印机产品上取得公司在进价基础上10%的促销让利支持，但仅限沈阳地区的零售系统销售。然而沈阳经营部当月的销售情况相对不乐观，一部分销售任务未能落实，沈阳当地的零售商前期已经进了很多该产品，即便现在让利，其进货数量也不足以保证销售的完成。为了确保销售的实现，沈阳经营部扣除产品运费后，将此产品让利8%，销售给天津的一家批发商。而此家批发商原先是从天津当地的一家二级经销商处进货。这种做法造成了天津这家二级经销商出货数量的明显减少，沈阳经营部利用其在单品价格上的优势进行了跨区域销售并从中取得了相关利益，导致其他渠道成员利益受损，引发了营销渠道的冲突。

资料来源：赵艳丰．印刷设备企业如何化解营销渠道“危机”．今日印刷，2019 (8)：34－37.

在渠道的日常管理和控制过程中，需要经常对企业的营销渠道进行评价。通过评价整体营销渠道和渠道中的成员，管理者可以了解企业的不足，进行相应的改进。本章的内容安排分为以下几个部分：首先，介绍营销渠道评价的流程；然后，对渠道整体和成员的绩效进行评价；最后，提出营销渠道改进和优化的方法。

# 11.1 营销渠道评价的流程

评价营销渠道是企业日常管理工作中的一项基本任务，通过对营销渠道的评价，企业可以发现其中存在的问题，同时为渠道的调整和改进提供依据。那么，什么是营销渠道的评价？评价的原则是什么？具体流程是什么样的？有哪些方法？基于此，我们展开本节的论述。

## 营销渠道评价的含义

营销渠道评价是指厂商使用系统化的手段或措施对其营销渠道系统的效率和效果进行客观考核和评价的活动过程。

营销渠道评价的对象既可以是渠道系统中某一层级的渠道成员，也可以是整个渠道系统。在营销实践中，不少厂商同时对某个层级的渠道成员及整个渠道系统进行评价。尤其是在渠道扁平化的发展趋势下，厂商更多地加强了对渠道系统中具体渠道成员的绩效评价，以决定是否对某些层级的渠道成员进行扁平化。

渠道绩效是一个多维和纵深的结构，既包括宏观的方面，也包括微观的方面；既包括渠道系统的绩效，也包括单个层级渠道成员的绩效，甚至是单个渠道成员的绩效。从宏观方面来说，渠道绩效是指渠道系统表现出来的对社会的贡献，是站在整个社会的高度来考察的；从微观方面来说，渠道绩效则是指渠道系统或渠道成员为厂商所创造的价值或服务增值，是从厂商自身的角度来考察的。

事实上，厂商和渠道成员一般是以独立的经济实体的身份组织在一起的，形成一个营销渠道系统。因此，在营销实践中，微观层面的营销渠道评价又包括厂商对渠道系统的绩效评价和渠道成员对渠道系统的绩效评价。

## 营销渠道评价的原则

### (一) 有效性原则

营销渠道评价的首要原则就是其分销的有效性。具体来讲，就是看该渠道能否给企业或品牌带来预期的销售量，能否达成企业期望的市场占有率目标或者品牌影响力目标。一般来讲，企业建立营销渠道的目的是追求销量的最大化和市场占有率的最大化，所以，能够给企业带来预期销售量和市场占有率的渠道就是好渠道、合格的渠道。为此，我们在评价渠道成员的优劣时，其在销量和市场占有率方面的有效性是最基本的评价指标。

### （二）经济性原则

企业追求的是利润而不仅仅是对销售渠道的控制。经济分析可以用许多企业经常遇到的一个决策问题来说明，即企业是使用自己的销售力量还是使用销售代理商。假设企业希望其产品在某一地区获得大批零售商的支持，现有两种方案可供选择：一是向该地区的营业处派遣12名推销员，除了付给他们基本工资，还采取根据推销业绩支付佣金的激励措施；二是利用该地区的销售代理商，该代理商已和零售商建立起密切的联系，并可派出36名推销员，推销员的报酬按佣金制支付。这两种方案可导致不同的销售收入和销售成本。判断一个方案好坏的标准不是其能否导致较高的销售额和较低的成本费用，而是能否取得最大的利润。

### （三）可控性原则

使用代理商无疑会带来控制上的问题。一个不容忽视的事实是，代理商是一个独立的企业，它所关心的是如何取得最大的利润。它可能不愿与相邻地区同一委托人的代理商合作。它可能只关注那些与其推销产品有关的顾客，而忽略对委托人很重要的其他顾客。代理商的推销员可能无心去了解与委托人产品相关的技术细节，也很难正确对待委托人的促销资料。

### （四）适应性原则

在评价各渠道网络的方案时，还有一项需要考虑的标准，那就是生产者是否具有适应环境变化的能力，即应变力如何。每个分销网络方案都会因某些固定期间的承诺而失去弹性。当某一制造商决定利用销售代理商推销产品时，可能要签订四年的合同。这段时间内，即使采用其他销售方式会更有效，制造商也不得任意撤换销售代理商。所以，一个涉及长期承诺的分销网络方案只有在经济性和控制性方面都很优越时，才可以考虑。

## 营销渠道评价的方法

营销渠道评价的常用方法有两种：一种是历史比较法；一种是区域比较法。

### （一）历史比较法

历史比较法，就是将渠道系统或渠道成员的当期销量与上期销量相比较，得出上升或下降的比值，再与整体市场的升降百分比进行比较，对高于整体市场平均水平的渠道系统或渠道成员予以奖励，对低于整体市场平均水平的渠道系统或渠道成员则要具体分析，找到原因并帮助其改进。该方法的难点在于需要准确把握整体市场的平均水平。

### （二）区域比较法

区域比较法，就是将各渠道成员的绩效与该区域销售潜量分析所得出的数值进行比较。具体做法是，将某区域内各渠道成员在某一时段的实际销售量与通过分析得出的该区域销售潜量进行比较并排序，然后通过测算相关指标来确定这些渠道成员在这一时段是否达到某一标准。该方法的难点在于需要客观把握该区域内的销售潜量。

## 营销渠道评价的具体流程

使用渠道的目的在于帮助企业实现销售目标。对渠道的评价旨在建立一套与企业特定经营目标相一致的评价指标，以引导渠道行为。渠道评价的整体流程如图 11－1 所示。

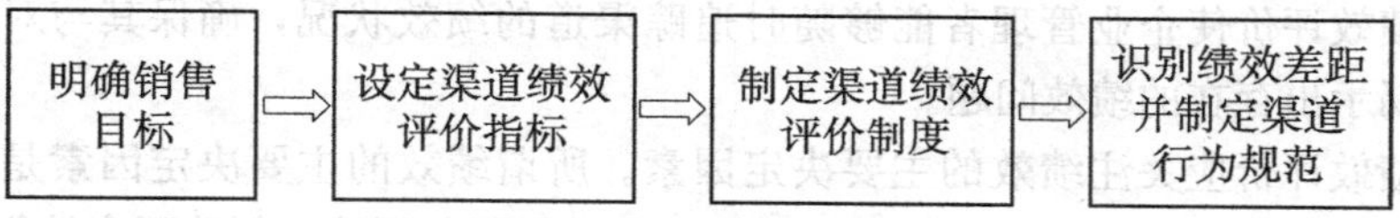


**图 11－1　渠道评价流程图**

### (一) 明确销售目标

如图 11－1 所示，在公司目标与渠道行为之间建立更紧密联系的方式是将公司目标分解成一系列具体明确的销售目标。一个呼叫中心很难根据诸如“提高经营利润”这样的公司目标决定应该采取什么行动，但“使交易成本降低 5%”这样的销售目标则容易操作得多。销售目标提供了期望值的底线，围绕这个底线可以建立渠道的绩效指标和评定制度。

一些企业已经有了强大的销售目标，这些销售目标能够将公司目标有效地传达给各个独立的渠道。但在大多数情况下，企业管理层，尤其是那些运用复杂多渠道体系的企业管理层，很少能对“在市场领域中所有渠道组合应该完成哪些任务指标”这个问题给出满意的答案。通过采用以下步骤可以给出比较满意的答案：

(1) 将单个公司或业务目标一一分解为对应的销售目标。将公司的每个目标独立分解为一个定量的销售目标，如“将经营利润提高到有竞争力的水平”通常被直接转化成诸如“使销售成本降低 5%”这样的销售目标。为帮助企业实现高水平的战略目标，销售标准应该逐一明确和量化。

(2) 将公司目标分解成三类：收入增加、利润提高和客户忠诚度。尽管公司目标各不相同，但大多数都适用于这种分类法。将有关公司目标与以上三大类别一一对应是很有必要的，因为这种简单的分类法能在企业设定合理的销售目标过程中提供明确的销售任务：1) 收入增加目标要求对应的销售应致力于获取新客户，扩大客户群的范围，加强新市场的扩张以及对已有市场的渗透；2) 利润提高目标要求对应的销售应致力于留住老客户，降低交易成本，关注大多数能带来利润的客户，以便更有效地运用销售资源；3) 客户忠诚度目标则要求对应的销售应着重改善客户服务质量，提供更强大的售后支持，向主要客户提供更灵活的销售资源及渠道配置。

以上三类目标并不是相互排斥的。事实上，在设定综合绩效指标时，大多数企业至少应考虑三类目标的一部分。通过将公司目标分解为以上三大类，企业通常能给出更明确的销售任务以设定合理的销售目标。

### (二) 设定渠道绩效评价指标

绩效指标是有效的渠道管理的一个重要组成部分。清楚而明确的绩效指标，如“使今年的渠道销售量增加 10%”或“将每月电话量提高 10%”，为评价渠道成功与否、追踪渠道绩效状况提供了基准点，也便于企业采取补救措施，使渠道绩效与其预期值保持一致。渠道的目标绩效水平必须以帮助企业实现其销售目标为导向。设定的绩效指标必须能反映销售过程中每个渠道各自扮演的角色。例如，某个渠道的职能是提供客户支持服务，那么为其设定一个收入指标显然是没有意义的。同样，客户满意度对仅负责企业潜在客户的渠道来说通常也不是一个有价值的绩效指标。企业为每个渠道设定的期望值必须能够反映该渠道在销售过程中所承担的特定职责。

### （三）制定渠道绩效评价制度

渠道的绩效评价使企业管理者能够随时追踪渠道的绩效状况，确保其与对应的绩效指标相符，并揭示出存在的绩效问题。

合理的绩效评价应关注绩效的主要决定因素。所谓绩效的主要决定因素是指能直接并强有力地影响渠道综合绩效的渠道行为。例如，在远程服务领域，创造更多销售电话量是一个呼叫中心业绩的主要决定因素。

### （四）识别绩效差距并制定渠道行为规划

渠道绩效评价制度有两个基本用途。首先，它们可作为管理渠道绩效的强有力的监测工具。连续的绩效评价是动态渠道管理的基础，它使市场预期值与实际值实现实时对照及调整。其次，渠道绩效评价制度提供了认清渠道现有水平与实现销售目标所需要的绩效水平之间差距的一个机会。企业要明确为了达到未来绩效水平，每个渠道现在必须采取什么行动。

渠道行为规划是决定为实现渠道目标而必须采取哪些具体行动的管理手段。渠道行为规划包含以下步骤：

（1）以渠道绩效指标及主要评价制度为起点，对渠道行为进行评价，使其与绩效指标相符。

（2）记录与每种评价制度有关的渠道实际绩效。

（3）确定 18～30 个月后渠道绩效必须达到的水平。

（4）确定一系列具体的针对渠道的行为，以帮助渠道从现在的绩效水平过渡到未来（期望）的绩效水平。

渠道行为规划通过将企业的销售目标和渠道绩效指标解析成具体的渠道行为来发挥渠道的优势，该渠道行为与渠道实现其目标、达到其绩效指标的要求相一致。当涉及多渠道投资组合时，应高度强调渠道绩效管理的重要性。

作为一个指导体系，一系列经过认真推敲后选定的目标和评价制度，为确保销售渠道服务于企业的主要目标并在销售过程中履行职责提供了基本前提。同时，该目标和评价制度也使企业管理者能够按照“渠道绩效必须与公司目标及期望值相符”的要求确定具体的渠道行为。

## 11.2 营销渠道整体绩效评价

渠道整体绩效评价可以从渠道管理组织、渠道运行状况、渠道服务质量和渠道财务绩效四个方面进行。前三个主要是定性分析，第四个则是从财务角度进行的定量分析。

### 渠道管理组织评价

渠道管理组织评价包括两个方面的内容：（1）考察渠道系统中销售经理的素质和能力。

比如，在厂商的某渠道系统中，从事销售工作三年以上且达到一定学历的地区经理占销售经理总数的比例有多大，该比例越大，表明销售管理组织的素质和能力越强。(2) 考察厂商分支机构对零售终端的控制能力。比如，厂商分支机构是否有自控零售终端？如果有，自控零售终端的销售额占厂商分支机构所在地销售额的比例是多少？

## 渠道运行状况评价

渠道的运行状况是指渠道成员在配合、协调以及积极性发挥等方面的综合表现。它决定了渠道的效率和功能。

渠道运行状况评价以渠道建设目标和分销计划为依据，考察任务的分配是否合理、渠道成员的合作意愿与努力程度、渠道冲突的性质与程度、销售是否达到既定目标等。具体分析时可从渠道的通畅性、渠道的覆盖面、渠道的流通能力及其利用率、渠道冲突等方面展开。渠道运行状况如图 11－2 所示。

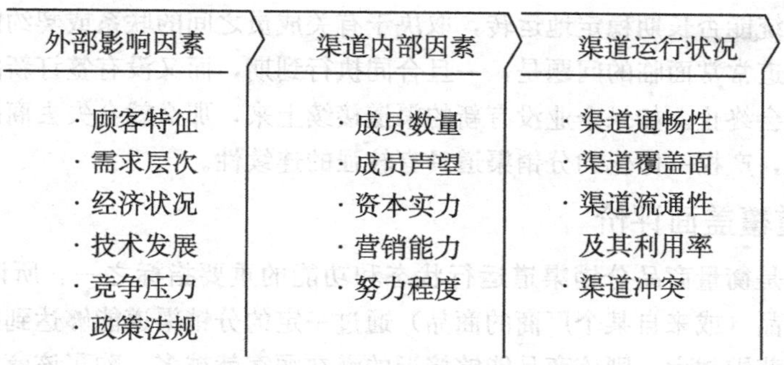


**图 11－2　渠道运行状况**

### （一）渠道通畅性评价

商品价值链的不可间断性要求商品分销渠道保持高度畅通，保证消费者所需要的商品从生产厂家顺利地送到他们的手上。只有那些能够使商品所有权转移、商品实体流动、货款返还、信息沟通等畅通无阻的渠道，才是有效运行的分销渠道。

**营销视角 11－1　爱普生公司如何选择中间商**

商品分销渠道与流水渠道、输气渠道的不同之处在于，分销渠道是由市场经营主体构成的，它所承担的各种渠道功能要落实到有关渠道成员的身上，并且要发挥有关成员的积极性，使渠道持续不断地有效运转。对分销渠道通畅性的评价可以从以下几个方面来进行。

1. 主体是否到位

在商品分销渠道中，各种渠道功能都必须由一定的主体来承担。不论主体有多少，也不论它们是谁，只要需要它们承担特定的功能，就一定要到位。如同流水线上任何工序都不能没有操作工人一样，分销渠道上各个环节的主体也一定要明确落实。不能有效运转的分销渠道大多是那些没有明确的主体，或者有关主体不具备相应能力和资格的渠道。

2. 功能配置是否合理

承担任何一种分销渠道功能都需要专用资源。例如，商品供应商应有商品生产能力或生产条件，储运企业应该拥有仓储设施和运输设施，销售机构要有店铺和稳定的客户。由于不同企业具有不同的专用资源，在承担有关分销渠道的职能上存在差异，因此，将分销功能分配给不具备相应专用资源的主体，将影响分销渠道的通畅性。这里需要特别重视的问题是，是否存在有关主体不能胜任其指定职能的情况。

3. 衔接关系是否无缝隙

渠道成员之间的缝隙是指前后环节的功能不能衔接的情况。例如，商品在批发商手上出现销售困难；或者商品在某个中间仓库久久不能进入零售环节。这种缝隙通常是由于前后环节的成员缺乏沟通和配合意识、存在目标冲突和利益摩擦等。如果是纵向一体化的渠道，则不同分销功能的承担者之间具有产权一体化的联系，因此，在分销渠道运行中，彼此之间的衔接配合问题比较容易解决。对于“柔性”垂直整合的组织来说，维系分销渠道中各个成员主要靠的是成员之间的合作愿望和相互信任。这种合作愿望和相互信任机制很容易发生蜕变或波动。

4. 能否长期合作

分销渠道系统能否长期稳定地运转，取决于有关成员之间的联系或契约的长期效力。契约型垂直整合渠道常常面临的问题是，一旦合同执行到期，而又没有签订新的合同，双方之间的合作关系就会终止。如果企业没有新的渠道接续上来，那么就会失去商品供应来源或销售点。相对来说，产权一体化的分销渠道具有较强的连续性。

## （二）渠道覆盖面评价

市场覆盖面是衡量商品分销渠道运行状态和功能的重要指标之一。所谓市场覆盖面是指某个品牌的商品（或来自某个厂商的商品）通过一定的分销渠道能够达到的最大销售区域范围。销售区域范围越大，则该商品能够接近的潜在顾客就越多，购买该商品的顾客数量也就越大。对分销渠道覆盖面的评价可以从分销渠道的成员数量、渠道成员的分布区域、零售商的商圈大小等几个方面来进行。

1. 分销渠道的成员数量

分销渠道的成员数量在一定程度上能够反映该渠道的市场覆盖面。例如，在二阶分销渠道中，由于在生产厂商与消费者之间至少存在一个批发商和一组零售商，批发商往往给多个地区的零售商批发商品，因此，该分销渠道的市场覆盖面就是这些零售商的商圈所构成的市场区域。当分销渠道较宽时，商品分销的地区范围就会很大。而在三阶或更高阶次的分销渠道中，由于存在地区差别较大的多层批发商，分销渠道的市场覆盖面更大。

2. 渠道成员的分布区域

现代经济运行中出现了商品分销渠道扁平化的趋势。具体来说，越来越多的商品销售渠道的环节数（阶次数）趋向于二阶或二阶以下，这时，同一个环节的中间商数量（渠道宽度）日益增加。同一渠道上中间商的合理分布应当是彼此拉开空间距离，不会出现商圈或销售区域的重叠，以避免自相竞争的情况发生。

3. 零售商的商圈大小

零售商的商圈是指能够方便地光顾零售商店铺的潜在顾客的分布范围。例如，对于一个日用杂货店来说，能够方便地前来光顾的潜在顾客可能来自周围300米范围，那么以该日用杂货店为中心、半径为300米的圆圈所划定的空间区域就是该日用杂货店的商圈。一般来说，零售商的商圈受到交通条件、商店声誉、经营规模、竞争者的相对位置（距离）、周围服务环境以及顾客购买行为习惯等因素的影响。不同地区的零售商的商圈可能是有差异的。准确地说，一个品牌商品的分销渠道带来的市场覆盖面是指在该渠道中，所有零售商的商圈不重复部分的总和。不妨假设一个分销渠道中零售商数量是 $n$ 个，第 $i$ 个零售商的商圈是 $S_i$，第 $i$ 个和第 $j$ 个商圈的重叠部分为 $S_{ij}$，则该分销渠道的市场覆盖面 $S$ 就是：

$$S=\sum_{i=1}^{n}S_i-\sum_{i=1}^{n}S_{ij}$$

由该式可以看出，零售商的数量越多，企业的市场覆盖面 $S$ 就越大；如果零售商彼此之间的距离越远，则它们的商圈发生重叠的可能性就越小，而企业的市场覆盖面就越大。

对应于市场覆盖面，还有另一个常用的评价指标——市场覆盖率，它是指在某个特定的市场范围内，企业商品分销渠道所形成的市场覆盖面的相对大小。它反映企业所利用的商品分销渠道在服务某个特定市场范围时的全面程度，用特定市场范围的平面面积和在该区域内分销渠道的市场覆盖面积之比来量化说明。具体计算方法如下：

$$CR=\frac{S}{S_0}\times 100\%$$

式中，$CR$——市场覆盖率，用百分比来表示；

$S_0$——特定市场范围的平面面积；

$S$——在该区域内分销渠道的市场覆盖面积。

特定市场区域通常是指企业的目标市场区域。市场覆盖率也可以用相应区域的目标顾客数量和所有商圈范围内的目标顾客数量来计算。

## （三）渠道流通能力及其利用率评价

某个分销渠道的流通能力是指在单位时间内经由该渠道从生产厂商转移到目标顾客的商品数量。流通能力也称为单位时间流通量，简称流速，是从渠道的横截面来观察商品在渠道中通过的数量与时间的比值。对分销渠道的流通能力进行评价，既是对分销渠道本质功能的监测和估计，也是考察分销渠道是否有能力实现预期销售目标的主要内容。

一般来说，对分销渠道流通能力的评价应当纵向进行，主要是看瓶颈环节的流通能力。例如，对于某种消费品，生产厂商月均供货量是 700 单位，某个批发商月均批发能力可达 500 单位，从该批发商购买商品的三个零售商月均销售能力是 600 单位，消费者的需求量是 580 单位。不难看出，在分销渠道“生产厂商—批发商—零售商—消费者”这一价值链的构成上，批发环节是瓶颈，受其制约，整个分销渠道的流通能力只有月均 500 单位。

了解了分销渠道中的瓶颈环节，可以将渠道建设的力量投到合理的地方，例如，改善薄弱环节、增加人员，或者设法改进渠道结构，利用其他渠道来弥补薄弱环节的不足，也可以考虑减少对非瓶颈环节的投入，借以减轻瓶颈环节的负担，还可避免渠道资源的浪费。

在设计和建设分销渠道时，要特别重视评价分销渠道的流通能力。在渠道的运转过程中，渠道流通能力评价的重点是流通能力的利用率，即实际流通量与渠道流通能力的比率。其计算公式是：

$$流通能力利用率=\frac{实际流通量}{渠道流通能力}\times 100\%$$

流通能力利用率在一定程度上可以说明渠道成员参与商品分销积极性的发挥程度。具体来说，流通能力利用率的大小与每个生产厂商的供货量、仓储运输的效率、批发零售企业的促销努力以及各个环节之间的有效配合有关。常用来考核流通能力利用率的主要指标包括以下几个：

1. 平均发货批量（一次发多少）

前后环节之间的发货（购货）批量是指根据后续环节的销售需求和送货通知，前一环节向后续环节发送一批货物的数量。例如，生产厂商每次向批发商、零售商发货的数量。平均发货批量大，说明生产厂商的供货能力大，同时也说明运输能力大，批发商、零售商的销售量大，因而流通能力能够得到充分利用。发货批量直接影响在分销渠道中的商品流通量。一般来说，流通能力利用率与发货批量成正比，发货批量越大，则通过分销渠道销售的货物就越多，流通能力利用率也就越高。

2. 平均发货间隔期（多久发一次）

发货间隔期是指前一环节向后续环节先后两次发送货物的间隔时间。这个指标可用来说明供应单位向后续环节发送货物的频繁程度，也可表明供应单位的供货能力。平均发货间隔期短，说明后续环节销售量大、速度快，也表明仓储运输效率高。后续环节日均销售量可以用平均发货批量和平均发货间隔期两个指标来计算，计算公式是：

$$\text{后续环节日均销售量}=\frac{\text{平均发货批量}}{\text{平均发货间隔期}}$$

与平均发货间隔期对应的另一个指标是年均发货次数。平均发货间隔期与年均发货次数的乘积等于一年的天数。平均发货间隔期与年均发货次数成反比。可以根据平均发货间隔期计算年均发货次数，计算公式如下：

$$\text{年均发货次数}=\frac{365\text{ 天}}{\text{平均发货间隔期}}$$

后续环节的年均销售总量是平均发货批量与年均发货次数的乘积，也可以说是日均销售数量的 365 倍。

3. 日均零售数量

日均零售（销售）数量反映了零售商的销售努力程度，也反映了生产厂商与批发商对零售商的服务水平。如果这个指标较高，则说明在整个分销渠道中商品的流通能力较强，或者说流通能力利用率较高。

4. 平均商品流通时间

商品流通时间是指商品从生产线下来或出产之日算起，到最后送到消费者手上之日为止所经历的时间长度。这个时间长度是商品在流通过程中占用仓储设施和资金的时间长度。按照分销渠道中转移的全部商品来计算，若平均商品流通时间较长，则表明在流通过程中商品占用仓储设施和资金的时间长，所以，仓储环节的工作效率较低，或者说批发零售环节的销售速度较慢。

平均商品流通时间也可以反映流通过程中的商品数量。计算公式是：

$$\begin{matrix}\text{滞留在流通中的}\\\text{商品数量}\end{matrix}=\left(\begin{matrix}\text{日平均}\\\text{产出量}\end{matrix}-\begin{matrix}\text{日平均}\\\text{零售量}\end{matrix}\right)\times\begin{matrix}\text{平均商品}\\\text{流通时间}\end{matrix}$$

这些商品中的绝大部分滞留在仓库，等待转运或销售。造成大量库存商品的主要原因可能有：（1）商品不对路，需求过少；（2）市场不景气，需求不旺；（3）促销不力，没有引起消费者的兴趣；（4）供过于求，商品竞争力不高；（5）销售淡季；（6）运力不足。由于这些商品占用过多的仓储设施和资金，严重影响了商品流转、资金周转和流通经济效益，因此，必须对库存商品进行严格的监督和控制，并通过提高流通环节的运行效率来改进库存状况。

上述这些指标都可以用来说明流通能力的利用情况。通过分析流通能力利用率，可以判断分销渠道运转的有效程度。正常运转的分销渠道应当使流通能力得以充分利用，没有浪费。但是，由于渠道的通畅性可能存在问题，或者有关成员的积极性和主动性没有得到充分发挥，渠道流通能力的利用率不会很高，在这种情况下，企业就要寻找对策，尽快扭转局面。

### （四）渠道冲突分析

有效运转的分销渠道能够控制成员之间的冲突。渠道成员之间的冲突即渠道冲突，是指在分销渠道的功能分配、利益分配或权力分配上的某种安排，造成至少一个成员感到其他某个（某些）成员对其产生不利的影响。渠道冲突是一种心理反应，有可能使成员之间的合作关系或工作效率受到影响。在分销渠道运行状况的评价分析中，分析成员之间的合作效率时往往需要考虑渠道冲突因素。

## 渠道服务质量评价

对服务质量的评价可以从信息沟通、实体分配服务、促销效率和顾客抱怨与处理等方面进行。

### （一）信息沟通

市场信息的收集者和发送者主要是零售商或批发商，信息的接收者和使用者主要是生产厂家或渠道领导者。信息沟通质量主要是考察渠道的下游向上游所反馈的市场信息与产品信息是否有效，衡量指标包括沟通频率、沟通内容、沟通时间和沟通方式。

渠道商家往往身处市场第一线，相对生产厂家而言更接近消费者。在沟通良好的情况下，下游企业在某种程度上可以常年为上游企业承担市场调研的任务。沟通的范围可以是当地的经济状况与发展趋势、政府的政策与法规，也可以是竞争品牌的营销新举措、新进入者的情况，还可以是自身业务开拓情况，如市场份额变化、宣传与促销等诸多方面。渠道信息的沟通质量对于生产厂家的营销决策具有重要的意义。

### （二）实体分配服务

实体分配也称为物流，是指对原料和最终产品从生产者向使用者转移，以满足顾客的需要并从中获利的实物流通的计划、实施和控制。实体分配的基本功能包括产品的运输、保管、装卸、包装、流通加工以及与之相联系的物流信息。实体分配服务质量是指渠道成员满足顾客需求的及时程度。及时满足顾客的需求不仅要求快速完成谈判、签订合同，而且要快速交货，以便顾客在需求产生时能立即买到所希望的产品。可口可乐的“无所不在”策略就使得其实体分配服务具有极高的质量。

不少公司这样描述它们的实体分配目标：以最低的成本将适当的产品在适当的时间运到适当的地方。其实这一目标缺乏实际指导意义，因为没有一个实体分配系统能同时兼顾最佳顾客服务和最低分销成本。最佳顾客服务意味着大量的存货、充足的运输工具和许多仓库，这一切都将增加分销成本。最低分销成本意味着低廉的运输费用、低水准的存货和少量仓库。

渠道成员从自身利益出发，一般倾向于保持尽可能少的库存，以减少资金的占用；倾向于通过铁路运输，以节约成本，但铁路运输的速度相对较慢，而较低的库存又容易造成断货。

许多企业在设计和管理渠道时，着重从六个方面来控制实体分配服务质量：快速反应、高弹性、最小库存、优化运输、全面质量控制和产品生命周期支持。

### （三）促销效率

渠道促销效率是指在促销活动前后，渠道中产品流通量的变化与预期效果的比较。促销效率的事后评价是检验促销活动是否达到预期目标以及促销花费是否合理的较好途径，同时也为下一次促销决策提供参考和衡量的标准，从而避免盲目行动的风险。为了提高促销的效率，营销管理者应该坚持记录每一次促销活动的成本和对销售的影响，可以通过统计促销促成的销售比例、赠券回收率等来评价促销效率。如宝洁采用销量浮动评价法、随机抽样评价法和数据综合分析评价法来评价促销效果，而对渠道促销效率的评价是其整体促销评价方案的一部分。

企业可采用多种方法对渠道的促销效果进行评价，而且在不同的市场可采取不同的方法。比如，可根据促销活动前后零售商的销量、商店货架空间的分布和零售商对合作广告的投入等评价零售商促销的效率。

### （四）顾客抱怨与处理

顾客对产品或服务的不满和责难叫作顾客抱怨。顾客的抱怨行为是由对产品或服务的不满意所引起的，所以，抱怨行为是不满意在具体行为上的反映。顾客对服务或产品的抱怨既意味着经营者提供的产品或服务没有达到他的期望、未满足他的需求，也表示顾客仍旧对经营者抱有期待，希望能提高服务水平。生产厂家应协助渠道成员建立顾客抱怨管理制度：（1）鼓励顾客公开提出批评和建议，同时对那些私下抱怨的顾客进行追踪调查，积极收集顾客对其产品和服务的反馈，对其进行分析，及时发现问题并予以纠正。（2）建立顾客抱怨卡，记录顾客抱怨的内容，通常包括客户因企业失误而产生抱怨的事件的发生时间、内容、经过及处理结果等。

## 渠道财务绩效评价

分销管理人员可运用五种绩效评价工具对商品分销渠道网络的经济效益进行评价。这五种评价工具是销售分析、市场占有率分析、渠道费用分析、盈利能力分析和资产管理效率分析。

### （一）销售分析

销售分析是分销渠道运行效果分析的主要内容，主要用于测量和评价分销计划及其销售目标的实现情况，通过将计划目标与实际销售水平进行比较来评价，主要有以下两种方法。

#### 1. 销售差异分析

无论是商品销售额还是市场占有率，都可以看成是许多因素影响的综合结果。分销渠道的有效工作必然使商品销售额有所增加，而销售额的增加可能表现为销售量的增加和销售价格的上升。但市场需求的变化、竞争的激烈化等因素往往会造成销售量的降低和价格下降，从而导致渠道销售额的减少。要测定各个影响因素对销售绩效的作用大小，可以采用销售差异分析。例如，年度计划规定第一季度销售 4 000 件产品，每件 1 元，即销售额 4 000 元。在该季结束时，只销售了 3 000 件，每件 0.80 元，即实际销售额 2 400 元。那么，销售绩效差异为－1 600 元，或预期销售额的－40%。现在要研究的问题是，绩效的降低究竟有多少归因于价格下降，有多少归因于销售数量的下降。通过销售差异分析可以回答这些问题。具体的分析可通过下面的计算来说明：

$$价格下降带来的差异=\frac{(1-0.8)\times 3\,000}{1\,600}=\frac{600}{1\,600}=37.5\%$$

$$数量下降带来的差异=\frac{1\times(4\,000-3\,000)}{1\,600}=\frac{1\,000}{1\,600}=62.5\%$$

由上述计算结果可知，本例的销售差异中有 62.5%属于分销渠道成员未能实现预期的销售数量。由于销售数量通常较价格容易控制，因此，企业应该仔细检查为什么不能达到预期的销售量。

这里的销售差异分析是针对整个分销渠道的整体效率而言的，着重于分析有关综合评价指标的影响因素的差异，并判断它们对整体分销效果的作用。

2. 微观销售分析

微观销售分析可以把分销渠道进一步细分为若干不同的部分，例如，不同产品的分销渠道和不同地区的分销渠道销售水平的差异。假设一个企业在三个地区销售其商品，其预期销售额分别为 1 500 元、500 元和 2 000 元，总额 4 000 元。一年下来，三个地区的实际销售额分别是 1 400 元、525 元、1 075 元。就预期销售额而言，第一个地区约有 7%的任务没有完成，第二个地区有 5%的超出额，第三个地区有 46%未完成。主要问题显然在第三个地区。利用前面的销售差异分析方法，可以找出造成第三个地区绩效不良的原因。一般来说，可能的原因有：(1) 该地区的销售代表或分销商工作不努力或存在影响其努力程度的因素；(2) 有主要竞争者进入该地区，抢占了部分市场份额；(3) 该地区居民收入下降，需求水平总体下降。

## (二) 市场占有率分析

单纯分析企业的销售绩效不能说明它相对于竞争者而言，经营成果究竟有多大。一般来说，如果企业销售额增加了，可能是由于整个经济环境和市场的发展，顾客的需求大幅增长，也可能是因为其市场营销工作较之竞争者有所改善，取得了较大的竞争优势。计算和评价市场占有率可以剔除一般的环境影响，通过企业之间的横向比较来考察企业市场营销和分销渠道管理的改善情况。

如果企业的市场占有率升高，则表明它较其竞争者绩效良好；如果下降，则说明相对于竞争者其绩效较差。有以下几种不同的测算市场占有率的方法。

1. 全部市场占有率

全部市场占有率是指企业的销售额占全行业销售额的百分比。用这一指标或方法来测量企业的市场占有率水平时，通常需要弄清楚两个前提：(1) 是以销售量还是以销售额来计算；(2) 明确界定行业的范围，即确定计算时所指的行业包括哪些产品、市场范围多大等。

2. 可达市场占有率

可达市场占有率是指企业认定的可达市场上的销售额占企业所服务市场销售额的百分比。所谓可达市场是指企业计划进入的重要目标市场。它具有三个特征：(1) 企业认为是其产品最适合的市场；(2) 是企业市场营销努力所及的市场；(3) 在企业销售绩效中占有重大比例。一个企业可能只有较小的全部市场占有率，但有近100%的可达市场占有率。

3. 相对市场占有率

相对市场占有率是指企业销售额与主要竞争对手销售业绩的对比。这一指标可以说明企业的分销渠道是否比竞争对手更有效率。常用两个指标来计算相对市场占有率：一是企业销售额占最大的三个竞争者的销售额总和的百分比。如某企业有30%的市场占有率，其最大的三个竞争者的市场占有率分别为20%、10%、10%，三个竞争者的市场占有率总和是40%，则该企业的相对市场占有率是30%/40%=75%。一般情况下，相对市场占有率高于33%即被认为是强势的。另一个相对市场占有率则是以企业销售额与市场领袖型竞争者销售额的比例来表示的。如果这个相对市场占有率超过100%，则表明该企业本身就是市场领袖；如果相对市场占有率等于100%，则表明企业与所考虑的竞争者同为市场领袖。在动态评价中，如果发现这个相对市场占有率呈现增加趋势，表明企业正接近市场领袖型竞争者。

了解企业市场占有率之后，还需进一步分析市场占有率变动的原因。市场占有率的变动不是生产厂商单独行动的效果，而是分销渠道整体行动的效果。通过分析市场占有率的变动，可以判断分销渠道整体的运转效率。

一般来说，企业可从产品大类、顾客类型、地区以及其他方面来考察市场占有率的变动情况。一种有效的分析方法是分别考察和评价顾客渗透率（CP）、顾客忠诚度（CL）、顾客选择性（CS）以及价格选择性（PS）四项因素，然后进行综合评价。所谓顾客渗透率是指从本企业购买某产品的顾客数量占该产品所有顾客数量的百分比。所谓顾客忠诚度是指平均每个顾客从本企业所购产品的数量与其所购同种产品总量的百分比。所谓顾客选择性是指本企业一般顾客的购买量与其他企业一般顾客的购买量的百分比。所谓价格选择性是指本企业平均价格同所有其他企业平均价格的百分比。这样，全部市场占有率（TMS）就可表示为：

$$TMS=CP \cdot CL \cdot CS \cdot PS$$

如果某企业近期内市场占有率有所下降，不妨从以下四个方面来寻找可能的原因：(1) 企业失去了某些顾客（较低的顾客渗透率）；(2) 现有顾客从本企业所购产品数量在其全部购买中所占的比例下降（较低的顾客忠诚度）；(3) 企业现有的顾客规模较小（较低的顾客选择性）；(4) 企业的价格相对于竞争者的价格显得过于脆弱，不堪一击（较低的价格选择性）。经过调查，企业可确定市场占有率变动的主要原因。

假设在期初，顾客渗透率是60%，顾客忠诚度是50%，顾客选择性是80%，价格选择性是125%。根据TMS的计算公式，企业的市场占有率是30%。假设在期末，企业的市场占有率降为27%，是什么原因造成市场占有率下降呢？在检查影响市场占有率的因素时，发现顾客渗透率为55%，顾客忠诚度为50%，顾客选择性为75%，价格选择性为130%。很明显，市场占有率下降的主要原因是失去了一些顾客（顾客渗透率下降），而这些顾客一般都有高于平均水平的购买量（顾客选择性下降）。这样，企业的营销管理人员就可以对症下药，采取相应的改进措施。

### (三) 渠道费用分析

评价分销渠道的经济效益，必须认真分析在分销渠道中发生的各种费用，这些费用的总和称为分销渠道费用，一般指零售总成本与制造成本之差。渠道费用总量的大小以及各种费用之间的比例关系，直接影响到有关成员单位的利润。渠道费用由如下项目构成：

（1）直接人员费用。包括制造厂商的直销人员、流通企业的销售人员、促销人员、销售服务人员的工资、奖金、差旅费、培训费、交际费等。

（2）促销费用。包括广告媒体成本、赠奖费用、展览会费用、促销方案设计与执行管理费等。

（3）仓储费用。包括租金、维护费、折旧费、保险费、存货成本等。

（4）运输费用。包括托运费用等。如果是自有运输工具，则要计算折旧费、维护费、燃料费、牌照税、保险费、司机工资等。

（5）包装与品牌管理费用。包括包装费、产品说明书费用、品牌制作费、品牌管理费等。

（6）其他营销费用。包括营销管理人员的工资、办公费用等。

评价渠道费用主要采用两个原则：一是费用比例与功能地位的匹配性；二是费用增长与销售增长的对应性。

合理的渠道费用构成应当与分销功能相匹配。各个分销渠道功能的有效运行都需要一定的费用作保证；重要的、难度大的分销功能应当配备较多的渠道费用，这样可以保证渠道费用的合理使用。根据价值工程原理，每项必要的、有意义的渠道功能都可以按照其重要性、执行的难度和占用专用资源的价值，赋予一定的功能系数；有关功能执行中耗用的费用与渠道总费用之比就是有关功能的费用系数。合理的费用分配应当是对于每一项功能来说，费用系数与功能系数之比都等于 1。如果不是这样，则说明有些费用支出是不合理的，应当查明原因，设法控制。

从总量上看，渠道费用与商品销售额应保持一个合理的比例关系。经常出现的问题是费用在大幅增长，销售额却增长缓慢。在市场竞争十分激烈的情况下，很可能会出现这样的问题，因为不少渠道费用支出的效果被竞争抵消了。而从渠道内部来看，费用超过销售额的增幅表明部分渠道分销功能减弱了，它们缺乏强劲的吸引力和竞争力。因此，要采取得力措施扭转费用增长的局面，理想的情况是渠道费用的增长幅度低于销售额的增长幅度。

### (四) 盈利能力分析

取得利润是分销渠道网络及其成员最重要的目标之一，也是渠道建设和运转的理由。渠道盈利能力分析历来为企业经理和营销管理人员高度重视，在分销渠道管理中占有十分重要的地位。盈利能力评价主要是通过对以下若干重要指标的分析来进行的。

1. 销售利润率

销售利润率通常作为评价分销渠道获利能力的主要指标之一，用于说明渠道运转带来的销售额中包含了多少利润。不少企业销售额的增长是通过过度促销、低价销售实现的。在这些企业中，销售额提高了，利润却降低了。这种不讲效益的做法显然不是有效的分销行为。有效运转的分销渠道能够节约成本费用，树立品牌形象，能带来较高的销售利润率。这里，销售利润率是税后利润与商品销售额的比率，其计算公式是：

$$销售利润率=\frac{税后利润}{销售额}\times 100\%$$

就分销渠道整体而言，销售额是指最后环节的销售额，即零售总额；税后利润是指渠道中各个主体的税后利润之和。

$$渠道销售利润率=\frac{各个主体税后利润之和}{零售总额}\times 100\%$$

2. 费用利润率

评价分销渠道效率的另一个重要指标是费用利润率，即分销渠道在运行中每花费100元资金能够创造多少利润。费用支出相当于投入，利润则是产出。对费用利润率进行分析也就是投入产出分析，也称为成本利润率分析。有效运转的分销渠道应当是具有较高费用利润率的渠道。费用利润率的计算公式是：

$$费用利润率=\frac{当期利润}{费用总额}\times 100\%$$

如果当期利润是税后利润，则费用利润率与销售利润率之间存在下列关系：

$$费用利润率=销售利润率\times 费用效果系数$$

式中，费用效果系数为分销渠道在运转中单位费用创造的销售额，或者分销渠道创造的销售额与其支出的分销费用之比，即

$$费用效果系数=\frac{销售额}{分销费用}$$

费用效果系数在分销渠道财务效果分析中也是一个非常重要的评价指标。通常，人们还会用到另一个重要的费用效果评价指标——销售费用率，即分销渠道的运转费用与其所获得的销售额之比，可说明为获得单位数量的销售额，分销渠道所付出的代价。销售费用率是费用效果系数的倒数。

3. 资产收益率

资产收益率指企业所创造的当期利润与企业全部资产的比率。其计算公式是：

$$资产收益率=\frac{当期利润}{资产总额}\times 100\%$$

渠道成员利用所掌握的资本总量进行经营，希望所取得的报酬在补偿成本费用之后还能有所剩余（即资产收益），用于形成投资者的新增权益。有些企业可能是利用贷款或者举债来经营的，只有在资产收益率高于平均负债率的情况下，才可以认为分销渠道的运转是有效的。

一般来说，企业的资产价值是经常变动的，即使在当期利润基本相同的情况下，也会出现某个时期的资产收益率与另一个时期的资产收益率不同的问题。尤其是受到固定资产折旧等因素的影响，部分资产因折旧退出经营，在计算资产收益率时继续考虑这部分资产价值是不合理的。为避免这个问题，可考虑采用净资产收益率进行评价。净资产是总资产减去折旧总额的余额。净资产收益率是税后利润与净资产额的比率，其计算公式是：

$$净资产收益率=\frac{税后利润}{净资产额}\times 100\%$$

## （五）资产管理效率分析

要评价分销渠道是否处于有效运转状态，除了对有关结果进行分析，还可以对渠道运行过程中的有关数据进行分析。这类数据主要反映了渠道资产（如资金、货物）管理的效率高低。常用评价指标如下。

1. 资金周转率

分销渠道的运转不仅是有关商品的流通销售过程，也是资金循环的过程。资金循环使用，表明渠道可以相对较少的资金占用来组织商品流通，提高资金的利用率。可使用资金周转率来评价资金周转情况。资金周转率，或称资金周转速度，反映分销渠道中资金循环使用的次数。该指标的计算公式如下：

$$资金周转率=\frac{产品销售收入}{资产占用额}$$

例如，在某商品的分销渠道中，2000 年实现商品零售额 15 000 万元，而制造厂商平均占用资金 500 万元，批发商平均占用资金 600 万元，零售商平均占用资金 300 万元。由此可以计算出该商品分销渠道的资金周转次数：

$$资金周转次数=\frac{15\ 000}{500+600+300}=10.7(次)$$

进一步可以计算资金周转天数，即每次资金周转约 34 天（365÷10.7）。这是就整个渠道而言的，如果分析单个企业的情况，资金周转率可能会更快一些，因为单个企业占用资金的数量较少。

资金周转速度与获利能力密切相关。资金周转速度高，获利能力相应也高。资产收益率实际上是资金周转率和销售利润率的乘积。在销售利润率一定的情况下，资产收益率与资金周转率正相关，即资金周转率越高，资产收益率也就越高。

2. 存货周转率

管理资金离不开对存货的管理，因为存货会占用资金。分销渠道中，在绝大多数场合，资金是以存货形式存在的，通常称为存货余额。要提高资金周转率，就必须提高存货周转率。存货周转率是产品销售收入与存货平均余额之比，其计算公式如下：

$$存货周转率=\frac{产品销售收入}{存货平均余额}$$

这项指标说明在某一时期内库存货物的周转次数，有利于考察存货的流动性。

一般来说，存货周转率越高越好，因为在这种情况下，通常商品库存量较低，存货周转快，这样就提高了渠道资金的循环使用次数和效率。

# 11.3 营销渠道成员绩效评价

从长期看，对员工绩效不进行定期评价仍能成功运营下去且经营良好的公司，实际上是不存在的。这种情况同样适用于公司的渠道成员，因为公司能否成功地实现目标，很大程度上取决于渠道成员绩效的好坏。所以，对渠道成员绩效的评价，如同对公司员工工作情况的评价一样重要。唯一的不同之处是，在渠道成员的评价中，渠道管理者处理的是独立经营的公司而不是员工，而且评价程序是在组织之间而不是组织内部设定的。

## 影响渠道成员绩效评价的因素

我们主要以影响评价范围和频率的各种因素来讨论渠道成员绩效评价。影响评价范围和频率的四个主要因素是：（1）制造商对渠道成员的控制程度；（2）渠道成员的相对重要性；（3）产品性质；（4）渠道成员的数量。

## (一) 制造商对渠道成员的控制程度

制造商本身对其渠道成员的控制程度对制造商确定其评价范围和次数有重要的影响。如果制造商对其渠道成员的控制以双方牢固的合同协议为基础，那么该制造商就处于可以要求获得渠道成员大量的绩效信息的地位，甚至是要求获得渠道成员运作的各个方面信息的地位。此外，倘若某些制造商生产的产品市场接受程度很高或在市场上占主导地位，这些制造商对渠道成员就会有很大的影响力。对处于这种市场地位的制造商来说，它们更容易从渠道成员处获取大量的绩效数据信息，以便对渠道成员的绩效进行较为全面的评价。但若制造商的产品市场接受程度不高，即使制造商以合同条款为基础来实施渠道控制，也不一定能对渠道成员施加强有力的控制。此外，由于该制造商的一些特殊品牌的产品可能只占渠道成员销售额很小的百分比，因此，许多渠道成员并不认为该产品品牌对它们来说有很大的重要性，不太愿意花费过多的时间和精力向制造商提供与此相关的绩效数据。这样制造商就因缺少这部分绩效数据而不能对渠道成员进行全面的绩效评价。所以，制造商在确定绩效评价范围和次数时，其对渠道成员的控制程度起到关键性的作用。

## (二) 渠道成员的相对重要性

通过专业的市场代理机构销售其产品的制造商，对渠道成员的绩效评价可能要比不太依赖这种专业机构的制造商全面完整得多，这是因为这样的企业在市场上的成功直接取决于渠道成员的绩效。例如，工业器械制造商的全部产品一般由分销商和经销商销售，而这些分销商和经销商是公司产品进入最终市场的唯一通道，所以，制造商就要对这些渠道成员进行仔细而详尽的全面评价。若一家生产高级化妆品的制造商利用自己的零售商店或与自己连锁的专卖店来销售大部分产品，同时靠独立的生活用品商店销售较小比例的产品，这时制造商只要对这些经销商进行粗略的评价就可以了。

## (三) 产品性质

一般而言，制造商的产品结构越简单，就越容易评价；产品复杂程度越高，渠道成员绩效评价所涉及的范围就越广。例如，一个大批量生产价格低廉而又几乎不要求售后服务的产品制造商，可能只会以那些日常销售数据作为评价渠道成员的依据，不会在很广的范围内进行审查。然而，一个生产较复杂的、高价值的甚至是需要提供全面售后服务的成套工业设备的制造商，就必须在相对较广的范围内，按照不同目标市场的满意度等相关标准来仔细审查它的渠道成员。另外，对于单价很高的产品，获得或失去一个订单对于制造商来说至关重要，甚至可能直接影响到它盈利还是亏损，制造商就会非常仔细地审查渠道成员的绩效。

## (四) 渠道成员的数量

渠道成员的数量会影响制造商对其进行绩效评价时的工作量。对于采用密集分销方式的制造商而言，对渠道成员的绩效评价也许只要粗略地看看最新的销售数字就行了，有些制造商只对那些销售数据异乎寻常的渠道成员进行较为彻底的评价。一个极端是，利用经过精心选择的分销机制的制造商发现它们与渠道成员之间紧密的关系使它们也能获得大量数据，以便对渠道成员进行全面的绩效评价。

## 营销渠道成员绩效评价的标准

度量渠道成员的绩效有许多标准。例如，斯普里格斯（Spriggs）对重型卡车行业所做的研究采用了 34 项标准评价经销商的绩效，如表 11－1 所示。对渠道成员绩效的评价，大多数制造商可能会采用渠道成员的销售业绩、渠道成员保持的库存、渠道成员的销售能力、渠道成员的态度、渠道成员面临的竞争和渠道成员的总体成长前景等指标。

**营销视角 11－2 ZS 电气公司分销渠道绩效评估**

**表 11－1 重型卡车行业中评估渠道成员绩效的 34 个指标**

| | |
|---|---|
| 1. 总经销量 | 18. 担保索赔的过程 |
| 2. 总经销利润 | 19. 建筑设施 |
| 3. 销售毛利 | 20. 办公室系统 |
| 4. 库存额 | 21. 雇员激励计划 |
| 5. 市场份额 | 22. 贸易区域范围 |
| 6. 顾客满意度 | 23. 销售人员的产品知识 |
| 7. 销售费用 | 24. 销售人员的销售技巧 |
| 8. 投资回报 | 25. 经销商财务计划 |
| 9. 库存费用 | 26. 经销商业务计划 |
| 10. 客户服务的总体水平 | 27. 广告促销方案 |
| 11. 按产品类型划分的销售数量 | 28. 顾客抱怨数量 |
| 12. 销售人员人均销售量 | 29. 买方信用管理 |
| 13. 销售定额 | 30. 准确的销售预测 |
| 14. 供应商利润 | 31. 销售拜访总次数 |
| 15. 按产品类型划分的销售金额 | 32. 当前客户的拜访次数 |
| 16. 各产品类型的利润 | 33. 非客户的拜访次数 |
| 17. 服务部门 | 34. 产品演示次数 |

资料来源：黄国祥，李乃和，杨洪涛．渠道成员绩效的评估．上海管理科学，2002（6）．

### （一）渠道成员的销售业绩

在制造商看来，渠道成员的销售业绩毫无疑问是最直接、最重要且应用最广泛的评价渠道成员绩效的标准。的确，如果渠道成员的销售业绩不佳的话，制造商的第一直觉就是该成员的绩效不佳。

在制造商检查渠道成员的销售业绩时，负责绩效评价的渠道管理者应该特别注意区分以下两点：（1）制造商销售给渠道成员的产品数量；（2）渠道成员把制造商的产品销售给顾客的数量。这两者在衡量销售业绩时是不同的。渠道管理者要想对渠道成员进行准确的评价，应该尽可能设法取得渠道成员把制造商的产品销售给顾客的数据资料。然而，制造商能否取得这些信息，在很大程度上取决于其对渠道成员的控制程度。一方面，若渠道成员是特许经销商，则制造商可以利用特许经营合约的法律条款来获取这些信息。另一方面，在传统松散的渠道体系中，制造商要想获取对绩效评价相当重要的销售资料可能较困难，因为制造商对其渠道成员的控制达不到这样的程度。在这种情况下，制造商就只能近似地用自己销售给渠道成员的数据作为渠道成员当前的销售量，这时渠道管理者只能依靠经验数据对渠道成员作出绩效评价。

不管使用以上两种销售数据中的哪一种，渠道管理者都应该根据下列要点来评价销售数据：(1) 在当前的经济增长水平和竞争状况下，渠道成员的销售量同历史销售量的对比；(2) 一个渠道成员的销售量同其他渠道成员的销售量的横向比较；(3) 渠道成员的销售量同预先确定的销售定额的比较。

当与历史数据资料作比较时，渠道管理者既要注意整个产品线总的销售数据，也要关注某些单项产品的具体销售数据。这些数据按产品类别分得越细，数据资料越详尽，渠道管理者就越能发现不同类型产品销售情况的变化，从而根据这些变化来改变产品线的销售类型。

比较不同渠道成员的销售业绩对渠道成员的绩效评价也是至关重要的。我们都知道管理学中的二八定律，渠道销售也遵循这一规则。根据制造商的经验，它们会发现经常是少数渠道成员完成总销售额的大部分，几乎是20%的渠道成员完成80%甚至更高比例的销售额，图11-3说明了这种情况。这种情况通常会造成营销成本过高且不成比例，这是由于业绩差的渠道成员的销售所造成的，其结果是对制造商的利润产生负面影响。定期在渠道成员之间作销售业绩的横向比较，有助于更加方便及时地揭示这些不利的销售情况。

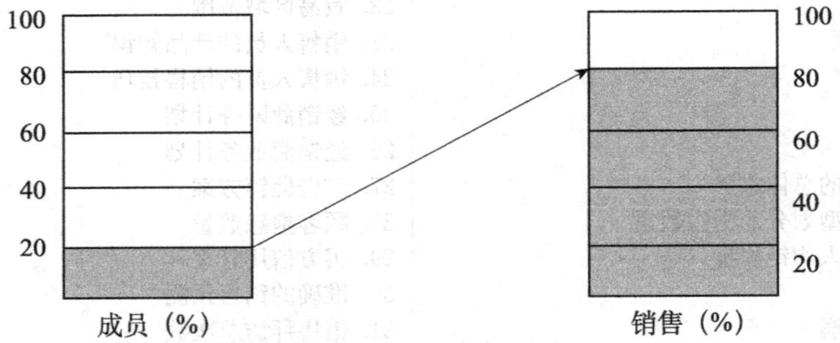


**图11-3　少数渠道成员完成大部分的销售额**

最后，如果制造商给渠道成员制定了销售定额，它就应该把渠道成员实际完成的销售业绩与定额相比来作出评价。如果将这种定额转化为产品类别，就应该对渠道成员每一类产品的销售业绩进行考核。此外，把渠道成员的销售业绩与定额作比较时，渠道管理者不仅要关注比例本身，而且还要考虑在完成这些销售定额基础上所获得的绩效。如果大多数渠道成员所达到的定额比例普遍较低，那么，问题很有可能不是渠道成员的经营业绩不好，而是销售定额过高，即不切实际。所以，制造商使用这种方法的前提是所定的目标合理。应该根据不同渠道成员的具体情况进行深入全面的分析，为每个渠道成员制定合理的销售目标。

## (二) 存货维持状况

渠道成员能否维持适当的库存水平是制造商考核的另一项主要绩效指标。制造商要求渠道成员保持一定的库存，达到制造商与渠道成员最初签订的合同的规定。制造商和渠道成员可根据对该地区市场销售潜力的预测共同制定出一份库存计划。渠道成员应该自觉遵守合同，相应地接受评价。如果渠道成员达不到合同中的规定，则会被制造商看作严重问题。

即使在双方的合同中最初没有就渠道成员的库存签订正式协议，保持一定的库存依然是一项重要的评价标准。然而，由于没有正式合同，制造商不能较好地控制在这方面表现不佳的渠道成员。因此，如果制造商将库存维持状况作为渠道成员绩效考核的标准之一，并把它当作非常重要的问题，就应该在渠道设计的选择阶段，想尽一切办法将这些内容写到渠道成员签署的正式协议中去。当然，许多不具优势的小型制造商没有这样的权力，无法使有潜力的渠道成员接受内容苛刻的存货储备条款。

这种维持库存的方法在考核渠道成员时可能很简单，也可能非常困难。对于通过大量批发或零售渠道成员来销售产品的制造商来说，如生产大众消费品的制造商，这项工作要艰难得多，也许还需要请外部的市场调研公司来协助完成对渠道成员的库存调查。如果制造商在批发层次上只与少量渠道成员打交道，那么它通常只要求其销售人员以常规的方式对渠道成员的销售数据进行统计，为制造商的绩效评价决策提供依据。不管是制造商自己去调查分析渠道成员的库存，还是由外部的专门公司来做这项工作，它们都应该考虑到下列与库存相关的问题：

(1) 库存商品和库存设施的状况如何？

(2) 有多少货架或场地可供存货使用？

(3) 有多少货架或场地提供给竞争者的存货使用？

(4) 渠道成员库存的总体水平如何？

(5) 按件数和金额计算的特殊产品有哪些？

(6) 原先的库存还有多少？为出清库存做了哪些努力？

(7) 渠道成员的库存管理和库存记录保管制度是否恰当？

## (三) 渠道成员的销售能力

制造商通过对渠道成员的销售能力进行分析，可以推断出它们将会达到的销售业绩，因此制造商将它们的销售能力也当作绩效评价的一项衡量指标。而批发商的销售能力主要是由它们的销售人员的销售能力决定的，所以制造商认为可以通过评价批发商的销售人员来直接评价渠道成员的能力及价值。如果能够获得渠道成员的销售人员的个人销售记录，制造商就有了极好的信息来源作为评价的依据。通过这些个人销售记录，制造商能看出销售业绩状况，并给每个渠道成员进行销售能力评分，然后将此用于渠道成员之间的横向比较。不过获取这样的信息一般较为困难，因为渠道成员一般不愿意向制造商透露这些信息，它们不希望制造商对其有全面的了解，清楚地知道它们的经营状况。

制造商应对渠道成员的这些数据进行详细的分析，从而对渠道成员作出准确的评价。制造商最好能就以下几点得到完整的回答：

(1) 渠道成员为制造商的产品配备了多少销售人员？

(2) 渠道成员销售人员的业务知识和能力如何？

(3) 销售人员对制造商产品的兴趣如何？

(4) 分销商及其销售人员对竞争对手的产品和服务的了解程度如何？

(5) 经销商是否具有经营制造商产品所需的技能？

从渠道成员愿意为制造商的产品配备的销售人员的数目可以推断出制造商的产品会有怎样的陈列、产品的市场覆盖面有多大，以及经销商对销售投入的精力有多少。

业务知识和能力常常是销售能力评价的基础。然而，有些制造商通过其他方法来给渠道成员的业务知识和能力打分，主要是看该渠道成员总共要用多少销售时间才能完成销售任务。也就是说，经销商需要的帮助和时间越多，说明其销售能力越差，反之亦然。不论用哪种方法，一定要看到评价结果随时间的变化，这才是最有用的数据，而要想得到这些最有用的数据，制造商就得进行长期的数据收集。如果渠道成员的销售人员专业知识比较薄弱，就会影响未来的销售业绩。

关于销售人员对产品的兴趣，制造商可以通过下面一些具体的行为来了解：销售人员参加由制造商资助的学校、各种研讨会、现场教学和讨论会的情况；销售人员是否会主动收集来自批发商客户的反馈信息；销售人员是否关心现场业务员的意见。如果渠道成员的销售人员没有采取这些行为，就说明渠道成员的最高管理层不重视该制造商产品的销售，该渠道成员未来的绩效肯定会下降。

随着市场的不断发展，企业要想守住自己的阵地、百战不殆，就应该知己知彼。这就要求渠道成员的销售人员很好地了解竞争对手的产品和服务，承认竞争对手的优势，更要了解它们的不足，以便在销售中针对它们的不足培育自己的市场优势。

## (四) 渠道成员的态度

渠道成员的态度也可以说是渠道成员对制造商某些政策的服从度。渠道成员的态度最终会影响销售业绩。然而在实际应用中，除非渠道成员的销售业绩不能令人满意，否则制造商通常是不会对它们的态度作出评价的。正如佩格兰姆（Pegram）在有关渠道成员绩效评价开创性的研究中所指出的那样：只要分销商的销售还不错，就认为利益和协作关系都保持在可接受的水平，它们的态度也就不会被仔细地审视。只有当分销商的销售业绩达不到供货商的期望时，供货商才会想到态度方面的问题，而这可能就是绩效差的根源。

因此，只有在不好的销售数据导致不良绩效时，渠道成员的态度问题才会受到制造商的关注，制造商才会开始着手采取措施。为了在渠道成员的态度问题影响销售绩效之前及早发现这种消极因素，应该单独地对渠道成员的态度进行评价。而要做到这一点，可以借鉴了解渠道成员需求和问题的方法，比如，制造商调研部门或企业外部的研究机构所做的正式调研，以及渠道审计和经销商咨询委员会，都可用于渠道成员态度的评价。尽管不如正规的方法那么令人满意，但渠道管理者还是可以利用从销售队伍得到的非正式反馈来追踪渠道成员的态度。

## (五) 竞争状况

在对渠道成员进行绩效评价时，渠道管理者还应该了解渠道成员所处地区的竞争状况。一般应考虑两种竞争类型：(1) 来自其他中间商的竞争；(2) 来自制造商自己的渠道成员经营其他产品类别的竞争。

针对渠道成员面临的同一区域内其他中间商的竞争来评价渠道成员的绩效有两个目的。首先，为渠道成员的绩效评价提供参照标准，有助于提高渠道成员的销售绩效。例如，某个特定的渠道成员在销售额上表现不佳，可经过仔细了解发现该地区的竞争异常激烈，那么就应该以一种完全不同的眼光来看待该渠道成员的绩效。很可能在这种异常激烈的竞争环境下它的表现是优秀的。制造商应该具体情况具体分析，可以适当地打破常规，为那些面临超乎寻常竞争的渠道成员提供额外支持。其次，如果制造商决定通过增加新的渠道成员来拓展分销业务，或认为必须换掉现有那些销售绩效不佳的渠道成员，那么渠道成员之间的信息对比就非常有用。虽然要获得有关竞争对手绩效的精确而又详尽的数据有难度，但制造商的销售人员和管理人员通常能提供一般的信息资料和排名。例如，制造商可以直接要求销售人员、地区销售经理，或负责销售管理的有经验的人员，在某些特定的市场范围内，根据竞争对手的重要性来排定名次。

第二种类型的竞争也应该仔细评价。这里主要是看渠道成员为制造商的产品及竞争对手的产品各提供多少支持。如果渠道成员给予竞争对手的产品更多的支持，而仅给予制造商的产品较少的支持，那么这一事实通常会在其他绩效标准（特别是销售业绩标准）中反映出来。但是，渠道成员将注意力转向竞争者的产品，并导致制造商的产品销售下降，这之间经常会存在一定的时间滞后。因此，及早发现渠道成员精力投入的变化，可使渠道管理者处于一种相对有利的地位，以便在渠道成员的行为影响到销售额之前采取相应的措施。

### （六）渠道成员的总体成长前景

通过定期对大部分或全部渠道成员按照下面列出的问题进行评价，渠道管理者可以较完整地把握整个渠道体系。这将为今后制定切实可行的渠道目标，特别是制定营销策略规划以及确定各渠道成员的作用，提供非常有用的信息。

（1）渠道成员过去的绩效是否表明制造商产品的销售情况与为渠道成员所在销售地区所规划的销售情况保持同步？

（2）渠道成员的整体业绩是否与该地区商业活动的一般水平保持一致？

（3）渠道成员的组织机构是否在扩张，是否在设施、资本运作、库存保持和产品质量上有改进的迹象？

（4）渠道成员的销售人员是否不仅在数量上有所增加，而且素质也在提高？

（5）渠道成员以及制造商在该地区的代表是否有可能在未来某一天陷入某种危险境地？

（6）渠道成员是否有能力适应该地区可能出现的市场营销扩张？

（7）渠道成员有哪些中长期展望？

### （七）其他标准

以上讨论了经常使用的六个标准，并且提供了制造商所需要的大部分评价信息，但在一些情况下，还有其他标准可以采用，这些标准中最重要的是渠道成员的财务状况、渠道成员的声誉和渠道成员提供给顾客的服务质量。

在选择渠道成员时，渠道成员的财务状况通常会被认真考虑。一些制造商努力对它们的渠道成员的财务状况做定期的检查，以便对那些今后可能给其带来不利影响的财务迹象提高警惕。

渠道成员的声誉也应该给予认真的考虑。对于制造商来说，及时调查这些渠道成员的声誉是否有实质性的变化，是一种很明智的做法。通过与渠道成员的一些顾客进行交谈，即可做到这一点。

渠道成员的服务质量最终反映在它们的销售绩效中。如果它们的服务不够充分，从长远来讲，顾客就会选择别的供应商。但从短期来讲，渠道成员服务水准的下降可能并不那么容易发觉，制造商如果有怀疑就应该及早加以调查。

## 营销渠道成员绩效评价的方法

在制造商制定了一系列渠道成员的绩效评价标准以后，渠道管理者应该根据这些标准对渠道成员加以评价。有三种方法可供使用，它们是独立绩效评价法、非正式的多重标准组合评价法、正式的多重标准组合评价法。

### （一）独立绩效评价法

独立绩效评价法指的是制造商通过一项或多项指标对渠道成员的绩效进行评价。这种方法适合密集分销的渠道体系，当渠道成员数目较大，且制造商采取销售绩效、存货维持和销售能力这些指标时，这种方法更为适用。制造商将这三项指标用于绩效评价时各项指标是单独进行考核的，一旦制造商获得了某项指标所需的数据信息，就可以对该指标独立进行考核，没有必要等收集到所有数据后再做考评。采用这种方法的优点是制造商对渠道成员的考评相对简单、及时、快捷和有条理。

不过这种方法也有一定的缺陷，因为在追求效率的同时，必然会使绩效评价的综合性有所下降，当渠道成员在各项评价指标上表现不平衡时就更为突出。比如，一渠道成员有较好的销售业绩，同时该渠道成员的库存水平很低，这也许说明该渠道成员能以较低的库存完成较好的销售业绩。而事实上该渠道成员可能是将它的库存放在制造商那里，从而使自己的库存管理相对轻松。这种情况在短期内制造商可能会接受，但从长期来看，这无疑增加了制造商的成本，渠道成员的这一行为必定会暴露出来。也就是说，其所谓的好业绩没有经过综合评价，是以牺牲制造商的库存成本来换取的。

### （二）非正式的多重标准组合评价法

非正式的多重标准组合评价法比独立绩效评价法更科学，它将各类标准以非正式的形式组合起来对渠道成员的绩效作综合考核，其主要优点是简单灵活。当根据不同的标准进行绩效考评后，渠道管理者再根据自己对渠道管理的经验来决定它们的权重，而不需要对每个标准都作权重分析，这样就使考评工作变得简单。这种方法的灵活性表现在，当某个标准的相对重要性发生变化时，权重也可作相应的调整来反映这种变化。

这种方法也存在一定的问题。首先，渠道管理者在给渠道成员的绩效打分时并没有就每个指标分别打分，这样就会在评分上产生很大的主观性和任意性。其次，这种方法不能提供反映综合绩效的定量指标。

### （三）正式的多重标准组合评价法

首先要求制造商为考评制定相关的标准和操作方法；其次根据各个指标的重要性分别定出相应的权重；最后将各项指标的加权分数加总，得到每个渠道成员的绩效总分。

该方法的主要优点是对每个标准的各项指标都作了明确的权重分析，弥补了非正式评价法的缺陷。但是该方法也有其不足之处，如果制造商对渠道成员的绩效评价采用多种标准，而且每个标准都有很多条，那么渠道管理者的工作量会大幅增加。

## 11.4 营销渠道的优化

通过对营销渠道的整体绩效和渠道中各个成员的绩效进行评价，可以发现企业营销渠道存在的不足，为此，必须进行相应的优化和改进。那么，渠道优化的原因有哪些？渠道该往哪些方向进行优化？渠道优化的方式有哪些？本节围绕这些问题展开。

### 营销渠道优化的原因

营销渠道优化又称营销渠道调整或营销渠道创新。企业内外部环境的变化为渠道创新提供了动力，也提供了条件。渠道创新是以价值链增值最大化的理念创新为指导，以实施目标管理机制的扁平化组织创新为基础，以营销管理信息系统的技术创新为工具的系统工程。一味地盯住传统的销售通路不放，或者一味地追求渠道扁平化，甚至自建终端，都可能流于片面，甚至会由于竞争的变化或利益的驱使而导致大部分经销商一夜之间倒戈。以下五种迹象表明渠道需要创新或存在创新的可能。

### （一）最终用户不满意

在电脑行业，戴尔正是在经历了从分销商处购买电脑的不愉快后才创造了电脑直销模式，开创了个人电脑业的神话。在现代社会，人们对分销系统的要求越来越高，不合格的分销渠道将招致最终用户越来越多的不满意，而让最终用户满意是对分销渠道的最低要求。

### （二）存在许多可供利用的分销渠道

新的分销渠道会给企业带来全新的顾客期望，并可以重新确定分销成本或服务标准。由于我国消费者众多、消费水平参差不齐，企业运用单一的渠道策略很难达到理想的营销效果，于是多渠道策略便应运而生，它是提升业绩和降低费用的良好手段。一般而言，不同的分销渠道服务于不同的细分市场，这就意味着如果企业放弃一种分销渠道，就有可能错过整个细分市场，从而导致市场覆盖中的空白，因此，企业需要不断探索新渠道的可行性。

### （三）渠道费用持续上升

随着市场竞争的加剧，企业需要发掘每一寸利润空间，而市场开拓必然带来销售费用的上升，如何通过渠道创新降低分销费用也就成为企业关注的问题之一。

### （四）现有分销商不胜任

在许多成熟的行业中，当制造商力争取得增长或面对竞争挑战时，那些不愿意主动适应新市场却收入颇丰且贪图安逸、不思进取的分销商会成为企业发展的最大障碍。事实上，当分销商不尽全力去扩大销量时，企业的任何努力都会付之东流。

### （五）客户关系管理方法落后

信息技术的发展为管理分销商的购销调存创造了十分优越的条件，但许多企业还在继续使用尽管重要却并不到位的走动式的人员管理。电子信息交换系统和顾客快速反馈系统能帮助分销商管理库存，还可以帮助企业减少成本，密切厂商关系，提高管理效率。信息网络能够使产品、服务提供者跳过传统分销商直接与最终客户打交道，比如，在线机票预订渐渐取代传统的旅行社机票预订便是非中介化的一个例证。此外，物流领域也涌现出大量革新，包括可靠高效的隔夜快递和即时跟踪分销商库存状况的信息系统等，这些革新开始淘汰原有的产品和部件库存系统，并为分销渠道网络的再造创造了条件。

## 营销渠道优化的方向

在营销渠道优化的过程中，企业一方面要尊重中间商的选择，另一方面可以和中间商按股份制原则结成更为紧密的伙伴关系。一般情况下，这种优化应该是不间断的、局部的调整。中间商在分销过程中不可忽视的作用，决定了企业必须充分考虑中间商的利益，这样才能长久合作下去。营销渠道的落后及其不适应决定了企业必须对其进行优化调整，而其优化的方向可从以下几个方面入手。

### （一）关注顾客满意度

面对存在不满情绪的顾客，企业应找出使顾客满意的关键驱动因素，投资于那些给顾客带来实际效益且成本较低的渠道。戴尔正是有了从分销商处购买电脑的不快经历，才创造了电脑直销法，开创了个人电脑业的神话。

### （二）开发新渠道

新的营销渠道会带来全新的顾客期望，并且会重新定义成本或服务标准。如在消费品行业，仓储式大型超市重新划定了规模和价格的关系，从而获得了传统零售商不可比拟的成本优势。所以，企业应该定期全面评估现有渠道，以开发新渠道，服务新的细分市场。

### （三）填补市场空白

各个营销渠道侧重于服务不同的细分市场，如果公司未使用其中一种营销渠道，便可能错过整个细分市场。曾有一家计算机设备公司由于忽略了系统集成商而失去了巨大的潜在市场。故企业可在不破坏主要的旧渠道的基础上开发新渠道，填补市场空白。

### （四）重组渠道

成功的企业往往在管理内部问题之余，也积极维护整个分销系统的竞争力。由于渠道成本受规模的影响，企业可通过鼓励分销商整合来加强其网络系统，取得成本优势。此外，那些向优秀的分销商提供优惠政策的渠道优化重组法也可提升整个渠道的经济性。

**营销视角 11-3　苏宁易购集团O2O渠道整合策略**

## 营销渠道优化的方式

在分析了优化营销渠道的必要性之后，必须根据理想的渠道结构对现有渠道结构进行调整。营销渠道优化的方式可分为以下四个方面。

### （一）调整渠道政策，但不增减渠道成员

这是渠道的“软性”改进。渠道政策的调整包括渠道战略方向的调整，如渠道模式创新等，还包括渠道战术方面的调整，如价格政策、铺货政策、市场推广政策、信用政策、激励政策等。例如，格力空调在经销商不愿意进货的淡季推出了淡季进货贴息返利的政策，即对那些在淡季进货的经销商补贴其贷款利息，并在年终根据经销商的进货额给予一定比例的现金奖励，此举极大地调动了经销商在空调销售淡季进货的积极性。

### （二）增减个别渠道成员

在调整与改进渠道时，通常会增减某些中间商。生产企业在作这项决策时要进行渠道分析，考察增减某个中间商会给生产企业的利润带来什么影响。如一家打印机生产企业在考虑增加一个打印机经销商时，可以用该打印机经销商的销量除以总销量，来评估该经销商对生产企业的重要程度，如果比例较低，则比较容易作出增加决策。对渠道改进的常用分析有以下几种。

1. 渠道结构的调整分析

渠道结构调整的原因在前面已经讨论过，调整的最终目的是为生产企业创造更多的利

润。因此，应该通过对渠道结构存在的问题进行分析，确定是否对渠道结构进行适当的调整。例如，生产企业决定剔除中间商，直接供货给零售商，缩短渠道长度时，一般需要分析渠道结构与市场环境，再得出结论。

2. 边际问题分析

生产企业进行渠道调整时的一个重要指标是渠道成员的边际影响力，即生产企业应该分析增加或减少某一中间商会对整体销量、利润及成本产生什么影响。

3. 中间商替换的影响分析

生产企业的各种经营活动不是独立存在的，往往有着千丝万缕的联系。改变渠道结构不仅会影响渠道的正常运作，也会对销售部门、财务部门、物流部门等产生很大的影响，因此，生产企业在改变渠道结构前要对因中间商的替换而产生的各方面影响进行分析，同时要考虑除销售、利润、成本外，这种替换对渠道整体功能产生的影响。

**营销视角 11-4　平安银行的渠道变革**

## (三) 增减某些市场渠道

偶尔会出现很多经销商不能完成销售任务的情况，这往往是由于生产企业设定的目标与实际不符造成的，但不排除其他原因造成经销商懒惰或有意抵制。例如，竞争者给予渠道商更多利润时，渠道商就倾向于销售竞争者的产品，对生产企业的产品关注度则会降低。生产企业有权去掉不合格的市场渠道，但必须考虑下列影响：

(1) 为保持一定的库存，减少渠道意味着缩减生产。由于制造费用和管理费用被分摊在较少的产品上，单位产品的生产成本将会提高。

(2) 可能闲置部分设备，引起有限资源的人为浪费。

(3) 原来拥有的一些市场机会可能会转到竞争者手中，增加了竞争企业的经营实力。

(4) 会引起其他经销商的不安。

考虑到以上因素，如果根据一定的标准，删减渠道利大于弊，生产企业就可以作出删减渠道的决策。

## (四) 改进整个渠道系统

这是最复杂的一种渠道改进决策，因为它不仅涉及改进，还涉及整个营销系统的修正。比如，杉杉集团从自有渠道转为特许经营模式。这种决策通常由企业的最高层来制定。

**营销视角 11-5　从多渠道到全渠道——以银泰百货和永辉超市为例**

调整渠道对企业的影响很大，如果决策失误，短时间内难以补救，损失会更大。所以，在渠道调整以前一定要做好可行性分析与渠道评价工作，认真考虑这种调整是否可行，中间商的反应如何，是否会引起某些重大冲突等问题。对新渠道的费用、收益及利润要从整个渠道系统的角度统筹考虑，权衡利弊。

有时，限制因素的变化只是暂时现象，不久又会恢复原状，这时不要急于调整渠道。有时，限制因素虽已变化，但未来的情况难以预测，这时应尽量通过渠道管理消化这些变化，注意监测这些因素的进一步变化。渠道的调整基本上表现为中间商的增减，而中间商的增减常常引发许多问题，所以事先必须周密考虑，以防患于未然。比如，每利用一条新渠道便可增加销售，但也要冒疏远原有渠道的风险。解雇中间商、终止与商业伙伴的合作可能会导致更严重的冲突。

从实践上说，与中间商的合作一般不会轻易开始，也不会随便终止。在美国，终止与中间商的关系很简单。但在很多国家，中间商往往会受到法律保护，使生产商难以随便终止同它们的关系。例如，在挪威，生产商在终止与某个中间商的关系前，通常必须提出有关中间商过失的有力证据。即使经历千辛万苦与某代理商终止关系，企业往往还要赔偿该代理商在建立客户关系和商品信誉方面所做的投资。在某些国家或地区，解雇代理商必须通过仲裁委员会，如果该委员会不同意，则不得解雇。所以，最好的办法是在选择中间商时多做一些努力，避免以后解除关系时的麻烦。

## ▶▶案例分析

### ZS电气公司渠道分析

ZS电气公司通过对分销渠道进行相关绩效评估，发现了渠道存在的问题，并针对问题制定了相关的提高渠道效率的行为规划。为了加强公司对渠道管理的掌控力度，完成年度销售计划，更好地把控各渠道的发展状况，将公司总的销售目标逐级合理划分，使各渠道分销商达成长久稳定的合作关系，渠道结构更加合理。

（一）减少赊账产生

为了提高应收账款的周转率，即减少赊账问题，ZS电气公司确定了赊销的两个底线，即确定回款时间、确定赊销限额，这要求财务管理者对相关数据进行周密计算，对ZS电气公司的现今流量进行评估，确定合理的底线标准。同时还要控制好发货速度、识别拖欠货款的信号、及时与客户对账、保持财务的清楚、降低客户蒙混账款数额等。加强欠款的追缴力度，建立专门的清欠机构，设定工作制度，设定各中间商的信用期限。必要时要对一些客户诉诸法律途径解决。

（二）完善渠道费用管理

分销渠道在市场的发展过程中面临着机遇与挑战，渠道建设十分重要，其中渠道费用在渠道建设中有重要影响。为了控制渠道费用，ZS电气公司采取了三项措施。第一，强化控制渠道费用的理念，了解费用成本控制的重要性，不能只看销量却不加强费用控制。第二，渠道成员的合理选择关系到渠道结构的变化，减少一个层级的中间商，生产商的销售沟通可以依靠区域办事处进行，由办事处处理渠道成员之间的相关事务，将渠道成员按区域划分合并，撤销同区域内的低层级分销商，降低渠道费用。第三，设立渠道成本审查制度，通过专人定时对渠道费用进行审查，针对渠道费用控制中的问题及时解决，对渠道进行改革。

（三）避免渠道成员业务恶性冲突

为提升ZS电气公司中间商的效率，解决渠道成员间的冲突有重要作用。通过对ZS电气公司分销渠道业务冲突进行分析，发现业务冲突主要是窜货问题。这就要求减少窜货的发生，增强中间商的长期合作。为此应该制定合理的渠道政策，不能过度依赖财务指标，还应关注中间商的软指标，如忠诚度、满意度等。同时，ZS电气公司必须制定统一标准的价格体系，保证每个环节有序的利益分配，从价格源头控制。此外，还应注意物质和精神激励相结合。ZS电气公司设立不同层次的返利标准，对经销商进行管理上的指导和培训。

使沟通体制日常化，保证沟通工作的有效开展。经营与中间商之间的感情，防止中间商“跳槽”。经营与客户之间的关系，设立多种方式的激励制度，从精神与物质两方面入手。

为了适应市场的不断变化，经销商寻求提供个性定制的产品服务，要求增加 ZS 电气公司产品的升级和创新，为此，ZS 电气公司应加大科研开发投入，能够快速、精准地获得和预测市场的发展需求，提高产品的销售。

（四）提高售后服务水平

加强专业人员的选拔。ZS 电气公司为完成销售总目标，实现企业战略化胜利，不仅需要依靠销售人员的工作还需要提升售后人员的专业服务水平。ZS 电气公司应制定选拔人员的标准，保证选拔的实用性和效率性。完善的选拔制度可以帮助企业获得优秀的人员，使其适应公司的经营理念，符合公司的发展状况。

加强售后人员的培训。ZS 电气公司是一家生产制造企业，其特殊性对售后服务要求更高，而专业的知识技能和服务则需要通过培训进行传达。对新入职的员工进行专业的服务培训，有助于紧密连接客户与 ZS 电气公司的关系。ZS 电气公司的培训内容包括：个人素质培训；技能培训；专业知识培训；工作经验交流；提高各环节配合度等。

（五）完善渠道建设

改进竞争机制管理。重点是 ZS 电气公司建立良好的竞争机制，全体员工拥有共同的企业战略目标，认同企业的核心文化。具体包括以下内容：第一，提高全体员工的团队精神，了解企业竞争是为了团队的发展，加强员工对企业的认同感，明白“内耗”不是竞争的目标；第二，建立严格的奖惩体系，创造共同完成的目标，增强团队的合作精神；第三，创新竞争的形式和内容，增加隐性的激励和精神层次的激励，进一步提升员工对企业的归属感；第四，设立阶段性的竞争对手，在同行业中假设合理的竞争对手，以转移内部成员的对立情绪，增强凝聚力；第五，增设沟通渠道，关注成员之间的问题，对于成员之间的相互倾轧和对立进行批评和疏导，对于正面的竞争给予积极的表扬和鼓励，创造一个良性的竞争环境。

加强网络分销渠道建设。时代在发展，公司要进步就必须利用互联网加强线上销售，培养专业的网络营销人员，制定详细的工作制度，以保障销售的及时性、可靠性。

资料来源：尹卓 . ZS 电气公司分销渠道绩效评估研究 . 保定：河北大学，2019.

**讨论**

1. ZS 公司对整体营销渠道的评估运用了哪些方法？
2. ZS 公司是如何优化渠道的？

## 重点名词

营销渠道评价　　营销渠道评价流程　　营销渠道整体绩效评价
营销渠道成员绩效评价　　营销渠道优化

## 思考题

1. 营销渠道评价的流程是怎样的？
2. 营销渠道整体绩效评价包括哪些方面？
3. 营销渠道成员绩效评价的方法有哪些？
4. 营销渠道优化的原因是什么？方法有哪些？

第12章

# 电子营销渠道管理

## 本章要点

1. 了解电子营销渠道的优势与劣势。
2. 了解电子渠道下消费者购买意愿的影响因素。
3. 熟悉独立电子零售商的自营业务战略和平台业务战略。
4. 熟悉双渠道的冲突与评价。
5. 掌握引入电子渠道的多渠道战略。

随着时代的发展，一种新的营销渠道——电子营销渠道出现了。电子营销渠道以其显著的特点快速适应了市场的需求，很好地服务了广大顾客群，也赢得了各个企业的青睐，于是，电子营销渠道被越来越多的企业竞相使用，和传统渠道一起为企业服务。认识和了解电子营销渠道并且正确地处理它和传统渠道可能发生的冲突是本章所要讨论的问题。

## 引　例

### S纺织公司的电子营销渠道

纺织业一直是我国国民经济的中流砥柱。作为一个强势出口产业，纺织业总产值的增长率始终保持在6.3%左右。但是随着中国纺织业的国际份额不断提升，欧美等西方发达国家近些年一直通过各种形式打压中国的纺织业，制定了诸多限制措施，对我国纺织业的发展造成了一定的冲击，我国纺织业面对更加严峻的挑战。

S纺织公司是一家民营包芯棉纺织品供应商，主要侧重于有高附加值的时尚棉纺织品的制造与销售，其传统营销方式是业务人员“上门拜访”，通过调研分析的形式获取客户实际需求，并为客户提供公司样品，供客户挑选。与客户意见达成初步一致时，再通过协商、谈判的形式确定最终合同，完成交易。2017年，S纺织公司正式开通网络电子营销渠道，旨在进一步扩大销售规模，提高核心竞争力。

1. 直接电子营销渠道

直接电子营销渠道是指S纺织公司自建网站，将自身产品及种类在网站上公布，对网站具有一定的归属性及控制性。该渠道形式较为直接与简单。首先，S纺织公司将产品在网站上公布，主要包括产品的种类、参数、功能、属性等，即产品的完整信息。其次，公司网站可以根据客户需求进行直接销售，客户下单后根据订单对产品进行整理后直接打包发运。电子营销渠道在产品供给及资金获取方面都较为科学、规范，对可能造成影响的风险问题可以进行有效规避。最后，通过客户服务机制即产品营销售后体系，将产品销售与售后服务进行有效融合。客户可以通过企业网站提出诉求及建议，这对纺织公司的长期发展及产品完善起到积极的推动作用。

2. 间接电子营销渠道

间接电子营销渠道主要是指将企业产品进行第三方网络平台托管，即所谓的电子商务平台销售。客户及消费者不与 S 纺织公司直接对接，而是通过电子商务平台对产品进行选择。该渠道是我国电子商务大力发展的产物，很多中小型纺织公司都采用间接电子营销渠道。该渠道的主要优点就是可以对相关方风险进行规避及转移。S 纺织公司在该营销过程中只与第三方电子商务平台进行对接，商务平台负责对公司产品进行宣传及推广，如"清仓大处理""促销活动""优质产品展示"等。但是，这种营销渠道的产品价格要高于网络直接营销。

尽管电子营销渠道对 S 纺织公司的产品销售和长期发展都起到了积极的作用，但该公司的电子营销渠道也面临渠道运行效率偏低、缺乏有效的技术支持及人员维护等问题，这些都制约了 S 纺织公司的业务发展。对此，S 纺织公司需要根据时代发展趋势，并结合自身发展需求，对电子营销渠道进行优化改革，以实现进一步扩大公司销售规模的目的。

资料来源：周频，王列平 . S 纺织公司网络营销渠道的问题分析与优化策略 . 中国集体经济，2020 (25)：62 - 63.

伴随着互联网的快速发展和消费者购物习惯的改变，电子渠道逐渐被各个企业和组织熟悉并使用，因此，难以避免和传统渠道之间产生竞争关系，这给使用电子渠道的各方带来了不小的难题。对于各个企业而言，了解电子渠道并且熟悉电子渠道下消费者的购买行为，然后进行一定程度的管理便是大势所趋。基于此，本章的内容结构安排如下：首先，详细介绍电子营销渠道（包括其特点、结构以及优劣势等）；其次，探讨电子渠道下消费者的购买行为（包括影响因素、类型和决策过程）；最后，分别从独立电子零售商、制造商和多渠道零售商的角度来讨论对电子渠道的管理。

## 12. 1 电子营销渠道概述

电子营销渠道使得购物方式彻底颠覆，那么，什么是电子营销渠道？它的结构是怎样的？它是怎样发展起来的？发展趋势如何？它的优劣势有哪些？本节围绕这些问题展开。

### 电子营销渠道的定义

传统营销渠道是指商品或服务从生产者向消费者转移过程中的具体通道或路径，一般而言，它执行三个主要功能：渠道交流功能、渠道交易功能和渠道分销功能。渠道交流功能是指它能使消费者与销售商之间顺利进行信息的交换；渠道交易功能是指它能使消费者与销售商之间发生实际销售活动；渠道分销功能是指它能使产品和服务发生现货交易。

然而，随着时代的发展、科技的进步以及生活节奏越来越快，一种新的营销渠道——电子营销渠道出现了。电子营销渠道和传统营销渠道一样，可以进行信息交换、销售活动以及产品和服务的现货交易，但是，作为一种新生事物，电子营销渠道在某种程度上具有一定的优越性。

电子营销渠道一开始只是作为对传统实体渠道的有效补充和延伸而出现的，但是随着竞争的加剧，数据业务、增值业务以及移动互联网的不断发展，客户可以自己进入相关网站或者利用其他方式自由选择和体验各类新业务、购买相关产品、办理各类增值业务的订阅和退订等，就如同进入一个虚拟的超级市场，体现出极大的方便性。

综上所述，本书认为电子营销渠道是为了满足客户实时服务和节约搜寻成本的需求而迅速发展起来的自助式新型营销服务渠道，它以互联网技术和通信技术为基础，将产品的销售与服务数字化，进而实现渠道交流、交易和分销功能的信息化、数字化和电子化，从而使得客户可以借助终端设备自行订购产品、获取服务、满足需求。简言之，电子营销渠道实际上是传统营销渠道的电子化、信息化和虚拟化。

## 电子营销渠道的结构

互联网为制造商、中间商和消费者之间的沟通和交易提供了一个创新和交互的平台，导致电子营销渠道的出现。根据上述电子营销渠道的定义可知，电子营销渠道本质上是一个系统，既然是一个系统，便有其结构。电子营销渠道的结构一般分为三个部分，即前台系统、后台管理系统和外部接口系统。

### （一）前台系统

前台系统是指顾客通过网络浏览器可以直接看到的部分，包括会员注册、购物区、订单结算等内容，它的载体是电子终端设备。

（1）会员注册。一般网站都提供会员注册功能，一方面，收集顾客的个人信息，以便向消费者提供有针对性的商品和服务信息；另一方面，用于促销，向会员提供一定的购物优惠。

（2）购物区。购物区是网上出售商品的核心区域，一般按商品类别分成不同的区域，如图书、服装、音像、生鲜、家电、旅行、数码等。在购物区采购的一个主要工具是购物车，消费者可以随时把满意的产品放到里面，也可以在购物车里修改商品的数量和删除不想要的商品。

（3）订单结算。去购物车进行订单结算一般包括三方面的内容，即下订单、选择送货方式、选择支付方式。下订单指的是顾客填写个人联系信息（如姓名、收货地址、电话）后提交订单，生成一个独有的订单号，供购物者追踪查询订单。选择送货方式指的是顾客选择配送货物的方式，如邮局寄送、快递寄送（如顺丰和“四通一达”）等。对于音乐、软件类产品可以选择直接从网上下载。选择支付方式指的是顾客选择付款的方式，常见的有货到付款、网上付款（如网上银行和支付宝等）、银行电汇、邮局汇款等。目前，大多数银行都提供在线支付业务。

### （二）后台管理系统

后台管理系统是指顾客通过网络浏览器无法直接看到的部分，它对前台系统起着支撑、辅助的作用，一般包括客户管理、网站维护、订单处理、款项查询、库存管理、售后服务等内容。后台管理系统可以使用一些现成的信息管理系统，如客户快速反应系统和客户关系管理系统，但更多的是使用一些中间产品（如零部件的标准件）进行二次开发并与 Web 集成。

### （三）外部接口系统

外部接口系统指的是前台系统和后台管理系统与外部网络系统的接口系统，包括网络安全认证中心提供的 CA 接口，用于提供安全性保证以及身份确认；各大银行提供的支付网关接口，用于满足在线支付的需要；物流企业提供的物流配送服务，用于实现分销过程的物流配送。

这三个系统是一个有机统一的整体，有效组织以后能够实现营销渠道的各种功能（如交流、交易和分销）。顾客通过前台系统注册登录，在购物区购物，然后提交订单，选择支付方式和送货方式，企业的后台管理系统在顾客购物的过程中与顾客互动，接受订单、货款，销售产品或服务。银行的参与使网上支付成为可能；CA 认证机构的参与保证了网上交易的安全性；物流配送组织使得商品或服务可以有效转移，最终送到顾客手中。

## 电子营销渠道的发展现状与趋势

### （一）电子营销渠道的发展现状

从概念上讲，电子营销渠道的外延比电子商务要小，它只是电子商务的一种形式，是电子商务在营销渠道中的应用。电子营销渠道总是伴随着电子商务的发展而发展，所以，谈论电子营销渠道的发展现状可以从电子商务的角度来展开。

电子商务在我国发展迅速。2011 年上半年，我国电子商务交易规模为 3.2 万亿元，网络消费总量达 4 734 亿元，较 2010 年全年增长 48.8%。越来越多的传统企业看好此发展契机，开辟电子商务的营销渠道。与此同时，消费者的范围不断地向全国各个地区扩展。

我国的电子营销渠道从 1999 年开始出现，8848 等 B2C 网站的开通使通过互联网购物成为现实。但是从电子营销渠道起步到今天，其发展并非一帆风顺。2000 年，在经历了最初的快速发展之后，国内的电子商务企业曾陷入萧条。2001 年，北京中关村的 373 家电子商务公司有 96.7%处于亏损状态，中小型公司纷纷倒闭。2002—2006 年间，国内电子商务网站数量持续高速增长，每年平均增速超过 15%，其中 2003 年的增长率为 65.17%，2005 年为 52%。相关资料显示，2018 年中国电子商务交易规模为 32.55 万亿元。其中，B2B 电商交易额为 22.5 万亿元，零售电商交易额为 8.56 万亿元，生活服务电商交易额为 1.49 万亿元。截至 2018 年 12 月，电子商务服务企业（含电商平台、创业公司、服务商、电商卖家等）的直接从业人员超过 350 万，由电子商务间接带动的就业人数（含物流快递、营销、培训、网红直播等），已超过 3 000 万。

近年来，电子商务行业政策频出，不断促进行业健康发展。如 2018 年 8 月 31 日，第十三届全国人民代表大会常务委员会第五次会议通过了《中华人民共和国电子商务法》。该法有利于保障电子商务各方主体的合法权益，维护市场秩序，促进电子商务的持续健康发展。同时，该法的正式实施也标志着电子商务进一步走向规范。据统计，2018 年 B2B 电商上市公司营收总额为 1 887.59 亿元，其中排名前三的分别为：上海钢联 960.55 亿元、卓尔智联 561.16 亿元、冠福股份 142.9 亿元。2018 年零售电商上市公司总营收达 13 524.82 亿元，其中排名前三的分别为：京东 4 620 亿元、阿里巴巴 2 503 亿元、苏宁易购 2 449.5 亿元。

2008—2018年这十年期间我国电子商务交易规模增长了约10倍。

### （二）电子营销渠道的发展趋势

一方面，企业可以通过电子渠道与消费者进行直接沟通，扩大销量；另一方面，消费者可以获得更为方便快捷的服务体验。电子商务市场是现今所有市场中增长最快的，无论是传统的房地产、家电、服装行业还是新兴的航空、在线旅游、金融业都极力发展电子渠道，服务顾客，满足顾客不断变化的个人需求，因此，引入电子营销渠道对于企业来说是一种必然的趋势。电子营销渠道将变得很常见并且会和传统渠道共存于一个企业的营销系统之中，二者相辅相成，谁也不会完全被替代。可以预见，电子营销渠道的总体发展前景十分可观。

## 电子营销渠道的优势与劣势

### （一）电子营销渠道的优势

与传统营销渠道相比，电子营销渠道有着独特的优势，具体而言，其优势主要体现在以下几个方面。

1. 增强渠道权力

在传统营销渠道中，随着一些大型零售商的实力不断增强，其渠道权力也越来越大，逐步在渠道中拥有主导权，制造商的产品分销受制于零售商。这些大型零售商对顾客这一稀缺资源的控制、对市场信息的垄断和对雄厚资金的占有，使得制造商对零售商的依赖性加大，渠道权力减弱。

电子营销渠道的运用在一定程度上能增强制造商的渠道权力。如果制造商建立电子营销渠道，直接面对消费者销售产品，那么中间商对消费者的控制程度会降低。制造商和消费者都可以从互联网上方便地收集到所需信息，这有助于减少交易中信息不对称的现象，打破中间商对信息的垄断。随着信息技术的不断发展，制造商与消费者之间的互动有不断增强的趋势，消费者在决定购买产品方面承担起更多的责任，在产品的购买决策中更为积极主动，个体营销变得越来越重要。有些成功的制造商能够通过大规模定制来为个人设计产品和制定营销计划，以更好地满足顾客的需求。如果制造商拥有电子营销渠道，那么，中间商依靠雄厚的资金买断经营、大量囤积产品进行销售，其风险就会加大。因此，制造商建立电子营销渠道减弱了对中间商的依赖程度，提高了对营销渠道各成员的控制力。

2. 更好地满足顾客需求

随着社会的发展和信息技术的推陈出新，消费者的需求由原来单一化、同质化转向多样化、个性化，并且还在快速、频繁地发生变化。在传统营销渠道中，中间商提供的增值服务较少，许多中间商只是把产品从制造商的仓库送至下一层次的渠道成员，难以有效地满足消费者多样化、个性化的需求。为了更好地满足消费者的需求，制造商需要一种能快速响应市场的渠道模式，而电子营销渠道正是这样一种渠道模式。企业通过互联网可以与消费者进行直接沟通，实现信息互动，有助于增强对消费者的了解，更好地满足消费者的需求。企业可以在网页上提供大量的信息，既可以是非常广泛而详细的信息，也可以是根据消费者个人的需求偏好而提供的个性化信息。消费者可以通过互联网有选择地了解企业和产品的信息，自行决定购买产品，向制造商反馈购后信息，这种互动能加深双方的了解，使制造商掌握充分的市场信息，减少生产的盲目性。更为重要的是，以互联网为基础的电子营销渠道具有追踪浏览企业网页的顾客的能力，制造商可以将 Cookies 与消费者的人口统计变量或网络调研数据联系起来，识别出那些对企业产品感兴趣的顾客群体，然后根据这些顾客群体的需求设计出合适的产品或服务，并且通过电子方式向这些顾客发送他们感兴趣的信息，与其建立长期互惠的关系。这不但可以提高企业营销活动的有效性，同时也能更好地满足顾客的需求。

此外，电子营销渠道为消费者提供了方便快捷的服务。研究表明，消费者在互联网上购物最重要的原因是方便。现代人的工作生活节奏不断加快，消费者外出购物要消耗一定的时间、精力和体力，电子营销渠道使得顾客足不出户，点击手机屏幕或鼠标就能进行浏览产品信息、订购产品和支付货款等活动，坐在家中等候送货上门。软件、音乐、音像资料和电子书籍等产品由于能用网络传送，消费者订购之后即刻就能得到，便利性尤为明显。有些制造商还通过电子营销渠道向消费者提供培训、技术支持等一系列售后服务，更是极大地方便了消费者。

3. 降低渠道成本

基于互联网的电子营销渠道极大地降低了收集和处理信息的成本、库存成本、交易成本、渠道运行和管理的成本，从而降低了整个营销渠道的总成本。

(1) 收集和处理信息的成本降低。电子营销渠道以互联网为基础，利用互联网进行网络调研比传统调查方法速度更快、成本更低。例如，通用公司通过使用网络调研节省了50%的调研费用，收集信息所需的时间减少了75%。网络调研能使调研人员在短时间内设计、整理和接收样本。网络调研只需几天就能完成用传统调查方法要几周才能完成的调研过程，还能借助计算机快速完成信息的收集和处理工作。

(2) 库存成本降低。在传统营销渠道中，为了避免供求变化导致的销售机会损失，渠道成员往往要维持大量的库存，使得库存成本在渠道成本中占有较大的比重。而在基于互联网的电子营销渠道体系中，生产是由需求驱动的，制造商按顾客的订单来生产产品。通过对整个营销渠道的整合，渠道成员之间通过网络共享需求、生产、销售等信息，各成员都能及时根据相关信息来调整自身的生产、销售计划，使库存量保持在一个较低的水平甚至实现零库存，从而降低库存成本。

(3) 交易成本下降。在网络营销环境下，制造商与电子中间商、消费者能通过互联网进行交易，订货、结算和送货都能通过网络和计算机实现自动化管理，原来传统营销渠道中由人工处理的业务环节就变得多余而被取消。这不仅避免了人为因素造成的差错，而且降低了人工费用和管理费用，使交易过程更加简单迅速，降低了交易成本。

(4) 渠道运行和管理的成本下降。在传统营销渠道中，许多制造商会依靠中间商进行层层分销，产品由制造商转移到消费者手中要经过多个中间环节，有些环节在营销价值链中不增值或增值很少，反而增加了一定的费用。而在网络营销环境下，制造商能借助电子营销渠道直接向消费者销售产品，减少了中间环节，使得渠道运行和管理的成本下降。

4. 提高渠道效率

传统营销渠道的中间环节多，信息传递较慢，准确性差，制造商难以与消费者进行有效的沟通并对市场需求作出快速的反应。电子营销渠道使制造商和消费者能直接沟通，减少了某些渠道成员暗箱操作的现象，大幅提高了信息透明度，还可以及时更新需求、供给、产品、价格、促销等信息，避免了市场需求信息的放大或失真，企业能快速对消费者需求作出响应。电子营销渠道是建立在互联网平台上的一种新的渠道模式，制造商、电子中间商和消费者都是围绕这一平台而联结在一起的，渠道中的信息流、商流和资金流能在网上瞬间完成，缩短了流通的时间，提高了资金周转率。此外，电子营销渠道的信息共享、扁平化的渠道交互关系，也有助于提高渠道效率。

5. 扩大市场覆盖面

传统营销渠道是实体的，所能进入的目标市场有限，而电子营销渠道的采用能拓展传统营销渠道的范围，使制造商的渠道网络体系变宽变大。电子营销渠道是以互联网为基础的渠道，由于互联网具有开放互联性，不受时间和空间的制约，制造商可以在全国或全球范围内吸引潜在的消费者。采用电子营销渠道，制造商既可以瞄准较大的目标市场，也可以针对非常小的顾客群体，甚至是消费者个人。即使是一些很小的企业也能建立电子营销渠道。最后，制造商能通过互联网与分散在各地的消费者进行交易，这样营销渠道通过互联网就能接触到更广阔的市场，从而扩大销售区域。

## （二）电子营销渠道的劣势

电子营销渠道虽然优势突出，但也不乏劣势，主要包括以下几个方面。

1. 在渠道传播方面的不足

（1）局限性。通过传统方式进行传播可以选择报纸、电视、广播、路牌、车身广告等；而电子渠道传播只能通过诸如电脑、手机等数码终端，传播手段有限。消费者在上网时对广告的点击率有限，这也限制了电子渠道传播的有效性。

（2）缺少现实感。产品的味觉、触觉、嗅觉等信息难以通过电子渠道传递。

2. 在需求传递方面的不足

（1）真实性下降。网络是虚拟的，网民在面对网络时责任感会降低，信息的真实性会有所下降。

（2）需求来源有限。就目前和未来相当长的一段时间来说，上网的顾客只是买方的一部分，商家根据这一部分消费者进行市场调研和营销渠道的设计和运营，某种程度上会存在偏差。

3. 在支付方式和安全方面的不足

网络支付的安全隐患大。黑客、网络犯罪等各种问题使得网络支付的安全性难以有效保障。事实上，信用卡诈骗是消费者最大的顾虑。有调查显示，70%的无购物网民（只上网，不购物）和33%的网络消费者很介意在网上提供自己的信用卡号。另外，传统渠道接受更多的支付方式，除了借记卡、信用卡，还可以使用现金，这是电子渠道需完善的部分。

4. 在产品和服务销售上的不足

产品分为一般商品（有形产品）和服务（无形产品），由于服务的消费与生产是同时发生的，而且不可触摸、不可储存，这就使得服务难以完全通过电子营销渠道来传递和销售，而必须借助传统的营销渠道。就有形产品来说，汽车、房屋等贵重产品，消费者通常需要亲临现场才会作出购买决策，因此并不适合在电子渠道进行销售。

5. 在产品和服务体验上的不足

在传统渠道中，消费者能够检查、体验产品，对于一些商品这非常重要。尽管零售商可以提供多媒体展示，但是电子渠道在购买体验方面仍有不足。一些产品在传统渠道中很容易通过试用、观察来获知产品如何、是否好用的信息，但在电子渠道中，这种体验是无法获得的。

## 12.2 电子渠道下的消费行为

企业建立电子渠道的目的是吸引消费者购买自己的产品和服务，因此，就有必要对消费者网上购物的影响因素、购买行为类型和购买决策过程有所了解。本节内容也将围绕上述三个问题展开。

### 电子渠道下消费者购买意愿的影响因素

意愿是行为的前因变量，是决策行为产生前最重要的因素。消费者所作的任何决策都与自身的态度和主观认识有紧密的联系，消费者的态度、主观认识产生行为意愿，行为意愿导致行为的发生。如果说消费者的态度、主观认识是原因，那么行为则是结果。因此，购买意愿的强弱直接影响消费者的行为决策。

在电子渠道环境下，消费者的购买意愿和传统的购买意愿内涵基本相同，都是指消费者购买某种产品或服务的主观概率或可能性。但由于购物环境和方式的变化，消费者主要是通过电子渠道获取商品信息、了解商品和企业的相关服务，因此，电子渠道下消费者的购买意愿是指消费者通过电子渠道对产品或服务有所了解后，购买产品或服务的主观概率或可能性。

消费者的购买意愿越强烈，通过电子渠道购买商品的可能性就越大，其购买意愿的强弱主要受以下因素的影响。

#### （一）消费者自身因素

1. 年龄

年龄对消费者的网上购物意愿影响很大，互联网用户的主体是年轻人，处于这一年龄阶段的消费者思想活跃、好奇、冲动、乐于表现自己，容易尝试和接受新生事物，既喜欢追逐流行时尚，又喜欢展现独特个性，而且学习能力更强，学习速度更快。随着年龄的增长，人们学习新知识的能力下降，心理状态趋于稳定，年长者对新生事物的接受能力和学习能力会降低。据调查，截至 2019 年，我国 19～40 岁的网络购物用户占比 70.5%。其中，约 33.3%的用户年龄为 31～40 岁，25.3%的用户为 26～30 岁，11.9%的用户在 19～25 岁之间。这表示年轻人是网络消费的主力军，这部分人更愿意通过网络渠道购买商品。

2. 性别

研究发现，性别差异会导致网购消费者在购买意愿和购买行为方面的显著差异。相关调查表明，截至 2019 年 4 月，从性别情况看，网购用户中女性所占比重较大，为 66.1%，比男性高 32.2 个百分点。从不同性别群体网购金额占比情况看，女性网购金额占比为 68.3%，比男性高 36.6 个百分点。因此，性别对消费者的网络购买意愿有重大影响，出于多种目的，如省时、便宜、方便等，女性消费者更倾向于网购。

3. 教育水平

网络消费者的受教育程度越高，在了解和掌握互联网知识方面的困难就越少，网络经验相对越丰富，也就越容易接受网上购物的观念和方式。互联网作为一种新技术，不同消费者的应用能力高低不同，对网络购物的感知也不同。

相对于新手用户，互联网的专家级用户能够更好地利用这个新兴的购物渠道，发现网络购物的趣味性、便捷性、实用性，对商家的信任要多一些；反之，信任可能要少一些。因此，越是受过良好的教育，就越有可能精通互联网，对网上购物的信任度也就越高，网上购物的意愿就越强烈，频率也越高。

4. 经济收入

经济状况也会在较大程度上影响消费者是否选择网上购物。首先，上网需要一定的投入，如需要购买智能手机或电脑。其次，经济条件较低者，其风险承受水平也明显偏低，因此对于具有较大风险的网上购物，一般不会冒险。

### （二）消费者的风险感知能力

电子商务模式下，消费者对商品的风险感知能力也是决定消费者是否产生购买意愿的因素之一。电子商务模式下，商品具有不可见性，以图片或图像的形式存在，消费者在进行购物时，会针对商品的包装、质量、规格及形象等根据自己的心理需求进行筛选，对符合要求的商品进行风险感知，如果风险较低，消费者就会更加信赖自己的选择，最终产生购买意愿；反之，消费者会更加谨慎，甚至放弃对该商品的选购。

### （三）消费者的风险偏好

对于进行网购的消费者来说，即使感知的风险类似，但由于对风险的偏好不同，不同的消费者会有不同的选择。按对风险的偏好程度不同，可以把消费者分为风险爱好者、风险规避者和风险中立者。进行网络购物时，消费者总是承担一定的风险，这种风险包括效用的不确定（可能物非所值）或权益不能得到保护等。如果消费者对风险有所偏好，他的网购意愿相对来说就会比较高；如果消费者对风险持回避态度，他可能就不会选择网上购物。

### （四）感知价格

感知价格可以被定义为消费者对产品客观价格的感性陈述或主观感知。在选择在线或离线购买的过程中，感知价格无疑是消费者决策过程中考虑的最重要的因素之一。也就是说，吸引消费者网上购物的主要动机之一是可以省钱。相关研究表明，网上购物时，85%的消费者会重点参考产品的价格信息。因此，消费者的感知价格会影响他们对购物途径的选择。由于消费者能够在网上对所购买的产品或服务进行价格比较，如果网购的价格比消费者期望的产品价格低，消费者就会产生网上购物的意愿。

### （五）产品类型

网上零售领域内有几种产品分类方式，一种常见的分类方式是将商品分为搜索型商品和体验型商品。搜索型商品是指在购买前关于产品主要属性的完整信息可以获知。体验型商品是指关于商品主要属性的完整信息只有在体验之后才能得知，也就是说，通过搜索获得这类商品的信息是非常困难的，必须亲身体验。因为体验型商品在购买之前需要亲自观察和体验，并且商品的相关信息很难从网上直接获得，所以消费者购买搜索型商品的意愿一般会强于体验型商品。此外，在网络环境下，较低的搜索成本更有利于搜索型商品的销售。因此，相比于体验型商品，消费者更倾向于网购搜索型商品。

### （六）在线评价

网络口碑相对于传统口碑来讲，具有匿名、非面对面、波及范围大、传播速度快等特征。在线评价是网络口碑的一种，它是消费者基于产品给予的主观和客观两方面的评价，按照信息的特性，相关、可靠、完整、容易理解的信息才是高质量的信息。

随着我国电子商务的飞速发展，评价内容日渐成为网络消费者购买意愿的重要依据。在线评价一般包括正面评价和负面评价，正面评价会在一定程度上促进消费者网购意愿的形成；而负面评价会对网络消费者购买意愿产生消极影响，而且消费者通常认为负面信息比正面信息更具判断价值，在购买决策时更多地依赖负面信息。因此，在线评价中负面评价比例的多少将会成为网络消费者是否购买产品的一个重要影响因素，负面评价比例越高，购买意愿就越低。

### （七）网络接受性

网络接受性是指消费者对使用网络进行购买的态度，它受到网络的感知易用性、感知有用性以及感知便捷性的影响。感知易用性是指网上购物过程对消费者来说是否易于学习、使用等，如上网过程是否顺利、网页打开速度是否很快或者操作是否简易等。感知有用性是指消费者对线上购物给自身带来的效益的感知程度，如消费者有过很好的网购经历，或者这家团购网站的信誉很好等。如果感知易用性较高或者感知有用性很高，那么网络接受程度就会较高，此时消费者很有可能产生网络购买意愿。此外，便捷性是网络购物的一个最显著的好处，也是消费者最常提到的进行网上购物的原因之一，当消费者感觉离线购物不方便时，他们在网上购物的意愿就大，反之亦然。总而言之，网络接受性高会加速消费者网络购买意愿的产生。

### （八）系统环境因素

系统环境因素包括法律约束、网络技术和网络中介机构。法律约束是指管理经济活动的法律合约，被广泛地认为是减少机会主义行为、加强信任的机制。网上购物是否有健全的法律制度和安全的网络技术环境作为保障，直接影响到消费者是否选择网购，因为消费者害怕上当受骗和遭受不必要的损失。此外，网络中介机构（如银行、信用卡机构、认证机构等）的参与是网购得以顺利进行的必要前提，著名可信的中介机构对于防范网络欺诈、增强消费者的网购信心相当重要。

### （九）公司因素

公司因素包括公司的规模、品牌和信誉。消费者选择商品时，如果相关信息比较匮乏，品牌和信誉可以提供更多的指导，使消费者能更快地作出选择。具有优秀品牌和信誉的商家在实施任何行为时都要进行成本衡量，因而能带给消费者更多的安全感，赢得消费者的信赖。例如，相比其他图书电子零售商，亚马逊具有更大的品牌优势且更容易被消费者所信任。此外，公司规模对网购信心的树立也很重要。消费者往往认为规模大的公司有足够的能力给他们提供想要的服务和支持，往往愿意为其信誉和品牌投资，当销售给消费者的商品出现问题时，愿意给消费者合理的赔偿。因此，规模大的公司往往能够增加消费者的信任，增强其网购意愿。

### （十）网站因素

网上购物不同于传统购物的是缺少实物感知，消费者通过网络购买东西，网站就是消费者对商家的第一印象。尤其是在信任形成的初始阶段，双方没有或很少有实质性的交易，往往一些很微弱的信息就能够对消费者的初始信任产生影响。如果消费者感到网站具有较高的质量或者网店的形象较好，可能就会认为商家有能力和诚意来完成他们的订单，并且会认真地履行订单，继而对商家产生信任。因此，网站设计、组织的好坏直接影响交易的效果，影响消费者对商家实力与能力的评价，从而影响消费者对商家的信任及其网购的意愿。

### （十一）关系营销方式因素

消费者对商家关系投资的感知会影响关系质量，而消费者对关系投资的感知来源于商家所采用的关系营销方式。商家采用的关系营销策略一般为特殊待遇、切实奖励和联系沟通。特殊待遇指消费者对商家为经常光顾的客户提供更好的待遇和服务的程度的感知；切实奖励指消费者对商家提供有形奖励如价格折扣或礼物以换取顾客忠诚的程度的感知；联系沟通指消费者对商家热情而个性化地与客户接触的程度的感知。

在B2C电子商务环境下，商家除了为消费者提供特殊待遇和一定的物质奖励，还可以通过积极主动地与消费者进行在线互动，不断地向消费者展示其能力、诚信和善意，以有效建立和提高消费者对商家的信任水平。比如，在消费者购物过程中，商家适当的建议可以起到引导消费者的作用，帮助他们寻找合适的方法去解决网购时遇到的各种问题，从而增强消费者对商家的信任，增加消费者网购的意愿。

电子渠道下消费者购买意愿的影响因素总结如表12－1所示。

**表12－1 电子渠道下消费者购买意愿的影响因素**

| 研究目标 | 影响因素 |
|---|---|
| 电子渠道下消费者的购买意愿 | 消费者自身因素（年龄、性别、教育水平、经济收入） |
| | 消费者的风险感知能力（商品感知风险的高与低） |
| | 消费者的风险偏好（风险爱好者、风险规避者和风险中立者） |
| | 感知价格（商品感知价格的高与低） |
| | 产品类型（搜索型商品和体验型商品） |
| | 在线评价（正面评价和负面评价） |
| | 网络接受性（感知易用性、感知有用性以及感知便捷性） |
| | 系统环境因素（法律约束、网络技术和网络中介机构） |
| | 公司因素（公司的规模、品牌和信誉） |
| | 网站因素（网站的质量、安全和设计） |
| | 关系营销方式因素（关系营销策略，如特殊待遇、切实奖励和联系沟通） |

## 电子渠道中的购买行为类型

### （一）按购买行为目的划分

根据消费者在电子渠道中实施购买行为时的目的是否明确，可将消费者在电子渠道中的购买行为分成以下几种类型。

（1）确定型。消费者确定商品的名称、型号、规格、颜色、款式、价格等信息，在互联网上搜索到商品后，如果商品满足其需要，就会确定购买。消费者往往在实体店试用满意后，由于价格或款式、颜色等不能完全满足其购买要求，于是在网络上寻找有关商品，如果搜索到的商品能完全满足其需求，就会确定购买，此时，购物满意度较高。

（2）半确定型。消费者在购买前已有大致的目标，但是不够明确。此种购买的犹豫期较长，电子渠道的便利和快捷给消费者带来更大的选择空间，消费者可充分比较后完成购买行为。

（3）不确定型。消费者完全没有购买目标，进入店铺主要是浏览、了解商品信息。电子渠道下，由于“逛街不累”，此类消费者不断增多，许多人每天都要上购物网站浏览，随机购买的机会有所增加。

### （二）按购买行为复杂程度和商品差异程度划分

根据消费者在电子渠道中购买行为的复杂程度和所购商品本身的差异，可将消费者在电子渠道中的购买行为分为以下四种。

（1）复杂型。消费者初次购买差异性很大的耐用消费品的行为，如买电脑。

（2）和谐型。消费者购买差异性不大的商品的行为，如买纸、笔等文化用品。

（3）习惯型。这是一种简单的、常规的购买行为，如买香烟。

（4）多变型。这是为了使消费多样化而常常变换品牌的一种购买行为，如买食品。

### （三）按消费者的购买动机和个性特点划分

根据消费者的购买动机和个性特点，可将消费者在电子渠道中的购买行为划分为以下几种类型。

（1）理智型购买。理智型购买是指经过冷静思考采取的购买行动，是从产品长期使用的角度出发，经过深思熟虑才做出的购买决定。一般来说，消费者在做出这种购买决定之前，通常会仔细考虑质量和价格是否相当、开支大小、产品的可靠性及维修服务等因素。

（2）感情型购买。感情型购买是指出于感情上的考虑即感情动机产生的购买行为。引起感情型购买的主要因素有视觉上的感染力、祈求健康长寿、避免痛苦和危险、现实地位和威望等。

（3）习惯型购买。这类消费者对某些商品往往只偏爱其中一个或数个品牌，购买商品时习惯于选择自己熟知的品牌。

（4）经济型购买。经济型购买行为重视价格，对外形、包装不太关注，虽然也考察质量，但价格更为重要。

（5）冲动型购买。这类消费者易受产品外观、广告宣传或相关人员的影响，做决定比较轻率，易于动摇和反悔，是促销过程中应大力争取的对象。

（6）不定型购买。这类消费者通常是新近才开始独立购物的年轻消费者，易于接受新的产品。他们的消费习惯和消费心理正在形成之中，尚不稳定，缺乏主见，没有固定的偏好。

## 电子渠道中购买决策过程分析

电子渠道中消费者的购买决策过程是购买行为形成和实现的过程，也是消费者从产生需求到满足需求的过程。电子渠道中消费者购买决策过程一般分为识别需求、收集信息、比较选择、购买决策、购后评价五个阶段。

### （一）识别需求

电子渠道环境下消费者购买决策过程的起点是识别需求。当消费者感到现实与自己的需求之间有一定差距并要解决这一问题时，消费需求就产生了。在传统模式下，需求可能是由内部和外部刺激引起的，如一个人每天都要吃饭就是由于其生理需要引起的，这个需要就是内部刺激。外部刺激来自外部环境，例如，人们想吃某种食品不一定是由于饥饿，而是因为闻到了食品的诱人香味而产生食欲。企业的广告、海报以及我们看到其他消费者正在使用某种产品，都属于外部刺激。当然，有时消费者的某种需求、欲望和动机可能是内外因素同时作用的结果。而网络消费者受到的外部刺激更多地来源于网络，主要体现在：一是网络媒体，网络媒体所发布的各种信息都直接或间接地影响着消费者；二是网络社区，网民在论坛、贴吧、在线社区等虚拟社区中分享的购物体验，以及一些社区的植入式广告；三是企业的网上营销活动，如网络广告、网络竞价拍卖、网络公共关系活动等，都在激发消费者的购买欲望。

### （二）收集信息

一旦消费者意识到某种需求并产生了购买特定产品或服务的动机，他们便开始通过各种途径寻找相关决策所需的信息。消费者总是希望最大限度地获取产品或服务信息。网上信息收集的快捷与简便是消费者选择上网的主要原因之一。消费者获取信息的来源主要有以下四个方面：(1) 个人来源。比如，从家庭、亲友、邻居、同事处获得信息。(2) 商业来源。这是消费者获得信息的主要来源，包括广告、推销人员的介绍、商品包装、产品说明书等提供的信息，这样的信息是企业可以控制的。(3) 公共来源。消费者从电视、广播、报纸、杂志等大众传媒获得信息。(4) 经验来源。消费者在亲自接触和使用商品的过程中得到信息。这四种信息来源中，商业来源的信息最为重要。从消费者角度看，商业信息不仅具有通知的作用，而且有针对性、可靠性，个人来源和经验来源的信息只能起验证作用。对企业来说更有意义的是，商业来源是可以控制的，消费者可以通过商业信息的渠道了解企业的产品或服务，进而购买。

虽然电子渠道极大地提高了人们收集信息的效率，改变了消费者的购买行为，但消费者在以下各因素的影响下收集信息的意向、积极性却表现得有高有低：(1) 产品知识，即消费者对产品的了解程度。一般而言，消费者对其熟悉的或经常购买的商品，几乎不需要搜寻信息，主要根据经验来作出决策，但在首次购买时，搜寻意向较明显。(2) 产品价值。消费者的搜寻意向通常和所购买产品的价值呈正相关关系，即对于那些风险低和价值小的产品而言，消费者几乎不需要搜索信息，主要是根据以往的经验作出决策。当消费者购买价值较高的产品时，因为担心存在信息不对称问题，且承担的风险较大，信息收集就变得尤为重要。(3) 时间压力。因为收集信息要花费大量的时间和精力，所以当需要在很短的时间内快速作出决策时，消费者的搜寻意向要低些。(4) 卷入程度，即消费者在购买过程中所愿花费时间和精力的多少。对于一些复杂商品的购买，大多数消费者知之甚少，因此会花一定的时间收集信息，进行多方位的挑选和比较。

### （三）比较选择

消费者从不同的渠道获得相关信息后，便会对可供选择的各种产品或者服务进行分析和比较，从中选出最适合自己的。传统消费模式下，消费者可以通过对产品的触摸、闻、试听、试穿等实体性接触来比较评判，但在电子渠道中，消费者对产品与服务的比较只能依赖于商家的描述，且这种描述多限于文字、图片和图像。

消费者会按照某种评价标准对同类商品的功能、样式、可靠性、价格、售后服务等进行比较，比较的结果以消费者的效用值为基础。不同的消费者，其评价比较后所产生的效用值会存在差异，即使是同一个消费者，其运用不同评价标准所得到的效用值也会不一样。电子渠道的运用不仅极大方便了商品信息的收集，而且购物网站的各种比较也提供了详细的商品信息，使得消费者能够尽快作出选择。

### (四) 购买决策

经过方案比较和选择，消费者形成对某一产品的购买意向，也就是有了购买某一产品的意愿。但是，有了购买意愿并不表示消费者就一定下决心购买，在消费者下定决心购买某一产品时，还可能受到许多其他因素的影响：(1) 他人的态度。消费者的购买意向会因他人的态度而增强或减弱，他人态度对消费者购买意向影响力的强度，取决于他人态度的强弱及他人与消费者的关系。一般来说，他人态度越强，他人与消费者的关系越密切，其影响力就越大。(2) 意外的情况。消费者购买意向的形成，总是与预期收入、预期价格和期望从产品中得到的好处等因素密切相关。但如果发生了一些意外，诸如因失业而收入减少，因产品涨价而无力购买，或者有其他更需要购买的东西等，消费者将会改变或放弃原有的购买意向。(3) 消费者的信息安全。对于网络购物来说，消费者的口碑或者说商家的信誉是非常重要的。如果消费者普遍对该网站销售的产品比较满意，消费者就会通过网络发表自己的意见，这些意见和建议对其他消费者作出最终购买决策影响非常大。同时，网络消费者还非常担心个人资料是否会泄露，付款方式是否方便和可靠等，如果这些问题不能很好地解决，无疑会影响到消费者的购买决策。因此，对于网上销售商来说，应在技术上确保消费者的个人信息安全，这样既保护了消费者的权益，也提高了自身的信誉。网上企业同时还要做好与银行的协调工作，确保网上支付安全可靠，从而使消费者放心地在网上支付，既提高购物效率，也突出网上购物的优势。

### (五) 购后评价

消费者通过电子渠道购买商品后，整个购买过程并没有结束，而是进入购后评价期。这个时候，消费者往往会将产品实际性能与对产品的期望进行比较来判断这次购买决策的准确性，并指导下一次的购买决策。若产品性能超出期望，消费者就会感到非常满意；若产品的实际性能与期望大体相符，消费者就会感到基本满意；若产品性能达不到期望，消费者就会感到失望和不满。消费者倾向于对周围的亲朋好友倾诉这种感受，在电子渠道环境下，这种倾诉所带来的影响会被进一步放大，例如，消费者通过网上论坛、QQ群、虚拟社区、博客、微信、视频分享网站等各种渠道发表相关评论，会影响到素不相识的网络消费者的购买决策。

售后服务对于使用电子渠道销售产品或服务的企业来说同样重要，这是提高其自身信誉的一个重要途径。网上商店应具有完善的售后服务体系，密切关注消费者的购后感受，充分利用网络信息交流的便利性，及时采取措施弥补产品或服务的不足，最大限度减少消费者的不满。同时，对消费者购后感受的收集可以帮助企业了解消费者的潜在需求，及时捕捉市场机会，提高新产品开发的适用性与实效性。

基于上述分析，电子渠道中消费者的购买决策过程如图 12－1 所示。

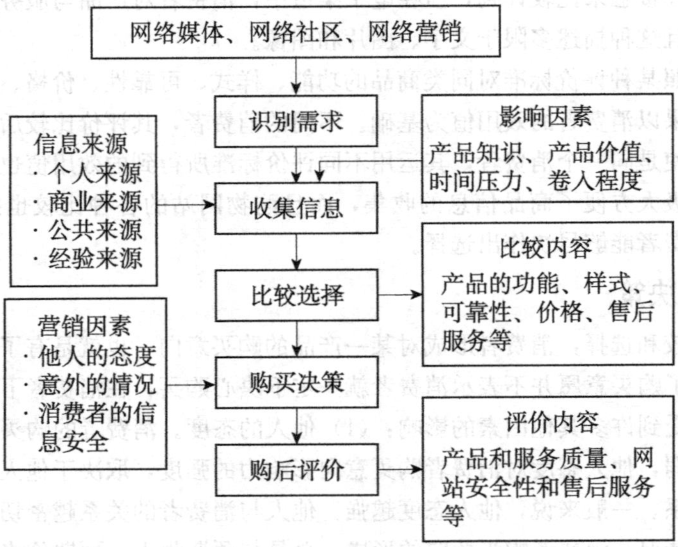


**图 12－1　电子渠道中消费者购买决策过程**

# 12.3 独立电子零售商的渠道管理

独立电子零售商是非常常见的一类电子零售商，它们是电子商务的积极践行者。本节首先给出独立电子零售商的定义；其次介绍其业务模式选择；最后就其自营业务战略和平台业务战略分别进行详细的阐述。

## 独立电子零售商的定义

零售商是指将商品直接销售给最终消费者的中间商，是相对于生产者和批发商而言的，处于商品流通的最终阶段。传统的独立零售商是相对于批发商以及制造商拥有的专卖店而言的，指的是与制造商和批发商没有所有权关系的零售商，即不从属于制造商或批发商的零售商。

综上所述，独立电子零售商指的是通过电子渠道销售产品或服务，与制造商或批发商没有所有权关系的零售商。例如，海尔集团在网上开设的海尔商城虽面向消费者直接销售产品，但不属于独立电子零售商；而像京东商城、淘宝、苏宁易购、天猫和当当等就是独立电子零售商。

## 独立电子零售商业务模式选择

### （一）平台类和自营类独立电子零售商简介

独立电子零售商的分类依据有很多：提供服务的类型、收益方式、经营产品的品类、参与商业活动的主体等。其中最为常见的分类方法是根据销售主体和对象的不同简单地分为 C2C 类和 B2C 类。

C2C指的是消费者对消费者的交易模式，类似于现实中的跳蚤市场，交易的双方都是个人，C2C企业只是为双方提供一个交易的平台，淘宝网、拍拍网都是典型的C2C类独立电子零售商。

B2C指的是企业对个人的交易模式，可以进一步分为平台类B2C和自营类B2C。平台类B2C类似于现实中的百货商场，品牌入驻B2C平台需要交纳类似于柜台租金的保证金，通常还要向平台交纳部分销售收入作为佣金，淘宝网推出的淘宝商城就属于此类。自营类B2C类似于现实中的超级市场，企业统一自行采购商品，在自己的网站上售卖，从中赚取差价。京东商城、当当网、亚马逊等企业在初创时都属于自营类B2C。

## （二）平台类和自营类独立电子零售商的特点

### 1. 平台类C2C独立电子零售商

此类独立电子零售商为商品或服务的买卖双方提供一个网络平台，是双方交流信息、交易和支付的枢纽，零售商本身并不参与交易过程，并且买卖双方均为个人，类似于线下的跳蚤市场。卖方在网站上展示自己的商品，标明价格，买方通过网站了解商品的信息、卖方的诚信度等。平台类C2C网站通常提供信息交流工具、信用评价、支付手段等服务，以此连接买卖双方，突破空间地域的限制。

### 2. 自营类B2C独立电子零售商

这类零售商的模式最接近现实中传统的零售商，零售商本身并不生产商品，而是基于对消费者需求的判断自行采购商品，并在自己的网站上出售。依据所售商品的品类范围的大小，自营类B2C零售商进一步分为综合类和垂直类两种。综合类零售商力图提供尽可能多的产品种类，小到一支笔，大到一台车，甚至一栋房。垂直类零售商往往只专注于特定的领域，在选定的产品品类中为消费者提供尽可能多的选择。国内许多著名的综合自营类B2C网站都是由垂直类网站发展而来的。当当网从“全球最大的中文图书网站”做起，京东商城从3C类产品的专业网站开始，现在都已发展为综合自营类B2C网站，堪称网上的沃尔玛。

### 3. 平台类B2C独立电子零售商

这一类型最形象的比喻是网上的百货商场，它提供厂家和消费者个人交易的平台，通过向品牌收取柜台租金或销售佣金而盈利。我国的平台类B2C网站多由其他类型的老牌网上零售企业创立，如淘宝网创立的淘宝商城、京东商城的“品牌直销”分站、当当网的“商店街”等都是这一类型。消费者可以在这些网站上得到正品保障，同时企业自身也可以规避自建购物网站的相关风险，并且平台类B2C零售商可以坐享原来的自营类零售和B2C平台上各大品牌的协同放大效应，可谓“三赢”。

## （三）平台类和自营类独立电子零售商的运营比较

由图12-2可以知道，自营类独立电子零售商采用集采购、展示/销售以及物流配送为一体的运营模式，制造商、品牌商等主要扮演的是供应商的角色，并不参与整个销售流程。平台类独立电子零售商主要负责商品展示的部分，制造商、品牌商等依然是起决定性作用的卖家，决定商品的价格。在配送方面，平台类电子零售商既可以是参与者，也可以是“局外人”，由卖方决定物流配送商。

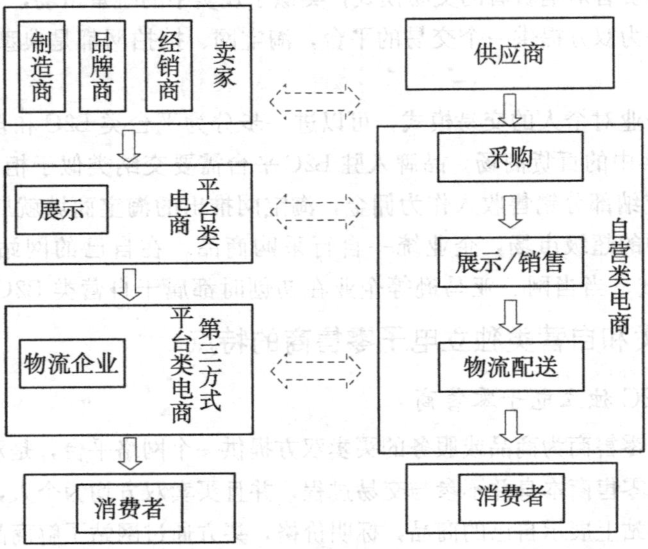


**图12-2 平台类与自营类独立电子零售商供应链对比**

## 独立电子零售商的自营业务战略

### （一）B2C式自营业务组件

（1）采购。自营业务由电商以批发价格直接向制造商采购，制造商在此充当的是供应商角色。

（2）定价。由于中间渠道的减少，自营业务的成本相应降低，消费者的支出也就相对较少。在其专注的细分市场内，可为消费者提供价格更加优惠的商品。例如，京东商城有价格举报机制，如果用户在其他地方发现同款商品的价格低于京东的价格，那么京东在核实以后会立即对该商品的销售价格进行修改。

（3）信用。整体信誉较高是自营类业务的一大特点。主要是因为自营类电子零售商参与了整个销售活动，产品的质量比较有保障，而且自营类电商具有一定的规模，拥有的老客户也比较多。

（4）物流。拥有独立完整的物流团队。以当当网为例，从最初的单车物流团队发展到现在物流网遍布全国的配送团队。

（5）支付。提供在线支付和货到付款等多种支付方式。例如，当当网同时提供网上支付、礼品卡支付、银行转账、礼券支付等方式。

（6）售后。电子零售商网站对其销售的商品统一实行售后服务，提供了有效的保障。

### （二）B2C类自营业务发展模式

我国的自营类B2C网站较多，从实际情况来看，成功的B2C网站的发展历程大多较为相似，模式如图12-3所示。我国的自营类B2C企业一般以垂直B2C网站的形式进入市场，在运营良好的情况下，吸引各投资公司的注资，并将新注入的资金用于营销和扩大规模。例如，可以通过扩展产品线成为综合类B2C网站，再争取上市机会进行更大范围的融资，进而形成良性循环，只是在发展过程中，每个网站的发展速度和时间是不一样的。

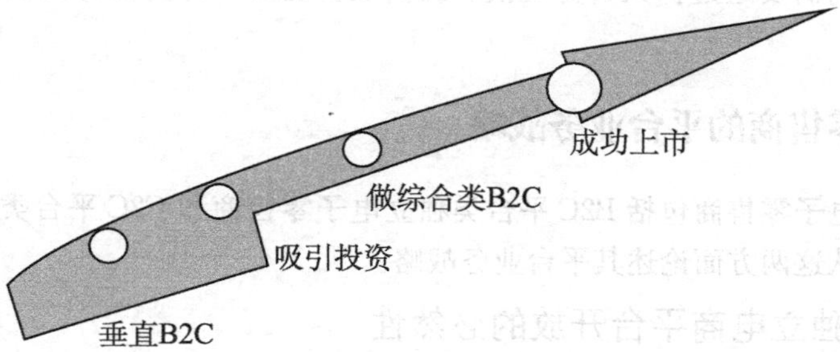


**图 12-3　我国 B2C 网站发展模式图**

## (三) B2C 类自营业务发展面临的问题

### 1. 激烈的竞争环境

大量的中小型 B2C 电子零售商处于竞争激烈的环境中，摆在它们面前的主要问题就是如何在资源有限的情况下赢得足够的生存空间。其他有竞争力的企业也加入到 B2C 市场的抢占之中。例如，淘宝网的 3C 商城上线标志着其正式进军 B2C 市场，那些以 3C 类为主营业务的 B2C 网站则受到一定的冲击。随着网络渠道价值日益凸显，越来越多的大型传统企业试水网络直销，其中不乏中粮、苏宁等传统行业内的重要企业。垂直网站向综合网站发展的必然性，势必使得现有的大型综合自营类 B2C 网站不得不与后来者分享宝贵的市场份额。

### 2. 投入大、周期长

B2C 经营的显著特点是投资大、回报慢。自营类 B2C 作为 B2C 的主要业务战略类型之一，面对长期的非盈利状态，需要有雄厚的资本投入，提高交易量，扩大市场份额。类似当当网、京东商城这一类的 B2C 电子商务网站一般靠规模带来效益，这种盈利模式遵循边际成本递减规律，等达到一定的量级和市场份额，盈利就会变得较为顺利。

### 3. 高昂的物流成本

B2C 电子商务想要做大做强，就不能局限在某一城市或某几个城市，想要在更大范围甚至全国范围内经营，物流常常成为发展中的短板。使用第三方物流的可控性太低，这对企业长远的发展不利，但如果选择自建物流体系，又会出现较多的问题。比如说建立配送中心和配送点需要大量的投资，这将使成本增加；配送规模难以衡量，而规模较小必然增加配送费用；自建配送中心面临潜在的库存风险。物流一直都是电子商务中的瓶颈，使用第三方物流还是自建物流要依据 B2C 企业的发展规模和情况而定。

### 4. 维持客户

消费者在网络购物中主要关注产品的性价比，这既是电子商务的机遇，也是其发展的阻力。在初期 B2C 网站凭借相对较低的价格以及可靠的品质在较短时间内占据了一定的市场份额，但从长期来看，利用较低的价格优势不是长久之计，如何赢得这场与消费者之间的博弈成为一个棘手的难题。庞大的用户群是 B2C 企业顺利发展的基石，因此，为用户提供良好的体验十分重要。一方面，B2C 零售商需要通过长期的良性经营给消费者带来信任感，树立企业品牌和信誉，并使用如积分、VIP 卡、社交网络服务等手段增加用户黏性；另一方面，B2C 零售商需要通过扩大自身规模、提高议价能力，为消费者提供更具价格优势的产品。

## 独立电子零售商的平台业务战略

平台类独立电子零售商包括 B2C 平台类独立电子零售商和 C2C 平台类独立电子零售商两类，下面分别从这两方面论述其平台业务战略。

### （一）B2C 独立电商平台开放的必然性

B2C 企业一直致力于打造一站式购物，但是实现一站式购物必须要做全品种，虽然网站的前台货架理论上可以无限延伸，但 B2C 企业的仓储却是有限的，所以，要做全品种就必须实行自营商品＋零库存，即自营＋联营。作为有伟大愿景的领先 B2C 公司，平台开放也是其必由之路。目前已开放平台的 B2C 公司主要有亚马逊、当当网、京东商城，以及采用纯平台模式的淘宝商城、日本乐天等。

#### 1. B2C 独立电商平台开放是大势所趋

开放平台一般包含以下两种内容：第一种是技术性的开放，如百度、腾讯、阿里巴巴等。阿里巴巴可以提供标准化的应用软件，但是数百万形形色色的卖家对于个性化软件的要求并不是一个公司的力量可以满足的，所以把这些要求开放给众多的第三方开发者才是解决之道。第二种开放平台是 B2C 企业允许商户入驻，而非全部由自己来做。我们这里主要讨论的是第二种平台的开放。

B2C 企业开放平台包含两种形式：(1) 淘宝商城、日本乐天这种纯平台的模式，即自己不做商品的进销存，全部由入驻商家来做；(2) 亚马逊、当当网、京东商城这种“自营＋联营”的模式。

自营商品开放平台的首创者是亚马逊。当初贝佐斯决定开放亚马逊网站平台，让外部商户甚至竞争对手在亚马逊网站上销售与亚马逊相同的商品，这被认为是疯狂之举，但事实证明，这一决策让其大获成功，因为顾客不必再登录其他网站就能获得商品的多个报价，从而有效地增加了用户黏性。对亚马逊而言，高效的物流管理足以保证自己在多数商品上的价格优势，即便竞争失利也能拿到一笔佣金，这仍然是笔不错的生意。

**营销视角 12-1　七彩云染化电商 3.0 开放商城，打造多边共赢的开放平台**

#### 2. 影响 B2C 独立电商平台开放的零售考虑

影响 B2C 独立电商开放平台的零售因素参见图 12-4，具体包括：(1) 巨大的边际收益。线上零售商的第三方平台（可以理解为实体店的租赁商铺）开放具有无边界、低成本、高收益的特征。(2) 丰富的商品品类。1995—1999 年间，亚马逊产品仍局限于图书等，而 2000 年第三方平台推广之后，商品品类迅速得到扩充。其百货商品销售额占比从 2001 年的 31%提升至 2011 年的 60%，成为零售业务的主要收入来源。(3) 更高的管理效率。目前国内线上零售商的库存保有单位（SKU）在 100 万以上，亚马逊仅商品品类就有 4 000 万种，SKU 更是高达 1.2 亿，这是传统线下零售企业所无法企及的。互联网平台的开放为有效调动社会资源参与线上经营和管理提供了可能性，这也是建立网络商务生态圈的必然选择。

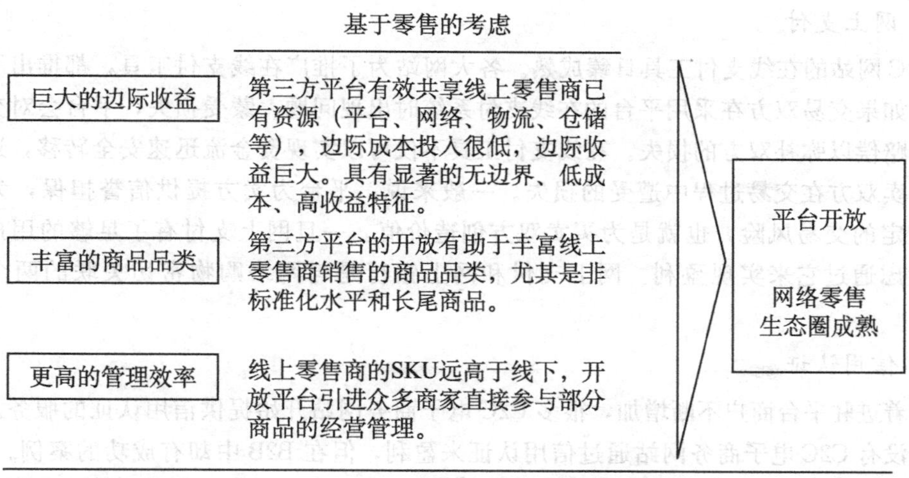


**图 12-4　独立电子零售商平台开放的零售考虑**

## (二) B2C 独立电商平台开放的利弊分析

1. B2C 独立电商平台开放的“利”

B2C 独立电商平台开放的“利”包括以下几点：(1) 促进网站交易规模增长；(2) 快速丰富网站的商品品类，加速实现一站式购物的目标；(3) 增加网站的盈利点；(4) 摊薄 B2C 企业前期投入的仓储物流成本（为了应对未来销量的增长，B2C 企业必然会预先建设好仓库及物流配送队伍，开放平台后可以减少资源的闲置）；(5) 增加网站的价格优势；(6) 增强网站提供个性化服务的能力。

2. B2C 独立电商平台开放的“弊”

B2C 独立电商平台开放的“弊”包括以下几点：(1) 自营商品和平台商品能否被公平对待尚可未知。自营商品和平台商品在页面展示位置、搜索先后顺序上能否得到网站的公平对待是入驻商户最关心的问题。亚马逊自始至终在页面和搜索上公平对待所有的自营商品和平台商品。需要补充的是，能否公平不仅在于 IT 系统技术能否支撑，更在于网站对资金实力是否有信心。(2) 入驻商户的资质控制有难度。高门槛、严格准入是公司高层的愿望。公司一般会要求平台入驻商户提供“三证”（营业执照、税务登记证、组织机构代码证）及品牌授权书等证件，但实际上，拥有这些证件的并不一定就是公司真正需要的优质商户，它们可能是某产品的第三甚至第四、第五级代理商，不能提供有竞争力的价格，也可能是从未做过线上业务的企业，在管理网上商铺甚至及时发货上都存在严重问题。(3) 入驻商品的品质和商户的服务质量难以控制。商品是不是正品是消费者较为关注的。自营商品从下单到顾客收货都是在 B2C 企业内部完成的，而平台商品从发货到顾客收货不受公司控制，质量难以保障。如果这些得不到很好的控制，影响的是电子零售商的声誉和用户体验。(4) 对入驻商户的管理有难度。在平台获得持久且较高收益的商户容易管理，能较好配合 B2C 企业的策略，而未获得实际效益的商户难以管理。

## (三) C2C 平台类独立电子零售商的盈利策略

C2C 平台类独立电子零售商潜在的盈利模式有网上支付、信用认证、网络通信、物流，以及金融手段。

1. 网上支付

C2C网站的在线支付工具日臻成熟。各大网站为了推广在线支付工具，都推出了保障措施。如果交易双方在采用平台的在线支付系统时出现问题，蒙受损失，平台会对交易双方进行赔偿以弥补双方的损失。在线支付工具不仅可以实现资金流迅速安全转移，还可以弥补买卖双方在交易过程中遭受的损失。一般来说，平台为卖方提供信誉担保，为买方承担一定的交易风险，也就是为买卖双方创造价值。一旦网上支付有了足够的用户，就可以考虑通过它来实现盈利。网上支付和网上银行是与网络购物密切关联的两个网络应用。

2. 信用认证

随着进驻平台商户不断增加，很多C2C电子商务网站开始提供信用认证的服务。虽然目前还没有C2C电子商务网站通过信用认证来盈利，但在B2B中却有成功的案例。比如，阿里巴巴正是通过开展企业信用认证敲开了创收的大门。直到现在，诚信通仍然是阿里巴巴主要的收入来源之一。阿里巴巴诚信通会员可以享受四大特权：独享买家信息、第三方认证、优先排序和网上专业商铺。这些特权对于从事电子商务的商家而言非常有吸引力。这种成功的经验一旦移植到C2C领域，将对C2C的发展助力良多。

3. 网络通信

网络通信是C2C平台运营的基础。目前，我国C2C电子商务网站免费向用户提供的网络通信功能主要是电子邮件和即时通信。在此基础上，C2C电子商务网站可以考虑通过提供一些高级的网络通信功能来实现盈利。国外C2C电商平台eBay就已经通过Skype实现盈利。它在提供免费的基本功能的基础上，提供拨打传统电话和移动电话、接听传统电话和移动电话、收发短信等一些高级的网络通信功能，并收取相应的费用。

4. 物流

C2C电子商务网站的一个主要特点就是订单交易数量多，但交易金额往往较小。有数据表明，我国C2C电子商务的年交易规模已经达到数千亿元。C2C电子商务市场的飞速发展带来了物流市场的突飞猛进，电子商务交易产生的大量订单对于物流市场而言既是严峻的考验，又是巨大的商机。许多B2C网站将物流列为提供的服务之一，甚至作为竞争的重要手段，京东商城、当当网就是这类网站中的典型。C2C电子商务平台也可以考虑与物流企业进行战略合作，开发自己的特色物流服务，这不仅能提高现有的物流服务质量，同时还能在配送阶段实现盈利。

5. 金融手段

目前C2C电子商务平台为了招揽买家和卖家，对进入门槛要求较低，退出成本也相应较低。这种低成本、低风险的制度使得平台上出现了许多不规范、不诚信的交易行为，造成了很多损失。对此，C2C电子商务平台可以利用一系列金融手段，如缴纳保证金等，增加卖家成本，促进诚信交易。例如，淘宝网提出了“消费者保障计划”，对不同主营业务的C2C商铺收取价格不等的保证金。保证金具有先行赔付的性质，主要是为了保障买家的利益，制约卖家不道德的欺诈行为。虽然缴纳保证金占用了卖家一部分的流动资金（缴纳的保证金被冻结在支付宝内），但为买家提供了更多保障，降低了消费者的感知风险，促使买家购买和交易。

# 12.4 制造商的电子渠道管理

面对渠道中间商的压力，制造商也纷纷开始使用电子渠道进行分销，进而形成双渠道的现状，但会出现一些管理上的问题。基于此，本节的内容安排如下：首先描绘电子渠道下制造商的双渠道开发战略，然后具体介绍一些常见的渠道开发模式，最后阐述双渠道的冲突并评价其严重性。

## 电子渠道下制造商的双渠道开发战略

随着网络直销的兴起，任何企业都想充分利用网络直销的优越性来提升自身的竞争优势。当网络直销渠道得到越来越多企业青睐时，传统零售渠道是否还有存在的价值？答案是肯定的。由于零售商可以通过广告、顾客培训、收集市场信息、追踪订单以及品牌忠诚度建设等措施有效地创造和满足顾客需求，因此，同时开辟零售和网络直销渠道将比单一渠道更具竞争优势，企业应该有效发挥两者之间的互补性，而不是替代性。在许多交易过程中，传统零售渠道与电子渠道往往可以并存，因此，有效地设计和运用双渠道销售策略可以增强企业的综合竞争力，给企业带来更多收益。

### (一) 双渠道开发战略

在设计双渠道开发战略时需要考虑到公司战略、环境和渠道结构的特性以及影响它们的因素。只有设计的双渠道开发战略符合公司战略和环境以及渠道结构，才能使企业业绩达到最优。

(1) 公司战略。公司战略是企业在一个特定的行业和市场上的竞争方式，它有两个重要的分类：一是专注于客户和竞争对手；二是侧重于创新和市场产品的变化速度。

(2) 环境。环境中最重要的三个因素是：动态变化性、复杂性、慷慨给予性。动态变化性是指市场环境变化的频率和市场因素的不可预测性；复杂性是指竞争对手、供应商、买家、其他环境参与者的数量和多样性；慷慨给予性是指企业资源能力的可用性和可获取性。

(3) 渠道结构。渠道结构涉及渠道中的关系、权力和交流的模式，不同的模式具有不同的专业化、集中化和规范化水平。专业化代表劳动分工水平，代表在不同渠道里任务的区别。集中化是指决策权的归属，表明决策者关注渠道成员的程度。规范化指渠道成员遵守共同价值观体系的程度。

了解了公司战略、环境和渠道结构的特性及影响因素后，将它们两两组合会得出不同的开发战略。

1. 战略和环境组合

不同的公司战略在不同的环境中运作的效果不同。在复杂动态的环境中，客户有不同的需要，此时，创新和定制很有必要，环境越不稳定，公司采取差异化战略越有用，这是以市场的活跃程度和产品市场的创新为基础的。在资源丰富的环境下，公司能够提供创新和差异化所需的资源。在低复杂性、动态的环境中，固定投资可以维持在较低的水平，相应地就可以减少风险，因为顾客和竞争对手不会频繁改变他们的行为策略，公司不需要频繁地创新产品和修改产品来维持更新。此外，在资源有限时，公司应该专注于提高效率和降低成本，无须定制个性化的产品来迎合消费者需求的变化。

2. 环境和渠道结构组合

虽然分散的结构通常可以迅速响应快速变化的、复杂的环境，但是在稳定的、不复杂的、不慷慨的环境中，集中的结构一般被认为是最好的。在稳定的环境中，公司能预测的因素包括原材料的供应、客户的需求和运行的需求，此时，集中的结构性能优越。一般来说，不同的环境有不同的渠道要求，在稳定的、资源较少的环境下，渠道一般更加规范化、专业化和集中化；相反，在动态的、资源丰富、复杂的环境下，渠道一般不太正式，比较分散，渠道系统较多。因此，在动态不确定的环境中更倾向于使用综合的渠道和各自的销售力量。

3. 战略和渠道结构组合

一般而言，分散的、非正式的专业组织结构能够适应差异化战略，这种结构能满足不同顾客差异化的需求以及保持对竞争者行为的迅速反应。此外，拥有专业技能和劳动分工明确的专业结构也能很好地执行复杂的活动，比如差异化战略。然而，劳动分工明确的专业组织结构运用成本领先战略则不太可能满足顾客的差异化需求，因为成本领先战略的主要目标是降低成本，使可用的资源得到有效利用，增加结构的正规化和集中化。

### （二）双渠道开发步骤

公司的双渠道战略只有适应了外部环境和公司的战略方向，双渠道开发才能对公司的业绩起到积极的作用，这是公司开发双渠道的前提。双渠道的开发步骤如图12－5所示。

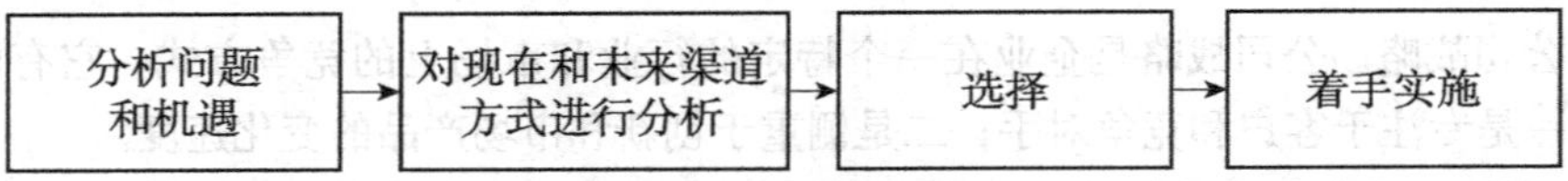


**图12－5　双渠道开发步骤**

（1）分析问题和机遇。需要分析的问题和机遇可以分为三类，即降低成本、提升经验和提高顾客的访问量，通常公司要将这三个方面结合起来。

（2）对现在和未来渠道方式进行分析。对现在和未来渠道方式进行分析包括对传统市场的分析、顾客群的识别和重点产品的供应。产品的供应和顾客群的细分集中在渠道的当前和未来规划之中，规划需要分析顾客群并找到解决方案，从而在每个点上为每个顾客提供购买和服务的通道。

（3）选择。在选择之前需要评估每个渠道的成本和产生顾客价值的能力，以及消费者在购买和服务过程中的偏好，最后选择最重要的渠道进行投资。

（4）着手实施。企业选择了相应的渠道方式后，需要对原有渠道进行创新，这对组织很有挑战性，因为它涉及如何吸引消费者、了解客户需求并迅速响应。企业通过不断学习，适应新的环境要求，才能最后形成一个成熟的渠道机制。

## 电子渠道下制造商的渠道开发模式

### （一）传统渠道与网络直销渠道相结合

制造商既使用传统渠道又使用网络直销渠道与顾客接触，如图12－6所示。对制造商而言，网络直销渠道最大的吸引力在于可直接向消费者销售商品和大幅降低交易成本，但传统营销渠道和网络渠道的冲突，特别是制造商与中间商相互争夺顾客，破坏了彼此的关系，使制造商的渠道管理和协调变得更加复杂，成本急剧上升。

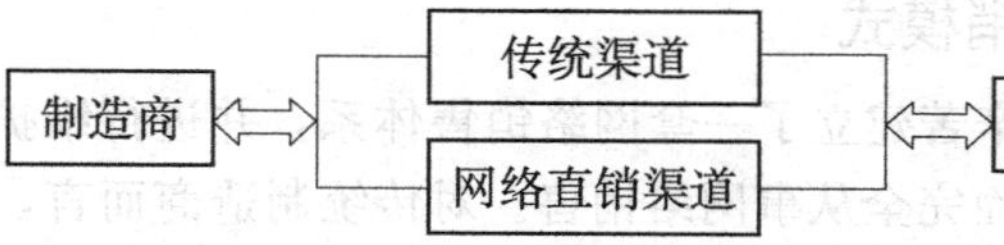


**图 12－6　传统渠道与网络直销渠道相结合**

在这种渠道模式下，制造商面临是否进行网络直销的选择。一方面，网络给制造商提供了很多好处，除了可以缩减成本、引领时尚潮流、促销产品，还可以作为企业新的产品流出通道，使企业获得更多的市场份额。另一方面，制造商担心网络直销会影响现有的分销网络关系，使渠道协调成本增加，特别是去中介化的威胁很可能会导致中间商退出、原有营销渠道崩溃。因此，网络直销渠道在带给制造商利益的同时，在渠道管理方面也提出了挑战，但这并没有阻碍其发展，因为新的管理理论和方法不断地推陈出新，为新旧渠道冲突的解决提供可行的方案。

此外，传统制造商采用网络直销渠道可以实现权力的制衡。过去 20 多年中经济影响的重心已经从制造商转移到分销商，制造企业间的激烈竞争为零售商对制造商提出强硬的要求提供了机会，渠道的控制权逐渐由零售商取得。双渠道对制造商而言是一种有效的营销渠道策略。在线销售的最大特点就是可以绕开中间商，直接与消费者接触，因此，传统中间商就面临被取缔的危险，正是这一压力使得渠道的权力又渐渐向制造商转移，从而实现渠道权力的制衡。

## (二) 中间商分销模式

中间商分销模式是指传统中间商特别是零售商既从事实体业务又从事网络销售业务，如图 12－7 所示。实际上，受网络渠道影响最大的是传统中间商。

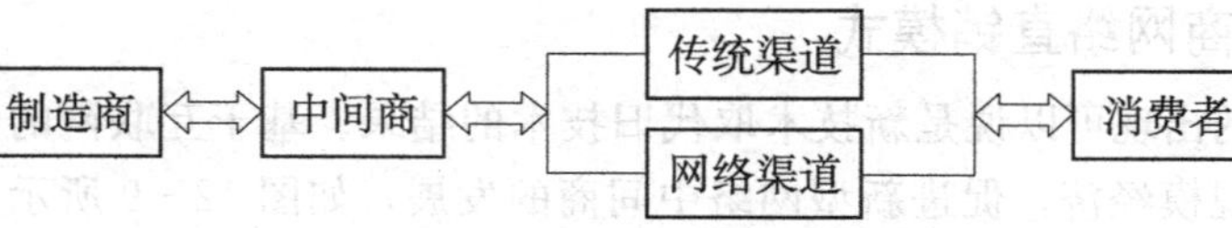


**图 12－7　中间商分销模式**

网络渠道把买方和卖方直接联系起来，提高了效率，降低了交易成本，产生了更有效率的市场，因此，中间商的作用被削弱甚至被取消。面对这种被取缔的命运，中间商不甘心，它们不断创造一些新的功能来适应这个新时代，同时还着手建立网络渠道。网络渠道可以提供给中间商更多的接触消费者的机会，还可以使它们更好地控制销售和营销活动，支持现有的非网络渠道，减少交易成本。

这种模式也有其缺点，比如商品的调换和退货，商品在一个渠道里展示却在另一渠道里销售，或者在一个渠道里销售却可以在其他渠道中退货或调换，使得原有的用于非在线储存的分销库存系统与新的用于在线储存的中心库存管理信息系统产生冲突，虽然可以尝试把两者集成，但协调的成本会进一步增加。因此，同采用二元渠道策略的制造商一样，传统中间商建立网络渠道后，所面对的挑战主要也是管理和协调。同时，新兴的中间商也对传统中间商产生了冲击。基于互联网的新型网络间接营销渠道与传统间接分销渠道有着很大不同，传统间接分销渠道可能有多个中间环节如一级批发商、二级批发商和零售商，而网络间接营销渠道只需要一个中间环节。

## （三）制造商网络直销模式

传统制造商经过多年的辛苦建立了一套网络销售体系，并进行维护和完善，但它们很难完全取缔原有的传统渠道而完全从事网络销售。对传统制造商而言，没必要完全取缔中间商，可以采用传统渠道与网络渠道相结合的策略。但新兴的制造商没有这样的顾虑，它们可以在公司成立时就直接采用网络渠道，如图12－8所示。

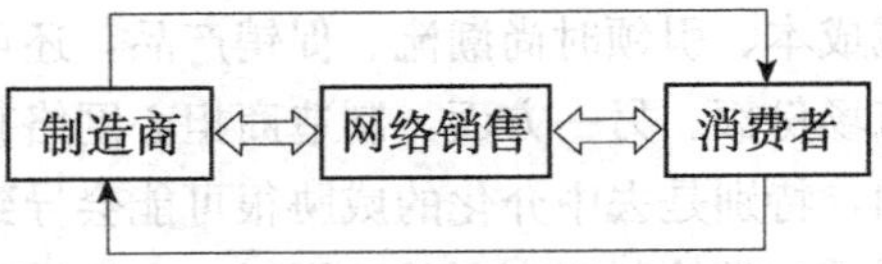


**图12－8　制造商网络直销模式**

这种模式的优势主要有两个：第一是价格优势，因为没有中间商，产品可以从制造商直接送到消费者手中，取消了二级价格差，制造商可以更低的价格向最终消费者提供产品。第二个优势是可以降低库存成本。戴尔公司的某些产品的生产方式属于定制式，即消费者通过电话或戴尔的网站下单后，公司才根据顾客的要求进行生产。这样可以节省库存及管理费用，避免了许多风险，同时也给顾客提供了高度个性化的服务。

这种模式的不足之处在于它不是对所有的产品和服务类型都适用。除电脑外，图书和酒很容易借助互联网进行销售，因为这些产品不需要大量的描述。但非常时尚的产品展示起来就困难了，因此在线销售的时装退货率相当高。数字产品虽然不会遇到物流方面的问题，却可能遇到定价和版权管理方面的麻烦，因为它们可以被拷贝，如音乐、软件等产品。另外，物流支持可靠性以及顾客服务质量趋于多样化，都可能成为决定这种运营模式成败的关键因素。

## （四）中间商网络直销模式

网络中间商的出现可以说是新技术取代旧技术的结果。基于互联网的电子商务能通过中间商产生新的规模经济，促进新型网络中间商的发展，如图12－9所示。像其他市场一样，网络市场也需要定价、交易和协调、库存管理、质量保证和控制等程序。因此，当电子商务市场的成长使某些特定类型的中间商如传统中间商消亡时，也会通过促进新型网络中间商的成长来弥补由于传统中间商的消亡而造成的市场缺陷。

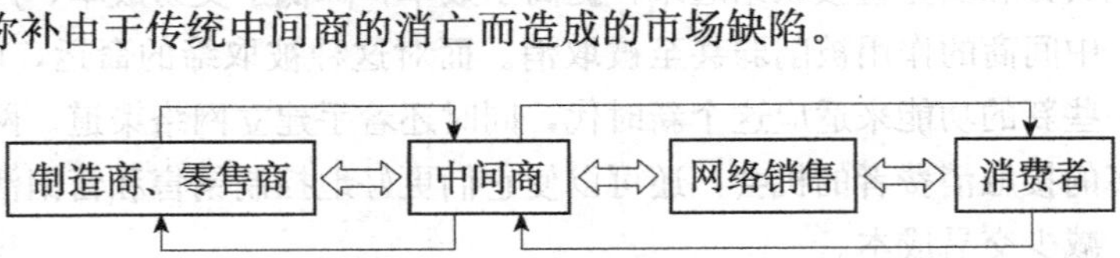


**图12－9　中间商网络直销模式**

这些新型网络中间商共同的特点是：没有实体地址，其功能是通过使用计算机和网络技术把制造商或零售商与最终消费者连接起来并提供信息化的服务。这些网络业务的开展开创了一些新的商业模式，如报价模式、寻求最佳价格模式、动态经纪模式、电子出价模式等。

与新型中间商比起来，传统中间商完全从事网络销售的最大障碍在于它们在非网络交易资产上大量投资，这些投资使得它们很难完全转换到网络销售上。此外，如何处理实体资产如商场店铺，以及如何安排员工等都是很难解决的问题。在电子商务市场中如何重新利用自己的能力也需要仔细考虑。当然也有些传统中间商通过管理创新及一系列改进进行网络销售，开拓了网上市场。

## 双渠道的冲突与评价

### (一) 双渠道冲突的类型和形式

渠道冲突常被认为是一种状态，它同时也是一个过程。从不同的角度看待双渠道冲突，会得到不同的渠道冲突类型和表现形式。按冲突程度、冲突结果划分，与 10.3 节讨论的内容相同，这里不再赘述，但按照冲突主体划分，双渠道冲突有其特殊性。

根据渠道冲突的主体划分，双渠道冲突主要表现在以下三个方面。

(1) 网络中间商与传统分销商之间的冲突。电子商务的发展促使网络中间商诞生，如图 12 - 10 所示，其中包括：

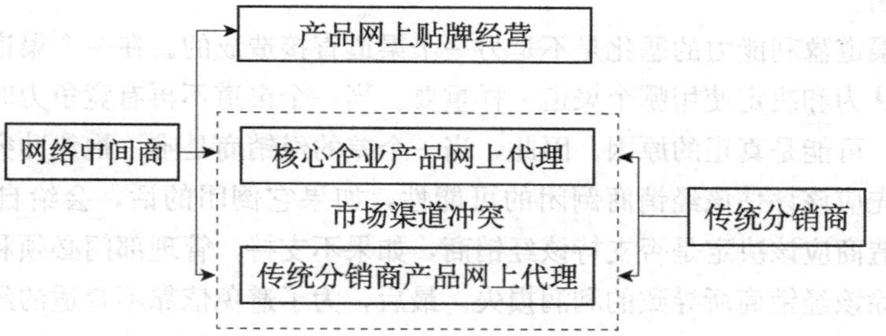


**图 12 - 10　网络中间商的组成**

1) 自建品牌的网络中间商。这类中间商往往紧跟时代潮流，贴牌经营传统市场中的畅销产品。这类中间商在网上非常常见，尤其是淘宝网上的众多皇冠级商家。这类中间商与传统渠道的冲突往往不太明显，因为它们有自己专门的品牌。

2) 代理传统分销商产品的网络中间商。这类中间商一般都建立网上购物平台，同时为了实现更好的销售业绩，它们往往经营多种品牌的产品，而这些产品来源于多家分销商。由于网上销售成本低，故售价要远低于传统的零售商，这就和传统渠道产生了冲突。

3) 代理核心企业产品的网络中间商。这类中间商为了进一步降低成本，往往直接与核心企业联系，申请成为网上品牌代理商。这类中间商由于成本更低，和传统渠道的冲突更加激烈。

(2) 核心企业与传统分销商之间的冲突。目前越来越多的核心企业意识到网络市场的巨大潜力，纷纷开通网络渠道，尤其是电子、家居、服装饰品和化妆品等行业的企业，它们除了拓展传统渠道，还自营电子商务，建立电子商城，对传统分销渠道的发展造成了一定的威胁。

(3) 核心企业与网络中间商之间的冲突。网络中间商的产品源于核心企业，而核心企业为了抓住机遇，在电子商务快速发展的进程中取得一席之地，自己也经营电子商城，这对网络中间商而言是很大的威胁。

## （二）双渠道冲突的评价

### 1. 评估渠道冲突是不是功能失调的

为了辨别渠道冲突是不是危险的、功能失调的，公司的管理部门需要思考以下四个问题：

（1）所有的渠道是不是在同时服务相同的顾客。一些看上去有冲突的渠道反而可能是企业的成长机会，因为看似会带来冲突的渠道本质上可能服务于一个原有渠道未服务的领域。为了确定是不是这种情况，管理部门应该确定公司有多少收入发生了冲突，也就是说，无论何时，当两个或更多渠道同时销售相同的产品给相同的顾客时，确定发生冲突的收入是多少。相关经验表明，当10%～30%的收入发生冲突时，破坏性行为会在渠道中出现。

（2）当渠道成员实际上相互受益时，它们会不会错误地认为是在相互竞争。当它们实际上正在扩大产品的使用或建立品牌知名度时，表面上看起来似乎新渠道和旧渠道间发生了冲突，但实际情况未必如此。例如，起初耐克在芝加哥市中心的Nike Town品牌旗舰店被认为是对经销商销售耐克产品的一个主要威胁，但这个行动后来被证明是使整个渠道销量增加的主要原因。

（3）一个渠道盈利能力的恶化是不是另一个渠道直接造成的。在一个渠道内选择正确的经销商常常被认为和决定使用哪个渠道一样重要。当一个渠道不再有竞争力时，糟糕的经营而非渠道冲突，可能是真正的原因。因此，当一个差的经销商是唯一抱怨冲突的经销商的时候，制造商首先应该评估该经销商倒闭的可能性，如果它倒闭的话，会给自己带来多少损失。其次，制造商应该决定是否支持该经销商，如果不支持，管理部门必须利用其他经销商去弥补由于剔除该经销商所导致的利润损失。最后，为了避免依靠不合适的经销商，制造商应该监控渠道伙伴的经营并且帮助它们发展技能和能力，这种做法对于那些不时变换合作伙伴的企业是有帮助的。

（4）一个渠道的衰退是否会影响公司的利润。有些时候，经济环境或顾客偏好的改变是导致渠道衰退的真正原因。如果一个渠道的恶化是顾客的偏好改变所致，管理部门必须优先考虑新渠道，同时不要攻击衰退的渠道，尤其不要去指责仍然能够发挥一定作用的衰退的渠道。例如，在美国，专业的宠物食物制造商积极与宠物连锁店PetSmart和大型超市Petco合作，与此同时，也支持小宠物店的运营，因为后者占据了宠物食物60%的销量。

思考了上面的问题后，如果一个渠道冲突被判定为功能失调的并且有大量销量是通过这种渠道产生的，制造商必须采取行动，具体策略如图12-11所示。

| | | 销量或盈利能力受到渠道威胁的程度：高 | 销量或盈利能力受到渠道威胁的程度：低 |
|---|---|---|---|
| 破坏性冲突预期 | 高 | 采取行动避免或解决冲突 | 允许受威胁的渠道衰退 |
| | 低 | 利用权力寻求机会安抚受威胁的渠道 | 什么也不做 |

**图12-11　决策制定框架**

2. 评估渠道冲突的严重性

评估渠道冲突的严重性一般包括定性和定量两种方法。

（1）评估渠道冲突严重性的定性方法。企业可以向受访者询问很多问题以了解渠道冲突的严重性，例如，管理部门花了多少时间去处理该冲突，渠道冲突出现在哪里等。当管理部门花大量时间处理顾客的抱怨，或者试图解决内部纠纷时，渠道冲突实际上已经很严重，要企业引起警惕。渠道冲突超过适当水平的最简单的迹象是比正常水平要高的人员流动率和商业伙伴变动率。企业用来评估渠道冲突严重性的一些定性方法如表 12-2 所示。

**表 12-2　评估渠道冲突严重性的定性方法**

| 概念 | 概念解释 | 措施 |
|---|---|---|
| 渠道重要性 | 对制造商而言，某个营销渠道的相对重要性 | 评价不同营销渠道对公司的重要性（受访者感知） |
| 冲突的收入 | 公司的不同营销渠道同时服务相同顾客的程度 | 评价受访者关于公司的不同营销渠道同时服务相同顾客的观点（受访者感知） |
| 冲突问题 | 渠道冲突涉及的问题 | 评价渠道关系中涉及的主要冲突问题（受访者感知） |
| 渠道成员的反应 | 渠道成员对冲突的反应 | 评价渠道成员对冲突的反应（受访者感知） |
| 顾客反应 | 顾客对渠道冲突的反应 | 评价顾客对渠道冲突的反应（受访者感知） |

（2）评估渠道冲突严重性的定量方法。以上这些方法都是定性的，要想较为准确地判定渠道冲突的严重性，必须对渠道冲突的严重性进行量化才行，即对渠道冲突进行相应的测度。为了判断渠道冲突的真实情况，企业的管理部门必须收集以下四种信息：冲突问题数量、重要性、分歧的频数和争议的强度。

步骤 1：计算冲突问题个数（用 $n$ 表示）。渠道关系中双方主要的冲突是什么？为了反映渠道关系的主要方面，这些问题应该记录下来。一些重要的事项可能是库存、产品的配送等。

步骤 2：重要性。评价每个问题对经销商的重要性。这可以通过判断或询问经销商来完成。例如，经销商可能被要求用 0～10 之间的数字（一般到非常重要）来表明每个冲突问题对其的重要程度。

步骤 3：分歧的频数。对于每个问题，判断或者收集合作伙伴在这个问题上产生分歧的频数。例如，经销商可能被要求回忆上一年自己与制造商就某个问题的讨论，并且用 0～10 之间的数字来表明分歧的频数。

步骤 4：争议的强度。对于每个问题，判断或收集双方在这个问题上争议的强度。例如，经销商可能被要求用 0～10 之间的数字来表明它们就某个问题与制造商讨论时产生的争议的强度。

收集以上信息之后，把它们结合起来就可以形成一个渠道冲突的评估指标（指标值越大，表明渠道冲突越严重）：

$$冲突 = \sum_{i=1}^{n}(重要性_i \times 频数_i \times 强度_i)$$

这个简单的公式给企业提供了一个评价渠道冲突严重性的很好的工具，因为它允许专家准确地指出双方在哪里和为什么会相互冲突。通常情况下，渠道关系中涉及的问题越多，冲突的风险越大；如果双方的观点很少有差异（低频数）或者某个问题不太受关注（低重要性）又或者双方在某个问题上分歧较小（低强度），那么，所涉及的问题就不是渠道冲突的真正源泉。

综上所述，分歧的频数、争议的强度和重要性的组合使得把渠道冲突的水平分成低、中和高成为可能，一旦管理部门判定现有的渠道冲突是潜在的危险，它们就必须采取措施。

# 12.5 多渠道零售商的电子渠道管理

传统零售商引入电子渠道后产生了多渠道并存的现象，那么，传统零售商为什么要引进电子渠道？引入电子渠道后的多渠道战略是什么？多渠道整合的价值是什么？多渠道整合的执行系统是怎样的？本节将一一解答。

## 多渠道零售商的定义

多渠道零售商指的是通过不止一种渠道（例如，实体商店、目录、网站、电话等）销售产品或服务的零售商。

## 传统零售商引入电子渠道的动机

### （一）潜在的成本节约

没有引入电子渠道之前，传统零售商一般通过大量投资固定成本，减少顾客服务的可变成本，利用范围和规模经济，实现成本的节约。引入电子渠道后，由于消费者可以利用网络完成部分活动，如产品价格比较、搜索相关产品信息、组配产品、下订单、支付等，因此，其可变成本有所降低。传统零售商引入电子渠道时获取客户的成本比较低，这使得其品牌价值、市场禀赋、顾客群等被进一步放大。传统零售商现有的基础设施、专业的分销知识和供应商关系同样可以被用来减少成本。传统渠道受空间限制产品陈列有限，引入电子渠道可以提供更多的产品分类和数目，这也有利于减少库存成本。电子渠道的信息传输成本较低，零售商可以用快速有效的方式尝试各种营销组合。最后，电子渠道下个人配送和退货的成本可以通过在传统渠道下取货和退货来抵消掉。

### （二）进入新市场

传统零售商的市场局限在实体店所在地域，增加电子渠道可以使其在不扩大店面的情况下扩大市场，从而利用有限的位置实现范围经济。大量的证据表明多渠道销售更吸引消费者，多渠道零售商可以获得更大的顾客占有率。相比单一渠道，多渠道消费者花费更多，有更高的终身价值，这些消费者选择多渠道购物是因为多渠道在满足其需求方面更有效，更具针对性。随着网络销售的发展，消费者最终会成为多渠道消费者，这意味着基于渠道选择的市场划分方式将会被新的细分规则所取代。

### （三）顾客满意和顾客忠诚

零售商引入电子渠道可以获得新的顾客。多渠道策略可以发挥每个渠道的优势、克服劣势，更好地满足消费者需求。传统的商店在顾客购物时可以提供一些独特的好处，例如，面对面的个人服务、现金支付、立刻获取商品等。在承认这些优点的同时也要看到其劣势，即消费者可能需要花更多的时间和精力逛商店，商店有时不营业，消费者有时很难找到能提供有用信息的销售员。而电子渠道可以克服上述缺陷，消费者可以在任何时间、任何地点购物，有更广的商品选择，坐在家里购物还可保证人身安全。除了提高顾客满意度，多渠道销售还增加了顾客忠诚度。首先，电子渠道丰富的信息配合传统的销售渠道容易使顾客产生信任，有助于发挥多渠道的“锁住效应”。其次，传统渠道零售商把产品品牌引入电子渠道，降低了电子渠道顾客的感知风险，增加了可靠性，保证了顾客对电子渠道的光顾。最后，零售商对渠道的建设投资也有利于增加顾客信任，因为这意味着零售商给予消费者一种长期承诺。与此同时，利用客户关系管理在线购物体验会进一步增强顾客对零售商的忠诚度。

### （四）战略优势的创造

多渠道零售商可以在不易被竞争者发现和模仿的情况下发展资源，保存适当的客户信息，为用户提供无缝体验。这些资源可以建立顾客忠诚，减少成本，为多渠道零售商获取战略优势提供机会。在传统渠道交易中，客户使用现金或信用卡支付，零售商很难将顾客和具体的交易结合起来，对传统渠道零售商来说，获取大量的客户购买数据成为难点。为了解决这个问题，许多传统零售商鼓励顾客使用会员积分卡或向消费者询问个人信息如电话号码等，相比之下，互联网零售商可以收集交易的所有信息，因为它们需要顾客的信息来配送商品，除此之外，电子渠道零售商还可以收集顾客的搜索记录。因此，多渠道零售商有更大的机会发展顾客的专有资料，以辅助它们的营销活动。

### （五）差异化

许多倒闭的互联网零售商指出，基于技术运营来获得持续竞争优势是极其困难的。由于平台的开放性和互联网共同的标准，最佳实践很快被复制，导致最后还是价格竞争。通过增值服务，差异化开始形成。现在的零售商可以利用互联网技术查看顾客的购买历史，确定目标顾客，提供个性化、定制化的服务。它们可以让顾客参与到产品的设计和分类中，为其提供专有信息，在传统渠道和电子渠道中创造协同效应。零售商还可以通过宽带连接和多媒体技术增强消费者的体验，强化电子渠道的差异化。

**营销视角 12-2 联通电子渠道的差异化思维**

## 引入电子渠道的多渠道战略

从电子渠道与传统渠道的关系以及各自的角色来看，多渠道战略可以在本质上有所不同。在皇家阿霍德国际集团（Ahold）与特易购（Tesco）的电子渠道与传统渠道均得到了充分利用。在皇家阿霍德的分销策略中，电子渠道和传统渠道独立地服务市场；在特易购的分销策略中，电子渠道与传统渠道互相整合、互相支持。相同的是，它们都鼓励消费者购物时在渠道间进行转换。

分销策略要么偏向电子渠道，要么偏向传统渠道。未被偏重的渠道则扮演着辅助渠道的角色，引导消费者选择被偏向的那个渠道。虽然辅助渠道也可以完成交易，但零售商还是鼓励顾客选择它们偏向的分销渠道，零售商阿尔迪（Aldi）与 Leshop 就都选择这种策略。图 12－12 综述了这些多渠道战略。

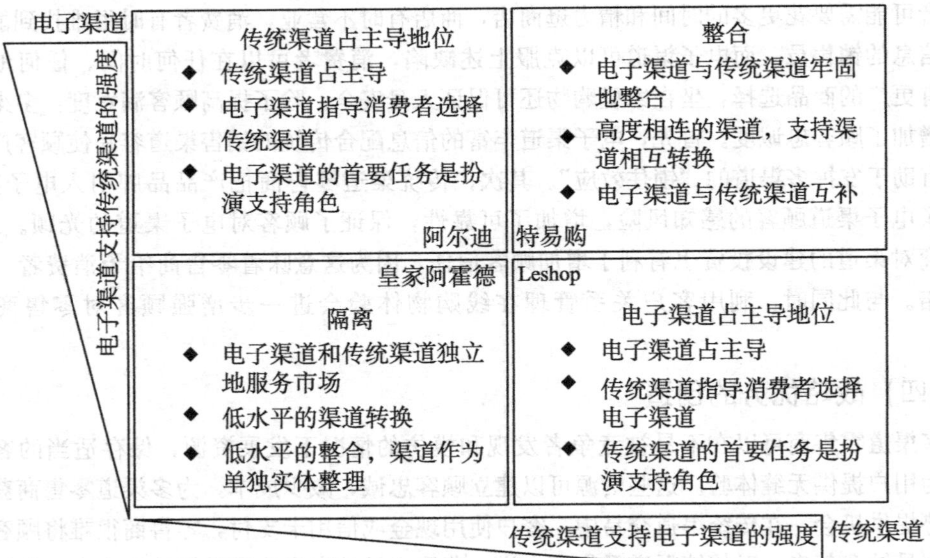


**图 12－12　多渠道战略框架**

资料来源：Henderson J C，Venkatraman N. Strategic alignment：leveraging information technology for transforming organizations. *IBM Systems Journal*，1993，32（1）.

## （一）传统渠道占主导地位策略

**营销视角 12－3　广州 OPPO 营销案例分析**

在传统渠道占主导地位策略中，电子渠道扮演支持角色，主要用来提高传统渠道的效率。网站提供商店的具体地理位置，以及部分产品信息和售后服务信息。零售企业使用这种策略的动机包括：优化提供产品的实体渠道，形成良好的分销系统；通过店内顾客咨询服务实行差异化战略。

## （二）隔离策略

**营销视角 12－4　日本丰田汽车的分销渠道隔离策略**

隔离策略是指电子渠道和传统渠道分开管理，作为独立的实体可能经营不同的品牌。使用这种策略可能是为了避免渠道冲突。隔离策略使用基于渠道的定价规则确定不同的目标市场。电子渠道与传统渠道针对的是不同区域的顾客。

## （三）电子渠道占主导地位策略

在电子渠道占主导地位策略中，传统渠道主要负责指导消费者使用公司的网站。线下的交流和促销活动、线上的价格促销和提供范围更广的产品的目的都是加强电子渠道。当零售商尝试绕开中间商或者想从成本密集的传统渠道转向更加便宜的电子渠道以增加销售量时，可以考虑使用该策略。与传统渠道占主导地位策略可以利用电子渠道类似，单纯的电子渠道销售商也可以试着利用传统渠道的基础设施来增加利润和销售量。

**营销视角 12－5　电子渠道智慧运营管理体系推动渠道快速发展**

### （四）整合策略

在整合策略中，电子渠道和传统渠道各自的服务范围主要受到技术的制约，这有利于发挥各种渠道的优势。在多渠道整合系统中，各个渠道相互补充，旨在为消费者提供更高水平的便利和服务，使其可以在不同购物阶段选择不同的渠道。整合策略有助于企业收取额外费用，同时也会带来额外的成本。

**营销视角 12－6　多渠道零售商的渠道整合策略**

## 多渠道整合的价值

在线下渠道与线上渠道相结合的模式中，有三种基本的价值链关系普遍存在。第一组企业主要是供应商或批发商，它们一般使用线下渠道与线上渠道来销售，是 B2B 批发商。它们同时使用两种渠道为消费者提供服务，如图 12－13 的区域 1 所示。第二组企业主要是向其他零售商或经销商供货的供应商或批发商。这组企业受到第一组企业的影响，它们使用线上渠道提供信息、接受订单，或者为终端消费者提供增值服务。然而，提供这些服务不是为了绕过经销商，相反，它们通常选择与外部零售商或经销商合作，由它们交付或维护实体产品。这种关系由图 12－13 中的区域 1 和 2 共同表示。最后，第三组企业主要是 B2C 零售公司，它们既有实体（线下）渠道，又有线上渠道。这种关系如图 12－13 中的区域 3 所示。

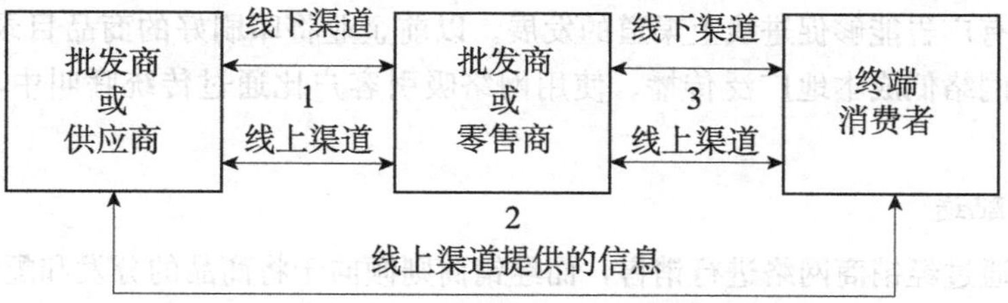


**图 12－13　价值链中线下渠道与线上渠道的关系**

线上与线下渠道相结合的模式在 B2B 企业和 B2C 企业中广泛存在。最大的区别在于，B2B 企业，如电信供应商或网络运营商，更有可能依靠区域代理商，并强调与客户的长期关系。它们使用线上渠道是为了节约劳动力成本，提高销售人员的盈利能力，为客户提供长期服务。线上和线下渠道的协同应用及其收益包括以下四个方面，如图 12－14 所示。

### （一）节约成本的潜力

企业使用渠道组合来降低成本，原因在于使用渠道组合来提供商品或服务比使用单一渠道的成本更低。降低成本可从以下四个角度考虑。

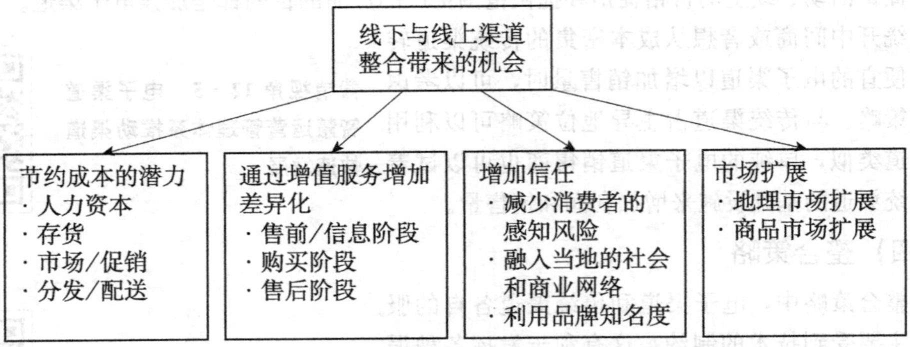


**图 12-14　线下与线上渠道整合产生的协同效应**

1. 人力资本

节约成本的一个主要来源是更高的劳动效率。许多 B2C 企业使用线上渠道作为补充，将原本属于店内员工的大部分工作转移给消费者自助进行。客户自行搜索商品信息，在线上或在店里下订单。自助服务不仅可以降低成本，还可以增加客户满意度。实体店铺可以因此减少雇用的员工数量，或者让员工把精力投到销售、市场推广和其他工作中。银行和大多数 B2B 公司尤其应该致力于增加销售人员从事更高价值活动的时间。

2. 存货

一些公司已经减少或计划减少本地实体商店的库存，转而使用线上渠道为客户提供全面的商品和服务。它们大多是 B2C 企业，在租金昂贵但人流量大的地方拥有零售店，比如图书和唱片零售商。节约的部分成本可能源于减少剩余库存，降低每个店铺存货的比例，以及缩小实体店的规模。

3. 市场/促销

对于 B2B 和 B2C 企业而言，多渠道整合策略为线上和线下商品的展示和促销提供了机会。网络能够促销商品和服务，还能突出实体商铺及其商品特色。同样，实体店铺内公司的宣传资料和现有广告能够促进线上渠道的发展。以前企业将印刷好的商品目录邮寄给客户，现在可以通过网络低成本地广泛传播。使用网络吸引客户比通过传统呼叫中心或互访所需的成本更低。

4. 分发/配送

B2B 企业通过经销商网络进行销售，而经销商则倾向于将商品的分发和配送交给它们的合作伙伴来完成。许多 B2C 零售商的实体店铺同时也是在线订单的取货地点，这样就大大节约了经销商的成本。许多公司一直试图在有限的成本下尽可能为消费者提供送货上门服务，如果客户能接受自己提货且乐于自己提货，就为公司节省了分发和配送商品的成本。如果消费者要求将在线预订的商品送到某实体商店，那么实体店就能聚合多个订单，同时这种做法还可以与定期的库存补充结合起来，有助于进一步节约成本。由企业在当地的实体店提供送货上门服务可以提高配送的成本效益。

## （二）通过增值服务增加差异化

整合的渠道之间互相补充，能帮助企业提供新品种的服务、提高顾客价值，并增加企业的差异化。一些增值服务与企业的盈利能力直接相关。差异化的协同效应可以大致分为售前/信息阶段、购买阶段和售后阶段。

1. 售前/信息阶段

在这个阶段，有两个渠道使客户受益。客户在实体商店检查商品，然后在网上下订单。他们可以使用线上渠道收集信息，然后去商店查看商品。订购过程可能发生在实体店里，也可能由消费者在家里通过互联网完成。这与 B2C 企业和 B2B 企业息息相关。以 B2B 企业为例，其开设实体店铺的目的是展示商品，然后消费者通过在线渠道下单。公司还可以使用线上渠道作为库存的补充，在线上提供商品的详细信息。

2. 购买阶段

这个阶段包括在线服务以及线下购买。例如，除了通过传统的店铺销售，企业还提供在线订购，消费者可以从这种额外服务中获得更便捷、更灵活的购物体验，甚至能够在实体店铺自行取货。在许多 B2C 模式的案例中，零售商会通知消费者货物已经备好以供提取的时间和地点，避免了消费者不必要的奔波。越来越多的 B2B 企业与经销商网络合作，使用线上渠道为消费者提供“按单定制”服务。以自行车厂商为例，自行车零件供应商将消费者购买的 DIY 自行车零件发给当地经销商，然后在那里拼装起来销售给消费者。

3. 售后阶段

包括线上线下协同提供的在线账户管理、社会支持、忠诚度计划和各种售后活动，如安装、维修、服务提醒和培训等。例如，网络设备供应商的客户通常使用线上渠道预订服务网点的安装和服务。汽车经销商则在客户的车辆需要服务时，利用其网站以及电子邮件提醒客户并安排拜访。

## (三) 增加信任

线下渠道的使用会使消费者对线上渠道产生更大的信任。尤其在 B2C 零售商处理更多短暂的客户关系时，这种渠道协同效应更为关键。相比纯互联网公司，将线上线下渠道相结合的企业可以通过三个方面增强消费者对它们的信任，包括减少消费者的感知风险、融入当地的社会和商业网络、利用品牌知名度。降低感知风险是由于消费者可以亲临体验实体店铺，在这里退货或投诉。融入当地的社会和商业网络可以提高企业的声誉，甚至能够因此节省昂贵的法律费用，特别是对于风险较大的交易而言。消费者还可以把企业的社会关系看成一种约束机制。不仅如此，在竞争激烈的行业，消费者可能更青睐投身于本地市场的企业。最后，品牌也可以构建消费者对商品的信心。知名度高的品牌使消费者能够在网络上更方便地搜索到它所属的企业，而且信任企业的附加服务。

## (四) 市场扩展

第四种协同作用是使用线上渠道帮助公司扩展并进入新的市场。一般来说，B2C 零售商比 B2B 公司更重视这个方面，也许是因为 B2B 企业更关注长期的客户关系。利用线上渠道可以帮助企业在不受实体店铺约束的条件下扩大自身的影响力，找到全新的地理市场、全新的商品市场或者全新类型的买家，其中每一种都可以为现有的线下渠道提供独特的优势，它们大体可以分为两大类：商品市场扩展与地理市场扩展。

商品市场扩展包括使用网络管理过剩的库存，以增加现有的商品种类。消费者可以通过网络查看更多的商品，小规模的店铺因此可以与较大的超市和网上商店更有效地竞争。网络还可以帮助公司扩展商品范围，为客户提供补充商品。

地理市场扩展是指许多公司利用网络进入新的地区，尤其是当公司在其他地区的竞争力较弱、商品供给不足，或该地区市场效率低下时。例如，荷兰的自行车经销商可以通过网络将自行车卖给德国的客户。尤其是提供特定文化产品的行业，如图书和唱片，都开始将其业务往海外转移。

## 多渠道整合的执行系统

运营多渠道战略，零售商必须建立一个执行系统来完成商品交付。这个执行系统组织从预订到交付的整个过程，必须与公司的商业模式相匹配，提供良好的退换货体验。在实践中，零售商正在使用不同的执行系统，重点是订单的准备工作。

多渠道零售商应该让客户自由选择下订单和交付商品的地点和方式。客户最主要的选择是去实体商店和在网上购物。如果在网上购物，客户可以选择在家里收货或者在附近的零售店提货。零售商必须设立一个能够尊重客户选择的交货模式的执行系统，通过调整现有的流程使用现有的物流系统，或者创建新的物流基础设施。

### （一）直接送货上门

直接送货上门通过零售商自有物流、专门的物流服务商或外部提货点网络完成。在进入这个“交货管道”之前，商品必须经过挑选、准备、包装和派送，可以在一个中央仓库完成，也可以由配送中心、商店等协同完成。

1. 直接从中央仓库交付

在一个中央仓库直接进行商品的挑选、准备和包装，如图12-15（a）所示。这个中央仓库可以是一个专门服务在线渠道的实体部门，也可以利用现有仓库的存货运营职能（在这种情况下还必须同时执行商品的仓储职能）。

2. 直接从商店交付

在商店进行商品的挑选、准备和包装。在这种情况下，运营商按照特定顺序选择商品并从货架上撤下，然后包装并发送给客户，如图12-15（b）所示。

3. 多渠道合并交付

如果订单上的物品不是储存在同一个地方，那么中央仓库和实体店铺必须协商作出挑选商品的命令，然后挑选物品并且合并，在一个站点准备和包装，如图12-15（c）所示。在某些情况下，多渠道零售商可能会将订单拆分为两个不同的包裹，以避免成本的提高和交付的延误。

### （二）客户在实体商店提货

客户在网上订购后可以选择邻近的零售商店自行提货。在这种情况下，商品必须在商店挑选、准备、包装和保存。

1. 直接在店内准备订单

如果客户订单上的商品在店铺里有货，那么可以直接在店内进行商品的挑选、准备和包装，如图12-16（a）所示。

2. 多地库存在店内整合

如果客户订单上的一些商品不在客户选择的商店内，这些商品就可以由中央仓库（或其

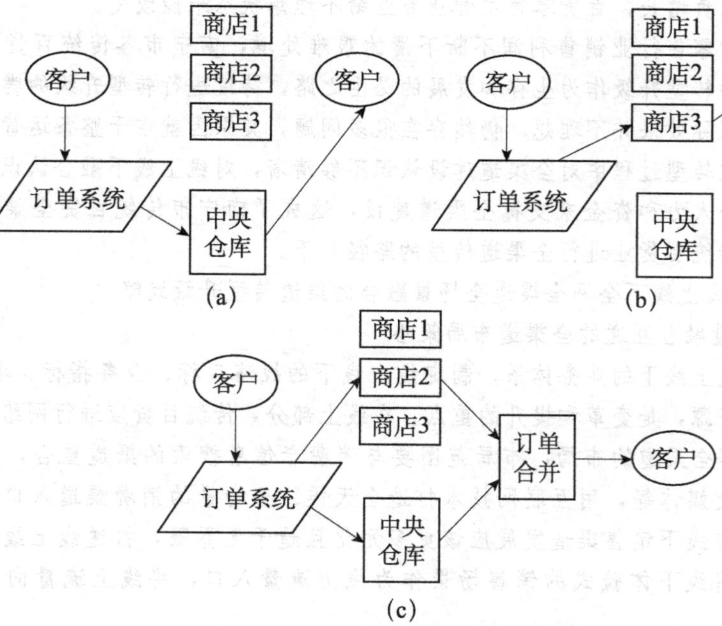


**图 12－15　直接送货上门的执行系统**

他店铺）补充。这些商品必须合并后在商店内准备和包装，如图 12－16（b）所示。一些特殊情况下，中央仓库可以将所有预订的商品全部挑选、包装完毕后再发送到店铺，不需要店铺进行额外的补货。

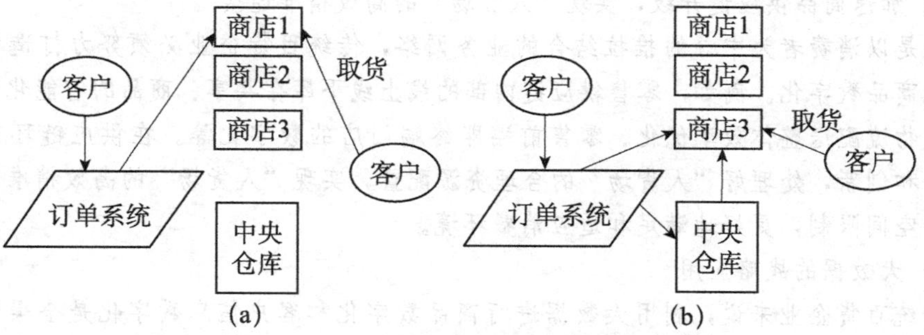


**图 12－16　客户在实体商店提货的执行系统**

## ▶▶ 案例分析

### 南宁市零售业的全渠道转型

南宁市目前的大型零售业态包括城市商业综合体、购物中心和传统百货商场，其中本土传统百货的主要代表为南宁百货大楼和梦之岛百货。南宁百货大楼有限公司创建于 1956 年 2 月，1992 年 12 月改制为国有控股的股份制公司，是广西商业企业中第一家上市公司。南宁百货凭借其大而全的百货商品品类，曾经是很多老南宁人甚至是广西人心目中的时尚潮流购物之地。但随着社会经济的发展、众多购物中心和城市综合体的兴起，南宁百货大楼逐渐失去了往日的光环，城区间商业竞争日趋激烈，客源大量分流，市场同质化竞争也越来越严重，其位置所在的南宁朝阳商圈已有边缘化的趋势。从年度报表数据来看，南宁百货大楼已连续五年营业收入负增长，百货零售主营业务业绩不理想状态未能改变。

对于近年来百货零售行业销售利润不断下滑的艰难处境，南宁市各传统百货均高度重视，将全渠道建设和转型升级作为生存和发展的必由之路，持续进行转型升级的尝试。但是从经营状况来看，实际效果并不理想，仍然存在很多问题，其原因就在于整条运营链并没有完成数字化连通，在转型过程中对全渠道建设认识不够清晰，对线上线下融合认识片面。在运营中没有投入更多人力和资金来支撑全渠道建设，这成了南宁市传统百货全渠道发展的严重障碍。南宁市传统百货业进行全渠道转型的路径如下。

（一）积极推进线上线下全网全渠道全场景融合的渠道转型升级战略

1. 线上线下流量融合互通的全渠道布局策略

企业如何融合线上线下的业务体系，制定线上线下的战略目标、业务指标、考评维度，并分配好线上线下资源，是变革和提升的重点。在线上部分，传统百货应进行网络平台、移动平台、社交平台等全渠道的布局，布局范围要与消费者信息搜索的渠道重合，即网络平台、移动终端、社交媒体等，用互联网技术打造全天候、全场景的消费渠道入口。在全渠道建设方面，线上与线下销售渠道发展应该更多元化且趋于无界限，打通线上线下，实现流量的融合互通，将线下体验式的销售场景作为线上流量入口，将线上流量向线下实体转移。

2. 全场景融合发展策略

在线下建设部分，传统百货业需注重创新商业模式并调整商品品类，为消费者提供更全面的商品或服务体验甚至一种生活方式，以满足新一代主力消费人群对商品多样化和个性化的内在需求。

（二）加速商品供应链升级，实现“人货场”的高效精准连接

未来是以消费者为中心的推拉结合的业务网络，传统百货企业必须努力打造智慧供应链，实现商品数字化。例如，零售供应链内部的线上线下库存共享、商品的智能化订补货与调配货、物流配送整体效率优化、零售前端即终端门店的数字化等。在供应链环节不断变革、整合和创新，处理好“人货场”的合理资源配置，实现“人货场”的高效精准连接，超越时间、空间限制，更好地满足和适应消费环境。

（三）大数据的战略应用

对传统百货企业来说，利用大数据进行商品数字化和客户信息数字化是全渠道数字化网络的建设重点，应充分借助平台的大数据分析功能为消费者提供精准的产品和服务。

使用智能全支付收银系统，可获取顾客成交信息并汇入整个大数据处理分析系统，以区分统计老客户与新客户的占比、客户消费频度和消费偏好等特性。

利用会员制进行多个数据源的数据聚合、关联与交叉，运用多维数据分析法描绘出真实有效的“用户画像”，创建VIP客户服务体系，根据产品性能、价格、品质等产品属性和职业、年龄、地域、历史购买情况、消费方式等不同用户的消费习惯来进行匹配和精准营销，向消费者推出千人千面的前端呈现功能。

开发基于大数据的客户关系管理系统，建立详细而精确的客户档案，充分挖掘与预测客户需求，建立数据仓库与运营管理，以支持个性化和差异化的精准营销，同时可指导买手选货和商家调整货品。

资料来源：刘佳璇．新零售时代南宁市传统百货业全渠道模式发展路径研究．商讯，2019（20）：111-112.

**讨论**

1. 南宁市传统百货行业为什么要进行全渠道转型?
2. 南宁市传统百货行业是如何实现全渠道转型的?
3. 如何借鉴南宁市百货行业的全渠道商业模式?

## 重点名词

电子营销渠道　自营类业务战略　平台类业务战略　双渠道开发战略
双渠道冲突　多渠道战略　多渠道整合

## 思考题

1. 电子营销渠道的优势与劣势是什么?
2. 电子渠道下消费者购买意愿的影响因素有哪些?
3. 双渠道的冲突类型与评价方法有哪些?
4. 如何引入电子渠道的多渠道战略?

第13章

# 全渠道管理

## 本章要点

1. 了解零售行业全渠道发展历程。
2. 了解全渠道下消费者的渠道选择行为。
3. 熟悉全渠道战略模式。
4. 熟悉全渠道的定价策略。
5. 掌握全渠道协同策略。

随着移动渠道、平板电脑、社交媒体的出现，以及营销和零售业进一步数字化，新渠道在线上和线下整合，零售业格局进一步发生变化，多渠道不可阻挡地转向全渠道模式。种种现象表明全渠道零售时代正在全面到来，但是全渠道究竟是什么对我们很多人来说还很模糊。想要充分把握全渠道时代，必须先对全渠道有清晰的整体把握。认识和了解全渠道和零售商如何利用其优化消费服务体验是本章所要讨论的问题。

## 引　例

### 优衣库的全渠道探索之旅

2016年“双十一”，优衣库首次采用了“线上线下同价，线上商品，门店取货”的零售策略。简单来说，就是消费者在线上购物后，优衣库会在24小时内发送完成备货的通知，引导消费者在附近门店提货。

“双十一”当天，通过线上引流、线下提货的零售策略，短短2分53秒，优衣库旗舰店在天猫上的销售额就突破了1亿元，成为2016年天猫“双十一”当日最快“破亿”的品牌。11月11日上午，优衣库的天猫店铺就显示活动商品售罄，一举夺得天猫服饰类冠军。

从2016年11月14日起，优衣库天猫官方旗舰店全品类开通门店自提服务，有效缩短了顾客等待物流配送的时间。优衣库的线上渠道也在向更多消费者展示品牌和产品信息。在全新改版的微信小程序中，消费者可以获得最贴心的线上专属导购体验，不但可以找到最新的优惠信息、第一手的当季新品，还可以通过线上互动领取福利。

除此之外，优衣库的微信服务号还能作为随身搭配宝典，随时随地直击潮流单品，查询实用穿搭，看到最潮最接地气的搭配买家秀。同时菜单中的自助服务功能可以实现商品库存实时查询和线上购买，或者找到最近的优衣库门店，省时方便。优衣库希望真正做到线上与线下的双向引流，打造一个活跃的线上生态系统。

消费者回归门店、品牌商整合线下线上沟通体验是近两年零售行业的一个明显趋势。在柳井正对2020年的中期目标描述中，已经将目标设置为使优衣库成为年销售额3兆日元（约合1 940亿元人民币）、营业利润率15%的"全球No.1的服饰信息制造零售业公司"。

资料来源："双11"优衣库网店售罄，线上线下同价实践"新零售"理念．https://tech.sina.com.cn/i/2016-11-15/doc-ifxxsmif3034717.shtml.

在过去十年中，零售业发生了巨大变化。线上渠道的出现以及移动渠道和社交媒体等新增加的数字渠道改变了零售业务模式。对于各个企业而言，了解全渠道并且熟悉全渠道下消费者的购买行为，然后进行一定程度的购物体验优化是大势所趋。基于此，本章的内容结构安排如下：首先，详细介绍全渠道的概况及发展历程；然后，探讨全渠道下消费者的渠道选择行为；最后，从零售商的角度来讨论全渠道的战略模式。

## 13.1 全渠道概述

本节首先介绍了国内零售行业全渠道的发展历程，随后阐述了全渠道零售的过程，最后总结了全渠道零售的发力趋势。

### 零售行业全渠道发展历程

"全渠道"概念最早出现在美国贝恩公司研究员里格比（Rigby，2011）发表在《哈佛商业评论》上的文章 *The Future of Shopping* 中①，文章描绘了未来全渠道购物的蓝图。国内最早研究全渠道的是李飞（2013），他将全渠道零售定义为：企业综合运用尽可能多的零售渠道类型进行有效整合销售的行为，进而满足消费者对于购物、娱乐和社交的综合体验需求。② 之后，维霍夫等（Verhoef et al.，2015）提出，零售商需要向顾客的每一个购买环节提供无缝的渠道整合策略，保证每个环节都能增加顾客价值。③ 伴随着全渠道研究的不断深入，零售商对于全渠道的实践之路也分为初期探索、高速发展以及全渠道零售变革三个阶段。

#### （一）初期探索阶段

国内零售企业全渠道发展的初期探索阶段主要集中在2010年前后，这一阶段，我国已

① Rigby D. The Future of Shopping. *Harvard Business Review*，2011，89（12）：65-76.

② 李飞．全渠道零售的含义、成因及对策：再论迎接中国多渠道零售革命风暴．北京工商大学学报（社会科学版），2013，28（2）：1-11.

③ Verhoef P C，Kannan P K，Inman J J. From Multi-Channel Retailing to Omni-Channel Retailing. *Journal of Retailing*，2015，2（5）.

经开始有部分传统零售业巨头开展线上业务。2009年，在实体零售被电商猛烈冲击导致营业状况急转直下的背景下，苏宁毅然决定实施零售革新，于2009年开始拓展线上业务，苏宁易购上线，提出了“科技转型、智慧服务”的十年发展战略。也正是在转型初期，苏宁双渠道业绩首次超越传统零售商国美，2010年，苏宁电器双渠道销售收入从583亿元增长至755亿元，营业利润从38.8亿元攀升至54.3亿元。国美也于2008年和2009年坚决推动线上渠道的发展。但是在线下向线上扩展的探索阶段，国美并没有享受到线上渠道带来的红利，甚至导致它在电商领域出现了亏损。在初期探索阶段，不少传统零售商已经嗅到了拓展新渠道的机遇，但由于缺乏理论指导及实践经验，全渠道探索并不稳定。

## （二）高速发展阶段

2011年起，向线上发展的传统零售巨头在不断实践中积累了对于全渠道的经验，同时一些中小零售企业也开始顺应市场发展潮流、追赶零售巨头的脚步，纷纷涉足线上业务，到2012年底，涉足网络零售业务的传统零售企业达到了近百家。在这一阶段，线上零售市场规模随着传统零售企业的加入不断扩大。也正是在这一阶段，已经开始有零售企业不满足于单纯线上业务的开展，开始探索更适合零售企业发展的O2O模式。以苏宁为例，在经历了初期的线上扩张之后，苏宁认为单纯的传统电商与单纯的传统线下实体两种渠道并不能很好地发挥零售企业的优势，纯电商对于零售企业而言只能作为一种简单的过渡模式，因此苏宁开始进一步明确互联网转型策略——一体两翼策略。即以互联网零售为主体，以O2O模式和开放平台为两翼的发展战略，打造出“电商＋店商＋零售服务商”的发展模式。为了实现这一战略，苏宁不断优化仓储物流，2012年在南京投入自动化仓库，同时在北京、上海、广州等地启动小件仓库，解决了O2O的商品、服务对接难题。2012年，苏宁易购销售额高达183.36亿元，同比增长210.8%，同年纯电商平台京东商城销售额增速为183%。在这一阶段，传统零售企业不仅适应了电子商务领域的发展，而且为零售企业开辟了一条特色更鲜明的发展道路。

## （三）全渠道零售变革阶段

移动互联网的普及使电子商务与线下实体的界限逐渐模糊，全渠道已经覆盖电商业务，O2O模式成为最新的发展方向。全渠道是融合了实体、电子商务、移动电子商务的零售渠道。全渠道发展至今，零售企业也从此前单纯的投资拓展线上渠道转型为谋求企业战略和资本合作的深度融合发展。全渠道零售变革阶段最显著的特征就是线上电商纷纷“下线”，拓展线下市场，传统零售企业在不断挖掘线上市场的同时又再次回归实体零售，但无论从哪一个角度看，全渠道零售都在重新改写零售行业。以苏宁为例，这一阶段苏宁正式更名为苏宁云商。经历了前两个阶段的发展，苏宁在这一阶段的全渠道变革更加深入，不仅进行了重大的组织构架调整，更对门店进行了改造，并对品类进行了扩容，在物流金融先行的战略下逐渐拉开了全渠道零售变革的序幕。因此，苏宁也成为最早布局金融的零售企业之一，其业务板块形成了“民营银行＋供应链金融＋消费金融”三大板块。苏宁将金融业务与全渠道零售紧密结合，不仅扩张了业务版图，也提升了服务层次。而经历了调整的实体门店被分为大店（云店、旗舰店）、中型店（中心店、社区店）、县镇店、红孩子、超市店，实现了全方位、多层次地覆盖全渠道与各地市场。2017年，苏宁营业收入高达1 879.10亿元，同比增长26.47%，净利润达到42.10亿元，同比增长497.66%，领跑零售行业。

## 全渠道零售的过程

全渠道发展历程代表了零售技术、零售业务、零售思想的不断革新，而全渠道零售究竟如何理解？零售商又该从哪些方面考虑呢？下面主要从全渠道零售的销售过程、全渠道零售的购买过程、全渠道数字客户关系管理以及全渠道零售行为流程这四个方面来介绍全渠道零售的过程。

### （一）全渠道零售的销售过程

与购物过程相对应，传统的零售行为过程可以划分为七个环节：

（1）通过各种营销手段将具有购买需求的顾客吸引到零售商的渠道中，即客流导入；

（2）向顾客展示商品；

（3）说服、建议与刺激顾客购买；

（4）顾客决定购买后的订单处理；

（5）收款；

（6）送货；

（7）提供使用支持服务。

整个过程即全渠道数字客户关系管理。

为了给顾客提供更好的购物体验，顾客在每一个购物环节形成的数据都上传到后台，形成顾客 360 度的数字化肖像资源，零售企业借助后台的数字客户管理系统，为顾客的每个购物环节提供具有针对性的信息并与之深度互动。

### （二）全渠道零售的购买过程

一般来讲，全渠道零售的消费者购物过程也可以划分为以下七个环节：

（1）产生购买需求；

（2）搜集寻找相关产品信息；

（3）对信息进行比较之后选择产品和零售商；

（4）决定购买后下单；

（5）支付；

（6）收货；

（7）使用中得到服务支持。

整个过程离不开深度互动与个性化信息接受。也就是说，消费者在购物的每一个环节以及购物的每一类渠道中都能得到零售企业有针对性的信息推送，并与之深度互动。

### （三）全渠道数字客户关系管理

全渠道零售的最后一个环节是全渠道数字客户关系管理。数字客户关系管理完全不同于传统的喇叭式单向客户关系管理，是深度互动的客户关系管理。传统的客户关系管理比较粗放，仅限于简单的问候、促销信息的推荐以及基于年龄、性别、地域等的模糊消费数据的搜集，与消费者建立的是弱黏性客户关系，互动性与针对性都比较差。而在全渠道零售中，可以充分整合不同渠道的消费者数据，对消费者进行数字化管理并绘制出客户 360 度的数字肖像，不同渠道共享客户的数字化肖像信息资源，借助沉淀于移动端的会员管理系统，可以实现与客户的充分互动，实现一对一精准营销，与消费者建立起强黏性关系。全渠道数字客户关系管理可以使传统客户关系管理中与客户之间的弱黏性关系真正转变为强黏性关系。

### （四）全渠道零售行为流程

图13-1为全渠道零售行为流程图。全渠道零售就是零售企业的零售过程可以分布在不同的零售渠道类型中，且多个渠道间的零售过程可以任意相互整合，最后构成消费者完整的全渠道零售购买过程。图中线条连接而成的渠道类型属于跨渠道零售，它仍然是以企业为中心的销售方式，渠道间协同度差，顾客体验价值不够高。当零售企业采用尽可能多的渠道，并通过不同类型渠道（如实体店、网店、移动应用程序、呼叫中心、社交商店、微博、微信等）之间的高度协同整合来满足消费者购物、娱乐与社交的目的，使消费者能够在渠道间无缝自由切换，获得较高体验价值时，就形成了全渠道零售。很显然，在全渠道零售中，消费者在购买过程的每一个阶段都面临着多种类型的渠道选择，其排列组合非常复杂。全渠道零售的本质其实就是消费者全渠道购买过程。

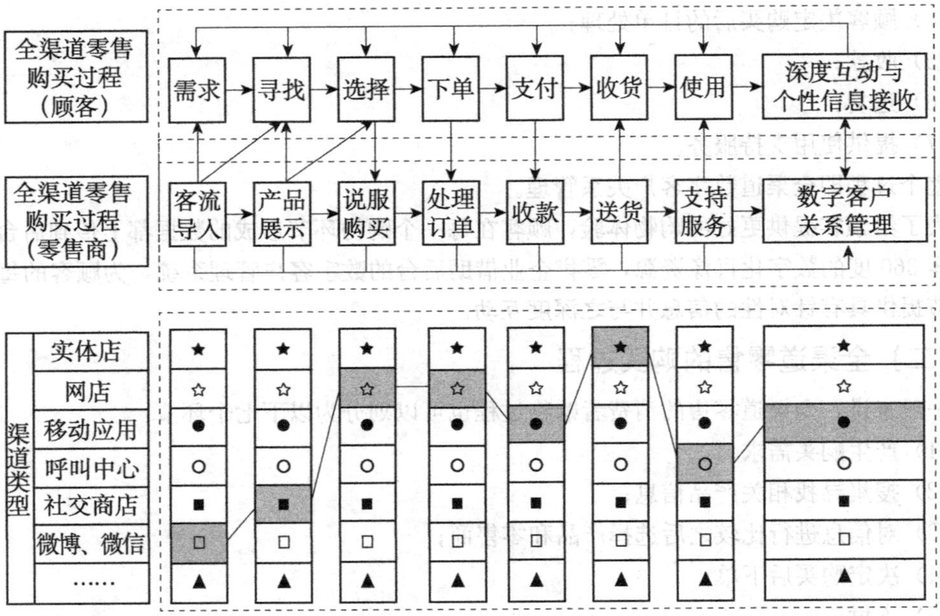


**图13-1　全渠道零售行为流程图**

注：★☆●○■□▲各代表一个渠道，如★代表实体店，☆代表网店等。

资料来源：李飞．迎接中国多渠道零售革命的风暴．北京工商大学学报（社会科学版），2012（3）：1-9.

如图13-1所示，全渠道零售行为过程包括（1）与顾客进行信息沟通，吸引顾客并完成客流导入；（2）向顾客展示产品并说服顾客购买；（3）顾客决定购买后，接受顾客订单，完成收款、包装、送货；（4）为顾客提供后续支持服务即售后服务，通过数字客户关系管理系统对顾客进行科学管理，为他们提供更加全面的服务。如果仅仅选择实体店、网店，或移动应用等某一条渠道完成零售过程的所有活动，就是单渠道零售；如果选择其中两条及以上的渠道且每条渠道都各自完成零售过程的所有活动，就是多渠道零售；如果选择其中多条渠道且每条渠道各自完成零售过程的部分功能，就是跨渠道零售。如图中实线连接阴影框而成的渠道模式就是跨渠道零售，微博、微信渠道完成客流导入功能，社交商店完成产品展示功能，网店完成说服顾客购买和处理订单功能，移动应用完成收款功能，实体店完成送货功能，呼叫中心完成支持服务功能。

## 全渠道零售的发力趋势

### （一）渠道间互动和新增渠道拓宽

传统线下零售企业的市场空间拓展由于受到时间和空间上的限制，充其量只能发展成区域型零售企业，具有一定的发展局限性。但是全渠道发展思路能够帮助传统线下零售企业向线上渠道拓展，这不但突破了传统实体零售企业在空间上的局限性，而且丰富了时间维度，可以帮助传统线下零售企业提高市场覆盖率。渠道间互动增加市场效益主要体现在线上渠道和线下渠道之间的交叉效益，新增渠道增加市场效益主要体现在拓展线上零售业务所带来的规模经济效益和技术创新效益。

以苏宁为例，2016年苏宁建立起全渠道零售业务版图，其中线下连锁平台包含苏宁云店、旗舰店、中心店、社区店、县镇店；线上包括苏宁易购官网及其App、苏宁易购天猫旗舰店等；物流部分包括自动化分拣中心、城市中转站、配送网点、区域配送中心及合作快递企业；金融部分包括苏宁银行、消费金融等。这些业务模块之间相互协作，渠道之间的互动构成了完整的苏宁易购全渠道经营模式。该模式为苏宁易购带来了显著的经济效益，2017年苏宁实现全渠道销售规模2 432亿元，同比增长近30%。一方面，苏宁易购全渠道间的互动使线下盈利门店比例从2016年的42%提升至66%，线上渠道交易规模同比增长57.37%；另一方面，新增的渠道使苏宁易购得以不断进行技术创新，如将云店互联网化引入新业态，实现更大的规模经济效益。

### （二）跨渠道便利性提升消费频率

传统零售企业通过全渠道发展形成线上和线下的连接闭环，相比线下实体零售，不但有效降低了消费门槛，而且可以帮助消费者在商品信息收集和对比、下单、支付、物流、售后等方面获得极大便利，有效提升了消费者购物体验，提高了消费者的消费频率，由此带来的效益主要体现为依赖型消费者数量的增长和消费转化率的提升。

### （三）精准个性化服务提升客户忠诚度

零售企业通过全渠道发展，为消费者打造在企业品牌营销、商品推广、支付、组织协调、物流、售后等多个环节和场景的无缝对接，并为消费者提供全方位、个性化的精准服务，最大化满足各类消费者的购物需求，促使零售企业在同对手的竞争中占据个性化优势，培养了消费者的客户忠诚度和选择排他性，有效提升了消费者的消费频率和购物总量。此阶段的效益提升主要体现为消费者在购物选择中的忠诚度提升带来的收益，虽然客户忠诚度提升可以用消费频率来衡量，但它无法突出强调零售企业的竞争力特性。

### （四）全渠道变革提升组织管理效率

全渠道发展为零售企业带来的收益不仅体现在提升消费者体验和客户忠诚度上，更体现在零售企业的企业战略上。全渠道策略的引入倒逼企业在管理和技术上的变革，将有效促进零售企业运营流程扁平化，帮助零售企业提高业务水平和管理水平。全渠道变革提升组织管理效率带来的效益主要体现在，通过变革促使企业管理成本和运营成本下降，虽然全渠道发展会在一段时间内增加管理成本，但其运营形式和企业组织上的细微改变最终将带来零售企业在经营效率上的显著提升。

# 13.2 全渠道下消费者的渠道选择行为

企业整合全渠道的目的是吸引消费者购买自己的产品和服务，因此，就有必要对消费者的渠道选择行为有所了解。本节内容也将围绕这个重点展开。

## 全渠道时代的 SoMoLoPe 消费者

相较过去而言，新消费时代下的消费群体需求更加多元化、个性化、精准化，从单纯地追求“物质满足”转向对体验、休闲娱乐、文化和精神消费的高度关注。相比上一代消费者，新消费时代下消费者的品牌意识更强，平均品牌认知数量为 20 个，远超上一代的 7 个。亚马逊华东区负责人师利宾说：“新的消费者需要我们提供更安全更有品质的商品。他们对时效要求更高，他们更多地被社交环境激发购物需求。面对这种全新的环境和需求，零售商需要不断创新，为客户提供超出预期的服务。”所有的品牌也都需要思考如何在新消费时代获得新主流消费群体的拥趸。全渠道时代的 SoMoLoPe 消费者有四个特征：社交化（social）、移动化（mobile）、本地化（local）、个性化（personality）。

### （一）社交化的信息传播

微信、微博等社交媒介的持续盛行，让消费者在购物过程中的互动参与等社交性元素不断增强，每个消费者都有能力甚至已经组建起自己的粉丝团或好友团等微型商圈。同时，消费者开始借助社交网络，实时分享各种企业与产品信息，并潜移默化地影响着他人的消费行为与决策。悄然间，这种社交化消费者的“部落式”状态逐渐打破了买卖双方之间的信息不对称，消费者开始更多倾向于听取各种社交圈子的意见，而非商家提供的产品广告与信息，而市场主权也因此真正开始回归到消费者身上来。

在口碑营销研究领域有社交习得和社交资本这两个概念。前者表示的是人际信息传递，可以通过交谈，也可以通过观察获得。对于电商来说，社交习得尤为重要，因为消费者可以通过评论、点赞直接或间接地向其他人展示产品。正因如此，产品的包装不可忽视。例如，某人在网上买了产品邮寄到公寓，如果包装盒上有非常漂亮的颜色和设计，或者包装盒非常牢固和精致，运送过程中就能吸引人去关注它，这就像是在为商家打广告。这就是社交习得的一个例子。

社交资本则更多地关注人们之间的交流，比如：这个社区的人们喜欢彼此吗？信任彼此吗？如果邻居之间彼此熟悉且信任，当信息在邻居中分享的时候，真实度就更高，社区的社交习得就更有效。用经济学术语来说，传递的信号就越强。拼多多就是在这样的社交电商环境下把握了消费者的社交化特征，成功成为 2017 年社交电商黑马，并上榜年度最具潜力新零售。

### （二）移动化生活

新一代消费者是数字化时代的原住民，数据可以很好地说明这一点。根据中国互联网络信息中心（CNNIC）发布的第 46 次《中国互联网络发展状况统计报告》，截至 2020 年 6 月，我国网民规模达 9.40 亿，其中使用手机上网的人群占比由 2018 年的 98.3%提升至 99.1%；与此同时，台式电脑、笔记本电脑、平板电脑的使用率均出现下降，手机不断挤占其他个人上网设备的使用。

基于这一背景，消费者获取商品信息的方式也越来越多元化。他们可以通过智能手机、平板电脑甚至智能手表等移动终端设备来接触商品信息，还能利用这些渠道对不同的商品进行比对，并综合考虑作出相应的消费决策。与此同时，消费者的购物选择也更加多元化，除了到线下实体店进行现场体验，他们还可以通过各种 App 进行模拟试穿或试用；除了在现场用现金或刷卡支付外，他们也能在移动终端使用电子支付。

### （三）本地化门店

虽然电子商务确实大大改变了消费者的购物习惯，但由于即时满足心理的存在和对体验的迫切需求，当下的消费者越来越需要基于地理位置的产品与服务。大卫·贝尔教授在其著作《不可消失的门店：后电商时代的零售法则》中提出新零售引力法则，强调了"位置"的重要性。正如书中所述，线下位置关系到消费者的购物选择，企业需要铲除影响消费者体验产品的阻力，而距离是阻力的重要影响因素。而基于位置的服务（location based service，LBS）的日渐成熟满足了这一需求。LBS 既可以确定消费者或移动终端所在的地理位置，又能提供基于消费者或移动终端地理位置相关的各种信息服务。基于 LBS 的相关技术，消费者能够准确地找到本地位置附近的商家，商家同时也能找到周围的消费者，并及时发布最新动态与优惠信息，做到精准营销。如此一来，在 LBS 的引导下，线上消费者可以被带到线下，线下消费者也可以被带到线上，这不仅助力了线上与线下的融合，还缩短了消费者与商品服务的距离。

### （四）个性化需求

经济学上将消费者分成两种倾向，一种是大众需求，经济学上称作"巡游花车"（bandwogan）；另一种是小众需求，叫做"自命不凡"（snob）。在工业经济时代，学者认为这个理论中的两类需求的总量是一大一小，通常是大众需求占压倒性优势，更符合经济学成本原理。但是，在互联网时代，自命不凡的需求被放大了。原本分散的个体因为互联网的连接性使得同好更容易找寻彼此，如二次元文化社群。从消费的角度来看，大众需求集中在头部，而分布在尾部的是个性化的小众需求。这部分差异化的、少量的需求会在需求曲线上面形成一条长长的"尾巴"，将所有利基市场累加起来就会形成一个比流行市场还大的市场，这就是所谓的"长尾效应"。长尾效应是丰饶世界的一种现象，只有头部，无法满足用户的多样化需求；只有尾部，用户则完全进入一个陌生的世界，无从下手。

当前，越来越多的消费者开始注重自身的个性化需求，他们不愿随大流，而是希望买到最喜欢、最合适的商品。以服装为例，长期以来，批量化的服装是大多数消费者的选择，如今许多定制化平台纷纷涌现，不仅能够根据不同消费者的需求进行专属定制，还可以让消费者参与到服装的设计与生产环节之中。此外，从时间与空间的维度看，SoLoMoPe 消费群体还希望在任何时候任何地方都能买到想要的东西，其"全天候、全渠道"的特征同样明显。

## 消费者渠道选择行为

研究人员发现，消费者会根据使用的渠道作出不同的选择[①]，而营销人员诱导消费者转

---

① Danaher P J，Wilson I W，Davis R A. A comparison of online and offline consumer brand loyalty. *Marketing Science*，2003，22 (4)：461－476.

换渠道①，品牌和渠道感知又会共同决定购买意愿②。这表明品牌选择和渠道选择这两个过程是相互交织的。在商业实践中，企业更关心的是如何在全渠道环境下跨渠道地管理自己的品牌。

## （一）消费者选择过程框架

不同于传统的单渠道和多渠道，全渠道的全息化触点加大了顾客流向的预测难度。尤其是移动技术和大数据分析为消费者权力赋能，消费者变得更加灵活复杂。单单依靠消费者特征分类、渠道特征、产品类型以及营销活动，收益性价比并不高。根据莱宾斯坦提出的效用成本理论，我们可以概括企业和消费者的手段和目的，从而了解消费者的选择过程。如图 13－2 所示。

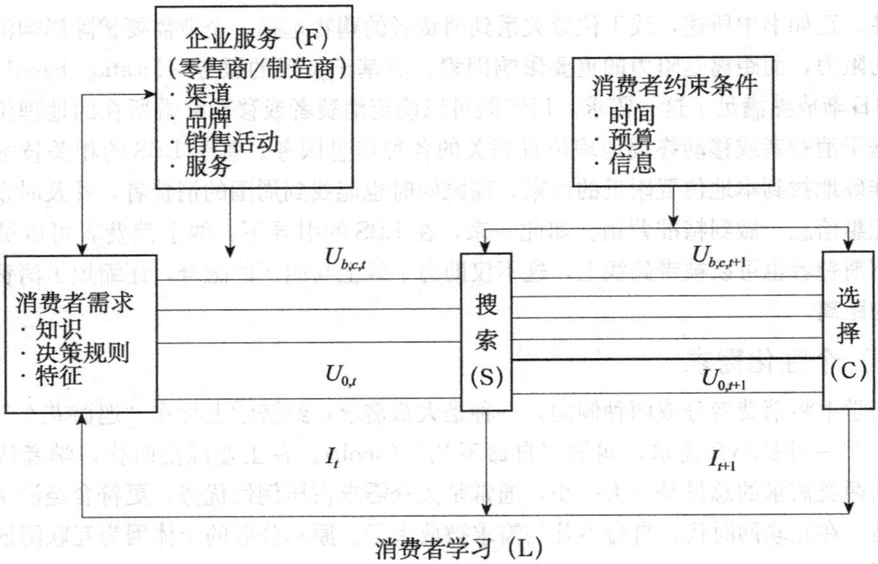


**图 13－2　消费者购物选择过程**

消费者的购物选择过程起源于消费者需求，需求的激发可能来源于企业举办的营销活动的刺激，或者个人的品牌知识储备、不同消费者类型的特征以及搜索过程的学习习得。接下来消费者会通过线上线下等多渠道进行搜索，在第一阶段（搜索阶段），消费者在 $I_t$ 时间有一个信息集 $I_t$，它包含了各种品牌和渠道组合（$b$=品牌，$c$=渠道，$t$=时间）方案。该阶段可以分为两种情况，第一种是消费者在搜索阶段已经有了特定偏好的品牌和渠道，并且优先选择偏好的品牌和渠道进行搜索，如 $U_{b,c,t}$。图中线条的粗细表示了消费者渠道和品牌选择的偏好度和感知效用偏好强度，会受到企业的刺激推动（诸如品牌、渠道、营销活动、服务等因素）和消费者约束条件的限制。第二种是消费者没有特定的品牌和渠道偏好，如感知效用 $U_{0,t}$，只有模糊的需求驱动。

---

① Ansari A, Mela C F, Neslin S A. Customer channel migration. *Journal of Marketing Research*, 2008, 45 (1): 60－76.

② Dodds W B, Monroe K B, Grewal D. Effects of price, brand, and store information on buyers' product evaluations. *Journal of Marketing Research*, 1991, 28 (3): 307－319.

搜索是购物的一个关键方面，Ratchford（1982）[①] 和 Verhoef et al.（2007）[②] 对此进行了阐述。在现有品牌/渠道组合的集合下，如果消费者认为额外的搜索可以为其提供更好的关于当前选择集合或更多相关选择的信息，那么在合理的搜索成本下，消费者可能会决定进行更多的搜索。在搜索之后，随着消费者为新识别的品牌/渠道组合形成实用工具，会出现更多选择。此外，以前确定的替代方案的实用程序可能会更改。因此，在 $I_{t+1}$ 以上会出现新的线，这些线的粗细可能与 $I_t$ 不同。

在搜索过程中，消费者可以在任何时候决定进行额外的搜索，或者选择在哪个渠道购买哪个品牌。这可能需要消费者具有前瞻性的判断。只有当至少一个品牌/渠道效用超过 $U_{0,t}$ 选项的效用时，才会作出选择。作出选择之后，消费者会记住（学习）实用工具、各种品牌/渠道可取性的一般经验教训，以及如何进行评估。当下一个需求出现时，将使用这个更新后的消费者知识。图 13－2 强调了该过程的四个关键方面：F 代表企业服务（零售商或制造商），S 代表消费者搜索，C 代表消费者选择，L 代表消费者学习，即从反馈中获得的信息。我们将通过这些环节进一步说明消费者全渠道选择框架和企业研究问题。

## （二）全渠道选择场景分析

本节将通过三个小故事“场景”来拆解消费者在全渠道环境下的选择框架，展示品牌和渠道选择是如何交织在一起的。

故事 1：在当当商城买书。

消费者小王想购买一本经济学方面的图书，且时间紧迫。小王明确购买对象是亚当·斯密的《国富论》，而且他是当当商城的会员。小王的导师愿意为小王报销购书费用，因此他不需要考虑经费问题。如果当当商城有这本书（企业服务 F），他就会选择在此购买。小王登录当当商城搜索《国富论》（消费者搜索 S），当当显示有货，小王选择下单购买（消费者选择 C）。

小王整个购买过程如图 13－3 所示。根据场景，小王有偏好的搜索渠道和书店品牌，因此小王在偏好的书店品牌当当搜索所需图书的总效用高于其他方案（箭头粗细代表感知效用强度），搜索后得知在当当商城有所需目标，而且没有经费约束条件，小王不需要切换渠道比对价格，直接选择在当当下单。

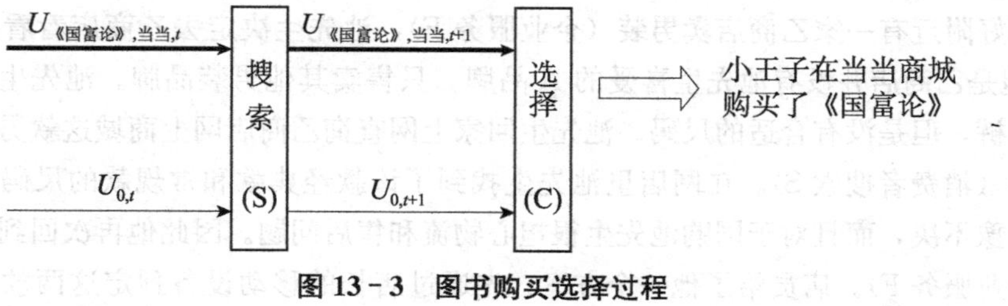


**图 13－3 图书购买选择过程**

故事 2：线下展厅对比。

消费者周颜是两位孩子的母亲，最近她想要购买婴儿车。由于婴儿车这类商品体验因素

① Ratchford B T. Cost-benefit models for explaining consumer choice and information seeking behavior. *Management Science*，1982，28（2）：197－212.

② Verhoef P C，Neslin S A，Vroomen B. Multichannel customer management：understanding the research-shopper phenomenon. *International Journal of Research in Marketing*，2007，24（2）：129－148.

比较重要，包括可操控性、舒适度等，尽管网上购买更方便，但不易真实感受质量，因此周颜决定去线下实体店体验。她来到当地最大的孩子王母婴店（企业服务F），看看当季有哪些热门婴儿车品牌和款式（消费者搜索S）。与故事1中的主角不同，她没有特定的品牌偏好，在母婴店，她看中了三款婴儿车（消费者搜索S），其中Wikider婴儿车是最好的选择（消费者学习L），但是实体店的价格有些高，超出了周颜的预算。她不得不寻找其他更合适的零售商（消费者搜索S），周颜拿出手机搜索网上商城有没有价格更便宜的Wikider婴儿车（消费者搜索S），她发现Wikider天猫旗舰店的价格比实体店更划算，有满599减50的优惠活动。最后周颜选择在天猫旗舰店下单购买Wikider婴儿车（消费者选择C）。

周颜购买Wikider婴儿车的购物过程就利用了实体店展厅效应，如图13-4所示。

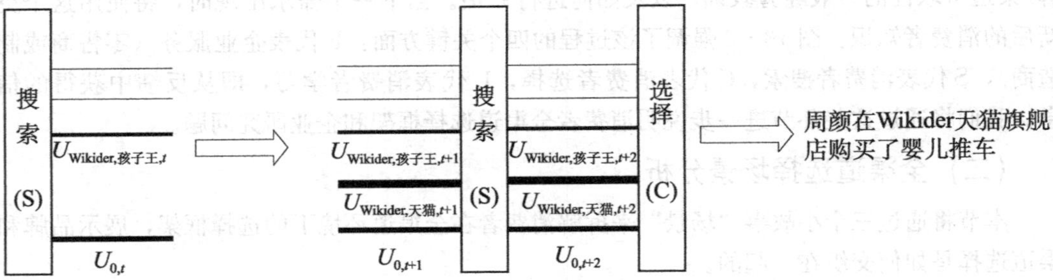


**图13-4 婴儿车购买过程**

周颜在搜索阶段经历了两个时间段，第一个时间段内，她没有品牌偏好，基于婴儿车的体验属性选择了线下渠道实体店，并将婴儿车品牌范围缩小到Wikider品牌，但由于价格超出预算，$U_{0,t}$高于$U_{Widkider,孩子王,t}$。在第二个时间段，周颜利用手机（移动渠道）更换了零售商，发现在天猫旗舰店购买Widkider婴儿车的性价比最高（横线更粗），最后在搜索结果上进行了选择。在周颜的购物过程中，线下渠道发挥了展厅效应，对于一些非数字属性的商品，消费者通常会利用线下渠道这一特性去降低购买风险。

故事3：全渠道顾客的发展。

消费者池先生要购买一条休闲裤，他是A品牌的忠实顾客，通常去甲商店购买A品牌男装，因此决定去甲商店挑一条休闲裤（消费者搜索S）。但是甲商店里A品牌男裤没有合适的，刚好附近有一家乙商店卖男装（企业服务F），池先生决定去乙商店看看（消费者搜索S）。但是乙商店并没有池先生喜爱的A品牌，只售卖其他男装品牌。池先生看中一款B品牌的男裤，但是没有合适的尺码。池先生回家上网查询乙商店网上商城这款男裤是否有合适的尺码（消费者搜索S）。在网店里池先生找到了该款经典款和常规款的尺码，他在两款男裤中犹豫不决，而且对于网购池先生很担心物流和售后问题。因此他再次回到乙商店询问店员（企业服务F）。店员给了他一个方案：先通过店长的移动设备预定这两款男裤，之后可以在线下商店退回其中一条不合适的（企业服务F）。几天过后，池先生收到了两条男裤，试穿后发现经典款更合适。池先生返回乙商店并询问店员能否将要退的常规款的男裤换成经典款的另一个颜色（消费者选择C）。店长再次使用移动设备完成了池先生的换货交易（企业服务F）。经过这次购物，池先生对乙商店好感大增，并且成为它的忠实顾客，之后经常使用它的线上线下渠道（消费者学习L）。

池先生的购物经历比较复杂，但在全渠道中，这种现象并不罕见。池先生的整个购物过程可以分为四步，如图13-5所示。

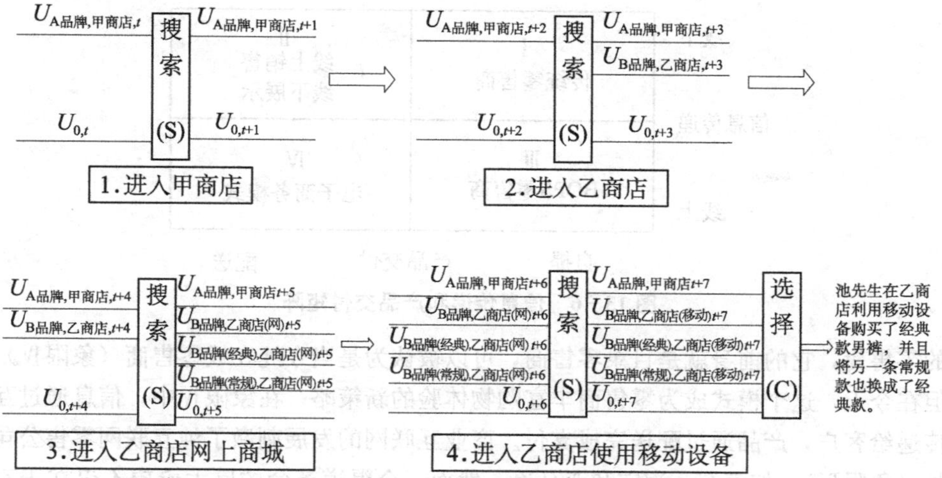


**图 13-5　休闲裤购买过程**

以上三个故事场景基本概括了全渠道销售的常见情况，在全渠道环境中，顾客对于渠道切换是非常普遍且容易的。对于全渠道顾客，单一渠道的吸引力非常弱，如何在消费者转换渠道时仍然保持品牌黏性才是企业需要考虑的。

## 企业全渠道选择策略

了解消费者渠道选择行为的最终目的是为企业渠道选择服务，以上介绍了 SoMoLoPe 消费群体，并对全渠道环境下客户渠道选择情况作了详细的阐述，本部分将以企业为核心，阐述消费者渠道选择行为对企业渠道选择的影响及企业渠道选择的考虑因素。

### (一) 对企业渠道选择的影响

在如今全渠道零售环境下，顾客通过各种线上线下渠道进行购物已经稀松平常。全渠道环境为企业提供了新的挑战和机遇，不管对盖璞这样以线下实体起家的传统零售商，还是对韩都衣舍这样以网上销售开始的新零售商来说，情况都是如此。虽然所有类型的零售商都需要有效地管理产品的交付和信息的提供，但是根据企业从哪里开始、如何开始以及什么样的改进能够产生最大的影响，如何做到这一点有着重要的细微差别。全渠道服务零售商面临的挑战是：企业如何才能向消费者提供信息（关于什么产品最适合他们），而不影响产品的交付。为了在新环境中茁壮成长，来自各个行业的企业需要部署信息和丰富策略，以减少购买过程中每个阶段的摩擦。这意味着要同时以一种成本有效和吸引力增强的方式提供信息，消除最初的不确定性和购买障碍，以及使零售商能够以最方便和最具成本效益的方式向客户提供产品的交付选项。

企业应对全渠道选择策略要明确两个关键问题：(1) 消费者如何获得所需信息来促进他们的购买决策？(2) 消费者如何完成交易？参见图 13-6 信息传递和产品交付矩阵。

涉及产品交付时，要么顾客去商店取货，要么企业提供配送服务。信息也是如此，消费者要么访问商店以获取（离线）信息，要么通过在线或移动设备远程查找信息。在互联网出现之前，真正的零售商只有两种类型。第一种是传统零售商，在矩阵的左上方象限Ⅰ中表示，所有的产品信息通过实体店脱机传递，顾客到实体店购买。在今天，许多零售商仍然只在这一象限运作。第二种是线上购买、店内提货（buy online and pick up in store，BOPS）

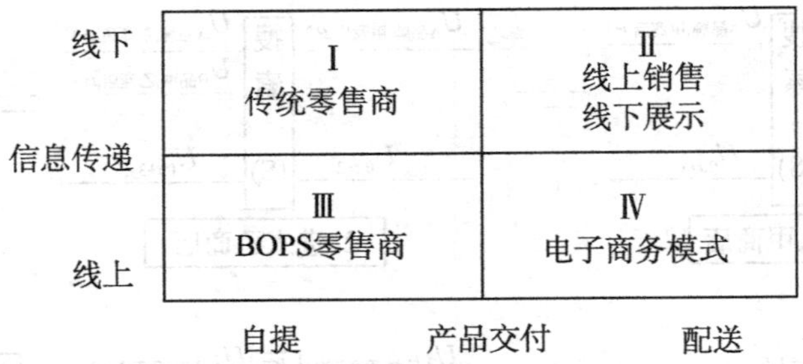


**图 13-6　信息传递和产品交付矩阵**

模式的零售商，它的前身就是目录零售商，可以被认为是当今纯在线零售商（象限Ⅳ）的先驱。但在今天，这个模式成为零售商丰富购物体验的新策略。在象限Ⅳ中，信息通过互联网直接传递给客户，产品通过配送完成支付。商业互联网的发展刺激了纯互联网零售公司数量的增长（象限Ⅳ），如京东、淘宝和亚马逊。然而，全渠道革命的巨大希望不仅在于互联网连接带来的新的零售业务，而且在于位于象限Ⅱ和象限Ⅲ的零售战略的出现，其前景更为微妙和深刻。

从图 13-6 中可以看出，零售商有潜力在四个象限中的任何一个进行操作。然而，要想理解什么样的信息传递和产品交付的组合能够成功地实现什么样的业务以及为什么成功，首先要关注象限Ⅰ和象限Ⅳ的范例，并考虑它们擅长的产品和经验。所有的传统零售商都是从象限Ⅰ开始的，它们通过店内体验向顾客传递信息，同时满足顾客的需求。这包括销售自有品牌的垂直零售商（通常是苹果、耐克等制造商）以及其他零售商。然而，要想在全渠道的世界中获胜，传统零售商需要通过象限Ⅱ、Ⅲ和Ⅳ进行扩展。同样，纯在线零售商需要遵循象限Ⅱ和Ⅲ的策略，并考虑与传统零售商（象限Ⅰ）的合作关系。

## （二）企业渠道选择的考虑因素

### 1. 识别全渠道消费行为的关键激励因素

消费方式体现了一种价值判断，是在消费者受到心理因素刺激和外部条件约束的情况下完成的，除了消费者个人因素、心理因素、情境因素、社会因素、渠道特性和企业因素对全渠道消费行为产生不同程度的影响，在全渠道购物中无缝一致体验也是非常关键的吸引因素之一。未来，体验会变成产品，也是很多零售商获得持续收益的唯一来源。体验可以促进产品销量，或是直接变现。企业需要辨析这些因素和变量对全渠道消费行为的影响路径以及对消费者购买行为的激励效果，从中识别出关键变量，制定相应的营销策略。

### 2. 重视与顾客的互动

全渠道消费行为既是一个消费者主动选择特定渠道和服务方式的过程，也是消费者与服务组织互动的过程。提升互动频率和改善关系质量能够帮助企业开展交叉渠道促销、加快顾客购买频率或缩短购买周期、增加顾客单次购买金额。不同渠道有着特定的信息丰富性、互动性、吸引力与关系属性，可以根据消费者渠道选择行为特征和趋势进行差异化渠道设计，满足消费者个性化的需求，提高顾客满意度和忠诚度，建立顾客信任和依赖，增加保留意向或降低流失倾向。

### 3. 渠道布局大局观

在新媒体时代，渠道的铺设已不是技术难题。但渠道铺设是否越多越好？企业经常陷入误区，认为铺设足够多的渠道，让品牌在消费者眼前曝光得足够多，消费者就会被“洗脑”。殊不知这样做除了增加企业自身的运营成本，未必会带来业绩的显著提升。每家企业的主打商品、商品类型、针对的目标群体特征都不相同，全渠道如何打造综合无缝式购物体验依靠的是渠道间的协同而不是数量的堆叠。

## 13.3 全渠道战略模式

全渠道是零售商的战略发展趋势，对于不同类型的零售商而言，面临的问题不是做不做全渠道营销而是怎么做。目前零售商大致可分为三种：传统零售商、纯电商以及多渠道零售商。多渠道零售商既有线上零售渠道，也有线下零售渠道，且逐渐趋于线上线下融合的零售方式，这种线上线下渠道的整合实则是构建全渠道。传统零售商主要以实体店为主，构建全渠道的战略主要通过实体＋电商的模式；纯电商是纯线上销售，一部分通过与其他实体企业进行战略合作，一部分通过自己开设实体门店来实现全渠道。本节分别介绍传统零售商、纯电商和多渠道零售商的全渠道战略，并引入代表企业的案例，便于读者理解和学习。

### 传统零售商的全渠道战略选择

传统零售业是相对于新型电子商务零售而存在的，是主要基于实体店面进行经营活动的零售类企业。传统零售业连锁经营业态多样，各业态之间相互渗透，其中百货店、超市、便利店、专业店、专卖店是其主要业态，传统零售业主要采用传统媒体进行营销，如电视、报纸等。

根据国家统计局最新发布的数据，2019 年 1—4 月，我国社会消费品零售总额达到 128 375.8 亿元，同比增长 8%，低于 2018 年同期 9.7%的增长率。2019 年 4 月，社会消费品零售总额的同比增长率仅为 7.2%，这是自 2003 年 5 月以来的最低增速。

2013—2018 年，互联网支付规模持续增长，但增速逐年放缓。2018 年中国第三方互联网支付交易规模达到 29.1 万亿元，同比增长 3.6%。2019 年一季度，中国第三方互联网支付交易规模为 6.6 万亿元，与上年同期相比略有减少。

在零售行业增速持续降低、传统零售受到巨大冲击的同时，电商也逐渐显露疲态。可见，传统零售商和纯电商都不是零售的正确方向，对于传统的零售商而言，全渠道战略的落实从实体＋电商模式开始。以这种模式进行转型的企业有很多，下面以典型的传统零售商苏宁易购为例进行详细分析。

**案例**

#### 充分整合的苏宁易购

回顾发展历史，苏宁从一个专营空调的电器商铺发展到全国最大的电器连锁企业，再到如今成为综合性线上线下融合发展的大型零售企业，主要经历了实体＋电商的三次转型。

（一）稳固实体店

1990年，苏宁诞生于南京宁海路，那时它还只是一个专营空调、营业面积不足200平方米的电器商铺。经过1993年的“空调大战”，苏宁完成创业初期的原始积累，逐渐扩大了家电经营规模。

1998年，苏宁不再专营空调，开始迈向综合性的家电连锁经营商，成为全国性的3C综合销售商成为苏宁在该时期产业布局的目标。经过以“专业化分工、标准化作业”为内容的品类扩展和内部组织再造后，苏宁顺利实现了目标，其标志性事件是在2003年建成了亚洲规模最大、品种最全的单体专业电器综合购物广场。

然而苏宁的发展之路并不平坦，2006年家电行业领先者国美大肆扩张，欲收购紧随其后的苏宁，同样具有市场野心的苏宁断然拒绝了国美的收购。与国美快速扩张的战略不同，苏宁选择了稳扎稳打，并重视技术革新。例如，苏宁联合IBM、SAP上了ERP系统，大力研发信息系统和物流系统，实现企业标准化建设。面对强大的国美电器，苏宁选择不正面对抗，而以新技术、质量、服务与之竞争。

2009年4月9日，《福布斯》公布苏宁成为排名最高的中国零售企业，超越了华为、联想等众多公司，成为排名第一的民营企业。

（二）发展电商

互联网技术的发展放大了消费者的需求和变化，个性化和便利化成为新的消费诉求。“足不出户便可购遍天下”的观念在消费者心中生根发芽，而电子商务正好迎合了这一趋势。在B2C、C2C模式下，人们只需要打开平台网站就可以购买任何地方的任何产品。移动互联网的发展让电子商务的端口从PC逐渐转向智能移动端口，以智能手机为载体的交易方式成为主流。

苏宁为了顺应互联网趋势的发展，同时也为了满足消费者的需求，开始加入电商。发展电商，首先就是线上平台的搭建。2011年苏宁战略发布会阐述了苏宁未来十年的发展方向，隆重推出了聚集其后台IT科技力量与前台运营技术的苏宁易购网上商城平台并正式投入运营。苏宁易购上线后很快取得了成效：仅一年苏宁易购就实现了20亿元的销售收入，增速远远高于实体店，如表13-1和表13-2所示。

**表13-1　苏宁易购和苏宁实体店销售收入对比**　　单位：亿元

| 分类 | 2010年 | 2011年 | 2012年 | 2013年 | 2014年 | 2015年 | 2016年 |
|---|---|---|---|---|---|---|---|
| 苏宁易购 | 20 | 59 | 183.4 | 218.9 | 258 | 502.75 | 805.10 |
| 苏宁实体店 | 735 | 880 | 800.6 | 835.4 | 516 | 854 | 681.7 |

资料来源：苏宁云商年报.

**表13-2　苏宁易购和苏宁实体店收入增速对比**

| 分类 | 2011年 | 2012年 | 2013年 | 2014年 | 2015年 | 2016年 |
|---|---|---|---|---|---|---|
| 苏宁易购 | 195.0% | 210.8% | 19.4% | 17.9% | 95.93% | 60.14% |
| 苏宁实体店 | 19.73% | −9.0% | 4.6% | −38.2% | 65.5% | −20.2% |

资料来源：苏宁云商年报.

（三）实体＋电商

随着零售业的进一步发展成熟，行业竞争不仅仅是实体店和电商的竞争，逐渐演化成线上线下的同步竞争。如何实现全渠道、实现实体和电商的完美结合，是传统零售面临的重大问题。

面对各类零售业态如雨后春笋般涌现，以及共享经济的刺激，作为零售航母的苏宁明白发展全渠道是必然趋势，传统零售的发展模式是实体+电商。为此，苏宁开始了全渠道的布局。具体包括：从传统实体店经营模式转变为实体+电商模式，利用互联网技术搭建平台、拓展电商业务，实现全品类服务；价值主张从以企业盈利为目的转变为以满足消费者需求为中心，给消费者提供线上线下无缝式的购物体验；在关键业务和核心资源方面，将传统店面辐射小、缺乏互动和过分依赖价值链等弊端转变为依靠物联网、大数据以及全渠道服务把所有店面连接起来形成店面云；在客户细分、客户关系上，逐渐转向年轻化、知识化和网络化群体，通过数据对顾客进行画像和细分，重视顾客的社群互动和分享，打造全方位、智能化客户关系；在重要伙伴和渠道建设方面，克服了传统的渠道冲突、层级太长和渠道间隔断等弊端，利用供应链云服务减少渠道层级，实现上下游资源和库存共享的生态圈；在盈利模式方面，一方面通过大数据优化各种业务成本结构实现店面云和物流云等，另一方面通过为企业和顾客提供个性化服务创造新的收入来源。表13-3是传统零售模式与苏宁全渠道模式的对比。

**表13-3 传统零售模式与苏宁全渠道模式的对比**

| 传统零售业的现状 | 商业模式及构成要素 | 苏宁的全渠道模式 |
|---|---|---|
| 坐商模式：店铺数量有限，顾客访问有限，互动有限，只有去实体商店才能购物 | 商业模式 | 云商模式：店商+电商+云服务。平台串联千万个中小企业，为顾客、商家提供一站式服务；顾客访问和互动频繁 |
| 从企业出发：以企业为中心，以盈利为目的 | 价值主张 | 从顾客出发：以顾客为中心，提供线上线下无缝式购物体验 |
| 店面：辐射有限，常出现缺货、断码、断色现象，现金支付不便，顾客需在店面自提货 | 关键业务 | 店面云：平台+店面，提供全品类服务和无限延伸的货架、电子支付，物流配送到家 |
| 传统的价值链：企业上下游价值链 | 核心资源 | 互联网时代的价值链：物联网，大数据，全渠道 |
| 传统渠道购物顾客群：喜欢逛街、年龄偏大 | 客户细分 | 多渠道购物顾客群：年轻化、知识化，网购经验丰富 |
| 会员制：顾客购物经验无法分享，无法互动 | 客户关系 | 社群化：互动，粉丝化，360度智能化客户关系管理 |
| 独立的渠道关系：各级中间渠道商是分隔的状态 | 重要伙伴 | 云服务串联下的渠道关系：各级渠道商串联在一起成为云服务系统 |
| 渠道通路不畅：渠道上下游层级长，渠道之间隔断 | 渠道通路 | 渠道间无缝对接：渠道去中间化，库存共享，渠道间互通，无缝对接 |
| 成本压力大：租金、人力成本、管理费用等不断上升 | 成本结构 | 优化的成本结构：通过平台、信息技术、物流配送等优化成本 |
| 收入来源单一：主要来自实体店面，有局限性 | 收入来源 | 收入来源多元化：既有来自实体店的收入，也有来自虚拟电商的出租费、推介费、竞价排名费、会员费等 |

资料来源：刘煜，刘遗志，汤定娜．互联网时代零售企业构建全渠道商业模式的探讨．北京工商大学学报（社会科学版），2016，31（6）：34-42.

苏宁通过三步走逐步实现了全渠道战略，是传统零售企业成功摆脱困境、实现全渠道华丽转型最为成功的案例，充分展示了实体＋电商模式的优势。

资料来源：倪华．苏宁的27年：发展历程与门店重塑．https://www.iyiou.com/p/52305.html.

## 纯电商的全渠道战略选择

随着越来越多的实体零售商涉足电商零售成为全渠道零售商、与只经营电商零售的纯网络零售商展开竞争，实体零售与电商零售的融合发展成为大势所趋。

“全渠道零售”由里格比首次提出，自2013年开始，全渠道零售越来越多地被提及或引用。它是指企业采取尽可能多的零售渠道类型进行组合和整合销售的行为，以满足顾客购物、娱乐和社交的综合体验需求，这些渠道类型主要分为实体渠道、电子商务渠道和移动电商渠道，如图13－7所示。

全渠道零售 ＝ 实体渠道 ＋ 电子商务渠道 ＋ 移动电商渠道

**图13－7　全渠道零售拆解图**

实体渠道的类型包括：实体自营店、实体加盟店、电子货架、异业联盟等。

电子商务渠道的类型包括：自建官方B2C商城、进驻电子商务平台如淘宝店、天猫店、拍拍小店、QQ商城店、京东店、苏宁店、亚马逊店等。

移动电商渠道的类型包括：自建官方手机商城、自建App商城、微商城、进驻移动商务平台如微淘店等。

纯电商在不断布局线上渠道、增加电商及移动电商渠道的同时，也开始思考，传统的线下渠道该如何实现。面对全渠道，电商该何去何从？面对全渠道的大势所趋，电商要加强线下渠道的布局，合理利用线上数据积累优势并不断满足客户多元购物需求。

加强线下渠道布局。全渠道已是大势所趋，线上线下结合将是必然。以往电子商务冲击传统产业的说法将被否定，电商与线下实体商业通过精准化、体验为主的模式由原先的独立、冲突走向混合、融合。对电商而言，线上客户体验差、客户信任度低一直是其痛点，并且在线上增长速度放缓、流量竞争白热化、获客成本增加的当下，搭建线下渠道，线上线下结合是必然的。只有线下渠道才能让客户真正触摸到商品，获取客户信任，增加用户体验与互动，提高转化率，增加产品竞争力。同时还可以扩充线下流量。部分电商企业的行动也论证了这一观点。例如，互联网浪潮第一批成长起来的纯电商品牌茵曼2015年初告别单一的电商渠道，转型开实体店，走向电商＋店商＋微商的全渠道模式。到2015年末，茵曼线下开店101家，签约163家，覆盖省市23个。还有华为的“千县计划”，小米招线下经销商与代理商，相信在不久的将来，会有更多的纯电商品牌加强对线下渠道的布局，以线下店为依托打造“粉丝社群”，增强顾客购物体验和互动，提升用户黏性。

合理利用线上数据积累优势。如果把新零售比作一个人，“人工智能＋云计算”是大脑，那么“数据”则是为身体提供能量的血液。大数据为消费者赋权，从选品、商家服务、物流等环节进行“双向”反馈，通过数据打通共享，让消费三元素“人、货、物流”有机融合，不断提高消费者购物体验，激发客户深层次消费需求。线上电商通过数年的高速发展，相对线下在收集数据方面有天然的优势，从客户进店到成交的一系列行为都受系统监控，转化为数据。经过多年的发展，已经积累了海量数据，不得不说这将是一个巨大的优势。

满足客户多元购物需求。随着消费结构升级，消费呈现出客群年轻化、需求多样化、行为个性化、方向品质化、时间碎片化等趋势。消费者更加注重产品品质与内涵。对低价的免疫将会越来越高，过去低价爆款的时代已经过去了。企业应该从“产品思维”转变为“用户思维”，不断关注消费人群与消费需求的变化，生产满足客户需求的产品与服务，赋予产品内涵，满足客户多元购物需求。

无论在什么时代，零售本质并未改变，那就是一切以消费者需求为核心。纯电商发展线下渠道也是为了更好地提高消费者的购物体验。纯电商发展线下渠道、实现全渠道的发展可以靠战略合作，与传统大型的实体店建立合作，也可以建立自己的线下实体店。

**营销视角 13-1　阿里巴巴与上海百联达成战略合作**

## 多渠道零售商的全渠道战略选择

多渠道零售商是相对于传统的实体零售和纯电商而言的，多渠道零售是单渠道向全渠道发展的中间过程。从零售渠道的演变来看，零售业主要经历了三个时代的演变，依次为单渠道时代、多渠道时代、全渠道时代。

单渠道时代：1990—1999 年，巨型实体店连锁时代到来，多品牌化实体店数量减少。是砖头加水泥的实体店铺时代。单渠道模式经营的企业困境在于渠道单一，实体店仅仅覆盖周边的顾客，商铺租金及人力成本高昂且不断上升，成本增加，利润微薄，生存岌岌可危。

多渠道时代：2000—2011 年，网上商店时代到来，零售商采取线上和线下双重渠道。是鼠标加水泥的零售时代。多渠道相比单渠道路径更丰富，但也面临着瓶颈：分散渠道，几套人马，管理成本上升；内部恶性竞争，抢夺资源，团队内耗、资源浪费；外部价格不同、促销不同、服务不同，顾客体验冰火两重天；左手打右手，效率下降，投资回报下降，亟须改变。

全渠道时代：2012 年以来，企业关注顾客体验，有形店铺地位弱化。是鼠标加水泥加移动网络的全渠道零售时代。如图 13-8 所示。

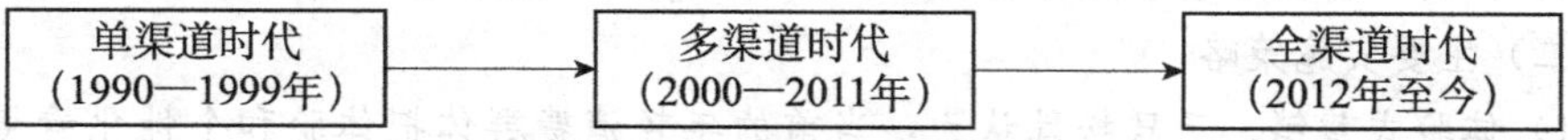


**图 13-8　零售业演变三步曲**

目前，很多企业都处于多渠道阶段，随着行业的竞争，大家都认识到多渠道向全渠道转型的必要性，越来越多的中国传统零售企业开始尝试多渠道、全渠道的转型升级，但效果并不理想。很多零售企业在实施线上线下多渠道战略效果不佳的情况下，又盲目进入全渠道，导致经营更加恶化。还有很多实施全渠道战略的零售商没能发挥渠道之间的协同效应，不同渠道之间的冲突和矛盾频发，不同渠道之间的销售掠夺层出不穷，严重影响了企业绩效。苏宁、美邦都曾遭遇过全渠道转型的失败。

全渠道零售模式与多渠道零售模式的区别并不是全渠道零售模式中渠道更多，而是全渠道零售模式运用现代信息化手段实现了多条渠道的有机整合。开展全渠道零售，顾客在哪条渠道上发生购买行为并不是重点，比如顾客可以先在线上浏览，再到实体店体验，但可能没有最终下定决心购买。然而，他拍了照片分享到自己的社交媒体上，征询好友的意见，结果最终在线上下单，又顺路去实体店取货。消费者可以随心所欲地在不同类型的渠道终端之间切换，但一个重要的前提就是不同渠道之间能够实现无缝连接。所以，如何实现全渠道的协同是全渠道零售战略能否成功的关键所在。对于大多数已经开展多渠道战略的零售商而言，在什么时机向全渠道转型、如何实现高效的全渠道运作，是一个重大课题。

## 案例

### 三只松鼠布局全渠道

三只松鼠股份有限公司（以下简称“三只松鼠”）是布局全渠道的先行兵，从线上到线下展开一系列探索。

（一）布局全渠道的动机

为了全力布局全渠道，三只松鼠成立了新零售事业中心。2016年9月，第一家投食店在安徽芜湖开业，店里除了琳琅满目的松鼠产品和松鼠周边产品，还设有提供饮品和糕点的“水十轻食”及供人休憩的休闲区域。投食店被定位成承接4 000多万现有客户以及更多潜在消费者的2.5次元的物理空间和体验场所。三只松鼠大力布局全渠道，发展线下投食店的动机主要有以下几点。

(1) 当前，消费者在线下传统商超很难买到既新鲜又实惠的坚果零食，松鼠投食店的产生正是为了解决这个痛点，用更直观的体验、与互联网一致的价格，让消费者发现好零食及周边产品，性价比优势明显；另外，通过“一城一店”、社区推广等模式，提供比纯线上更好的“线上十线下”服务。

(2) 全零食这一品类巨大的市场潜力并没有完全迸发出来，健康零食细分品类的消费需求快速成长。以坚果为例，坚果在一、二线城市的消费量是三、四线城市的6倍，但中国60%以上的人口集中在三、四线城市，这也是三只松鼠投食店选址的重要依据之一。

(3) 线上竞争的激烈、流量红利的萎缩及移动商务的发展，促使三只松鼠开启投食店计划，同时，得益于移动支付的发展和技术的成熟，全渠道的展开也更为高效便捷。

（二）主要实施策略

(1) 体验式营销。三只松鼠认为，当前的年轻消费群体把体验和个性化看得很重要，甚至高于对产品本身的需求。在投食店的管理上，要求全员学习规章制度、口号、企业文化，贯彻“三个承诺”：“产品不好吃，直接退；产品不好喝，免费换；同款不同价，当场补差价。”线下投食店布局的核心是带来服务和体验的升级，是品牌建设的一部分。不管是门店装修的视觉效果、最具性价比的产品选择，还是极具“萌”的服务特色，都是为了消费者体验而精心设计的。

(2) 个性化优于标准化。三只松鼠每个投食店都非常注重互动，不管是方便拍照分享的超大号萌宠、现场唱歌互动得奖品、Cosplay舞蹈会，还是充满人情味和萌文化的服装及语言，都带动了每个消费者的参与兴致。同时，投食店实施千店千面的管理，每个城市都有不同的文化和消费习惯，针对每个城市制定相应的策略，为具有个性化需求的顾客提供相应的产品和服务。

(3) IP效应充足。在三只松鼠开的每一家投食店里都能看到松鼠的影子，这与公司想打造的独特松鼠世界相关联，包括松鼠式微笑、打招呼及收银用语等，IP效应充足。2017年8月，芜湖投食店先于线上旗舰店发售了松鼠服装潮牌，进一步传递健康、乐活的理念。未来，三只松鼠希望能重构“内容、会员、渠道”，提升IP的变现能力。同时，以零售连锁业务为基础，连接金融、游戏、社交三大领域，积极推动实体店与App的结合，实现低成本物流+强势零售终端。

(4) 试水快闪店。快闪店是一种不在同一地点久留的品牌游击店，指在商业发达的地区设置临时性的铺位，供零售商在短期内推销其品牌，抓住季节性的消费者。当前很多品牌尤其是互联网品牌都尝试了快闪店模式，以估测市场反应，为布局线下渠道作前期调研。2017年6月，三只松鼠在上海市黄浦区开启了萌力能量站这种新型的快闪店模式，涵盖了微型占卜室、LIVE、扫描二维码即可下单等形式，引爆市场话题。

(三) 从线上到线下成果

2016年9月到2017年7月，三只松鼠陆续在芜湖、蚌埠、苏州、南通、南京、无锡等地开设了投食店，芜湖投食店开业一周的总销售额高达110万元，超过5万人进店，大大超出预期。三只松鼠计划到2022年共布局1 000家，实现门店总销售额突破130亿元，成为实体经济大环境下的全国代表性零售企业。投食店多集中在三四线城市，目的在于提升销量。投食店可实现与网店、移动App、微信商城、各类实体门店等所有渠道统一价格，共享实时库存。线上可以查询、下单及支付，线下可以进行体验和享受个性化服务。

未来三只松鼠投食店的布局除了旗舰店，还有自助投食机、社区便利店、抓娃娃机等多种终端形式。每一个投食店都是新零售组织体系的集合点，都有很多值得其他商家学习的地方。

资料来源：薛晨杰，王召义. 新零售下电商企业线下渠道策略分析：以三只松鼠为例. 西昌学院学报（自然科学版），2017（4）：67-70.

## 13.4 全渠道定价策略

20世纪60年代，麦卡锡将营销组合的众多因素概括为4P，即产品（product）、价格（price）、渠道（place）和促销（promotion），这一思想构筑了现代营销理论的基本框架。其中，价格自始至终是营销活动的焦点之一，在全渠道零售环境下也不例外。定价问题是零售商绕不过的坎，在大数据和云计算广泛应用于智慧零售的今天，如何有效利用技术这把双刃剑合理地制定定价策略，仍是当前零售新常态下面临的重要问题。本节将以“定价”为核心，首先，要从全渠道定价影响因素及形成机制出发，分析几种主要的经典定价方法，然后结合全渠道定价趋势，对零售商的定价策略进行整体介绍。

### 全渠道定价影响因素及形成机制

价格对于公司的利润至关重要，科学的定价往往需要管理决策者系统地思考定价策略，其中正确地定义价格影响因素和了解价格形成机制是正确制定定价策略的前提，结合全渠道零售的新特点，有必要重新系统地梳理这两方面的知识。

### (一) 全渠道定价影响因素

影响企业全渠道定价的主要因素大致可总结如下。

(1) 渠道拓展费用。全渠道零售商的主要特点是渠道的全覆盖以及渠道之间的自由转换，显然单一渠道无法满足全渠道零售的要求，因此渠道拓展费用是零售商必不可少的开支，其成本大小取决于零售商选择的渠道类型。如线上渠道的建设，商家可以选择自建渠道和电商平台（如亚马逊、京东、天猫、苏宁易购、美团、携程等），前者会产生网站建设、域名空间等费用，后者会产生平台佣金（见表 13-4）。目前主流电商平台的费率相差不大，主要与平台的受众和流量大小有关。随着移动互联网的发展，越来越多的商家转向移动渠道的建设，除了各大电商自带的移动 App，商家也可以选择自主开发手机 App 或者微信小程序等建立移动购物渠道，相应地也会产生一定的成本。

**表 13-4　2017 年代表性网络平台零售商的典型商品的平台费**

<table>
<tr><th rowspan="2">商品种类</th><th colspan="2">京东商城</th><th colspan="2">天猫商城</th><th colspan="2">苏宁易购</th><th colspan="2">亚马逊中国</th></tr>
<tr><th>固定费用（元）</th><th>费率</th><th>固定费用（元）</th><th>费率</th><th>固定费用（元）</th><th>费率</th><th>固定费用（元）</th><th>费率</th></tr>
<tr><td>图书</td><td>12 000</td><td>6%</td><td>30 000</td><td>2%</td><td>12 000</td><td>3%</td><td>0</td><td>12%</td></tr>
<tr><td>3C 数码</td><td>12 000</td><td>2%～8%</td><td>300 000</td><td>2%</td><td>12 000</td><td>3%～7%</td><td>0</td><td>8%</td></tr>
<tr><td rowspan="2">服饰</td><td rowspan="2">12 000</td><td>6%</td><td>30 000</td><td rowspan="2">5%</td><td rowspan="2">12 000</td><td rowspan="2">6%</td><td rowspan="2">0</td><td rowspan="2">10%</td></tr>
<tr><td>8%</td><td>60 000</td></tr>
<tr><td>鞋靴</td><td>12 000</td><td>8%</td><td>60 000</td><td>5%</td><td>12 000</td><td>6%</td><td>0</td><td>10%</td></tr>
</table>

(2) 生产或采购成本。产品的生产成本包括原材料、研发、生产制造、运输、工厂利润等。如果卖家为了保障品质对产品进行改良或微创新，成本也会增加。并非所有的卖家都有工厂，没有工厂的卖家需要在市场上进行采购，采购成本的高低对定价有直接影响。如果产品的进货成本高，为了保证利润，定价也会相应提高。

(3) 市场供需情况。市场需求对产品价格有很明显的影响。当市场追捧一个新品时，会造成这个新品供不应求，那么它的价格就会随之上调。但当产品被商家线上线下大量铺货、买家的选择多样化时，卖家的利润被稀释，也会影响到价格。同时，市场需求是动态变化的，可能受到经济环境、天气气候、流行趋势、地域文化、消费者偏好等因素的影响。企业在制定价格时要综合考虑，特别要强调的是，随着大数据和云计算的广泛运用，对市场需求进行预测的手段极大丰富。不同于传统预测方法强调经验和历史销售数据、往往采用抽样分析的技术，大数据提供的是海量的样本数据和样本类型，企业能更精准地预测市场需求，为定价提供更科学更可靠的需求数据，因此，企业在预测市场需求时需要重点考虑这些新方法。

(4) 预期利润水平。预期利润是企业制定经营目标的重要指标，也是影响价格的一个重要因素。零售商在选择产品时会考虑产品是否有市场和利润，同时，在与供应商议价时往往会预先设定一个期望利润，然后根据买卖双方的议价能力确定一个能接受的预期利润水平。根据这一预期利润水平，零售商进一步制定终端销售价格，这在成本加成法中使用得较多。

（5）品牌形象定位。产品品牌定位不同，价格定位也不同。走产品低端市场路线的品牌，价格会偏低；走中端市场路线的品牌，价格适中；走高端市场路线的品牌，价格偏高，但产品与服务也都是高端的。对消费者而言，对于品牌产品的保留价格也往往受品牌定位高低的影响。

（6）促销策略。大部分零售商或交易平台都会有不同主题的促销活动。如亚马逊每年7月中旬有会员日，下半年有“黑色星期五”、圣诞大促。而国内的天猫、京东、苏宁易购等大型电商平台每当重大节假日、促销节日来临之时，都会大规模调整价格，比如“双十一”“双十二”“6·18”等。

（7）营销推广费用。营销推广费用包含产品销售推广、产品包装，以及与营销相关的各类活动产生的费用。为了促进销售、增加销售收入，销售人员会设计各种各样的营销与促销手段，由此就带来了名目繁多的营销费用。不仅如此，售后服务也日渐成为营销费用的重要部分，很多企业越来越重视售后服务的质量，所以，企业提供售后服务的成本也不容小觑，它们同样构成了营销费用的一部分。具体来说，营销费用大致分为以下几类：媒介推广费、促销活动费、顾问合作费、销售奖金、销售工具制造费、现场管理费、临时设施费用等。

（8）竞争对手的价格。随着在线购物的盛行，以及技术手段的进步，商家很容易利用数据采集软件实时检测竞争对手同一商品或类似商品的价格变化，并采取措施调整价格。因此，在全渠道零售环境下，价格以及价格的变化在竞争对手之间是完全公开透明的，任何细微的变化都能被对手察觉从而产生连锁反应，因而商家在制定价格时必须考虑竞争对手的反应。

（9）运输费用。在零售业同质化发展的趋势下，物流成为各大电商平台或零售商突出服务特色的重要手段，由此而产生的运输费用各不相同。运输费用的差异首先来自快递品牌的选择，如很多商家会选择顺丰快递提供运输服务，并在顾客购买商品时明确告知。同时，运输商的服务品质的差异也会造成成本的差异。运输成本会被卖家转嫁到产品成本之中，从而影响最终的定价。

（10）产品生命周期阶段。同一个产品，有竞争对手和没有竞争对手的定价策略是不一样的。同时，产品在不同的生命周期阶段，定价策略也是不一样的。在新品上架之初，为了培养买家的良好体验，让产品快速切入市场，卖家会将价格设得低一些。但是，也不能设得太低，那样非但赚不到应得的利润，反而会让买家低估商品的价值，甚至怀疑商品质量。处于成长阶段时，卖家的产品在销量、好评、星级分数各项指标上有了一些基础，销量处于上升阶段，但忠实顾客还较少，卖家往往会适当提高价格，或者将价格控制在比竞争对手稍微偏低一点的范围。当产品销量稳定后，产品的排名、流量、星级评分、销量各方面的指标都很不错，在市场上积累了不少的人气时，消费者比价行为会弱化，更多地关注品牌形象与定位，此时卖家可以放心地将价格调得比市场价高一些，忠实的顾客并不会因此而离开。最后，产品会慢慢地进入衰退期，市场上推出新的功能更加完善的产品会取而代之，消费者的忠诚度会下降，需求也会逐渐减弱，如果还有库存，卖家会降低价格进行清仓处理。

### （二）全渠道定价形成机制

在全渠道零售和智能制造大环境下，无论是外部环境分析还是内部经营条件分析，以往主要依赖于管理决策者的经验或者有限的数据资料基础作出简单分析显然已经行不通了。大数据驱动的商业决策广泛地应用于各个领域，特别是作为企业战略决策的客观数据支撑，正在发挥巨大的作用。通过对企业所处市场环境和内部情况的系统掌握，进而制定企业的具体战略。如图13－9所示，科学的定价应该是从企业对内外部环境的分析开始的，其中，对外部环境的分析主要包括竞争态势、差异化以及顾客细分，进而掌握企业所处的市场环境以及所面临的潜在顾客群体，为企业的战略制定提供宏观资料支持。另外，企业也要熟知内部环境，包括经营成本、经营目标以及企业宗旨，这些内部要素也直接影响企业战略和战术层面的决策。

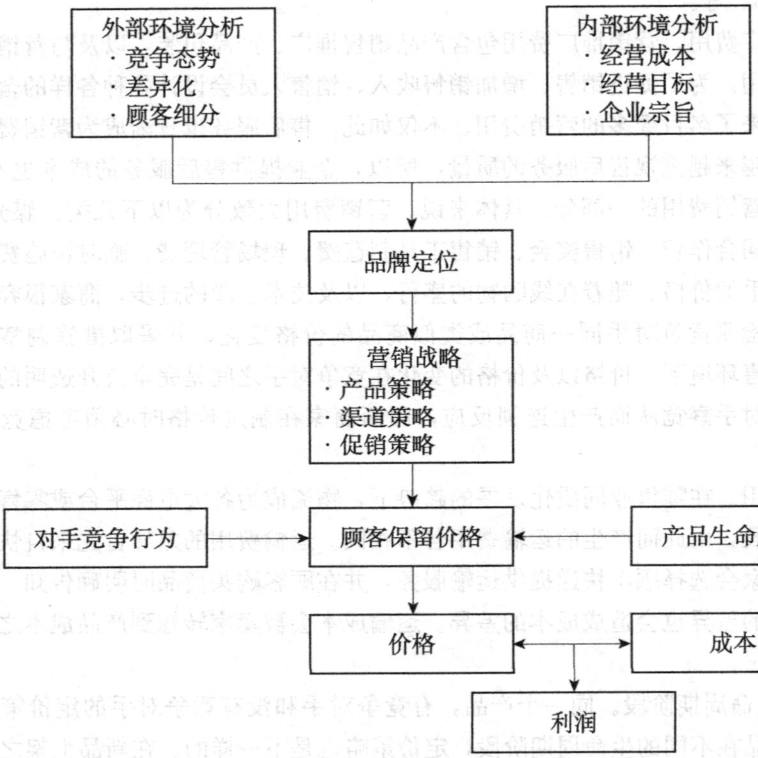


**图13－9　价格形成机制**

伴随着定价策略一起诞生的还有营销战略的其他几个方面，包括产品策略、渠道策略和促销策略，它们与定价策略之间的关系往往是相互依存、不能割裂的。高明的定价者会全面系统地分析整体营销布局后再对战略进行分解，以免偏离战略的主线。等到企业的具体营销战略落实后，最直接的反应是消费者对企业品牌或产品所形成的印象，用经济化的方式表达即为顾客对于产品的保留价格。需要强调的是，顾客的保留价格是隐性的也是动态变化的，隐性表现为顾客的保留价格体现在其心理层面，需要通过调研和测量后才能大致地掌握，而动态则主要体现在其随外部对手竞争行为以及产品本身所处生命周期和市场阶段的变化进行调整上。此外，顾客的保留价格也与顾客的行为特征有关，传统的营销手段很难捕捉到顾客的这些特征，而全渠道零售商通过对顾客行为大数据的分析，能对顾客进行精确画像，从而能更主动地掌握个体消费者的行为特征，使得对消费者保留价格的测量从面深入到点，为产品或服务的个性化定价提供条件。

## 常见定价方法

### (一) 简单成本加成法

采用成本加成定价法的公司首先确定销量目标，然后基于预期销量预测算出平均单位成本，再在此成本基础上加上预期利润就算出了最终价格。这种方法看上去符合价格形成的基本机制且简单易行，因而被绝大部分公司所采用。除了操作简便，这种方法在财务上似乎也是严谨的，因为它确保了销售的利润。但事实上成本加成法并不能保证所有销售都会产生利润，由于其假设成本是销售量的函数，如果实际销售量低于目标销售量的话，实际发生的成本就会高于预期成本，导致实际价格被低估，进而造成利润损失。在实践中，企业的实际销售量低于目标销售量是经常发生的。众所周知，企业对于销量的预测往往会存在牛鞭效应，即预期销量会随着需求的失真而往供应链上游逐渐放大。即使实际销量超过目标销量，也不能确保按成本加成法制定的初始价格一定就是合理的，因此对于成本加成法的使用，在科学性与严谨性上都存在一定的缺陷。总体来说，使用成本加成法定价最大的弊端在于它是封闭的定价方式，会将企业与顾客隔离开来，忽略了市场研究和消费者洞察的重要性。如果公司一贯性地采用成本加成法定价，那么定价的过程往往是一蹴而就，忽略了价格调整的灵活性，进而错失改善市场的机会。

### (二) 跟踪定价法

跟踪定价法是一种广泛运用的定价方法，管理者在进行战略定价时常常会使用这种方法，即调查竞争者的价格，在近似的价格水平上进行微小调整制定出自己产品的价格。这种方法在全渠道环境下更容易实施，且价格跟踪往往是实时的。尽管这种方法很简单，不需要进行烦琐的市场研究，看上去也比较安全，可以避免因价格竞争而造成的市场份额损失，但是这种定价方法可能会带来其他严重的影响，使企业付出较大的代价。一方面，跟踪定价是一种被动消极的定价策略，缺乏对自己所处市场地位的深入洞察，更严重的是，如果竞争对手也采用同样的定价方法，理论上会导致所谓的“伯川德陷阱”，即竞争双方因价格降低会带来更大的市场份额，因而会轮流降价直至双方的边际收益都为零。现实中尽管不会这么极端，但很大程度上会导致产业内所有公司的价格进入下行通道，最终不仅伤害公司本身，甚至会波及整个行业。

另一方面，当竞争对手采用跟踪定价时企业应该如何应对呢？以市场领导者为例，可以采用以下几种对策：第一，维持原价。作为市场领导者，因竞争对手的出现而损失部分利润是必然的，维持原价可能会使市场占有率受到损失，但不会太多，维持原价可以为企业赢得时间制定更全面的应对措施。第二，提高质量。作为市场领导者，企业在维持原价的同时，还必须提高产品的价值，比如可以通过改善产品、服务等方法突出产品优势，在某种程度上改进产品质量，这比价格战更有战略意义。第三，针锋相对。当企业的生产成本正在随着产量的增长而降低且市场对价格变动较为敏感时，采取针锋相对的措施可能会更有效。第四，提价并同时提高产品质量。美国的休布雷公司曾经生产一种史密诺夫牌伏特加酒，其在美国伏特加酒市场上的占有率为23%，但它同时与另一种沃尔夫施米德牌伏特加酒在市场上竞争，当后者以每瓶降价1美元实施攻击时，休布雷公司并没有跟着降价，而是将其产品的售价提高了1美元，并将由此增加的收入用于广告支出。与此同时，休布雷公司还另行推出了一种鲍波夫牌伏特加酒，这种策略实施后不久，对手便大败而归。

### （三）差别定价法

产品价值依托营销战略最终决定了消费者对于产品的保留价格，实际上顾客对于某个产品的保留价格也是有差异的，因此，区别不同顾客并使其支付不同价格对于企业是有利可图的，也为企业的差别定价创造了条件。例如，据媒体报道，同样的产品在美国不同的肯德基门店价格会有差别，肯德基相关人士在接受记者采访时表示，这是他们启用的细分差别定价策略，在不同城市、不同商圈，综合考虑每家餐厅的租金、营业状况等因素，依据各餐厅实际情况差别定价。“肯德基进入中国多年，一直采取传统的全国统一定价模式，然而在部分城市或客流量大的特殊商圈，快速上升的店铺租金形成巨大成本压力，且各城市消费者的承受能力也不尽相同，这个问题需要通过差别定价来解决。”肯德基内部人士表示，在一些特殊商圈的肯德基餐厅，产品价格会略高，但在一些社区等地段的肯德基餐厅，就会提供更加亲民的产品价格。另外，企业往往会采用折扣的方式来差别定价。例如，我们都遇到过金额随机的优惠券，有可能“幸运地”抢到10元，也有可能“倒霉地”只得到几分钱，然而，这真的只跟运气有关么？其实，总的优惠金额是有限制的，企业把用户分成了老用户、沉睡用户、单品活跃用户、新用户等，对于忠实的老用户，优惠券金额的多少并不会影响这部分人的购买决策，所以他们抢优惠券时总是“倒霉的”；反之，新用户往往就是“幸运的”，这实质上就是一种变相的差别定价。

### （四）非线性定价法

非线性定价是指消费者就某一商品或服务支付的总价格同购买的总数量不成线性比例的一种定价方式，两部制定价作为一种最简单的非线性定价方法，应用得最为广泛。两部制定价在定价过程中包含两个要素，可以把第一个要素比作入场费，入场费是针对所有顾客的、忽略顾客消费水平的固定收费。第二个要素是根据每次消费水平或其他形式计量收费，计量收费由可测量的消费单位决定。

在顾客看来，两部制定价按照消费比例收取不同的价格。对低消费群体来说，两部制定价计算出的总体价格是比较低的，对于高消费群体来说，总体价格会比较高。使用两部制定价的产品通常都是不容易转售或者储存的，这样的要求源于阻止售后市场转让的需要。通常情况下，公司实施两部制定价的能力随着竞争激烈程度的加剧而减弱，当竞争程度提高时，公司收取入场费的能力下降，它必须提高价格结构中计量要素的价格，或者创造独特的竞争优势以吸引更多的顾客缴纳入场费。

## 全渠道定价趋势

### （一）价格透明度显著提升

全渠道零售时代，与价格相关最显著的变化是价格透明度的显著提升，以往人们需要探访多家商店，拜访多家供应商，询问多种报价，或者研读第三方报告后才能收集到价格数据并加以对比，这个过程枯燥乏味、困难重重，且耗时长，这就意味着很多顾客所能获取的价格信息非常有限。因此，卖家在定价的时候可以明目张胆地收取较高的价格，人们却很难发现中间的价差。然而随着移动互联网的普及，人们可以随时随地轻松了解不同卖家的价格状况。并且，随着智能手机在日常生活中的渗透，价格透明度开始受到本地层面的影响。现在，打开手机App，扫描一下商品条形码，消费者立马就可以知道相同的产品在附近其他商店的价格，这严重制约了较为相近的范围内实施相同商品不同定价的可能性，而在以前，空间距离是推行相同商品不同定价策略的有效掩护。相同的商品和服务定不同的价格变得越来越困难，顾客对一切了如指掌，如果对价格有怀疑，他们可以通过手机查询商品价格，在其他地方以更低的价格买到相同的产品。对于零售商而言，通过特定网站的帮助，如阿里巴巴网站，要找出产品价格最低的供应商，也不再是难题。因此，全渠道环境下的定价往往倾向于采用统一定价，同时借助爬虫等技术跟踪竞争对手或者市场上相同产品的价格变化，以确保顾客不转投其他卖家购买商品，提高顾客的留存率。

### （二）精准定价

在定价领域，恒久不变的现象之一就是，面对同样的产品或服务，不同的顾客有着不同的支付意愿，在全渠道零售时代也是如此。因此，制定一种单一的价格是很不明智的。许多时候，在为产品设计一个成熟的定价结构时，一个很好的做法是有意识地将产品价格分为三个等级：低、中、高。这种定价结构确保了不同价格敏感度的顾客都能找到适合自己的商品，从而在因交易失误造成损失和自动放弃盈利性销售的两难境地中，尽可能作出损失最小的权衡。互联网技术的发展为企业全面获得顾客信息提供了现实可能，可以对顾客做精准营销，有更多的机会向不同顾客收取不同的价格。例如，顾客自己定价的定价策略允许有不同支付意愿的音乐爱好者花不同的钱下载音乐。自动定价策略创造了一种向一部分人收高价，向另一部分人收低价的机制。选择正确的定价方式既是艺术，又是科学。最佳定价决策不仅源于理论，还源于经验和天分。定价的创新方式远远不止有限的几种，定价的创新潜力随着时势的转变也会衍生出更多的可能，过去不可行的定价方式在新的形势下也可能焕发新生。但从根本上讲，精准定价不仅需要对消费者的深入了解和敏锐的商业嗅觉，还需要一定的商业头脑。

### （三）定价功能化

面对更加多变的市场和海量的数据以及定价的众多原则和要素，企业在实际商业环境下制定定价策略时需要对自身价格、替代品、库存、促销、生命周期、特殊促销日（如“双十一”大促）、季节性因素、竞争对手价格等几十个维度加以考虑，因此需要通过算法的不断优化，把定价问题抽象成数据问题和算法问题，通过数学和算法制定合理的价格。这个过程需要专门的算法工程师、软件工程师的参与，而小规模的商家显然很难负担相关的费用，于是定价功能化乃至软件化成为趋势。亚马逊曾在 2016 年上线自动定价功能，京东紧随其后，在 2017 年 3 月 2 日宣布实施“智慧供应链”战略，以人工智能实现 80%以上商品的自动补货和定价推荐。京东推出的动态定价算法是基于对价格、商品、用户信息的精准预判，通过持续的数据输入和机器学习训练，平衡商品的毛利润和销售额目标，计算最优价格，促进交易效率的提升。同时，通过对促销门槛、折扣力度、消费者决策树等要素的综合建模能力，优化商品的促销策略。此外，京东还表示，其价格管理系统也将进一步地开放给供应链上的各个服务环节和端口，全面涵盖生产商、零售商和消费者。

### （四）全渠道定价服务于顾客体验

全渠道零售的宗旨是建立各个渠道上一致的客户体验。无论组织的客户通过移动、在线、店内何种方式购物及享受服务，该客户都会得到一致的客户体验。这种无缝的体验增进了消费者对品牌的熟悉程度和关系，提升了品牌的正面形象和顾客留存率，因此全渠道零售的重点集中在提供稳定的、客户服务一致的信息来传递每个客户接触点的可用性以及定价的一致性。全渠道零售这一零售新模式关注如何智能使用数据，实现与消费者充分交互，更好地知晓每个个体消费者，之后绘制出消费者的客户旅程，进而了解在每个接触点上什么时候去和消费者进行沟通是最合适和最有效的。其中，定价是影响顾客体验的重要因素。全渠道的定价，既可以实行线上线下同价，又能利用线上优势拉低价格以形成竞争优势，这需要根据品牌优势及定位来定一个合理的高价位。首先，商家应努力寻找机会以提高价格，增加利润，即使这会导致销量下降。其次，线上价格应有竞争力，将全渠道体验的价值转化为价格。另外，在线下限制产品种类，将其作为额外服务，并定高价。全渠道的促销分析也应从线上和线下结合进行，其中唯一保持不变的是顾客的一致性体验。

## 13.5 全渠道整合策略

本节从四个方面描述了全渠道的整合战略。首先分析了全渠道的供应链优化策略，介绍了全渠道供应链零售服务以及全渠道库存数据交互共享系统；接着分析了全渠道协同策略；最后分析了零售商进行全渠道整合的可行性。

### 供应链优化策略

#### （一）全渠道供应链零售服务

在以消费者为中心的体验经济时代，零售商在预测补货时除了要考察传统的季节性、假日促销等因素，还应该充分考虑每位客户的个性化需求以及痛点，通过全渠道模式为他们提供最佳的购物模式，只有这样才能获得消费者的认可和忠诚。比如，一位30岁的女性会员，之前很喜欢买可乐，但最近几次购物却买了叶酸，这时商家就需要考虑向该会员推荐婴儿用品，进行个性化的服务。

在物流配送环节，零售商需要充分利用互联网技术建立智能仓库，实现货物的自动化包装、分拣和配送，提高物流的效率，如零售电商巨头亚马逊基于自动化设备、智能机器人和云拣选等构建了智能化高效物流配送系统。

在打造智能仓库时，零售商还应该注意构建仓库本身简单的加工和服务能力，即仓库要具有个性化生产、包装能力，以充分满足不断涌现的就近生产服务需求。同时，在建立智能化仓库时，还要充分考虑淡旺季不同的需求，使仓库具有一定的弹性，既不会在销售旺季造成仓储物流资源浪费和成本过高，又能有效应对“双十一”等大促活动期间的仓储物流需求。

在物流运输环节，零售商则要考虑如何优化路径、提高运输效率，让顾客获得更好的实效体验。从当前看，物流配送的“最后一公里”难题依然是国内商家面临的一大痛点。绝大多数零售商都没有自己的物流体系，需要依靠第三方物流公司，这导致它们不仅无法掌握配送环节，而且也无法直接接触客户，进而影响对自身服务的优化改进。国内各大零售商中，只有自建物流系统的京东在物流配送方面做得比较成功。

供应链服务还有一个方面是建立货物的跟踪追溯系统，不仅零售商自己要明确某件商品是哪家工厂生产的，也要让顾客了解购买的产品来自哪里，这有助于提高消费者对商家的信任程度。同时零售商还要积极与上游供应商建立信息共享机制，实现对货品实时跟踪，比如说，当顾客从货架中购买了一瓶饮料，商家立刻就能知道并及时补货。

随着互联网整体商业生态的成熟，很多消费品生产企业开始跳过零售商，通过自建渠道的方式与终端消费者直接对接，将“触角”延伸到全供应链，如不断增加的各类天猫旗舰店。这一行为必然会对很多零售企业造成巨大的打击。对于零售商来说，最佳的应对策略是向供应链的上游拓展，打造自己的品牌。简单来讲，就是零售商构建自有生产供应体系，在精确定位顾客个性化需求的基础上，强化对原材料供应商、生产工厂、仓储物流等各个环节的协同管理，通过建设集成业务体系实现产销两端的精准对接。

最后，全渠道零售还需要和日渐兴起的“工业 4.0”紧密结合起来，构建覆盖产业链各个环节的全渠道供应链系统。零售商要充分把握未来 C2B 个性化定制的发展趋势，突破单纯的零售思维的束缚，从全渠道供应链的视角出发，将“触角”拓展到生产、物流、金融、跨境电商、顾客营销等更多的领域，整合多方要素构建一个充分满足全渠道零售的供应链体系，借助整个供应链生态的力量在未来的全渠道零售竞争中占据主动地位。

### （二）全渠道库存数据交互共享系统

随着国内零售行业进入转型升级的精细化运营阶段，全渠道成为备受追捧的新零售业态。从社会化零售图景的角度来看，零售渠道从传统的线下商超逐渐发展为淘宝、京东等大型综合电商平台再到各类垂直电商和移动分销电商，然后回归到百度、谷歌等拥有大流量的搜索平台，最终通过与仓储物流的有效结合打通线上线下，实现全渠道营销。

零售商市场中的卖货渠道很多，但整体流程大致相同：首先是品牌商将生产出来的货品投放到仓库，然后在各种零售渠道中获取消费者订单，最后通过物流系统或者快递公司将产品送到客户手中。在这个供应链体系中有两个关键的环节：一是生产商将商品生产出来储存到仓库中；二是各零售渠道与产品库存进行对接共享，零售渠道获得产品订单后，仓库可以及时将货物配送到消费者手中。

供应链是全渠道零售的核心，整个流程可以概括为工厂—仓库—消费者，即工厂生产出货物放到仓库，再通过各种零售渠道从仓库送到终端消费者手中。从零售端来看，当前消费者可以通过线上线下等各种零售渠道获取商品信息并购买商品，为客户带来“所见即所得”的消费体验。

在打造多渠道库存数据交互共享系统时，要着重把握两个核心优化点：库存的优化和渠道的优化。前者是围绕仓库进行库存优化，后者则包括三个方面，即品牌销售的三大渠道——线下渠道，如超市、实体门店等；PC 渠道，如淘宝、京东、唯品会和各种垂直电商渠道；快速发展的移动渠道，如各 PC 电商的移动版、微店等。

总体来看，零售渠道的发展趋势是越来越“轻”。无论是 PC 电商还是移动电商，其库存都是直接在仓库中，因此仓库是全渠道销售的核心环节。商家通过各种渠道完成商品和消费者的对接后，再由仓库将产品配送到顾客手中。随着线下、PC 端和移动端等不同零售渠道的深度融合和协同，渠道的扁平化、去中心化特质将在零售库存优化中具有越来越重要的作用。

## 全渠道协同策略

### （一）渠道协同的来源

线上渠道和线下渠道相结合的企业有大量潜在的多渠道协同来源（如图 13－10 所示），

而纯粹的互联网公司或纯粹的传统渠道公司则没有。根据经典竞争优势理论，竞争优势的来源是共同的基础设施、共同运营、共同的营销和销售、共同的客户。

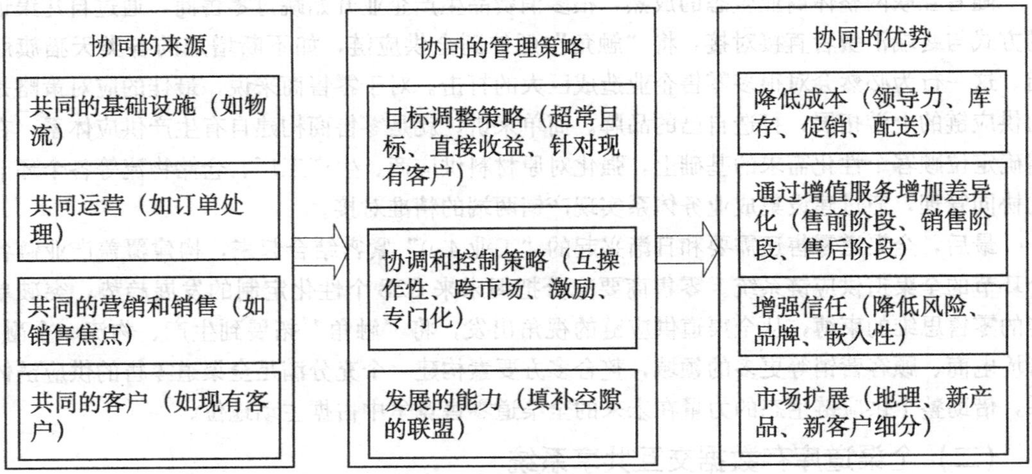


**图 13-10　线上与线下渠道协同的来源、管理策略与优势**

（1）共同的基础设施。使用公共的基础设施就是公司依赖于同一个物流系统（仓库、卡车等）处理电子商务分散的商品并将商品交付给自己的零售店。另一个重要的基础设施是可共享的 IT 基础设施。最近的实证研究表明，事实上，更多企业结合现有的IT基础设施建立自己的电子商务，效果可能更好。

（2）共同运营。订单处理系统之间共享线上渠道和线下渠道就是共同运营的一个很好的例子。它可以追踪客户在渠道之间的转移，发掘成本节约的潜力。

（3）共同的营销和销售。线上渠道和线下渠道也可能有着共同的营销和销售资产，如常见的商品目录、了解商品和客户需求并指导潜在买家的销售人员，或者广告和促销活动。

（4）共同的客户。线上渠道和线下渠道相结合的企业可能面临这种情况：不同的渠道可能拥有同一批潜在买家。这使得线上渠道和线下渠道相结合的企业能够同时满足客户便捷性和即时性的需要，为客户提供更好的服务，提高留存客户的能力。因此，在某种程度上，线上渠道和线下渠道能够协调分享这些资产，获得更好的效果。

渠道协同的来源的另外一种观点是线上渠道和线下渠道相结合的企业拥有许多形式的互补资产，而纯粹的互联网公司可能不会有传统渠道公司现成的供应商和经销商关系网、市场经验、客户群和其他互补资产，因而难以像电子商务企业那样更好地创新。

## (二) 渠道协同的管理策略

实践证明，企业利用现有的基础设施、运营、市场和销售力量以及客户也可以从渠道协同中受益。实体的基础设施，如仓库、配送系统及零售店，都能加强电商供应的价值。线上渠道与线下渠道协同需要配合使用大量运营系统，如集成的订单处理系统和售后服务系统。利用现有销售力量和电子商务能加强和现有客户间的关系。许多企业利用共同运营来为远方的客户提供更好的服务。线上业务大多建立在积累的目录营销经验和远途运输经验之上。同时线上与线下渠道协同的管理策略，可以一定程度地避免渠道冲突。

（1）目标调整策略。企业花了许多功夫去说服现有的线下零售店接受线上渠道，让它们明白线上渠道与其现有渠道是合作共赢的关系，而不是简单的零和博弈。同时，实体零售商的管理人员制定的电子商务策略，对于实体零售企业来说也是线上渠道产生的间接效益。对于传统零售企业，关注线上渠道的焦点并不是依靠线上渠道直接赚取的利润，而是由此能加强与客户的关系，从而为企业提供间接的效益。目标调整策略还表现在决定优先集中地对现有客户和已经有实体店的社区进行管理。

(2) 协调和控制策略。实现多渠道的协调和控制的管理行为也有许多方法。在某种程度上，每家企业都试图协调不同的渠道以保证渠道间的互操作性。许多公司重新设计业务流程和信息系统，以保证线上渠道与线下渠道之间的互操作性。电子产品零售商就是个突出的例子，为了使客户能在线搜索商品库存，它们不仅重新设计了整个商店的数据库系统，还开发了一个新的业务流程使这项服务能够正常运行。

全渠道企业为跨渠道合作制定了许多激励方案，特别是通过开发补偿计划，使线下渠道的员工或业主能通过线上渠道受益，这在需要企业迎合用户的行业更为有效。大部分起源于网络的客户订单根据客户的账户或所在的地理位置被分派到特定的实体商店进行配货和发送。然而，许多消费者导向的零售商也在做同样的事情，即使零售商店完全属于母公司。例如，电子产品零售商依据响应网络订单的速度奖励店铺经理。

企业还积极促进线上渠道和线下渠道的交叉销售。提供优惠券、礼品卡，在线高亮显示店内的活动，利用网站的 URL 提供贴花和海报等，都是常用的交叉促销方法。

最后，企业在跨渠道中选择合适的渠道提供专业化服务。例如，银行努力将低利润的大众市场服务迁移到更高效的网络渠道中进行，在网上银行提供更有利的利率，以鼓励客户使用线上渠道。

(3) 发展的能力。为确保足够的电子商务能力，许多企业结成联盟，填补线上渠道和线下渠道之间的重大差距。这种企业联盟相当普遍，特别是与其他的互联网公司结盟，以提供重要的服务或拓展新的市场。例如，建筑材料供应商与家居建材电子商务公司结盟，为家居消费者提供服务。另一个例子是音乐零售商和广泛使用的数字音乐网站之间的联盟，零售商可以因此提供流行的个性化服务。

许多企业依靠互联网渠道，把终端客户从产品信息搜索、下单、填写表单等其他日常任务中解放出来，从而提高了劳动生产率。在许多行业，如工业零部件供应商或建筑材料供应商，即使订单在本地备货而不是从中央配送点备货，线上渠道的使用也使销售人员更有效率。利用线上渠道来区分公司的产品和服务也是有效的。例如，可以使用网络为消费者提供产品定制服务，如汽车制造商允许客户“按单定制”车辆，然后通过经销商来销售。网络还可以帮助客户取货，获得更多的售后服务。

渠道的有机结合可以显著地提高消费者信任。许多企业基于已有品牌的力量提高了线上的销售额。例如，一些知名的电子和音乐零售商都允许客户在线下商店退换货，即使商品是从线上渠道购买的。在美国，某银行曾经试图建立一个完全独立的网络品牌，但由于未能利用现有客户对原有品牌的信任，最后被迫重新规划网络银行战略，转而考虑与传统银行结盟。许多影响较大的品牌和连锁商店还能提供定位服务和许多独特的本地服务。作为整合线上线下渠道的手段，一个常见的策略是在品牌的中央网站设置直接到达本地零售商店页面的链接。

添加线上渠道也能帮助企业进行市场拓展，尤其是那些还未在全国建立广泛线下渠道链的企业。例如，礼品专卖店能够从各个省份甚至国外获得新订单，尽管它们也强调促进实体店的销售，但有效利用网站能为实体店带来客流量，促进销售。例如，建筑材料供应商企业以前只为企业客户服务，现在通过网络可以将业务延伸到消费者市场。

## 全渠道整合的可行性

零售商冒着风险，花费时间、精力进行全渠道运营是否值得？在全渠道中如何进行利润分配？下面将针对这些问题一一进行解答。

### （一）渠道整合的要素

从六个不同的客户接口（即零售商和消费者之间的接触点）讨论多渠道整合要素和协同效应，如图 13－11 所示。换句话说，这些要素决定消费者怎么看待与零售商的互动，以及消费者在购买和消费过程中利用不同渠道的能力。

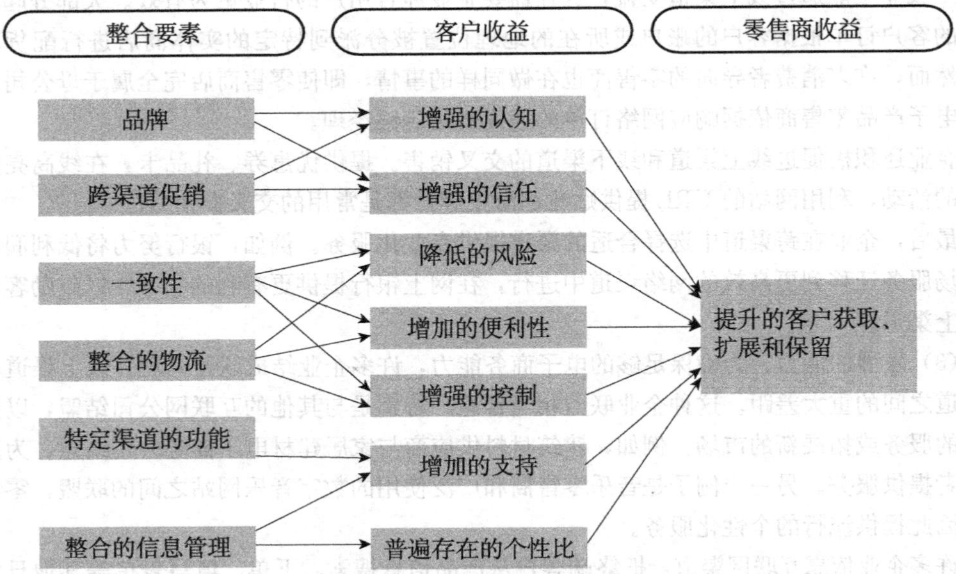


**图 13－11　整合要素和协同效应**

（1）品牌。跨渠道品牌整合，即在不同的渠道使用相同的品牌名称、标志、口号和颜色，并在多渠道输送相同的品牌图像，以加强客户跨渠道的品牌认知和品牌联想。这提高了消费者的认知创造（如消费者经常简单输入零售商的名称从而找到网站）和信任（品牌是零售商和其商品质量的代表）。此外，消费者在多个渠道看到相同的品牌名称能提高对品牌本身的认知度。

（2）跨渠道促销。跨渠道促销包括零售商在不同的渠道提供信息，同时为消费者使用多个渠道设立资费上的激励（如赠予消费者优惠券）。跨渠道促销能够把消费者引向其他渠道，这加强了客户对于多渠道的联系的感知，并对其他渠道提高了认识和信任。以 Gateway 公司为例，为达成这个目的，它成功地运用了实体样板房。同样，服装零售商盖璞把它的实体店作为其网站的一个强大的广告媒介。另外，Web 站点也可以为实体店带来交易，尤其是对于一些地理位置较差的零售商效果更为明显。

（3）一致性。一致性使用户可以放心地选择各种渠道购物，增加了消费者的便利性和控制程度，降低了风险。这需要零售商在线上渠道和线下渠道都准备充足的主要商品。即使某种商品只能在一种渠道销售，这种商品的信息也可以在多个渠道查询。实体店内可以设置展台供客户预订只在线出售的商品。商品的定价也应该一致，包括促销折扣（如清仓促销）。零售商也可以为网站提供特定的折扣（如运费优惠）。一致性甚至应该延伸到客户支持和政策上（如客户保障、商品退换货政策）。缺乏一致性会破坏消费者对于多渠道协同的感知，限制他们对渠道的选择。如果零售商在商品的选择、定价、客户支持和政策上缺乏一致性，那么不仅仅会失去重要的客户，甚至会扰乱和激怒客户。

（4）整合的物流。零售商整合物流的能力与提供店内提货和退换货服务的能力有关。盖璞公司认为，顾客在线购买服装会增加在实体店退换货的可能性，这主要是因为实体店退换货比较方便，花费的成本也比较低。Jupiter Media Metrix公司在2001年发布的研究显示，美国83%的在线买家倾向于在实体店退货，59%的客户喜欢在线订购商品但从线下商店提货。

（5）特定渠道的功能。不同渠道的特定功能可以满足客户的不同需求。线下的实体商店在商品展示和与客户互动方面是有优越性的，如客户可以与售货员互动、轻松浏览目录、询问呼叫中心，而网站在客户寻求信息化服务以及数码配件方面则更胜一筹。多渠道整合并不意味着特定渠道的优势的磨灭。相反，多渠道零售商可以利用特定渠道的独特功能提高它们的客户服务。通过多渠道整合，这种增强的客户支持可以帮助零售商得到几乎全部的客户群。这样的渠道分工也可以节约成本。然而，这需要零售商精心地操作，因为当客户发现他们需要的服务或商品只能在他们不能访问的渠道内获得时可能会产生不满。

（6）整合的信息管理。信息管理可以为客户提供信息服务，创建个性化的环境。这不仅提高了零售商响应客户需求的能力，甚至能积极地预测客户需求。另外，顾客也应该被授予在渠道内访问他们个人信息的权利。生成个性化渠道需要收集客户在所有渠道的信息，并整合包括消费者跨渠道寻求销售支持的各种行为的信息。跨渠道信息管理的一大难题是客户在不同渠道的行为可能是不同的。零售商在解读数据时要考虑到这些差异。另外，比较不同渠道之间的信息可以帮助零售商识别不同渠道的优点和缺点。最后要注意的是，零售商必须解决客户关于个人隐私的担忧。

### （二）渠道整合的方式

在这种背景下，基于两个维度区分合作形式被提出，如图13-12所示，这两个维度分别是资源贡献的程度（纵轴）和产生的效益（横轴），形成了五种跨渠道的合作形式。这些合作形式并不是独立的，而更像是企业整体合作营销策略的一部分。在实践中，合作伙伴还将面对这些形式的混合，因为合作通常致力于获取多种形式的协同效应。

（1）跨媒体沟通。网络和传统媒体的战略组合优化了传统的广告营销策略。线上渠道的特性是快速和全面地实现与客户的交互，而传统媒体则能够引起客户的注意，快速激发客户的兴趣。显然，对于企业来说，整合在线和传统媒体密集的跨媒体沟通对全渠道发展具有显著的作用。实施这种战略时，利用合作伙伴的渠道比使用传统大众媒体（如印刷媒体和电视）更能大幅度降低成本。在线企业可以从邮件、线下合作伙伴的建筑物上、汽车车体上或销售终端的杂志等渠道的广告上获利，而传统广告公司可以在合作伙伴的互联网平台上投放广告。

（2）产品和服务捆绑。产品和服务捆绑是指企业将两个及以上的有形产品和无形服务捆绑在一起出售，如一些汽车经销商将汽车与维修服务捆绑销售。跨渠道媒体只是改善沟通，重点是商品及其配送，尤其是线上和线下商品和服务进行捆绑时，目的是提升顾客价值。

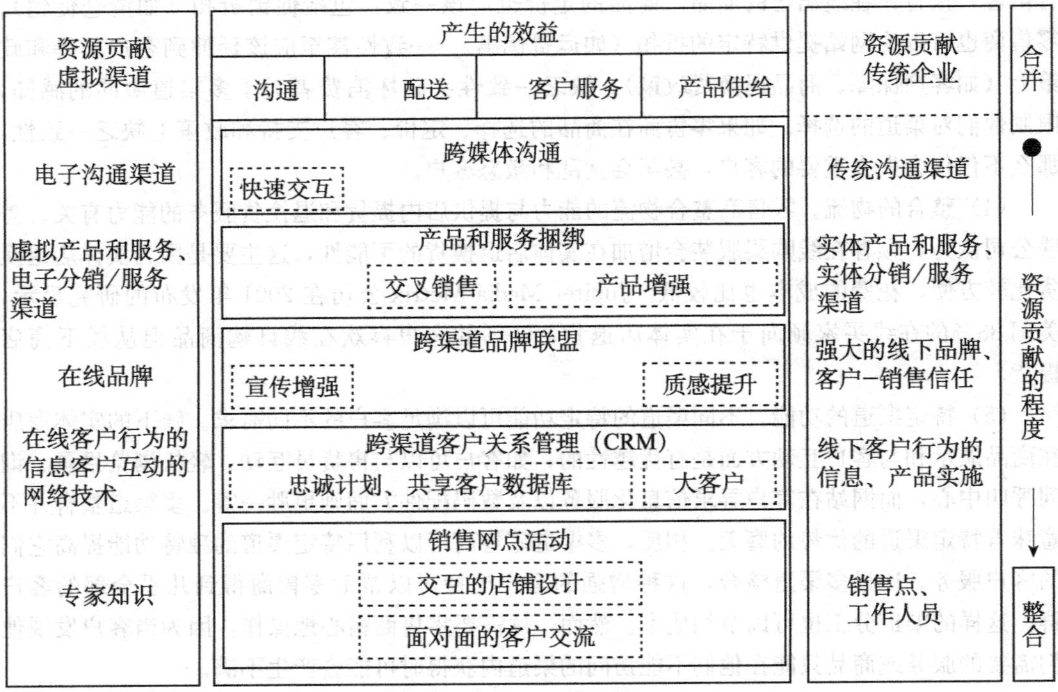


**图 13-12　跨渠道合作形式**

不是所有企业的产品和服务都能随意地"捆绑"在一起。捆绑销售要达到"1＋1＞2"的效果，需要两种商品的协调和相互促进，以及没有难以调和的矛盾。捆绑销售依赖于产品的互补性、捆绑产品目标顾客的重叠性、产品价格定位的同一性等条件。

一种产品可以分为三个层次：核心产品、有形产品和附加产品。其中，核心产品是最基本、最主要的部分，是产品的品牌，能够实现消费者购买时追求的效用和利益，是顾客真正要购买的东西。有形产品是可以看得见、摸得着的，即产品是什么规格、样式，功能如何，品牌是什么，外包装是否漂亮等。附加产品，如售后服务（包括维修、安装、组装、退换货服务等），是附加在产品上的部分。在附加产品层次，企业之间的竞争基于售后服务、担保和交付，这些可能超出了客户预期，也就是将服务与产品捆绑起来。例如，在现有渠道的基础上建立一个新的服务渠道，以供各自的合作伙伴使用（如互联网服务门户或交付服务）。

企业在进行渠道合作时，其与第一个合作伙伴的合作通常旨在强化自己的核心产品，即向顾客提供的产品的基本效用或利益，也就是增加产品的使用价值，此时可以通过产品和服务的捆绑来增加产品的附加价值。与第二个伙伴进行合作可能旨在获得额外的分销渠道以接触现有销售范围外的客户。这样的跨渠道销售通常是合作伙伴提供的独立服务，旨在向现有客户销售适当的商品。这种策略不仅大大提高了客户需求满足的质量和数量，也提高了企业自身的盈利能力，压缩了成本。

（3）跨渠道品牌联盟。引入跨渠道的产品和服务捆绑时，两个合作伙伴在各自的广告中共同表现双方商品的特色会提升双方的品牌形象和宣传效果。

广告联盟对于新品牌或要进入新市场的知名品牌尤其重要。不管是哪种情况，利用合作伙伴的优势并与之分摊成本都可以被用于提升品牌认知和品牌知识。因此，当电子企业与已经建立实体品牌的伙伴合作建立更强大的线下市场，或者传统企业想与在某一线上市场小有所成的电子企业合作以把业务扩展到这一线上市场（本身的品牌较弱）时，跨渠道的品牌联盟是非常有益的。

(4) 跨渠道客户关系管理（CRM）。信息技术的发展改变了获取竞争优势的方式。在网络经济的框架里，数字信息渠道的发展将促使信息作为一种生产要素产生更广泛的经济生产效应。从效率和有效性角度来看，有关客户的信息影响了竞争优势的基础。

CRM 可以视为一种管理方法，在客户接触点结合了 IT 和业务流程优化的思想。在 CRM 领域合作时，合作伙伴可以整合它们的信息和知识资源。一个共同的客户数据库包含从线上渠道和实体渠道获取的数据，可能有助于解决整个客户难题，支持许多运营和战略决策。互联网使企业容易确定哪些用户访问了什么网站，从而允许电子企业在短时间内生成高质量的客户档案，使它们能够对客户进行个体描述。要想有效地收集客户的个人数据，传统零售商需要跨越线上和线下的渠道间隔，可能需要通过会员卡或优惠券进行客户识别和制定客户忠诚计划。

客户价值最大化意味着客户成为价值创造过程中不可或缺的部分，并对价值创造产生重要的影响。随着网络的发展，大规模定制的新潜能得以激发。定制意味着为消费者提供特定的商品或服务来响应特定客户的需求，而大规模定制意味着用具有成本效益的方式来实现这个过程。为了实现永久性的客户个人问题解决方案，线上企业、线下企业和客户三方进行合作是可行的。此时，客户贡献识别和解决问题所需的信息，线上企业贡献互联网技术，使客户能以一种有效的方式个性化地配置实体商品，而线下企业则实现商品的生产和交付。

(5) 销售网点活动。由于日益深化的市场集中化和国际化，以及日益增长的在线订单分销渠道的发展，销售网点的竞争压力越来越大。传统零售商因此开始尝试线上渠道与实体渠道结合的商业模式，使用电子市场的互联性来为更广泛的市场提供产品或服务。这包括使用交互式自助服务设备，使零售商能利用互联网的力量为更广泛的市场提供客户关怀，帮助客户自助获取商品和服务。同样，在合作伙伴的网点设置交互式自助服务设备可以使电子企业把业务扩展到实体。这样，电子企业的服务创新就通过线下合作伙伴为客户提供了额外价值。

为了克服跨渠道的不连续性，交互式自助服务设备通常与基于会员卡的客户忠诚计划结合起来。协作的跨渠道客户忠诚计划可能包括在各自伙伴企业内的积分累计与兑换、店内终端提供的电子折扣券，以及可在线下使用的网络优惠券。另外，线下伙伴还能分发电子优惠券，它具有独特的识别代码，客户可以在线下收银使用。

相比媒体渠道，机构渠道（如商店和销售人员）使得传统的零售商可以向客户提供面对面的服务。因此，合作伙伴的零售终端也可以在预售、销售和售后阶段为消费者实现面对面的渠道功能，包括购买实体商品的实践经验、个人咨询、维修服务和交流。

## 案例分析

### 全家便利店的全渠道布局

全家便利店（FamilyMart）以消费者为中心，构建了独特的 O2O 闭环，即线上线下闭环和大数据营销闭环。线上线下闭环由线下的便利店和线上的甄会选会员超市构成，以全渠道形式实现与消费者的无缝连接，线下便利店主要满足个人的临时性消费，线上会员超市可以覆盖家庭的计划性消费。

在获取和处理消费者数据的过程中，全家便利店上线了顾客关系管理、铁杆粉丝营和顾客终身价值，通过记录和标记消费者的消费行为，实现数据的整合和归类。消费数据在线上和线下渠道的交互形成了数据流动和数据营销的闭环。

全家便利店通过这样的闭环体系，针对消费者的到店频率和客单价两个方面，在优化现有经营制度的同时不断推出新的亮点，来实现用户价值的最大化。

全家便利店用三个主要举措来提高客户到店频率：

(1) 积分制。通过采用积分制取代折扣的方式，全家便利店在其体系内创造了以积分为载体的新客户管理体系。

(2)"造节"。针对周期性销售额较低的日期、节假日等时点推出活动；同时，还推出与IP、电影相关的主题活动。"疯狂全家日"和"疯狂星期三"都是其经典案例。

(3) 线上线下结合的尊享会员制度。全家便利店将付费尊享会员和专为会员服务的注重低价和多样性的网上商城进行了结合，年费在一定程度上填补了低价商品的毛利，同时也尝试通过线下自提方式将消费者引流至实体便利店。

资料来源：林辰．全家FamilyMart：互联网+的战略布局．中欧案例库，2016.

**讨论**

1. 全家便利店如何利用线下顾客做到价值最大化？
2. 全家便利店如何提高顾客的到店频率，实现全渠道整合？
3. 如何借鉴全家便利店的全渠道商业模式？

## 重点名词

全渠道　渠道选择行为　SoMoLoPe消费者　全渠道战略模式

全渠道定价策略　全渠道协同

## 思考题

1. 全渠道零售的发力趋势是什么？
2. 全渠道下消费者渠道选择行为是怎样的？
3. 全渠道的定价策略和战略模式有哪些？
4. 如何引入全渠道战略？

# 参考文献


[1] 科兰，安德森．营销渠道．北京：中国人民大学出版社，2008.

[2] 卜妙金．分销渠道管理．北京：高等教育出版社，2007.

[3] 罗森布罗姆．营销渠道管理．北京：机械工业出版社，2003.

[4] 罗森布罗姆．营销渠道：管理的视野．北京：中国人民大学出版社，2006.

[5] 陈涛．营销渠道管理．北京：机械工业出版社，2013.

[6] 范小军．通道制胜大趋势：电子商务市场环境下的发展战略．北京：经济管理出版社，2014.

[7] 科特勒，凯勒．营销管理：第13版．北京：中国人民大学出版社，2009.

[8] 高举红．物流系统规划与设计．北京：清华大学出版社，2010.

[9] 郭兰，邓压卿，王翠敏．物流管理基础．北京：北京理工大学出版社，2011.

[10] 智汇工作室．渠道为王．成都：四川科学技术出版社，2003.

[11] 李飞．分销渠道：设计与管理．北京：清华大学出版社，2003.

[12] 李飞．全渠道零售的含义、成因及对策：再论迎接中国多渠道零售革命风暴．北京工商大学学报（社会科学版），2013，28（2）：1－11.

[13] 李飞．迎接中国多渠道零售革命的风暴．北京工商大学学报（社会科学版），2012（3）：1－9.

[14] 李敬．渠道营销．成都：西南财经大学出版社，2007.

[15] 李先国．分销渠道决策与管理．北京：清华大学出版社，2009.

[16] 李秀江，侯丽莎，张异同．成都“双11”出仓高峰 快递公司：未爆仓 消化包裹需1周．（2013－11－13）．http://news.sina.com.cn/c/2013－11－13/222728701966.shtml.

[17] 李野新．新渠道营销．北京：中国经济出版社，2008.

[18] 刘煜，刘遗志，汤定娜．互联网时代零售企业构建全渠道商业模式的探讨．北京工商大学学报（社会科学版），2016，31（6）：34－42.

[19] 吕一林．营销渠道决策与管理．北京：中国人民大学出版社，2008.

[20] 苗月新，王俊杰，李凡副．营销渠道概论．北京：清华大学出版社，2007.

[21] 彭东华，徐红竹．物流管理基础．北京：科学出版社，2010.

[22] 齐永智，张梦霞．SOLOMO消费驱动下零售企业渠道演化选择：全渠道零售．经济与管理研究，2015（7）：137－144.

[23] 斯特恩．市场营销渠道．北京：清华大学出版社，2001.

[24] 孙伟，陈涛．营销渠道冲突管理理论研究评述．武汉科技大学学报（社会科学版），2006，8（1）：27－31.

[25] 威廉姆森．资本主义经济制度：论企业签约与市场签约．北京：商务印书馆，2002.

[26] 徐蔚琴．营销渠道管理．北京：电子工业出版社，2001.

[27] 尹元元．渠道管理．北京：人民邮电出版社，2013.

[28] 张传忠，雷鸣．分销管理．武汉：武汉大学出版社，2000.

[29] 佩尔顿．营销渠道：一种关系管理方法．北京：机械工业出版社，2004.

[30] 曾小春．管理学原理．西安：陕西人民出版社，1999.

[31] 郑锐洪．维护营销渠道的四大“技术”．经营与管理，2007（1）：42－44.

[32] 郑锐洪．营销渠道管理．北京：机械工业出版社，2012.

[33] 邹树彬．分销渠道管理．广州：广东经济出版社，2000.

[34] 庄贵军．营销渠道管理．2版．北京：北京大学出版社，2012.

[35] 庄贵军．营销渠道控制：理论与模型．管理学报，2004（1）：82－88.

[36] Ansari A, Mela C F, Neslin S A. Customer channel migration. *Journal of Marketing Research*, 2008, 45 (1): 60－76.

[37] Bell D R, Gallino S, Moreno A. How to win in an Omnichannel world. *MIT Sloan Management Review*, 2014, 56 (1): 45－53.

[38] Miller C. Nordstrom is tops in Survey. *Marketing News*, 1993, 27 (4).

[39] Danaher P J, Wilson I W, Davis R A. A comparison of online and offline consumer brand loyalty. *Marketing Science*, 2003, 22 (4): 461－476.

[40] Dodds W B, Monroe K B, Grewal D. Effects of price, brand, and store information on buyers' product evaluations. *Journal of Marketing Research*, 1991, 28 (3): 307－319.

[41] Heide J B, John G. Do norms matter in marketing relationships. *Journal of Marketing*, 1992, 56 (4): 32－44.

[42] Brown J R, Dev C S, Lee D J. Managing marketing channel opportunism: the efficacy of alternative governance mechanisms. *Journal of Marketing*, 2000, 64 (2): 51－65.

[43] Spriggs M T. A framework for more valid measures of channel member performance. *Journal of Retailing*, 1994, 70 (4): 327－343.

[44] Neslin S A, Jerath K, Bodapati A, et al. The interrelationships between brand and channel choice. *Marketing Letters*, 2014, 25 (3): 319－330.

[45] McVey P. Are channels of distribution what the texbooks say. *Journal of Marketing*, 1960, 24 (3): 61－65.

[46] Ratchford B T. Cost-benefit models for explaining consumer choice and information seeking behavior. *Management Science*, 1982, 28 (2): 197－212.

[47] Rigby D. The future of shopping. *Harvard Business Review*, 2011, 89 (12): 64－75.

[48] Robbins S P, Coulter M. *Management*. 6th ed. NJ: Prentice Hall, 1999.

[49] Ping R A. Does satisfaction moderate the association between alternative attractiveness and exit intention in a marketing channel. *Journal of the Academy of Marketing Science*, 1994, 22 (4): 364－371.

[50] Pegram R. *Selecting and evaluating distribution*. New York: National Industrial Conference Board , 1965.

[51] Stump R L, Heide J B. Controlling supplier opportunism in industrial relationships. *Journal of Marketing Research*, 1996, 33 (4): 431－441.

[52] Verhoef P C, Kannan P K, Inman J J. From multi-channel retailing to omni-channel retailing. *Journal of Retailing*, 2015, 2 (5).

[53] Verhoef P C, Neslin S A, Vroomen B. Multichannel customer management: under-

standing the research-shopper phenomenon. *International Journal of Research in Marketing*, 2007, 24 (2): 129-148.

[54] Wathne K H, Heide J B. Opportunism in interfirm relationships: forms, outcomes, and solutions. *Journal of Marketing*, 2000, 64 (4): 36-51.

[55] Webb K L, Hogan J E. Hybrid channel conflict: causes and effects on channel performance. *Journal of Business & Industrial Marketing*, 2002, 17 (5): 338-356.

[56] Williamson O E. Comparative economic organization: the analysis of discrete structural alternatives. *Administrative Science Quarterly*, 1991, 36 (2): 269-296.

**图书在版编目（CIP）数据**

营销渠道管理 / 范小军编著．--2 版．--北京：
中国人民大学出版社，2021.2
普通高等学校应用型教材．市场营销
ISBN 978-7-300-28972-4

Ⅰ.①营… Ⅱ.①范… Ⅲ.①购销渠道-销售管理-
高等学校-教材 Ⅳ.①F713.1

中国版本图书馆 CIP 数据核字（2021）第 022495 号

普通高等学校应用型教材·市场营销
**营销渠道管理（第 2 版）**
范小军　编著
Yingxiao Qudao Guanli

| | | | |
|---|---|---|---|
| **出版发行** | 中国人民大学出版社 | | |
| **社　　址** | 北京中关村大街 31 号 | **邮政编码** | 100080 |
| **电　　话** | 010－62511242（总编室） | | 010－62511770（质管部） |
| | 010－82501766（邮购部） | | 010－62514148（门市部） |
| | 010－62515195（发行公司） | | 010－62515275（盗版举报） |
| **网　　址** | http://www.crup.com.cn | | |
| **经　　销** | 新华书店 | | |
| **印　　刷** | 北京捷迅佳彩印刷有限公司 | **版　　次** | 2015 年 5 月第 1 版 |
| **开　　本** | 787 mm×1092 mm　1/16 | | 2021 年 2 月第 2 版 |
| **印　　张** | 19.5 插页 1 | **印　　次** | 2024 年 6 月第 4 次印刷 |
| **字　　数** | 477 000 | **定　　价** | 45.00 元 |

中国人民大学出版社　管理分社

# 教师教学服务说明

中国人民大学出版社管理分社以出版工商管理和公共管理类精品图书为宗旨。为更好地服务一线教师，我们着力建设了一批数字化、立体化的网络教学资源。教师可以通过以下方式获得免费下载教学资源的权限：

★ 在中国人民大学出版社网站 www.crup.com.cn 进行注册，注册后进入“会员中心”，在左侧点击“我的教师认证”，填写相关信息，提交后等待审核。我们将在一个工作日内为您开通相关资源的下载权限。

★ 如您急需教学资源或需要其他帮助，请加入教师 QQ 群或在工作时间与我们联络。


中国人民大学出版社　管理分社

**教师 QQ 群：** 648333426(工商管理)　114970332(财会)　648117133(公共管理)
教师群仅限教师加入，入群请备注（学校+姓名）

**联系电话：** 010-62515735，62515987，62515782，82501048，62514760

**电子邮箱：** glcbfs@crup.com.cn

**通讯地址：** 北京市海淀区中关村大街甲 59 号文化大厦 1501 室（100872）


管理书社　　人大社财会　　公共管理与政治学悦读坊